전통 춤의
변용과
근대 무용의
탄생

메타모포시스 인문학총서 10

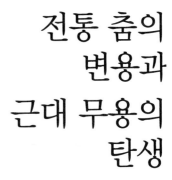

전통 춤의
변용과
근대 무용의
탄생

김호연 지음

보고사
BOGOSA

간행사

　숭실대학교 한국기독교문화연구원은 1967년 설립된 한국기독교문화연구소를 모태로 하고 1986년 설립된 〈기독교사회연구소〉와 통합하여 확대 개편함으로써 명실공히 숭실대학교를 대표하는 인문학 연구원으로 발전하여 오늘에 이르렀다. 반세기가 넘는 역사 동안 다양한 학술행사 개최, 학술지 『기독문화연구』와 '불휘총서' 발간, 한국기독교박물관 소장 자료의 연구에 주력하면서, 인문학 연구원으로서의 내실을 다져왔다. 2018년 한국연구재단의 인문한국플러스(HK+) 사업 수행기관으로 선정되며 또 다른 도약의 발판을 마련하였다.

　본 HK+사업단은 "근대전환공간의 인문학－문화의 메타모포시스"라는 아젠다로 문·사·철을 아우르는 다양한 연구자들이 학제간 연구를 진행하고 있다. 개항 이래 식민화와 분단이라는 역사적 격변 속에서 한국의 근대(성)가 형성되어온 과정을 문화의 층위에서 살펴보는 것이 본 사업단의 목표다. '문화의 메타모포시스'란 한국의 근대(성)가 외래문화의 일방적 수용으로도, 순수한 고유문화의 내재적 발현으로도 환원되지 않는, 이문화들의 접촉과 충돌, 융합과 절합, 굴절과 변용의 역동적 상호작용을 통해 형성되었음을 강조하려는 연구 시각이다.

　본 HK+사업단은 아젠다 연구 성과를 집적하고 대외적 확산과 소통을 도모하기 위해 총 네 분야의 기획 총서를 발간하고 있다. 〈메타모포시스 인문학총서〉는 아젠다와 관련된 연구 성과를 종합한 저서나 단독 저서로 이뤄진다. 〈메타모포시스 번역총서〉는 아젠다와 관련하여 자료적 가치를 지닌 외국어 문헌이나 이론서들을 번역하여 소개한다. 〈메타모포시스 자료총서〉는 숭실대 한국기독교박물관에 소장된 한국 근대 관련 귀중 자료들을 영인하고, 해제나 현대어 번역을 덧붙여 출간한다. 〈메타모포시스 대중총서〉는 아젠다 연구 성과의 대중적 확산을 위해 기획한 것으로 대중 독자들을 위한 인문학 교양서이다.

　동양과 서양, 전통과 근대, 아카데미즘 안팎의 장벽을 횡단하는 다채로운 자료와 연구 성과들을 집약한 메타모포시스 총서가 인문학의 지평을 넓히고 사유의 폭을 확장하는 데 기여할 수 있기를 바란다.

2020년 11월
숭실대학교 한국기독교문화연구원 HK+사업단장
장경남

머리말

　그동안 공부한 근대 무용 관련 글을 엮어 한 권의 책으로 펴냅니다. 한국 사회에서 개항 이후 광복 즈음까지 시기는 다양한 쟁점이 발생하고 흥미로운 담론과 현상이 가득한 공간입니다. 한국 사회는 이 시기 자생적인 근대의식의 발현과 서양의 문명과 문화가 정반합을 이루면서 그동안의 삶의 방식과는 다른 새로운 변화를 꾀하게 되었습니다. 한국 역사의 흐름에서 이 시기만큼 변화무쌍한 시기는 없었을 듯싶습니다.

　한국 무용도 마찬가지입니다. 전통 춤의 변용과 서양 춤의 유입을 통해 무대공연예술의 토대를 형성하는 등 다양한 담론이 형성되었기 때문입니다. 졸저에서도 근대 한국 무용의 여러 현상을 살피면서 근대 한국 문화의 메타모포시스 모습을 찾아보고자 노력하였습니다. 또한 몇 편의 글을 통해 한국 문예의 근대 담론 형성에 대한 다양한 양상을 살피면서 당대의 시대정신을 읽으려고도 하였습니다. 그래서 이러한 내용은 한국 근대 공연예술 연구자들에게 하나의 토대로 의미가 있지 않을까 조심스럽게 말씀드려봅니다.

　먼저 숭실대 한국기독교문화연구원 HK사업단 장경남 단장님을 비롯한 같은 공간에서 연구하고 있는 동료 선후배 선생님들께 고마운 마음 전합니다. 다양한 분야의 선생님들과 공부하면서 많은 걸 배웠고 이러한 토대는 졸저가 나오게 된 배경이 되었습니다.

　　또한 항상 책만 보고 글만 쓰는 백면서생에게 묵묵하게 힘을 실어
준 은아, 세원, 지원에게도 고마움과 미안한 마음 함께 전합니다.

　　그동안 몇 권의 책을 내었는데 이번에는 보고사와 인연을 맺으며
새로운 기운을 얻게 되었습니다. 보고사 김흥국 사장님을 비롯한 졸
저가 나오는 데 힘을 써주신 선생님들께도 고마운 마음 전합니다.

　　근대 무용과 관련된 글은 능력 때문이겠지만 제 여력으로는 더 이
상 집중하기 힘들지 않을까라는 생각이 듭니다. 이제는 관점을 넓혀
해방 이후 공연예술을 거시적으로 살펴보거나 동시대에 집중하는 것
도 앞서 연구의 연속성을 위해 의미가 있지 않을까 합니다. 그런 의미
에서 졸저는 또 다른 연구를 위한 토대이며 새로운 길을 가는 모멘텀
으로 의미를 두고자 합니다.

　　　　　　　　　　　　　　　　　　　　2020년 위드 코로나 시대
　　　　　　　　　　　　　　　　　　　　김호연

차례

제2부
한국 근대 무용 담론의 탄생

제3부
한국 근대 무용가의 활동 양상

제1부

한국 근대 무용의 형성과 공간적 의미

- 근대 극장의 탄생과 전통 춤의 변용
- 무대공연예술로 전통 춤 레퍼토리의 형성
- 근대 공적 공간에 나타난 무용의 변용
- 일제강점 말기 무용의 시대적 순응 양상

근대 극장의 탄생과 전통 춤의 변용

1. 서론

한국에서 근대는 많은 문제를 함유하고 있는 시기이다. 이는 순리대로 차근차근 근대화가 이루어진 것이 아니라 자율적 인식의 변혁과 외래문화의 수용이 치열하게 정반합을 이루었기 때문이다. 게다가 일제강점이란 외세의 통치가 이러한 흐름과 맞물리면서 문제적 시공간으로 등장하게 되는 것이다. 이는 이른바 '내재적 발전론'과 '식민지 근대화론'이라는 양가적 관점이 충돌하면서 다양한 쟁점을 만들어냈다.

이러한 문제에 대해서 문예에서는 더욱 복잡한 가치 판단의 기준이 놓인다. 근대에 대한 개념 정립은 자아 각성이 집단적, 사상적, 제도적 변환 속에서 이루어져야 하지만 문예에서는 이러한 토대와 함께 이러한 인식을 담아낸 작품 혹은 작가의 출현이 이루어져야 하기 때문이다. 이에 따른 고민은 한국 근대문학사를 처음으로 기술한 임화가 '신문학사는 조선에 있어서의 서구적 문학의 이식으로부터 시작되었다'라는 화두에 대한 단순 이해 혹은 비판적 수용에서부터 이루어졌다. 이러한 인식은 자생적 근대의식의 발현에 대하여 갑오개혁 즈음으로 파악한 보편적 근대 기점 논의를 영·정조, 1860년대 등 훨씬 이전 시기로 끌어올리거나 애국계몽기나 3·1운동 이후로 상정하는 등 임화의 화두는 딛고 일어서게 만드는 안티테제의 중심으로 다양한 담론을 낳게 하였다. 그렇지만 임화가 말하고자 한 본질은 '신문학은 고유한 가치를 새로운 창조 가운데 부활시키는 문화사의 한 영역'[2]이라는 점에서 전통적인 인식과 근대적 사유의 변증법적 상호관계에 대한 문제는 조금 더 유연하게 이해할 필요가 있을 듯하다.

무대공연예술에서 근대에 대한 인식은 또 다른 어려운 문제를 던져준다. 이는 미적 근대성의 구현 속에서 무대공연예술의 본질인 생산, 수용 그리고 소비의 과정을 거치면서 무대와 관객이 함께 호흡하고 지금 이 순간 여기의 소통을 바탕으로 재생산구조가 집단적으로 이루어져야 하기 때문이다. 그런 의미에서 근대 한국에서 극장의 등장은 내용과 형식에서 변용, 변통의 과정을 거치며 새로운 문화를 창출한다는 측면에서 깊이 있게 바라볼 대상이다. 이에 이 연구에서는 극장문화가 형성됨에 따라 한국 전통예술이 어떠한 탈바꿈을 하여 기존의 질서를 해체하여 새로운 문화적 가치를 창출하는지에 집중하고자 한다.

이에 따라 이 연구에서는 메타모포시스(metamorphosis)라는 주제어가 핵심어로 다가선다. 메타모포시스는 유충이 나비가 되어 탈바꿈이 이루어지는 변태(變態), 즉 생물학적 형상의 변화를 말한다. 원래 이 용어는 로마 아우구스투스 시대 시인 오비디우스(Publius Ovidius Nasō)

---

1 임화, 임규찬·한진일 편, 『임화 신문학사』, 한길사, 1993, 16쪽.
2 위의 책, 381쪽.

의 서사시 『변신 이야기』(Metamorphoses)에서 유래한 것으로 여기에는 철학과 문예의 총체적 담론이 담겨있다. 이는 신화적이며 초월적인 형이상학 변화(meta)와 형상을 의미하는 그리스어 'morph'가 조합되어 표상과 본질의 변화 양상을 의미하였고, 이후 미학적인 형식과 구조의 변화로 확장되었다. 이 개념은 변용(變容), 변형(變形), 변통(變通) 혹은 탈바꿈이라 해석되는데 주체와 객체가 공존하여 상호텍스트성을 통해 새로운 가치를 만들어내는 파생적 행위로 이해될 수 있다. 여기에 근대라는 용어가 덧붙여지면서 한국에서는 근대의식과 문화 전통의 특수한 교섭을 통해 어떠한 변용 과정을 거치고 새로운 가치를 만들어내는지가 하나의 쟁점으로 떠오를 수 있을 것이다.

이 연구에서도 이러한 개념 정립에 바탕을 두어 근대 시기 전통예술이 어떠한 메타모포시스의 과정을 거치며 시대정신을 담아내어 탈바꿈하는지에 집중하여 보도록 한다. 특히 극장을 중심으로 전통예술의 미시적인 레퍼토리 변용 속에서 공연문화와 관련된 사회 담론이 어떻게 형성되는지를 고구하여 보도록 한다. 그동안 이러한 연구는 여러 시각에서 이루어졌다.[3] 그렇지만 이 연구에서는 앞서 선행 연구를 비판적으로 수용하면서 통합적인 측면에서 무동연희장, 협률사, 광무대, 단성사에서 생성된 여러 문화 담론의 사회적 의미를 파악하고 전통의 변용과 전승 과정을 고구할 것이다. 이는 내용과 형식의

---

3 유민영, 『한국근대극장변천사』, 태학사, 1998; 우수진, 「협률사와 극장적 공공성의 형성」, 『한국근대문학연구』 20, 한국근대문학회, 2009; 이주영, 「광무대연구」, 『한국연극학』 48, 한국연극학회, 2012; 신혜주, 「단성사 공연 활동에 관한 예술사적 연구」, 『한국음악사학보』 56, 한국음악사학회, 2016 등은 이번 연구에서 선행 연구로 수용한 노작들이다.

변화뿐만 아니라 소통을 통한 대중의 근대적 인식 과정을 중심에 놓고 전개할 것이다.

또한 이 연구에서는 극장에서 행해지는 예술을 총체적인 시각에서 바라보면서도 중요한 문턱에서 변용 양상은 무용에 초점을 맞추어 진행하도록 한다. 무용은 다른 장르에 비해 근대적 변용이 더디게 일어났지만 원형의 전승을 내재하며 문명과 충돌에서 주체적인 변용이 가장 두드러지게 나타나는 장르라는 측면에서 이러한 시각은 의미가 있을 것이다.

2. 근대 공연 공간의 생성과 전통 춤의 변용 양상

1) 근대적 공연 형식으로 변환 : 무동연희장 그리고 협률사

한국 전통 춤은 궁중무용인 정재(呈才)와 민간에서 이루어지는 민속춤으로 크게 나뉘어 전승되어 왔다. 이러한 흔적은 정재의 경우 『악학궤범』이나 『교방가요』, 『정재무도홀기』 등을 통해 춤의 형태가 무보(舞譜)로 기록되어 어느 정도 파악이 가능하였다. 그렇지만 민속춤은 여러 문헌에서 스치듯 그려졌고, 명확하게 그 전승 양상을 파악하는 데 어려움이 있었다. 민속춤이 민속의 본질 그대로 구비 전승이 강하고, 즉흥성이 중심을 이루다 보니 체계화되지 못하여 원형과 시대적 의미를 파악하기 힘든 점이 존재할 수밖에 없었다.

이러한 양상은 근대 이행기에 여러 변화가 이루어지게 되었고, 근대적 형식에 의한 변용과 원형의 전형성을 드러내며 새로운 인식 속에서 그 흔적이 기록되었다. 이제는 민속문화가 근대적 양식에 의해 수용되어 담론화되었고 대중문화로 변용을 이룬 것이다.

西江開雜輩가 阿峴 等地에셔 舞童演戲場을 設ㅎ엿ᄂᆞ디 觀光ㅎᄂᆞ 人이
雲集ㅎᄋᆞᆺ거ᄂᆞᆯ 警務廳에셔 巡檢을 派送ㅎᄋᆞ 禁戢ᄒᆞᆫ즉 傍觀ᄒᆞ든 兵丁이 破
興됨을 憤痛히 녁이어 該巡檢을 無數亂打ㅎᄋᆞ 幾至死境ᄒᆞᆫ지라 本廳에셔
其開雜輩幾許名을 捉致ㅎ고 該演戲諸具를 收入ㅎᄋᆞ 燒火ㅎ엿다더라[4]

신문에 언급된 공연예술에 대한 첫 번째 기록이다. 이는 공연에
대한 이야기라기보다는 공연장 주변에서 일어난 세태지만 여기서 공
연과 관련된 몇 가지 모습을 읽을 수 있다. 이는 이 시기 무동연희장
이 성행하였고, 이미 이 기록 이전에 아현 등에서 공연 공간이 생성되
어 이러한 공연 형태가 경시청의 순검 대상이 될 정도로 정례화되었
음을 알 수 있다. 이러한 양상은 무동연희가 이 시기 대중적 공연의
한 양상으로 자리 잡으면서 볼거리를 제공하였고, 열린 공간의 확장
성을 통해 한 장소에 대규모 집단으로 모일 만큼 많아 이에 대한 규제
가 따르게 된 것이다.[5]

그래서 조선 후기 공연 형태가 비정기적이며 제한적 구조였다면
근대로 오면서 산대 형식을 갖춘 상설무대를 지향하며 정기적 공연
형태로 나아가고 있었다. 이는 무동연희 광고가 신문에 실리는 등

---

4 「開雜遊戲」, 『황성신문』, 1899.4.3.
5 "(警廳告示) 近日에 各坊民人 等이 稱以赴役하고 舞童演戲場을 設하며 稱曰 義捐金이ᄂᆞ
近於討索이라구 各新聞上에 記載함을 見하엿더니 現今 政府에셔 民獘를 爲念하고 嚴飭
禁斷하기로 警務廳에 訓令하야 各坊曲에 告示하엿ᄂᆞᆫ디……."(『황성신문』, 1899.3.9.)
"近日西江等地에셔 舞童演戲場을 更設ㅎᄋᆞᆺᄂᆞ디 警使尹雄烈氏가 巡檢을 派送ㅎᄋᆞ 禁
止ㅎᄋᆞᆺ더니 該演戲場에셔 十五個日延限홈을 請ᄒᆞ거ᄂᆞᆯ 尹警使가 許施ㅎᄋᆞᆺ더라."(『황
성신문』, 1900.3.4.)

불특정 다수에 대한 홍보로 이어지는 구조에서도 확인된다.

廣告 陽曆 二月 卄七日 下午붓터 龍山江岸電氣會社 停車場 近處에셔
舞童遊戲를 佚蕩이ᄒ오니 諸君子는 來玩 ᄒ시오 舞童演戲場 告白[6]

廣告 昨朝에 舞童을 始戲코져 ᄒ얏더니 終日下雨ᄒ야 演戲치 못ᄒ고
陽曆 三月 四日로 退定ᄒ야 每日 遊戲홀터이오니 諸君子는 逐日 龍山으
로 來玩ᄒ시옵 舞童演戲場 告白[7]

근대 신문에 실린 공연예술에 대한 첫 번째 광고로 용산에서 무동
연희가 펼쳐지니 왕림해달라는 내용이다. 무동연희는 궁중 정재에서
춤추던 어린아이를 칭하는 명칭이지만 민속에서는 북청사자놀이나
남사당패 등에서 놀이의 한 형태로 파생되어 유행하였고, 광대패를
이루어 집단적 놀이를 만들었다. 이 광고에 따르면 아현 등지에서
연행된 무동연희가 용산으로 공간이 확대되었고, 신문을 통한 광고
형식이 도입되면서 시공간에 대한 개념 그리고 생산과 소비 구조가
서서히 자리 잡아 감을 알 수 있다. 이는 일정 지역에 고정화된 공연
공간이 생겨난다는 점에서 주목할 수 있다. 원래 서강 아현이나 용산
등은 모두 상업지역에 속하는 곳이다. 조선 후기 탈춤패나 남사당패
의 근거지 또한 이런 장터가 중요 공간이었다. 그렇지만 여기서 변화
가 있다면 1900년대 초의 형태는 익명의 다수 관객을 대상으로 관객
을 찾아다니던 방식이 아닌 관객을 불러 모으는 방식으로 전환되었

---

6 「廣告」, 『황성신문』, 1900. 2. 28.
7 「廣告」, 『황성신문』, 1900. 3. 2.

고,[8] 일정 공간에서 정례화되고 있다는 점이다. 그러다 보니 비가 오면 행할 수 없는 노천무대였지만 부정기적인 형태가 아닌 일정 시간에 사람이 모일 수 있는 공연이 이루어져 시공간의 인식을 통한 공연 형태가 대중에게 새롭게 수용되고 있었다.

이러한 흐름 속에서 한국 근대 공연예술의 들머리였던 협률사(協律社)의 등장은 한국 공연예술의 변용과 근대적 사회 담론을 이끈 공간으로 의미를 지닌다. 협률사는 1902년 봉상시(奉常寺)에 희대(戲臺)를 설치한 형태로 고종 어극 40년 칭경예식을 위해 만든 것에 기원이 둔다. 협률사는 연희를 위해 예인들을 모아 급여를 주면서 행사를 준비하고 있었지만 사정에 의해 이 공간에서 행사는 취소가 되었고, 이 형태가 그대로 공연으로 이어지게 되었는데 이것이 '소춘대유희(笑春臺遊戲)'다.[9]

칭경예식은 고종 즉위 40주년 진연이 1902년 11월 4일, 8일, 9일 덕수궁에서 이루어졌다. 이때 공연된 것은 가인전목단, 장생보연지무 등의 정재를 중심으로 이루어졌고 이 기록은 『고종임인진연의궤』(1902)에 그대로 담겨있다. 그렇다면 이와 성격을 달리하는 협률사의 공연은 어떠한 의미가 있는가? 앞서 궁에서 이루어진 형식은 제한된 공간에서 이루어진 특정인을 위한 공연이었다. 이에 반해 협률사에서 이루어진 공연은 불특정 다수의 대중이 입장료를 지불하고 관람

---

8 사진실, 『공연문화의 전통 樂·戲·劇』, 태학사, 2002, 426~427쪽.
9 "本社에셔 笑春臺遊戲을 今日로 爲始ᄒ오며 時間은 自下午六点으로 至十一点신지요 等標는 黃紙上等票에 價金이 韓貨 一元이요 紅紙中等票에 價金이 五十錢이오니 玩賞ᄒ실內外國 僉君子는 照亮來臨 ᄒ심을 望홈."(光武六年十二月二日 協律社告白, 『제국신문』, 1902.12.4.)

하는 개방적 형태를 띠고 있었다. 이는 특정인을 위한 공간이 아닌 열린 공간 속에서 관객의 확대를 가지고 왔다는 점에서 의미를 지닌 다. 이러한 점은 관객도 그러하지만 연희자들도 대중 취향의 공간답 게 판소리 명창에서부터 삼패까지도 포함시키면서 통속적이면서도 전통적인 요소들을 함께 포괄하면서 변화를 보였다.

> 妓司新規 傳說을 聞흔 則近日 協律司에서 各色娼妓를 組織ᄒᆞᄂᆞᆫ디 太醫 院所屬醫女와 尙衣司針線婢 等을 移屬ᄒᆞ야 名曰官妓라 ᄒᆞ고 無名色三牌 等을 幷付ᄒᆞ야 名曰藝妓라 ᄒᆞ고 新音律을 敎習ᄒᆞᄂᆞᆫ디 또 近日官妓로 自願 新入者가 有ᄒᆞ면 名曰預妓라 ᄒᆞ고 官妓藝妓之間에 處ᄒᆞ야 無夫治女를 許 付ᄒᆞᄂᆞᆫ디 勿論某人ᄒᆞ고 十人二十人이 結社ᄒᆞ고 預妓에 願入홀 女子를 請 願ᄒᆞ면 該司에셔 依願許付홀 次로 定規ᄒᆞ얏다더라[10]

내용을 살피면 관기뿐만 아니라 삼패도 교습한다는 내용으로 '신 음율'을 가르친다는 것으로 보아 소리에 중점을 두어 진행을 하였음 을 알 수 있다. 이는 김창환, 송만갑 등의 명창들이 지도 역할을 담당 하여 소리를 하기에는 용이하였고, 삼패들이 정재를 배우기에는 시간 적으로 부족하였음에 기인한다. 이에 따라 협률사에서 '삼패를 모집 하여 노래하는 삼패는 기생으로 삼고 노래 못하는 삼패는 여령으로 마련한다더라'[11]라는 말처럼 이들이 아직까지 전면에 나서기보다는 군무 등 조금은 비중이 낮은 역할을 담당하게 되었다.

이러한 모습은 이때 이루어진 공연에서도 대강의 내용이 발견된다.

---

10 「妓司新規」, 『황성신문』, 1902.8.25.
11 「三牌都家」, 『제국신문』, 1902.8.15.

협률이라 ᄒᆞ는 뜻슨 풍악을 ᄀᆞ초어 노리ᄒᆞ는 회샤라 홈이니 맛쳐 쳥인의 창시와 ᄀᆞ흔거시라 외국에도 이런 노리가 만히잇ᄂᆞ니 외국에셔 ᄒᆞ는 본의는 종ᄎᆞ 말ᄒᆞ려니와 이 회샤에셔논 통히 팔로에 광ᄃᆡ와 탈군과 소리군 츔군 소리픠 남ᄉᆞ당 ᄯᅩ직조군 둥류를 모하논다는ᄃᆡ 집은 벽돌반 양재로 짓고 그 안헤 구경ᄒᆞ는 좌쳐를 삼등에 분ᄒᆞ야 상등쟈리에 일원이요 쥬등에는 칠십젼이오 하등은 오십젼 가량이라 ᄆᆡ일 하오 여섯시에 시작ᄒᆞ야 밤 열흔시에 긋친다ᄒᆞ며 ᄒᆞ는 노름인즉 가진풍악을 가초고 혹 춘향이와 리도령도 놀니고 쌍쥴도 타며 탈츔도 취고 무동픠도 잇스며 기외에 ᄯᅩ무슴픠가 더잇는지는 자셰치안으나 대기 이상멋가지로만 말ᄒᆞ야도 풍악긔계와 가무의 련슉홈과 의복과 물건차린거시 별로 보잘거슨 업스니 과히 초초치 아니ᄒᆞ며 츈향이 노리에 이르러는 어사츌도 ᄒᆞ는거동과 남녀 맛나노는 형상 일판을 다각각 졔복식을 차려 놀며 남월일읍이 흡샤히 온 듯 ᄒᆞ더라ᄒᆞ며 망측 긔괴흔 츔도 만흔즁 무동을 셰층으로 타는 거시 ᄯᅩ흔 쟝관이라 ᄒᆞ더라[12]

이 글은 협률사와 〈소춘대유희〉에 대한 간략한 설명이다. 그 내용을 보면 광대와 춤꾼, 소리패, 남사당패, 땅재주꾼 등이 있었고, 춘향가의 중요한 대목을 관객과 소통하다가 마지막에는 무동연희가 이루어지는 등 그동안 민간에서 행해지던 놀이들이 집대성된 형태였다. 그러다 보니 정재와 같은 궁중무용은 전면적으로 나타나지 않았고, 판소리를 중심으로 하면서도 제목답게 소리와 재주, 춤까지 이루어진 다채롭고 흥겨운 공연무대를 띠고 있었다. 이는 국영회사 성격을 지니면서도 상업적 극장을 지향한 협률사가 목적한 바에 대한 성공적 모습이었다.

---

12 「협률샤구경」, 『제국신문』, 1902. 12. 16.

이 공연 이후 협률사는 단숨에 대중의 향유 공간으로 자리매김하였다. 이는 그동안 판소리의 패트런(patron)으로 향유하던 양반을 비롯한 상위층에게는 집단적 보편성을 주었고, 대중에게는 접근조차 힘든 여러 예술을 한꺼번에 즐길 수 있는 경계 넘음의 현상을 얻게 된 것이다. 이러한 수평적 질서를 통한 관객의 등장은 창작자에게도 여러 계층을 아우르면서 극장 공간에 맞는 레퍼토리의 개발 등 여러 변화를 고심하게 만들었다. 이는 당시 가장 대표적인 레퍼토리인 판소리가 창극으로 점진적인 변화를 보이는 모습에서도 드러난다.

> 불어로도 번역되었던 「마른나무에 꽃이 피다」를 상연했다. 하루 저녁에 한 작품의 두 세장만 공연하므로 전편을 보려면 여러 번 와야 한다. 장면들은 일상생활의 수천 가지 세세한 사건으로 전개되는데 마치 일본 극과 같으며 대단히 긴 시간 동안 공연된다. 조선 배우들의 연기는 자연스럽고 정확하며 동작을 이해하기 쉽다. 유감스럽게도 처녀 역할은 남자가 맡는다. 또 가장 큰 배우가 처녀 역을 맡기 때문에 결국 단원 중에 목소리가 제일 걸걸하다. 어쨌든 이런 공연은 흥미롭다. 그렇지만 천민 행색에다 의상은 또 얼마나 남루한지 배우들은 평상복으로 연기할 뿐이다.[13]

프랑스인 에밀 부르다레가 저술한 『En Corée(한국에서)』(1904)에 그가 직접 협률사를 방문하고 감상을 적은 내용이다. 그는 협률사의 극장 구조와 함께 공연 내용도 서술하고 있는데, 가장 인상 깊게 본 것으로 창극을 기술하고 있다. 여기서 '마른나무에 꽃이 피다'라는 작품을 보았는데 이는 '심청가'이며, 불어로 번역되었다는 것은 홍종우

---

13 에밀 부르다레, 정진국 역, 『대한제국 최후의 숨결』, 글항아리, 2009, 258~259쪽.

가 〈심청전〉을 번역한 〈Le Bois sec refleuri〉(1895)를 말하는 것이다. 그러면서 이 극은 판소리의 중요한 장면을 단락별로 나누었고, 심청을 남성이 맡는 등 분창(分唱)이 이루어졌지만 여창의 등장이 제대로 이루어지지 않는 등 아직까지는 창극의 과도기적 형태를 보였다. 그럼에도 이 공연의 의상이 평상복이었고 대화창 형식으로 단조로웠지만 외국인이 보기에도 어느 정도 이해할 수 있는 연극적 행위가 담겨져 있는 등 창극의 무대공연예술로 가능성을 열어놓고 있었다.

이렇게 협률사의 공연 내용은 소리가 가장 중심에 놓이면서도 오락적 재미를 보여줄 여러 요소들이 함께 어우러지며 관객을 불러 모았다. 그렇지만 이러한 극장문화에 대해서 언론은 호의적이지 않았다. 공연 내용을 떠나 극장문화에 대한 질타가 높았고 이에 비판적 관점의 글들이 신문에 자주 오르곤 하였다.

> 律社誤人 近日에 協律社라는것이싱긴 以後로 浩蕩훈 春風麗日에 春情을 耽ᄒᄂᆫ 年少男女들이 風流社中으로 輻湊幷臻ᄒᆞ야 淫佚히 游樂을 日事ᄒᆞᆫ다ᄂᆫᄃᆡ 蕩子冶女의 春興을 挑撥홈은 例事어니와 至於各學校學員들도 隊隊逐逐ᄒᆞ야 每夕이면 協律社로 一公園地를 認做홈으로 甚至夜學校學徒들의 數爻가 減少ᄒᆞᆫ다니 果然인지 未詳ᄒᆞ거니와 協律社關係로 野味훈 風氣가 一層增進홈을 確知ᄒᆞ깃다더라[14]

대중의 형성으로 인해 관객의 층위는 수직적 계급 체계에서 수평적인 공중 질서로 변환되면서 여러 갈등적 양상이 불거졌다. 이는 극장이라는 제한적 공간 안에서 민속예술이 수용되어 층위의 갈등을

---

14 「律社誤人」, 『황성신문』, 1906.4.13.

벗어버리고 본능적 행위가 발산되어 나타난 결과이다. 이는 미하일 바흐찐(Mikhail Bakhtin)이 논의한 카니발 이론으로도 설명될 수 있는 부분이다. 카니발 이론은 중세 카니발에 나타난 민중 지향의 문화적 담론으로 단순하게 카니발의 공간적 의미만을 말하는 것이 아닌 유희적 언어, 그로테스크 리얼리즘 등의 문학적 재현을 말한다. 결국 카니발은 지배적인 진리들과 현존하는 제도로부터 일시적으로 해방된 것처럼 모든 계층의 질서적 관계, 특권, 규범, 금지의 일시적 파기를 축하하는 것[15]인데 협률사는 이러한 금기의 문턱을 넘어서는 공간으로 대중에게 다가선 것이다. 이는 일시적 공간을 통한 해방이며 예술을 통한 해소로 계층을 떠나 향유하는 문화가 이곳에서 나타났고, 유희적 언술을 통한 행위의 수용 양상으로 나타나며 민중의 웃음과 향연의 이미지가 담겨진 것이다.

그렇지만 언론에서는 이러한 이해보다는 민족이나 국가라는 개념 안에서 공공의 기능을 우선 생각하였다. 신문을 이끌어가는 인물의 중심은 개화 계몽과 애국정신에 바탕을 둔 동도서기론자이다 보니 이러한 퇴폐적 행위에 대해 부정적일 수밖에 없었다. 이 시기 연극이 권선징악, 충의감발을 통해 국민 계도에 앞장 서야 한다는 인식이 앞선 개화지식인들이 언로의 중심이었고, 연극을 사회교육장으로 생각하여 대중예술을 부정한 결과였다.[16] 이러한 의식 속에서 예술 행위는 극단적 현상으로 이해되었기에 사회적 근대 공론화장은 비판의

---

15 미하일 바흐찐, 이덕형·최건영 역, 『프랑수아 라블레의 작품과 중세 및 르네상스의 민중문화』, 아카넷, 2001, 32쪽.
16 유민영, 『한국근대연극사』, 단국대출판부, 1996, 82~83쪽.

대상이 된 것이다.

위르겐 하버마스(Jurgen Habermas)의 저서인 『공론장의 구조변동』에서는 근대 부르주아 사회 구성의 한 요소로 공론장의 발생을 중요하게 살피며 공적 영역과 사적 부분의 교착 경향에서 공론장이 정치적 기능 변화, 즉 이것이 여론으로 나타나며 사회적 변화를 이루는 주체로 보았다. 이러한 인식은 근대 언론의 형성에 따라 이루어진 결과로 여론이 집단적 과정에 대한 사회심리학적 분석이 표제로 집단의견이 주관적으로 지배의견으로 관철되어 공공적인 것으로 여긴 것이다.[17]

그렇지만 이 시기 여론은 공론장의 형성이라기보다는 담론장의 형성이라 할 수 있다. 담론장이 지식이 생산되고 소통되는 장으로서 특정 계급이나 계층, 집단의 이해 갈등을 내포하는 쟁점에 대한 의사와 견해가 발설되는 유통 영역[18]이라면 이러한 의견 개진이 변증법적 충돌이 아닌 일방향적 담론으로 돌출되었기 때문이다.

이러한 문제는 봉상사 부제조 이필화의 상소문을 통해 사회적 쟁점으로 더욱 불거졌다. 그는 1906년 상소문을 올리면서 협률사 공연 문화에 대해 비판적인 시각을 견지하며 '밤새워 놀이가 베풀어지고 남녀가 뒤섞여 모여 있고 싸움이 잦고 음란한 짓이 이어지니(通宵設戲 男女雜遝鬪爭易起亂淫相屬)'[19] 젊은이들이 학문과 실업에 마음을 두지 않게 되어 음란한 풍속이 생긴다 읍소하였다. 게다가 궁내부 소관으

---

17 위르겐 하버마스, 한승완 역, 『공론장의 구조변동』, 나남출판, 2001, 367~368쪽.
18 송호근, 『인민의 탄생 - 공론장의 구조변동』, 민음사, 2011, 322쪽.
19 「잡보」, 『대한매일신보』, 1906.3.28.

로 표를 팔아 이익을 남기는 부분도 이필화에 있어서는 이해가 되지 않는 것으로 지적하며 전반적인 협률사의 문제를 지적하였다.

이러한 방식은 언론에서 삼던 문제가 현실적으로 구체화된 경우로 협률사에서도 일시적으로 공연 중단을 단행한다. 그렇지만 그리 얼마 지나지 않아 다시 공연을 펼치는데 그 내용은 앞서의 잡다한 공연 형태를 지양한 항장무를 중심으로 한 가무악 무대였다. 여기서 항장무가 공연되었다는 점은 주목할 필요가 있다. 이는 항장무가 지역 교방에서 연희되다가 궁중정재로 편입된 형태로 극적 요소와 함께 대중성을 지녔기에 그동안의 비판적인 시각을 희석시키려는 의도에서 수용된 점이 강하였다.[20] 게다가 항장무는 당시 가장 인기 있는 정재 중 하나였다. '그까지 求景이 다 무슴 求景이잇쇼 協律社에 가쓰면 春香이 求景도 하고 項莊舞 츄는 구경 第一江山이지'[21]라는 말처럼 춘향가와 더불어 협률사의 상징적 레퍼토리로 인식되어 무리를 두지 않은 레퍼토리 선정이었다.

이후 무용 공연은 점진적으로 극장에서 일정한 레퍼토리를 가지고 탄력적으로 이루어지기 시작하였다. 그 대표적인 예가 경성고아원 경비를 위한 자선공연 형태의 공연이었다.

妓等百餘名이 京城孤兒院經費窘絀ᄒ야 維持極難之說을 聞ᄒ고 爛商協議ᄒ야 慈善演奏場을 夜珠峴前協律社에 開催하야 收入金을 沒數히 該院에 寄附홀 터이옵고 順序ᄂ 如左ᄒ오니 慈善ᄒ신 仁人君子ᄂ 來臨玩賞ᄒ

---

20 김호연, 『한국근대무용사』, 민속원, 2016, 37쪽.
21 「小春月令」, 『만세보』, 1906.11.17.

심을 伏望 順序 一. 平壤랄탕픠 一. 幻燈 一. 倡夫쌍지죠 一. 僧舞 一.
劒舞 一. 佳人剪牧壇 一. 船遊樂 一. 項莊舞 一. 포구樂 一. 무고 一. 향응
영무 一. 북춤 一. 사자舞 一. 鶴舞 其外에도 滋味잇는 歌舞를 臨時ᄒ야
設行홈 陰十一月二拾一日爲始ᄒ야 限三夜開場홈 每日下午七時에 開場ᄒ
야 至十一時閉場홈 慈善演奏場發起人 宮內府行首妓生 桂玉 太醫院行首
妓生 蓮花 尙衣司行首妓生 錦花 竹葉 桂仙 鸚鵡 採蓮等告白[22]

이 공연은 공연 내용이 상세하게 기록된 대규모 행사의 첫 번째
기록이다. 발기인의 면모를 보면 알 수 있듯 관기들이 중심이 된 기부
행사였다. 레퍼토리를 살펴보면 평양날탕패, 땅재주 등의 광대패들
의 공연과 함께 무용에서는 승무, 사자무 등의 민속춤을 제외하고는
대부분 정재가 중심을 이루고 있었다. 이는 서서히 관기들이 대중과
접촉이 이루어지는 시기로 전통 춤의 변곡점이었던 표점이다.

이렇게 무동연희장과 협률사로 이어지는 흐름 속에서 대중은 시공
간에 대한 개념을 확립하여 간다. 이는 신문과 광고를 통해 소비 구조
가 형성되고 공연에 대한 공론화가 이루어져 여론이 형성되었고, 계
몽의 이데올로기가 나타난다는 점에서 공연문화를 통한 근대 사회로
변환이었다. 또한 극장이란 공간 속에서 억압된 것에 대한 해소의
마당이 형성되고 수평적 공중질서 속에서 대중문화가 형성된 것도
전근대와 변별되는 탈바꿈의 모습이다.

이러한 과정에서 레퍼토리의 변용도 나타나는데 전통예술의 경우
정재를 비롯한 궁중무용과 민속문화가 한 공간에서 어우러지며 극장
에 맞는 레퍼토리를 형성하여갔다. 정재는 검무, 항장무 등 대중이

---

22 「광고」, 『대한매일신보』, 1907.12.24.

흥미를 끌 수 있는 레퍼토리 중심으로 연속성을 가지며 수용되었고, 승무, 한량무가 교방이나 민속에서 확장하여 극장으로 수용되어 민중과 호흡하며 공연예술로 조탁을 시작하였다.

2) 일신개량을 통한 공연 구조의 새로움 : 광무대

광무대(光武臺)는 전통예술을 전면적으로 수용하여 연행하면서도 미시적 변용을 통해 새로운 의식을 전달해 준 장소이다. 원래 광무대의 출발은 한성전기주식회사 내에 있던 활동사진소와 관련 있다. 한성전기주식회사는 고종의 내탕금으로 설립하고 미국인 콜브란이 합자 형태로 운영된 회사이다. 그런데 이익 분배 과정에서 갈등을 빚자 한국민의 반발을 사고 이에 콜브란 측은 그 유화책으로 활동사진소를 만들었던 것이다. 이때 상영한 내용은 정확히 알 수 없지만 '저녁 8시부터 10시까지 인산인해를 이루어 매일 저녁 입장 수익이 백여 원이었고, 전차 수입도 그 정도가 될 정도'[23]로 이익 창출과 민심을 잠재우며 대중적 관심을 불러 모았다.

이후 이곳에서는 위생환등회 등 다양한 활동사진을 상영하다가 1907년 연극장을 만들고 이를 광무대라 칭하며 본격적인 공연장으로 변신하였다. 광무대는 '我國에 由來ᄒᄂ 諸般 演戲 等節을 一新改良'하기 위해 김창환, 송만갑 같은 명인을 초빙하여 공연 참여와 함께 여아 등을 연습시켰고, 춘향가를 개량하여 새로운 변화를 꾀하고자 하였다. 이는 '東西文明國의 演戲를 效倣 觀聽人의 耳目을 愉快홀뿐 아니라 心志를 挑發ᄒ야 애국사상과 人道義務를 감흥케홈'이라는 문

---

23 「游玩遭厄」, 『황성신문』, 1903.7.10.

명개화와 애국계몽의 의식을 함께 담으며 새롭게 나아고자 한 것이었다.[24]

그렇지만 이들이 추구한 바는 전통에 바탕을 둔 점진적인 변용으로 초기에는 활동사진과 춘향가 등의 창극이 중심을 이루었고, 가무악(歌舞樂) 등도 공연되는 등 새로운 사상과 형식을 전면적으로 담지는 못했다. 이들이 지향한 바가 전통을 전승하면서도 극장에 맞는 변용을 통해 새로운 인식을 전해주려 하는 데 초점을 맞춘 것이다. 이러한 면모는 다음 공연에서도 발견된다.

> 特別大廣告東大門內光武臺에셔陰本月二十七日브터諸般演藝를一新改良ᄒ야古今奇絶혼 事를摹倣ᄒ고聖世風流를敎演擴張ᄒ야僉君子의性情과眼目에感發愉快케玩賞品을設備ᄒ얏스오니及期 光臨ᄒ심을敬要順序官妓男舞佳人剪牧丹劒舞梨花舞僧舞閑良舞性眞舞矢射舞鼓電氣光舞地球舞舞童項莊舞法國巴京에셔新購入ᄒ活動寫眞隆熙二年五月日時間下午七時半으로同十一時ᄭ지[25]

여기서 공연된 레퍼토리를 보면 가인전목단, 검무, 무고, 항장무 등과 같은 정재와 승무, 한량무 등의 민속춤 그리고 전기광무, 지구무 등과 같은 창작춤이 함께 어우러졌다. 주목되는 것은 전통의 현재적 수용을 통한 창작춤이 이 시기 광무대에서 이루어진다는 점이다. 창작춤들의 모습을 명확하게 읽을 수 없지만 이들이 말한 일신개량(一新改良)이란 측면에서 정재 중심이 아닌 새로운 창작은 선보였다는

---

24 「演戱改良」, 『만세보』, 1907.5.21.
25 「特別大廣告」, 『황성신문』, 1908.5.26.

점에서 의미가 있다. 그렇지만 이러한 창작은 영속적으로 이루어지지 못하고 일회적 형식에 머무른 한계가 있었다.

이러한 전통 개량을 통한 새로운 도전은 1908년 박승필이 광무대를 인수하면서 변화를 보인다. 앞서 움직임이 시대적 흐름에 따른 점진적 변용이었다면 박승필은 전통에 기저를 둔 미시적 변용을 통해 광무대의 정체성을 명확하게 심어주고자 하였다. 이러한 움직임은 여러 부침을 겪다가 1913년 6월 경성 황금유원(黃金遊園) 연기관(演技館) 내로 본거지를 옮기면서 안정된 공연을 만들어갔다.

이즈음 광무대는 '매일흥힝하는 구연극장'이란 광고 문구처럼 다른 극장이 구극과 신파극 혹은 활동사진이 절충적인 형태로 이루어졌던 데 반해 이들은 올곧이 전통예술을 공연예술에 적합하게 변용하며 관객과 소통하려 하였다. 이러한 정공법은 '사름이 아조 밤마다 듸리 밀리는되 ……'[26]라는 표현처럼 인기가 높았는데 이는 공연 공간을 황금유원으로 옮기면서 관객 수용에 유리하였던 점과 박승필의 극장 경영에 힘입은 바가 크다. 이와 함께 광무대 전속 예인 혹은 기생을 두어 이들의 적극적으로 후원하고 홍보하는 등의 예술기획이 이루어진 결과였다. 그 대표적인 예로 오옥엽(吳玉葉)과 이산옥(李山玉)을 들 수 있다.

이미 협률사의 등장 이후 관기들이 대중과 접촉을 하고, 기생조합 등을 통해 예인의 활동 범위가 넓어지면서 이들은 대중적 관심의 중심에 놓이게 되었다. 이러한 과정에서 초점은 집단적 예인에만 머무는 것이 아니라 개인에 집중되는 현상이 나타나는데 옥엽과 산옥의

---

26 「독자구락부」, 『매일신보』, 1913.6.4.

경우는 일종의 스타시스템을 통해 광무대의 상징으로 등장하여 공연
을 뛰어넘어 사회적 관심의 대상으로 등장하였다.

옥엽과 산옥은 광무대 소속 기생이었다. 이들은 기생조합에 속한
것이 아니라 광무대 소속이었다는 점에서 공연에 전념할 수 있는 장
점을 지니고 있었다. 그러다 보니 언론에 노출되기에 용의하였고, 이
러한 부분을 광무대에서도 적극적으로 활용하여 홍보하였다. 처음
언론에 노출된 것은 이미 그들이 활발히 활동하는 시기로 사진과 함
께 간단한 그들에 대해 소개 글이 실려 있다.

이 글은 산옥과 옥엽에 대한 구체적인 약력 소개라기보다는 '嬌熱
歌舞가 堂代無雙'이라는 표현처럼 문학적 미사여구로 일관한 묘사의
글이다. 이런 기사는 이들의 인기를 반증하는 요소이면서 동시에 이
들이 〈미일신보를 봉축함－만셰가〉(『매일신보』, 1913.3.27.), 〈근츅미
일신보〉(『매일신보』, 1913.4.9.) 등을 쓰는 등 언론과 관계성도 생각해
볼 수 있는 부분이다. 당대 기생이 사회적 관심으로 등장하자 언론에
서는 이들을 적극적으로 수용하여 기사로 만들었고, 이들도 거기에
동참하는 등 언론과 연예인과 상호 밀착 관계의 징후가 여기서 발견
된다. 이러한 관계성은 이들의 일거수일투족이 가십 기사가 될 정도
로 대중적 기호로 확장되어 팬레터가 답지했다는 기사[27], 그의 부모에
대한 이혼 이야기 혹은 그들의 병고에 대한 기사까지 나올 정도로
대중적 관심도가 높았다.

---

[27] "요시부랑픽류의 무리들은 그러케 홀 짓이 없던지 광무디옥엽에게 염셔만보닌는딘 우
표도 붓치지안코보닌기 찍문에 하도셩이가시여서 인제브터는 안이밧기로 작뎡이랍듸
다(소문생)"(『매일신보』, 1914.11.27.)

이러한 예인에 대한 관심의 증폭은 『매일신보』에 연재된 「예단일백인(藝壇一百人)」에서도 구체적으로 투영된다. 이는 당대 가장 왕성하게 활동하던 전통 예인 100여 명을 추려 연재한 기사로 여기에는 기생이 90%를 차지할 정도로 이들에 대한 대중적 호응이 높았다. 여기서 옥엽과 산옥도 그들에 대한 간단한 약력과 함께 특기 등도 소개되는데 옥엽은 승무, 춘향가, 방자노름, 기타 잡가에 능통하였고, 산옥은 승무, 춘향가, 이도령노름, 사랑가, 판소리, 시조, 가사, 잡가를 잘하였고, 특히 해주난봉가와 양금이 전문이었다.[28] 이렇게 이 시기 이들은 언론을 통해 관심의 대상이 되면서 광무대의 상징적 기호로 자리매김을 하였다.

이러한 양태는 『매일신보』에 「연극과 활동」, 「연예」란 등의 공연 기록에서도 그대로 드러난다. 광무대에서는 명인 명창들과 산옥과 옥엽을 중심으로 춘향가를 비롯한 소리 그리고 승무, 검무, 한량무 등이 행해지며 매일 레퍼토리를 달리하였다. 그런데 광무대 무대는 소리가 중심을 이루고 있었다. 이는 명창들의 활동과 옥엽과 산옥 등 광무대 소속 기생들의 특기에서 비롯된다. 그들의 공연이 춘향가 등 소리에 능하여 완성도 있는 공연을 펼치지만 어린 나이에 광무대에 편입되어 제대로 된 춤 교육을 받지 못하였기에 이에 대한 전승과 변용은 제대로 이루어지지 못한 것이다.

그럼에도 불구하고 이러한 예인들은 공연장에서는 물론이거니와 사회적 담론을 불러 모으는 기호로 작용하면서 광무대의 명성은 더

---

28 「예단일백인(22) 오옥엽」, 『매일신보』, 1914.2.24.; 「예단일백인(66) 산옥」, 『매일신보』, 1914.4.25.

욱 높아갔다. 이러한 면모는 박승필의 극장 경영 전략에서도 드러난
다. 박승필은 1914년 단성사도 함께 경영하지만 광무대는 철저하게
전통연희를 중심으로 우직하게 공연을 기획한다.

> 광무디에 구파는 더욱 확장하야 발뎐을 도모ᄒᄂᆫ 동시에 단성사를 시
> 로히 기축을 ᄒ고 구미 문명졔국에 유명ᄒᆫ 활동비우의 경련동지ᄒᄂᆫ 기
> 슐예슐뎍 활동ᄉᆞ진을 슈입ᄒ야다가 일반에 보이고져 계획ᄒ기를[29]

박승필이 단성사에시는 영화를 중심으로 하면서 여러 공연을 수용
한 데 반해 광무대에서는 철저하게 전통연희를 연행하여 전통공연의
맥을 지속시켰다는 점에서 의미 있는 공간으로 자리하였다. 이는 광
무대의 공과로 미시적 전통의 변용 속에서 대중의 흥미를 끌었지만
이후 이러한 전통연희가 근대적 흐름에 따라 자체적으로 개량하지
못하였다는 측면에서 한계이기도 한 대목이다.

이렇게 광무대를 통해서 '일신개량'이라는 의식 속에서 여러 변용
이 이루어지는데 먼저 형식에서는 박승필을 통해 문화기획의 초보적
인 형태가 이때 이루어지는 점이 주목된다. 관객 확보를 위해 공연공
간을 황금유원으로 옮기고 꾸준하게 전통공연예술을 상설로 연다거
나 옥엽과 산옥 등의 인기 있는 예인을 적극적으로 활용한 스타시스
템의 구축은 대중문화의 생성의 한 양태로 바라볼 수 있다.

내용에서도 전통의 근대적 변용을 통해 창작춤이 이루어지는데 전
기광무, 지구무 등 근대적 장치와 의식의 수용을 통해 새로운 창작의

---

29 「광무대의 십주년 기념」, 『매일신보』, 1918.9.5.

인식 전환이 이루어진다. 이러한 양상의 포괄은『주역』에서 말한 변통(變通)으로 이해할 수 있다. 이는 내용에 앞서 구조적 측면 변화(變化)와 소통(疏通)을 이루려는 광무대의 인식에서 비롯되었다. 이는 내용까지 함께 공유되어 변혁으로 이어지지는 못하였는데 아직까지 사회전반에 걸친 근대적 모티브가 제대로 이루어지지 못함에 원인이 있을 것이다.

3) 대중문화 형성의 문턱 : 단성사

협률사 이후 원각사, 광무대가 등장하면서 무대공연예술의 폭은 넓어졌고, 이러한 흐름은 장안사, 연흥사 그리고 단성사 등의 등장으로 가속화되었다. 이 중 단성사는 근대 초기 대표적인 전통연희 공연장이면서 변용을 통해 근대 담론의 생성이 급속하게 이루어진 공간이다. 단성사는 1907년 지명근, 박태일, 주수영 등을 발기인으로 '演藝의 性質沿革과 改良發展할 취지로 演說ᄒ고 我國演藝界 發達'을 지향하며 설립되었다.[30] 그러면서도 이들은 영업 이익을 통해 교육 장려와 자선 사업에 쓰이기를 바라는 등 공공(公共) 인식도 함께 가지고 있었다. 이는 1908년 단성사 자체의 기부 행위와 단성사에서 행해진 고아원 경비 지원[31]이나 다수의 예인이 참여한 고아원 수리비 자선연주회[32] 등 일련의 자선 행사에서 그대로 나타났다.

---

30 「演藝團成社設立」, 『만세보』, 1907.6.7.
31 "단성사션심 동문안 단성사에서 고ᄋ원의 경비가 군식흠을 듯고 일전에 ᄒ로를 희원에 벌넛ᄂ듸 그날에 고아원에서 이빅여환을 거두어 갓다더라."(『대한매일신보』, 1908.1.1.)
32 "趙東郁某某氏가 孤兒院修理費에 補充ᄒ기 爲ᄒ야 慈善演奏會를 團成社로 開催ᄒ엿ᄂ대 李淳瑞 申淳根 朴春卿 諸人이 詩동藝妓 康津 色蓮心柳色紅桃瓊珮玉葉彩瓊海州

그럼에도 불구하고 단성사에 대한 시선은 그리 좋지 못하였다. 이러한 통념은 당시 언론이 가지고 있던 생각 그대로의 반영으로 협률사와 더불어 타파의 대상으로 인식되었다. 이는 연극 개량 등의 내용적 측면에 앞서 극장 문화에 대한 보수적 인식과 풍속 문제에 집중되었다.

> 記者가 엇지 韓國劇界를 忍言하며 엇지 韓國劇界를 忍言ᄒ리오 韓國의 劇界를 觀ᄒ즉 只是協律社團成社等의 劇場을 設ᄒ야 許多淫蕩의 演戲로 許多靑年子弟를 引하야 其心志를 亂케ᄒ며 其意氣를 墮케ᄒ며 其思想을 迷케ᄒᆷ으로 學問에 留意ᄒ던 者ㅣ 此에 往하면 其學問을 棄ᄒ며 實業에 留意ᄒ던 者ㅣ 此에 往ᄒ면 其實業을 棄ᄒ야 無數人才를 皆此에서 壞了케ᄒ니 嗚乎라 韓國의 現今所謂劇場은 壹切無疑打破홀 者어니와 雖然이나 此等劇場은 人心을 蠹ᄒ며 風俗을 壞하야 社會에 惡影響을 貽케ᄒᄂ 故로 打破無疑라ᄒᆷ이어니와 萬壹人心風俗에 有益ᄒ야 社會에 好影響을 貽홀 劇場이 起홀진디[33]

이러한 양상은 앞서 협률사가 등장하며 나왔던 반응과 마찬가지이다. 공연 내용에 대한 구체적 문제점보다는 청년 교육, 즉 학문의 문제에 귀결되어 이러한 공간이 풍속을 어지럽힌다는 것이다. 이는 구연극은 풍속을 해치고 질서를 문란하게 하니 개량이 필요하며 신연극도 앞으로 더 연구하여 새로운 문화 창출에 토대가 되기를 바라는 관점이다. 이러한 문제는 연극장 풍속개량론과 맞물리며 문명적인

牧丹碧桃桃花花雲香翡翠弄玉梅花眞紅錦紅蘭珠花仙康津明玉娟蓮月出弄仙月姬竹葉桂心桂花醉月桃花弄珠蓮紅杏花玉香鳳姬李花弄月 等三拾八人을 領率ᄒ고 以演藝로 寄附ᄒ기로 酌定ᄒ얏다더라."(『대한매일신보』, 1908.6.30.)

33 「論說 劇界改良論」, 『대한매일신보』, 1908.7.12.

연극과 그렇지 않은 상풍패속한 조선 연극을 대립적인 관계로 구별하여 통제의 대상을 담론적으로 규정하였던 인식과 맥을 같이한다.[34] 이러한 이분법적 논리에 의한 시각은 구연극은 사회에 기여하지 못하고, 개혁의 대상이며 신연극이 풍속 개량의 도움을 줄 수 있으리란 생각에서 비롯된다. 이것은 연극을 사회 계몽의 수단으로만 인정하고, 무대공연예술이 지니는 오락성을 이해하지 못한 일방향의 인식이었기에 뚜렷한 해결책이 아닌 추상적인 개념으로만 머물러 현실과 괴리가 있었다.

이러한 논의와 상관없이 단성사에는 많은 관객이 모여들었고, 대중적인 극장으로 자리 잡았다. 시골에서 상경한 노인이 서울 구경을 하고 볼만한 것이 무엇인지를 이야기한 글에서도 단성사와 광무대를 예로 들어 서울의 가장 대표적인 상징으로 인식되었다.

단셩샤니 광무디니 연희쟝을 셜시ㅎ고 명기명챵 모혀드러 노래ㅎ고 츔츌적에 호화ㅈ졔 왕리ㅎ며 불셕천금 힝락ㅎ니 신세계가 되엿고나[35]

여기서 시골 사람이 서울에서 새롭게 바라본 것은 여러 사람이 모여 취지 연설에 손뼉을 치는 모습이나 삼층집, 가로등, 양복 입은 여학생도의 모습 등 근대 문화의 여러 양상이다. 공론장이 형성되고 근대 문명이 등장하고, 여성 교육 문제까지 그동안 볼 수 없는 모습을 관찰할 수 있다는 점에서 근대적 변용의 양태를 전해주었다. 그런데

---

34 우수진, 「연극장 풍속개량론과 경찰 통제의 극장화」, 『한국극예술연구』 32, 한국극예술학회, 2010, 58쪽.

35 「시ᄉ평론」, 『대한매일신보』, 1908.7.3.

단성사나 광무대에서 행한 내용이 근대적이라고 보기는 힘든 부분이 존재한다. 그곳에 담긴 것이 근대 문물의 투영보다는 명기명창이 모여 가무를 보여준 차원에서 변혁은 아니었기 때문이다. 그럼에도 이러한 모습은 극장의 등장으로 인해 제한된 공간 안에서 제한된 사람들만 볼 수 있었던 예인의 연희를 개방된 공간에서 불특정 다수, 계급을 떠나 모두 볼 수 있다는 점에서 또 다른 근대적 변용 양상으로 바라볼 수 있다.

　이렇게 대중에게 초기 단성사는 전통연희를 즐길 수 있는 공간으로 이해되었다. 이러한 시각을 확인시켜 준 대표적인 공연 중 하나로 강선루 공연을 들 수 있다. 강선루는 단성사에서 이루어진 연합적 공연 단체로 1912년 4월 21일부터 5월 26일까지 한 달여에 걸친 장기 공연이었다. 이 공연의 특징은 그동안 예기들의 공연이 간헐적이었고, 레퍼토리도 단조로웠던 데 반해 다양한 예인들의 공연을 장기적으로 볼 수 있다는 점에서 대중에게 흥미를 주었다. 특히 이들은 '종전의 기생가무를 일신개량하여 문예적 신연극을 추구'[36]한다는 측면에서 그동안 공연된 형식과 내용에서 차이를 두려고 하였다.

　이들이 행한 초기 레퍼토리는 소리와 연주, 무용, 문영갑의 날탕패, 박춘재의 소리와 재담 등 다양하게 구성되어 있었다. 그렇지만 박춘재와 문영갑 등의 공연에서는 음담패설 등 질 낮은 공연 내용이 문제가 되었다. 이에 이들의 공연이 제외되면서 무용 중심의 공연으로 공연이 채워졌고 장기 공연으로 이어졌다.

---

36 「단성사 개연 - 공전절후의 기생가무」, 『매일신보』, 1912.4.21.

중부 파죠교 단셩샤에서 흥행ᄒ는 강션루일힝의 장쳐와 단쳐를 드러셔
일추 경고ᄒ 결과로 박츈지와 류영갑 등의 풍속괴란ᄒ는 지료는 일톄로
업시고 슌견흔 기악으로 흥힝ᄒ는 즁에 셔민안락무 향장무 헌반도의 모
든 가무와 쥴풍류는 진실로 셩대태평의 긔샹을 자랑홀 쑨 안이라 그 쳥아
흔 가곡과 반션흔 츔 장단은 가히 관람쟈의 심신을 화열케 ᄒ며 기타의
뎐긔츔과 나뷔츔이며 기싱환등과 금강산 샤진은 근일 연극쟝에셔는 쳐음
보는 바인즉 구일 연극으로는 십분 완젼ᄒ다고 홀만ᄒ나 그 쟝ᄂᆡ의 질셔
로 말ᄒ면 문란ᄒ기가 태심ᄒ도다[37]

강선루의 공연은 초반 10여 일 정도는 가무가 어우러졌지만 박춘
재, 문영갑이 제외된 이후는 가무를 중심으로 진행되었다. 이러한 이
들의 공연 양상은 1912년 5월 7일부터 26일까지 공연 내용이 광고를
통해 정확하게 기록되어있는데, 가인전목단, 승무를 비롯하여 총 17
개의 춤과 소리 등이 하루에 10개 내외의 연제로 구성되어 있었다.
춤의 내용을 살펴보면 항장무 등의 정재와 승무 등의 민속춤 그리고
전기호접무, 전기춤, 안락무처럼 새롭게 창작된 춤들이 앞서 간헐적
으로 나타난 모습과 비슷한 양상이지만 장기공연으로 이어지다 보니
일회성이 아닌 연속성을 지니고 공연되고 있었다.[38]

이렇게 장기공연이 이루어지며 관객은 접근도 용이하였고, 다양성
을 지녔기에 흥미를 가지고 여유롭게 공연을 지켜볼 수 있었다. 그러
다 보니 공연에 대한 간단한 리뷰가 신문에 실렸고, 공연문화에 대한
담론도 형성되었다.

---

37 「演藝界 – 降仙樓의 善惡一評」, 『매일신보』, 1912.4.30.
38 5월 7일부터 26일까지 공연된 레퍼토리에서 가장 횟수가 많은 것은 승무(17회)였고,
  다음으로 검무(15회) 그리고 전기호접무가 9회, 전기무(電氣舞) 8회 등이었다.

　그적게 밤에 하도 심심ㅎ기로 단성사(團成社) 강선루(降仙樓)의 구경
을 갓섯지 응 나도 갓셔지 쳐음소문에는 우듸기싱들이 한다더니 엇더케
되여셔 시곡기싱(詩谷妓生)들이 와셔ㅎ던걸 나도 이샹히셔 무러보닛가
져녁늬로 변경이되엿듸여 이리구뎌리구 잘들ㅎ던걸 나는 우듸기싱홀쌔
에 구경ㅎ고 지금시곡시싱의 가무도보왓네만은 우듸기싱즁에는 련홍(蓮
紅)국희(菊姬)가 데일이오 시곡기싱즁에는 롱션(弄仙) 취경(彩瓊)이가 데
일이라홀슈밧긔업셔[39]

　　규측듸로 시힝ㅎ랴고 직작일은 음력 亽월팔일 인고로 각연극장에 구경
ㅎ는 사람이 다슈혼바 즁부파죠교단성샤에서 흥힝ㅎ는 깅션루 연극장에
셔는 구경군이 칠팔빅명에 달ㅎ야 심히 위험혼 틱도가잇음으로 당직경관
이 그 연극장亽무원을 불너 셜유ㅎ기를 이왕관쳥으로부터 허입ㅎ라는 인
원의 슈효이외에는 드리지말ㅎ얏다더라.[40]

　강선루 공연은 이전에 좀처럼 볼 수 없었던 한국 최초의 무용 장기
공연이었다. 이후 시정오주년 조선물산공진회 때 장기 공연이 이루
어지긴 하였지만 이렇게 극장을 통해 영속적으로 한 단체에 의해 이
루어진 경우는 이후에도 드물었다. 그렇지만 이 공연은 매일 관객이
7, 8백여 명이 될 정도로 호응이 높았다.[41] 이에 관에서도 질서유지와
풍속단속을 위해 이들의 행보를 주목할 정도였다.

　이와 함께 공연을 통해 시곡기생인 농선과 채경이 인기를 끌었는
데, 이러한 양상은 강선루 일행의 공연 이전에도 이들이 대중의 관심

39 「道聽塗說」, 『매일신보』, 1912.5.15.

40 「규측듸로 시힝ㅎ랴고」, 『매일신보』, 1912.5.26.

41 "團成社 파죠교에셔 단성사에서 흥힝ㅎ는 강션류일힝은 직작일 밤에 관람자가 오빅삼
심오인이오 슈입이 오심이원삼십젼."(「연예계」, 『매일신보』, 1912.5.3.)

에 놓여있었음을 알 수 있다.[42] 여기서 이 공연의 주체 일부가 시곡기생이었음도 함께 논의의 대상이 되는데, 시곡기생은 삼패를 통칭하여 부르던 이름으로 이들은 이 중 예기에 뛰어난 인물들로 구성된 조직이었다. 또한 시곡은 경성 남부 훈도방에 있던 지역명으로 이곳에 한성기생조합소가 있었고, 가인전목단이나 무고에 참여한 인물들의 다수가 한성기생조합소 소속이라는 측면에서 강선루 일행에 중심으로 참여하고 있었다.[43] 이렇게 여러 층위가 이 공연에 참여하였기에 관기와 삼패의 경계가 뚜렷한 이전 시기와 변별성을 두며 전통 춤이 다양한 색깔을 지니며 변용하는 계기로 작용하게 되었다.

이렇게 강선루 일행의 공연 이후 전통예술을 중심으로 공연을 이어가는 단성사는 건물을 새로 지으면서도 전통연희 중심의 기저는 그대로 가지고 간다. 이는 신축 첫 공연도 광교조합 예인을 중심으로 무용 공연에서도 드러난다.

> 新築落成된 團成社 大大的 大觀劇!! 本團이 금회에 신축낙성ᄒᆞᆫ 후 제일 벽두에 광교기생 전부가 전무후무ᄒᆞᆫ 각양각무를 연주ᄒᆞᆸᄂᆞᆫ 바 가무의 종별은 閭左ᄒᆞᆷ
>
> 演劇科目
>
> 項莊舞 船遊樂 舞鼓 佳人剪牧丹 抛毬樂 長生寶宴之舞 響鈴舞 庶民安樂舞 劍舞 僧舞 絲風流 獅子舞 등 각종 娛樂劇 中部洞口內 團成社 白[44]

---

42 "중부파죠교 단성사(團成社)에셔ᄂᆞᆫ 구일연극을 설힝ᄒᆞᄂᆞᆫᄃᆡ 밤에ᄂᆞᆫ 시곡(詩谷) 예기들이 각종졍직(呈才)를 보ᄂᆞᆫ즁 롱선(弄仙)의 승진무와 ᄎᆡ경(彩瓊)의 승무로 인ᄒᆞ야 관람쟈의 손벽치ᄂᆞᆫ 쇼리가 칙칙ᄒᆞ며 낫이면은 씨름판을 붓쳐셔 관람쟈의 홍긔를 돕ᄂᆞᆫ다ᄒᆞ고."(『매일신보』, 1912.4.2.)

43 송방송, 「1910년대 정재의 전승 양상 - 기생조합의 정재 공연을 중심으로」, 『국악원논문집』 17, 국립국악원, 2008, 162~163쪽.

이때 공연된 광교조합의 레퍼토리를 살펴보면 이전 강선루의 공연에 비해 오히려 정재의 비중이 높은 공연 형태를 보인다. 1913년 조직된 광교기생조합은 다동조합과 함께 당대 대표적인 기생 조합으로 경성의 관기 출신으로 구성된 유부기 조합이었다. 그런데 이들이 이러한 조직을 만들게 된 배경은 예기들의 스스로 자신의 격을 찾고자 했다는 점에서 비롯되었다.[45] 이는 이러한 기생조합이 전통의 맥을 잇는 적자임을 강조하면서 여러 교육을 통해 가무를 익혀 정재의 비중이 높게 나타났고, 민속춤이나 창작춤이 최소화하게 된 것이다.

이러한 측면은 1914년 단성사에서 공연된 레퍼토리와 궤를 같이한다. 초기 일신개량이라는 화두는 사라지고 다시 전통으로 회귀를 보이는 면이 드러난 것이다. 이는 채란의 판소리, 이동백의 판소리, 이화의 승무 등 대표적인 예인을 전면에 내세운 것은 물론이거니와 기생조합의 연주회 형식의 공연이 이루어졌다. 이렇게 이 시기는 광무대, 연흥사, 장안사 등의 극장에서 전통연희의 공연이 매일 다양한 형식으로 이루어지며 대중의 향유 대상으로 자리를 잡았고, 확대의 폭을 넓어지며 흥행에서도 성공을 거두게 되었다. 또한 이때는 매일신보에 「예단일백인」이 연재된 시기로 언론의 홍보와 맞물리며 전통연희에 대한 관심은 더욱 높아갔다.

그럼에도 불구하고 이러한 흐름은 오래 지속되지 못하였다. 연극개량의 절충적 형태인 신파극이 등장하였고, 많은 극장들이 운영을 제대로 못하여 자취를 감추게 된 것이다. 게다가 1918년 박승필이

---

44 「광고」, 『매일신보』, 1914.1.28.
45 김영희, 『개화기 대중예술의 꽃 기생』, 민속원, 2006, 53쪽.

단성사의 운영을 운영하면서 광무대는 전통연희 전문 극장으로 단성사는 영화 상영관으로 분리 경영을 통해 목적이 변화하면서 단성사는 더 이상 전통연희 극장으로 명맥은 이어가지 못하였다.

단성사는 당시 일본인 극장이 득세하던 시기 경성에서 한국인 경영 극장으로 유일하게 맞설 수 있는 상징적인 공간으로 의미를 가진다. 특히 단성사는 대중에게 인기가 높은 레퍼토리를 수용하는 극장으로 각인되고 있었는데 이러한 측면의 바탕은 한 달여 장기공연이 이루어진 강선루 공연 등의 전통연희 공연이나 신파극 그리고 영화 등 시대적 변화에 따른 절충적인 수용 양상의 결과였다. 이는 대중이 요구하는 것이 무엇인가를 앞서 판단하고 기대지평을 확대시킨 것에서 비롯된다. 전통 춤의 경우도 한 달 동안 가장 많은 공연이 이루어진 것도 승무, 검무 등 대중이 흥취를 가질 레퍼토리를 앞세운 점이나 당대 명인을 전면에 내세운 것도 단성사의 대중지향성에 원인이 있다. 단성사는 1920년대 즈음 과감하게 전통공연을 후순위로 미루고 영화 전문으로 탈바꿈을 한다. 이는 무대공연예술이 순수예술에서 대중문화로 월경(越境) 현상의 한 양태이며 공연문화가 고전주의에서 리얼리즘으로 넘어가는 문턱으로 이해할 수 있다.

3. 결론

이 연구에서는 근대 한국 전통공연예술이 어떠한 메타모포시스의 과정을 거치며 시대정신을 담아내어 변화하는지를 살펴보았다. 근대 극장의 등장은 이윤추구를 위한 생산, 수용, 소비의 구조적 공간이면서 담론장의 형성을 통해 대중문화가 투영된 공간이란 측면에서 사회적 의미가 있다. 그러면서도 근대 이행기 극장은 전통의 점진적 변용을 통해 대중에게 향유할 수 있는 미적 대상을 선사하여 옛것에 대한 전형성을 지닌 새로운 고유문화를 창출하였다는 점에서도 가치가 있다.

이 시기 극장의 등장은 시공간의 인식, 광고로 시작하여 리뷰에 이르는 소통 구조의 형성, 수평적 질서의 관객 등장 다양한 근대적 담론을 형성하였다. 무용의 경우도 전통방식에서 극장을 통해 절충적인 변용을 보인다. 내용에서는 정재가 대중에 공연되며 개방적 수용 양상이 나타났고, 민속춤과 창작춤이 등장하여 자생적인 변화를 꾀하고자 하였다. 또한 '예단일백인'에서 보듯 언론을 통해 대중적 관심의 대상으로 춤꾼이 자리매김하면서 예인에 대한 이미지가 제고되는 계기를 마련하였다.

그럼에도 불구하고 1920년대에 들어서면서 서서히 이러한 전통예술의 공연 양식은 극장에서 자취를 감추게 된다. 이는 개량이라는 본질에서 스스로 변혁하지 못하여 새로움을 전하지 못한 측면이 작용하며 본격적인 서양 문화의 유입을 통해 극장에 가장 적합한 형식이 수용되면서 자리를 잃게 된 것이다. 이러한 양상은 한성준의 등장으로 무대공연예술에 맞는 공연양식이 형성되면서 또 다른 변용을 맞게 되고, 서양 춤의 유입을 통해 무대공연예술은 또 다른 메타모포시스를 겪게 되는데 이러한 문제는 다음 연구 과제로 삼고자 한다.

무대공연예술로 전통 춤 레퍼토리의 형성

1. 서론

조선왕조 말기는 변혁의 물결이 요동치던 시기였다. 안으로는 조선왕조의 병폐가 그대로 드러나 위, 아래에서 개혁의 이름이 높았고, 밖으로는 열강의 세력 다툼이 극에 달하며 그들의 힘을 과시하는 공간으로 한반도는 자리하게 되었다. 이러한 전근대적 모순은 조선왕조의 부실한 정치 체제, 관료들의 무능과 부패가 고스란히 민중들에게 전달되어 민란이나 동학농민혁명(1894년)으로 그 울분이 분출되었다. 이는 단순한 반봉건 의미와 함께 반외세의 자생적 몸짓이었고 근대정신의 발아로 규정지을 수 있다.

근대는 사회의 모든 면에서 자아각성이 추구되는 시기로 결국 사회의 의식화된 자아각성이 추구되는 시공간이라 말할 수 있다.[1] 이는 일정 집단의 국지적 공간이 아닌 대중의 보편적 근대 의식의 발아와 제도의 정리가 집단적으로 이루어졌을 때 이야기될 수 있는 부분이다. 예술에 있어서도 그러하다. 예술에서 근대성도 결국 추상적

---

1 황패강, 『한국문학의 이해』, 새문사, 1991, 412쪽.

개념의 복합체이지만 문화전체의 구조 속에서 제도화되었을 때 그 의미가 제대로 평가받을 수 있다. 이에 자생적인 의식만을 강조하여 한국 문화의 근대 의식 성장을 영·정조시대로 규정하고 그 바탕을 서민계급의 등장과 더불어 판소리, 광대의 생성으로 인식한 것도 그 징후만 보인 전반적 현상으로 깊이 있게 의미를 부여하기에는 무리가 따른다.[2]

　이는 자생적 노력과 함께 서양의 근대적 형식이 수용되었을 때 조금 더 유연한 근대 문화의 형성을 바라볼 수 있을 것이다. 특히 무용은 극장의 등장에 따라 근대적 변용을 이룬다. 개항 이후 극장의 등장으로 문화는 소비와 향유의 의미를 함께 지니게 되었고, 제한된 시공간에서 이루어진 근대 이전의 공연에서 벗어나 대중과 호흡하며 무용은 문화 전승의 기호로 시대적 흐름에 편승하게 된 것이다. 특히 정재와 민속춤은 극장의 등장으로 이에 걸맞게 다듬어지는데, 이에 한국 문화의 전승과 변용이란 거시적인 측면에서 무용은 어떠한 시대적 적응력을 발휘하는지, 이를 대중은 어떻게 받아들여 향유와 소비를 이어갔는지 고구해보는 것은 근대의식의 이행적 양태를 살필 수 있다는 측면에서 의미가 있을 것이다.

　이 시기에 대한 연구는 다양한 시각에서 이루어졌다. 먼저 유민영은 개화기와 전통극의 변모 과정에서 개화기 극장의 등장, 개화기 공연예술의 사회인식을 깊이 있게 다루면서 근대 공연예술 연구의 길잡이 역할을 해주었다.[3] 또한 송방송은 근대적 공연예술의 첫출발인

2　김윤식·김현, 『한국문학사』, 민음사, 1973.
3　유민영, 『한국근대연극사』, 단국대출판부, 1996.

협률사와 원각사의 공연 모습을 전통음악과 무용 측면에서 살폈고, 1910년대 정재의 전승 양상을 기생조합을 중심으로 살펴봄으로 전통 연희의 근대공연예술사적 의미를 재조명하는 등 이 분야 선험적 연구의 토대를 마련해 주었다.[4]

이와 함께 무용을 중심으로 이 시기를 바라보는 세심한 연구들이 이루어졌는데, 김영희는 이 시기의 기생들의 활동에 주목하였고,[5] 박성호는 개화기 연희공간의 변화를 중심으로 전통 춤의 분류 문제를 살피는 등 이 시기 무용의 역할에 대한 선험적인 노작들로 이야기할 수 있다.[6]

이 연구에서는 이러한 선험적 연구를 비판적으로 수용하며 개화기 공연예술로 한국 무용의 레퍼토리가 어떻게 형성되는지를 고구해보고자 한다. 먼저 협률사 이후 나타나는 무대공연예술로 한국 무용의 흔적을 통해 한국 무용 레퍼토리가 어떻게 지속되고 변용되는지를 살펴볼 것이다. 이는 궁중정재 또는 민속춤이 어떻게 공연으로 편성되었고, 대중에게 어떻게 수용되는지가 연구 대상이 될 것이다. 또한 이러한 응축이 내재되어 장기적으로 드러난 단성사의 강선루(1912) 공연을 분석하여 그 레퍼토리가 어떻게 문화전통으로 이어지는지에

---

4 송방송, 「협률사와 원각사에서의 공연양상 – 대한제국 말기의 자료를 중심으로」, 『한국전통음악학』 5, 한국전통음악학회, 2004; 송방송, 「1910년대 정재의 전승 양상 – 기생조합의 정재 공연을 중심으로」, 『국악원논문집』 17, 국립국악원, 2008.

5 김영희, 「일제강점기 초반 기생의 창작춤에 대한 연구 – 1910년대를 중심으로」, 『한국음악사학보』 33, 한국음악사학회, 2004; 김영희, 「일제강점 초기 기생제도에 관한 연구 – 일제의 왜곡과정을 중심으로」, 『한국무용사학』 7, 한국무용사학회, 2007.

6 박성호, 「현행 전통춤 분류 문제에 관한 연구 – 개화기 연희공간의 변화를 중심으로」, 『한국무용사학』 9, 한국무용사학회, 2008.

대해서도 주목하고자 한다.

2. 개화기 무용 담론과 공연예술로 무용 레퍼토리의 생성

1) 개화기 공연문화에 나타난 무용 담론

공연예술에 있어서 근대적 변용은 극장의 등장으로 이루어진 형식적인 변화와 내용의 변용이 함께 논의되어야 한다. 먼저 극장의 등장은 청(淸)과 일본(日本)의 조계지와 관련이 있다. 개항과 함께 조선에 청인과 일인들이 경성, 인천, 부산 등을 중심으로 거류지를 형성하면서 우체국이나 은행 등의 공공기관은 물론이거니와 다양한 문화 편의 시설이 자연스럽게 생성되기 시작하였다. 이는 1894년부터 1897년 사이 조선을 다녀간 이사벨라 버드 비숍의 기록에서 남산 기슭의 일본 조계지에 극장 등 생활 편의를 위한 시설 등이 갖추어져 있음을 밝히고 있고,[7] 인천에도 1897년 전후로 일본인 거류민을 위한 100여 석 정도의 가부키극장이 생성되어 가부키와 신파극 등이 공연되었다는 기록을 통해 알 수 있다.[8] 또한 청의 극장도 당시 적지 않게 조선인들에게 자극을 주었는데 특히 이들의 공연을 비판적 수용 입

---

7 이사벨라 버드 비숍, 이인화 역, 『한국과 그 이웃나라』, 살림, 1994, 58쪽.
8 "仁川最初の劇場は、 仲町一丁目(府廳西側)に錦田席があつて僅かに居留民に慰安を興へてるた. 百人の席もない位な小屋であつたが, 花道と中内は漸やく設備されてるた. それは明治三十年以前の時代である. 明治三十年になつて山手町二丁目(梶谷寫眞屋前角)劇場らしい樣式を備へた小屋が新築されて仁川座と呼ばれてるた. 仁川歌舞伎座建築されて後忠南大田に運ばれ, 二度の勤めをしてるた."(인천부청 편, 『인천부사』, 인천부청, 1933, 1471~1472쪽.)

장에서 바라본 예인들은 조선 연희와 비교하며 새로운 인식을 이 공간에서 얻기도 하였다. 이는 협률사(協律社)를 조직한 송만갑, 이동백 같은 명창들이 청계천 청국의 극장에서 창우(倡優)를 보고 그 영향을 받아 창극(唱劇)의 모티프를 얻었다는 회고에서도 여실히 드러나는 모습이다.[9]

이렇듯 일본과 청의 극장문화는 전통공연의 자생적 의식 변화를 꾀하는 자극제로 나타났고, 이즈음으로 전통공연의 변용을 이루는 동기로 작용하였다. 그렇지만 이러한 문화구조는 이미 자생적으로도 변화 양상을 보이기 시작하였다. 무동연희장은 그러한 대표적인 예로 '한잡유희 서강한잡배가 아현 등지에서 무동연희장을 열었는데 구경하러 오는 사람들이 운집하였다'(『황성신문』, 1899.4.3.)이란 기사나 '광고 양력 2월 27일 오후부터 용산 전기회사 정거장 근처에서 무동유희를 열고자 하니 여러분들이 와주십시오 무동연희장 告白'(『황성신문』, 1900.2.28.) 등의 공연 형태에서 찾아볼 수 있다. 이러한 모습은 전통연희가 소비산업 형태로 형성되어 갔음을 보여주는 흔적이다. 먼저 연희장이란 표현에서 이전의 걸립패나 남사당패의 연희처럼 일시적 시공간이 아닌 고정적인 장소에서 이루어진 극장 형태의 공연임을 보여주고 있다. 이것이 실내 극장이 아닌 야외에서 연희된 것이었지만,[10] 어느 정도 공연장의 형태를 갖추어져 '內外國 紳士들이 前

---

9 박황, 『창극사연구』, 청록출판사, 1976, 17쪽.

10 1900년 2월 27일 갖기로 한 용산의 무동연희는 3월 5일에서야 공연이 이루어진다. 물론 연기된 이유가 공연복장이 준비되지 않는 등 공연 준비의 소홀에도 있었지만, 강우로 인해 며칠 뒤에야 공연이 이루어진 점도 실외극장임을 말하여 주는 모습이다. 『황성신문』, 1900.3.1, 3.2, 3.5일자 신문 참조.

往ᄒ야 觀光者ㅣ如雲ᄒ더라(『황성신문』, 1900.3.6.)라는 표현대로 구름 같이 많은 인원을 불러 모아 큰 호응을 얻었음 알 수 있다. 또한 기존의 전통연희와는 다르게 시간과 장소에 대한 규정과 함께 황성신문의 광고를 통해 공연을 홍보하는 점에서 극장문화의 출현을 알리고 있다. 이는 사회적 편의에 대한 의사소통의 수단으로 신문이 매개체가 되었고, 극장의 생성이 예인에게나 대중에게 큰 변화를 주어 문화콘텐츠에 의한 근대적 문화산업 구조가 빠르게 정착되어 가는 모습이다.

그렇지만 그동안 공연예술은 부정기적으로 이루어지는 형태가 대부분이었다. 이는 궁중정재도, 민중들의 삶을 표현한 남사당패나 탈춤도 그러하다. 그저 단순하게 교방에서 여러 예술적 형태가 영속적으로 이어지는 정도였다. 이런 한계는 궁내부 안에 희대(戱臺)를 관장하는 협률사의 설치로 정기적인 공연예술의 공간이 마련되면서 어느 정도 극복되었다. 협률사는 1902년 고종 어극 40년 칭경예식을 위해 준비된 곳이었지만 여러 사정으로 인해 일반 극장의 용도로 연희가 먼저 이루어졌다. 처음 예인의 구성원은 김창환 등 명창을 비롯하여 기생들이 중심을 이루었다. 이를 통해 기생들이 직접적으로 대중과 접하는 기회가 되었다는 점은 특징적인 면모로 살필 수 있다. 이는 협률사의 구성원에서 그대로 드러난다.

妓司新規 傳說을 聞ᄒ 則 近日協律司에셔 各色娼妓를 組織ᄒᄂ딕 太醫院所屬醫女와 尙衣司 針線婢 等을移屬ᄒ야 名曰官妓라ᄒ고 無名色三牌等을 幷付ᄒ야 名曰藝妓라ᄒ고 新音律을 敎習ᄒᄂ딕 ᄯ 近日官妓로 自願新入者가 有ᄒ면 名曰預妓라ᄒ고 官妓藝妓之間에 處ᄒ야 無夫治女를 許付

호는디 勿論某人호고 十人二十人이 結社호고 預妓에 願入홀 女子를 請願
호면 該司에셔 依願許付홀 次로定規호얏다더라(『皇城新聞』, 1902.8.25.)

태의원 소속 의원, 상의사 침선비 등을 관기라 하고, 이름 없는
삼패 등을 예기(藝妓)라 하여 교습하였다는 내용이다. 여기서 공연을
담당하는 주체로 삼패가 있었음을 주목할 수 있다. 이는 이전까지
교방에 머물던 이들이 이 공간을 통해 민중과 처음으로 소통을 이루
었고, 무대공연예술의 중심에 서는 첫 발걸음이었다. 제한된 공간에
서 수용되던 이들의 연희가 대중과 만남을 통해 새로운 확장성을 만
들어가는 계기가 된 것이다. 그런데 이들의 레퍼토리가 어떠하였는
지에 대해서는 정확하지는 않다. 아무래도 춤보다는 소리가 우선되
었음을 알 수 있다. '삼패를 모집하여 노래하는 삼패는 기생을 삼고
노래 못하는 삼패는 여령으로 마련한다더라'(『제국신문』, 1902.8.15.)라
는 대목에서 아직까지 무용이 공연에서 전면에 나서고 있지 않음을
보여준다. 이는 이들이 시조·잡가 등의 무엇이나 구김 없이 부르고,
노래를 듣는 품은 기생보다 훨씬 멋들어질 정도로 소리에는 능하였
지만 춤을 제대로 배울 수 없었기 때문이었다.[11] 이는 삼패가 정식으
로 가무를 배웠다기보다는 어깨너머로 배운 수준이라 공연에 나서기
에는 부족함이 존재하였다.

그런데 초기 협률사의 공연이 대중에게는 흥미와 문화 향유의 공
간으로 다가왔지만 여기서 일어나는 여러 풍기문란의 문제 등으로
인해 사회적 시각은 그리 좋지 않았다. 1906년 봉상부 제조로 있던

---

11 이창배, 『한국가창대계』, 홍인문화사, 1976, 171쪽.

이필화의 상소문 '밤새워 남녀 뒤섞여 음란하고 싸움이 일어나는 등 풍속을 문란하게 만든다(傷風敗俗)'[12]라는 말에서 드러나듯 대중의 극장문화에 대한 시각은 부정적인 측면이 강하였다. 이러한 분위기에서 정부에서는 혁파령을 내려 협률사의 공연을 멈추게 하였다.

그렇지만 혁파령에 의해 멈추어진 협률사의 공연은 한 달 뒤 다시 이어졌다.

> 來五月一日붓터協律社에셔 項莊舞를 연戲ㅎ다ᄂᆞᆮ딕 一依鴻門宴當日光景ㅎ야 諸般節次가 十分宏壯이라ㅎ니 該社革罷홀 意로 聖天子勅旨已下이거날 政府諸臣이 無意對揚ㅎ고 外人의 脅制를 畏겁ㅎ야 所謂연戲가 一層加甚ㅎ니 此可曰國有法綱일지 韓之時事가 實可寒心이라고 街說이 紛紜ㅎ다더라(『대한매일신보』, 1906.5.1.)

이렇게 얼마 지나지 않아 공연이 재개된 것은 사회적 비판에 대해 단순한 임시변통에 그쳤음을 보여주는 모습이다. 사회적 분위기나 언론에서 비판은 관객 태도에 대한 문제였지 공연 내용에 대한 문제가 중심인 건 아니었다. 이는 사회의식을 조장하여 여론을 선동한다거나 공연이 음탕하여 제재를 할 만한 내용은 없었기 때문이다. 물론 공연으로 인해 대중에게 커다란 갑론을박의 의견들이 분분하였지만 이미 공연문화에 대한 세례를 받은 대중은 고전을 이해되는 것으로 만들기보다는 고전을 소비되는 것으로 만들어 가기 시작한 것이었다.[13]

---

12 "孔子於顏子以爲邦之道必曰放鄭聲今夫協律社者臣雖不知其主倡之爲何人然臣聞其通宵設戲男女雜還鬪爭易起亂淫相屬此豈非鄭聲乎."(『황성신문』, 1906.4.19.)

13 노먼 제이콥스, 강현두 역, 『대중시대의 문화와 예술』, 홍성사, 1980, 21쪽.

　주목할 것은 다시 문을 연 협률사 첫 공연으로 '항장무'가 연희되었다는 점이다. 이는 신문의 등장 이후 근대적 공간 안에서 무용 레퍼토리에 대한 첫 기록이다. 항장무는 중국의 항장과 유방의 이야기, 홍문지연에 바탕을 둔 무용극으로 평안도 선천 지방의 교방 정재로 연희되다가 1873년 고종 때 궁중정재로 들어온 향악정재이다. 이런 항장무가 대중에게 전면적으로 수용되는데 그 이유는 정재 중 연극적 요소가 강하고, 검무가 나타나 여성이 연기하는 남성 역할극이라는 매력적 요소가 함께하여 대중에게 흥미를 자극할 요소가 충분하였기 때문이다. 게다가 이 작품은 서곡-도입-전개-위기-절정-결말을 지니며 가무악적 요소가 강하게 나타나 무용극적 종합예술이면서 한국 전통 음악극(뮤지컬) 작품으로 흥미로운 요소가 가득하다는 점에서 의미가 있는 작품이다.[14] 그렇기에 이 작품은 개화기 대중에게 가장 먼저 선보일 수 있었고, 또한 선천 지역의 정재에서 궁중정재로 그리고 다시 개화기 대중에게로 수용되는 과정에서 관객 지향의 측면은 이미 다듬어져 전면에 나타난 것이었다.

　그래서 공연예술의 공리성을 논하는 글에서 무동 공연에 대해서는 '음탕한 풍정만 만든다'는 비판적 시각이었지만 항장무 등의 전통 연희는 '바람에 흩날리는 옷깃을 화창하게 만든다(風襟을 暢敍할만ᄒ되)'고 높게 평가하였는데 그만큼 문화전통으로 가치를 지닌 작품으로 인식한 모습이다.[15] 전통문화가 전래된 과거 문화유산의 성격 규명에

14　윤영숙,「통합과 분리를 통해본 가·무·악의 역사적 흐름 연구」,『한국무용기록학회지』32, 한국무용기록학회, 2014, 155쪽.

15　"我國은 處容舞니 項莊舞니 船游樂이니 儺禮都監이니 (산두도감) ᄒᄂᆫ것이 不過一時戲遊로ᄃᆡ 稍有可觀ᄒᆞ야 風襟을 暢敍할만ᄒ되 今所謂舞童이란것은 或稱男沙當ᄒᆞ며 或

중심을 둔다면 문화전통은 문화 향유 주체들이 전승된 자신의 전통
문화를 향유하면서 유입된 외래문화를 주체적으로 수용하여 자기화
하려는 과정에서 나타나는 것이다. 이는 전통문화와 외래문화의 충
돌과 수용 속에서 지속과 변용의 양상을 거치는 것으로 항장무도 향
악정재의 바탕에서 청과 교류에 의해 스토리의 수용을 통해 새로운
작품을 만들어냈고, 선천의 교방에서 군례와 극적 요소를 접목하여
잡극형태의 항장무가 새로운 문화전통으로 이어진 것이다.[16]

또한 항장무는 인기가 높아 '협률사에 가면 춘향 구경도 하고 항장
무 추는 구경이 제일강산이지'(『만세보』, 1906.11.17.)라는 말처럼 근대
초기 대중에게 가장 인기 있는 작품으로도 자리매김하였고 이후에도
지속적으로 무대공연 하나의 레퍼토리로 올리게 되었다. 이렇게 무
용 공연은 무대공연예술로 대중에게 조금씩 다가서기 시작하였다.

이러한 흐름 속에서 광무대(1907), 연흥사(1907), 단성사(1907), 원각
사(1908), 장안사(1908) 등 새로운 공간이 생겨나면서 다양한 공연 형
태들이 무대예술의 형태에 걸맞게 변용되었다. 특히 신연극과 창극,
활동사진 등이 대중에게 큰 영향력을 발휘하였다. 이는 연극개량이
라는 새로운 형태로 전통 양식은 지속적인 변화 양상이 나타났고, 실
제적 사건 최병두 이야기가 최병두타령, 신연극 〈은세계〉, 신소설
〈은세계〉 등으로 파생되면서 동시대 사회적 전형성을 담아내려는 시

稱踏橋牌ᄒ야 扮男爲女도ᄒ며 幻俗爲僧도ᄒ야 祿衣紅裳과 松納長衫으로 肩上에 擺立
ᄒ야 亂舞翩翩ᄒ며 開散無賴와 浮浪潑皮가 彩花頭弁과 小鼓胡笛으로 吹打聒聒ᄒ니
初見者ㅣ當之면 耳目을 可駭로되 盡日觀之라로 一般樣子가 蕩淫홀 風情ᄲ이오."(『황
성신문』, 1900.3.31.)
16 서정록, 「항장무연구」, 『민족무용』 1, 무용원 이론과 연구자료집, 2002, 160쪽.

도가 이어졌고 대중의 흥미를 자극하는 새로운 담론 형성이 이루어
진 것이다.

그렇지만 무용은 무대공연예술로 뚜렷한 레퍼토리가 대중에게 수
용되지는 못하였다. 이는 이러한 변화를 이끌 선도적 주체가 등장하
지 못하였기에 변화는 더디게 진행된 것이다. 그럼에도 불구하고 이
러한 새로운 공연 구조 속에서 기생들의 연희 양상은 특기할 만하다.
먼저 그들의 공연을 주목할 수 있는 것은 대중에게 무대공연예술로
전통의 심미적 지평을 열었다는 점이다. 그동안 정재를 통하거나 제
한된 공간에서 행해지던 그들의 연희가 열린 공간 속에서 '규율사회
의 분리된 개인들의 덩어리'[17]의 도시적 구경거리가 되었는데 이는 대
중문화 형성과 더불어 전통문화에 대한 수용자의 원형적 전승을 의
미하고 있는 것이었다. 이는 통속적인 문화전통이 아닌 고급의 문화
전통이 대중에게 처음 이어졌다는 측면에서 주목할 수 있다. 항장무
를 비롯한 정재는 그동안 제한된 공간에서 제한된 인원들이 수용하
였다면 이제 개인의 감상이 아닌 집단을 통해 향유되었다는 점은 단
순하게 대중문화의 출발만이 아닌 문화원형의 전승이라는 측면에서
의미 있는 담론이라 할 것이다.

그런데 이러한 과정에서 거의 모든 장르가 개량을 통한 변혁의 길
을 걸어 계몽주의적 근대성에 천착하였다면 기생조합을 통한 무용
공연은 내재적 전통성을 추구하며 나아갔다. 이는 다른 장르가 계몽,
사회의식을 강조하고 서양식 문법에 흔들려 한국 문화 원형의 집합
체인 판소리가 연극적 감수성을 지배하며 창극화와 이후 내용 개량

---

17 미셸 푸코, 오생근 역, 『감시와 처벌 ― 감옥의 역사』, 나남, 1997, 207쪽.

까지 변화를 보이는 것과 대조를 이룬다.[18] 이는 본질적 원형의 전승
이라는 측면과 함께 대중들의 요구도 새로운 변화보다는 원형 그대
로의 모습을 원했기 때문이다. 또한 무용의 근대적 변용과 구조적
변화가 더디게 나타난 점은 전통무용이 심리적 담론보다는 시각을
통한 미적 가치를 느끼는 예술로 의미가 강하며 문화인류학적 특수
성, 즉 민족문화 원형의 본질이 상당 부분 내포되어 있음에 원인을
둘 수 있을 것이다.

2) 무대공연예술로 무용 레퍼토리의 형성과 그 변용 양상

개화기 무용은 정재의 무대공연예술로 확산과 민속춤의 수용을 통
해 변화하였고, 이를 대중과 공유하면서 새로운 문화전통의 개념을
만들어갔다. 이러한 모습은 궁중에서 행한 연회에서도 그대로 적용
되었다.

> 萬壽聖節慶視盛況 昨日은 即我 皇上陛下萬壽聖節이신딕 各處에셔 慶
> 祝흔 盛況이 如左ᄒ더라
> 　園遊會節次 東闕昌德宮內秘苑에 各部大臣과 內外國各官人紳士 及各新
> 聞記者를 請邀宴待ᄒᄂ딕 午後三時에 映花堂에 本遊會를 開始ᄒ야 同三
> 時半에 宙合樓에셔 軍樂을 吹奏ᄒ고 食堂에 入ᄒ야 叅政의 先唱으로 萬
> 歲를 三唱ᄒ고 宴會 立食흔 後管絃을 連催ᄒ며 遊覽及 演戲로 映花堂前
> 庭에셔 妓女의 項莊舞를 觀ᄒ고 畢寒亭에셔 僧舞及 舞鼓를 連演ᄒ고 外他
> 各處所에 酒果茶草를 宏設ᄒ야 一大盛況으로 慶祝ᄒ얏고(『皇城新聞』,
> 1906.9.14.)

---

[18] 백현미, 『한국창극사연구』, 태학사, 1997, 17쪽.

만수성절은 1897년 광무 1년에 제정된 고종황제 탄신을 기념하는 행사이다. 특히 고종황제 탄생 50주년이던 1901년은 진연이 5일에 걸쳐 진행되었고, 『고종신축진연의궤』에 기록되어 이때 행해졌던 내용이 고스란히 전해진다. 위의 기사문은 1906년 만수성절에 대한 내용으로 무용은 세 가지 레퍼토리, 항장무, 승무, 무고가 언급되고 있다. 여기서 항장무는 여흥의 중심으로 자리하여 식사 후 '영화당' 앞뜰에서 연희되었고, 승무와 무고는 '필한정'에서 펼쳐진 것으로 묘사되어 있다. 많은 이들이 즐길 수 있도록 넓은 공간에서 이루어진 항장무와 정자에서 이루어진 두 공연을 통해 이날 연희 중심에 무용이 있었음을 쉽게 알 수 있다. 또한 앞서 이루어진 진연에서 정재가 중심이었던 모습과 다르게 민속에서 행해진 승무가 편입되었다는 점은 특기할 만한 사실이다. 이미 승무가 전국적으로 자생적으로 발전하며 인지도가 높았고, 무용극 '승무'가 교방에서 행해졌으며 승무와 한량무가 분리되어 스스로 성격을 규정짓는 시기에 궁중에서 승무가 연희되었다는 것은 승무의 대중적 상징성을 드러내는 것이었다.

이러한 정재와 민속춤의 레퍼토리 확대는 1907~1908년 봇물처럼 일어난 자선공연의 흐름 속에서도 그대로이다. 이즈음은 러일전쟁 직후 일본의 한국 침략이 노골화된 시기로 이에 사회 각 분야에서는 애국계몽의 목소리가 높게 일어났다. 특히 교육이나 언론을 통해 애국이 자강 의지는 강하게 나타났고, 기생들의 자선무대도 사회에 커다란 기여를 하였다. 1907년 12월 경성고아원 돕기 공연도 그런 행사 중 하나였다.

本妓 等 百餘名이 京城孤兒院經費窘絀ᄒ야 維持極難之說을 聞ᄒ고 爛

商協議ᄒ야 慈善演奏場을 夜珠峴 前協律社에 開催ᄒ야 收入金을 沒數이
該院에 寄附ᄒ테 옵고 順序ᄂ 如左ᄒ오니 慈善ᄒ신 仁人君子ᄂ 來臨玩賞
ᄒ심을 伏望

　順序 一 平壤달탕픽 一 幻燈 一 倡夫썽지쥬 一 僧舞 一 釖舞 一 佳人剪
牧壇 一 船遊樂 一 項莊舞 一 포구樂 一 무고 一 향음영무 一 북춤 一
사자舞 一 鶴舞

　其外에도 滋味잇ᄂ 歌舞를 臨時ᄒ야 設行홈 陰十一月二十一日爲始ᄒ
야 限三夜開場홈 每日下午七時에 開場ᄒ야 至十一時閉場홈

　發起人 宮內府 行首妓生 桂玉 太醫院 行首妓生 蓮花 尙衣司 行首妓生
錦仙 竹葉 桂仙 鸚鵡 採蓮(『皇城新聞』, 1907.12.24.)

　궁내부 행수, 태의원 행수, 상의사 행수 등 관기들이 중심이 된
이 자선공연은 근대 예술의 사회인식과 사회적 기여라는 측면에서
작품 내적이 아닌 외부 상황의 외연적 표출로 의미를 지닌다.[19] 이는
텍스트의 근대의식이나 사상의 표출이 아닌 행동을 통해 애국계몽적
성격이 두드러지게 나타났기 때문이다. 이러한 자선회가 기생이나
부인회를 중심으로 전개된다는 점도 기억할 수 있는 모습이다. 그래
서 기생들의 근대 사회에 대한 참여의식은 결국 이들이 근대 사회를
이끈 선도자로 행동을 보여준 것으로 이러한 사회 민족의식은 이들
이 이 시대 하나의 책무로 생각하였다는 점에서 의미가 깊다.

　이 공연은 대중에게 가장 많은 무용 레퍼토리를 선보인 첫 기록이
다. 3일 동안 저녁 7시에 개장하여 11시에 마쳤다는 기록과 평양날탕
패와 환등 그리고 11개의 무용 레퍼토리가 선보였다는 점에서 이 공

---

19 유민영, 앞의 책, 78쪽.

연이 얼마나 큰 규모로 진행되었는지를 알 수 있다. 또한 이때 연희되었던 공연을 보면 이들이 보여줄 수는 최상의 레터토리를 보여줌으로 대중과 함께 호흡하였음을 짐작할 수 있다. 이날 선보인 춤은 승무, 검무, 가인전목단, 선유락, 항장무, 포구락, 무고, 향음영무, 북춤, 사자춤, 학무였다. 이는 문헌으로 전하는 1901년 진연 레퍼토리에서 정재 가인전목단, 무고, 선유락, 포구락, 검무 등이 포함되었고, 승무 등이 추가되어 이들이 공연무대에서 선보일 수 있는 최선의 종목을 보여준 것이었다.

〈표 1〉 1901년 진연과 1907년 경성고아원 자선공연 비교표

공연 이름	레퍼토리 내용	비고
1901년 진연	가인전목단, 무고, 선유락, 포구락, 검기무, 경풍도, 만수무, 무애무, 보상무, 봉래의, 사선무, 수연장, 아박무, 연백복지무, 장생보연지무, 춘앵전, 향령무, 헌천화무(18종)	
1907년 경성고아원 자선공연	승무, 검무, 가인전목단, 선유락, 항장무, 포구락, 무고, 향음영무, 북춤, 사자춤, 학무(11종)	

경성고아원 자선공연은 대중과 만나는 공연이었기에 봉래의, 만수무 등 진연이나 왕과 관련된 것을 제외하여 대중이 흥미를 끌 정재로 구성하였고, 민간에 잘 알려진 승무 등을 선택하여 연희되었다. 이 중에서 항장무의 경우는 1906년 협률사 공연 이래 그해 가을 진연 등에서 행해지는 등 1900년대 중반 즈음부터 가장 대중적이며 보편적인 공연 레퍼토리였음을 알 수 있다. 교방에서 행해지던 형태가 1873년 궁중정재로 정착된 항장무는 두 번의 진연에서는 제외되었다가 모티프를 가진 스토리텔링의 구성 요소의 장점으로 인해 무대공

연예술로는 안정적으로 정착된 것이다. 또한 북춤, 사자춤, 학무 등
민간에서 행해지던 춤들이 수용되어 대중과 호흡하였다는 점은 이들
이 대중의 시대적 요구에 대한 화답이면서 공연 레퍼토리로 스스로
에 대한 실험의 양상이었다.

그렇지만 이러한 모습은 시대적 요구와 새로운 문화의 흐름에 따
라 조금씩 변용의 모습을 보이기 시작하였다. 1908년 광무대에서 벌
어진 공연의 내용에서도 그러한 면모가 드러난다.

> 特別大廣告
> 東大門內光武臺에셔 陰本月二十七日브터 諸般演藝를 一新改良ᄒ야 古
> 今奇絶훈 事를 摹倣ᄒ고 聖世風流를 教演擴張ᄒ야 僉君子의 性情과 眼目
> 에 感發愉快케 玩賞品을 設備ᄒ얏ᄉ오니 及期 光臨ᄒ심을 敬要
> 順 序
> 官妓男舞 佳人剪牧丹 劒舞 梨花舞 僧舞 閑良舞 性眞舞 矢射舞 舞鼓
> 電氣光舞 地球舞 舞童 項莊舞(『皇城新聞』, 1908.5.26.)

1908년은 신연극 〈은세계〉가 공연된 해라는 점에서 상징되듯, 전
통과 근대적 문명에 의해 새로운 장르의 변용이 극심하게 나타나는
시기였다. 이는 형식적인 측면과 구조적인 면에서 함께 이루어졌는
데 이러한 말은 당시 '개량'이란 말로 규정지어 나타났다. 이는 사회
적 이야기를 모티프로 하여 새로운 장르의 생성을 보인 〈은세계〉는
물론이거니와 판소리에서 창극으로 넘어가며 새로운 감각의 장르적
변용을 보이는 전통연희도 그러한 측면이 강하였다.[20]

---

20 "寺洞演興社에셔 각種演藝를 擴張ᄒᄂ 中인대 爲先 華容道를 實施하기 爲ᄒ야 該社員

이렇게 연극 개량이니 전통연희에 대한 변화가 나타나다 보니 무용도 전통 개량이라는 시대적 요구가 실제적 양상으로 서서히 드러났다. 그래서 가인전목단, 검무, 항장무, 무고와 같이 대중에 익숙해진 정재는 그대로 지속되었고, 민속춤에서 유래된 춤과 함께 창작무용이 처음 선보이는 특징적 현상을 보인다. 특히 실사무, 전기광무, 지구무 등 새로운 춤이 연희되면서 전통에 대한 창작을 드러내었다. 이러한 춤의 정확한 모습을 밝혀내기란 쉽지 않지만 전기광무의 경우 이 공연이 연희된 광무대라는 극장과 관련이 있을 것이다. 동대문에 있던 광무대는 원래 전기철도사진소로 활동사진을 틀던 곳이었다. 그러면서 이 회사의 임원의 일부가 연희 개량에 참여하면서 변화를 꾀하였는데, 이러한 의욕은 전기철도기계창을 활용하여 완전한 극장 형식으로 갖추기 시작하면서 본격적인 극장으로 탈바꿈을 하였다. 이는 제대로 된 극장문화를 지향하면서 전기를 비추어 조명을 활용하는 등의 실험을 통해 전기광무가 탄생하였고, 무용 공연이 점점 진일보된 모습을 보일 수 있었다.

이러한 면모는 결국 생산자 중심의 공연이 아닌 새로운 실험을 통한 관객 지향의 공연이라는 측면에서 의미를 지닐 수 있다.[21] 이는 광고 문구인 '일신개량하여 백성의 성정(性情)과 안목을 감동케 만들고 유쾌할 수 있는 공연물을 준비하였다'는 표현에서도 읽을 수 있는

壹名을 日昨에 三南等地로 派送ᄒ야 唱夫三十名을 募集ᄒ다는되 所入經費는 紙貨八百圜假量이라더라."(『대한매일신보』, 1908.5.6.)
판소리 〈적벽가〉에서 창극 〈화용도〉로 넘어가는 문턱을 보여주는 기사이다. 삼남 지방의 소리꾼 30명을 모집하여 금액을 지불한다는 내용으로 판소리 개량과 공연문화의 변화의 모습을 그대로 드러낸다.

21 김호연, 「춤, 극장·공연문화로서 출발하다」, 『댄스포럼』, 2014.9.

대목이다. 이후 전기광무와 같은 형태는 전기춤, 전기호접무 등으로 변용되어 나타났고, '사동 연흥사에서 외국활동사진과 고등 기생의 검무를 관람할 때 전기를 사용하여 다양한 색깔로 영롱케 한다더라'(『대한매일신보』, 1910.6.17.)라는 기사에서처럼 일반 춤에서도 조명을 비추어 환상적인 공연 무대를 꾸미는 등 근대 무대 장치에서도 새로운 진보를 보여주었다.

개화기 중심세력으로 등장한 민중은 소비문화의 흐름 속에서 대중으로 탈바꿈하여 간다. 이를 통해 공연문화는 생산자에서 수용자로 중심 이동이 이루어졌다. 이에 전통 담론도 시대적 요구에 따라 변화 양상을 보이기 시작하였다. 그럼에도 불구하고 무용은 본질을 간직하며 전통의 전승, 민속의 편입, 새로운 창작의 시도 등을 통해 기대 지평을 열며 개화기 공연문화의 중심에 서서히 자리하게 되었다.

이렇듯 근대 초기 한국 무용의 전승 주체와 공연 주체는 기생이었다. 협률사 생성 이후 이들은 대중과 무대공연예술로 만나며 문화원형의 전승 매개체로 공연예술의 생산자로 자리를 하였다. 그들의 중요 레퍼토리가 정재였다는 점은 당연한 결과였지만 한국 궁중무용의 원형 그대로를 대중문화로 재생산했다는 점에서는 의미를 지닌다. 이는 의례에 바탕을 둔 레퍼토리보다는 연희적 요소와 공연예술로 적합한 레퍼토리를 선택함으로써 대중과 함께하였다는 점에서도 그러하다.

그런 가운데 이들은 대중에게 문화원형 전승 의미와 함께 하나의 집단적 근대 이미지로 받아들여졌다. 이는 이들이 개개의 개성보다는 표정, 몸동작, 복식 등에서 느껴지는 감각적 이미지로 전달되었기 때문이다. 그래서 관객이 바라보는 이들의 표상은 섹슈얼리티(sexuality)

가 어느 정도 내재되어 있었고 극장의 등장으로 제4의 벽을 통한 관음증(voyeurism)으로 나타나고 있었다. 공연 생산자에 대한 비판보다는 수용자, 대중에 대한 공연 태도가 사회적 현상으로 나타난 것도 이러한 측면에서 이해될 수 있을 것이다. 이는 1930년대 소녀가극이나 악극의 레뷰, 막간극에서의 공연 형태와 대비를 이룬다. 이들의 공연이 퇴영적 낭만주의를 보여주며 에로스와 퇴폐적이란 비판을 받은 것은 생산 주체와 수용 주체 모두에서 문제가 있었기 때문이다. 이에 반해 개화기 기생들의 공연은 묘사가 아닌 표현이었기에 이런 부분에서 벗어날 수 있었다.

이러한 바탕에서 이들은 한국 문화원형, 그리고 한국의 이미지를 타자(他者)에게 알리는 첨병으로 중심에 놓인다. 이는 다른 공연 장르에 비해 현대에 이르기까지 무용 공연, 특히 한국 전통무용이 외국에서 주목을 받고, 호응을 얻을 수 있는 것은 한국 문화의 보편성과 특수성의 한국적 DNA가 고스란히 드러나기 때문이다. 이는 언어적인 한계나 심리적 담론보다는 시각을 통해 미적 가치를 고유할 수 있는 춤이 지니는 보편성에서 그 원인을 찾을 수 있다. 그래서 기생들의 공연이 한국에서만 머문 것이 아닌 해외로 서서히 확산되기 시작하였다.

博覽會의 妓生 日本人이 發刊ᄒᄂᆫ 朝鮮日日新聞社에셔ᄂᆫ 我國妓生八名及樂工六名을 日本博覽會에 送致ᄒ기 爲ᄒ야 日昨에 妓生組合所와 交涉契約ᄒ얏ᄂᆫᄃᆡ 爲先雇金은 一千五百圜을 給與ᄒ고 每人의 衣價ᄂᆫ 二十圜式支給ᄒᆫ다더라(『皇城新聞』, 1910.4.14.)

大韓 기생 대판(오사카)着, 애국단이나 독립단은 환영하겠지만 근래는

되지 못한단만 생기나 소위 조선 기생 가곡단이란 것이 五月 二十一일에 월산환이란 왜배(일본배)를 타고 왜국(일본) 신호(고베)에 하륙하여 대판(오사카)으로 향하였다는데 그 일행의 면면은 김향운(十九) 김리화(十八) 노채옥(十八) 정산옥(十六) 유계옥(十七) 등이요 그외에 악공 일대와 백수 풍진을 헌날닌 김의원이라는 가무 선생님인데 이 일행은 대판(오사카) 도돔뽀리라는 곳에서 가인전모란이라는 춤과 승무와 항장무와 남무 무고 투구악 등과 시조 편등의 각항 유희를 개연할터이라 하며 이곳에서 떠나 경도 신호(고베) 명고옥(나고야) 동경 등을 순유하리라는데 해기생 의 일행은 꽃을 따놓은 듯한 용모에 도화색 녹색의 화려한 의복을 입고 머리는 묶어서 뒤에 느리고 여간 서투른 왜어(일본어)의 오하요 곤닛지 와로 없는 정을 있는 듯기 뿌리매 왜인(일본인)의 눈이 휘둥그렀다더라. 가가대소(『신한국보』, 1910.6.14.)

米人의 妓倡募集 數日前에 入京ㅎ야 西門外西洋旅館에 滯留ㅎᄂᆞ 米國 人某某二人은 該旅舘主人及我國人申松의 紹介로 妓生二十名과 倡夫三十 名의 渡米希望者를 募集中인딕 渡米ᄒᆞ 後에ᄂᆞ 華盛頓과 其他都市에서 演 舞를 行케ᄒᆞᆯ터이오 滯米期限은 八個月이며 報酬ᄂᆞ 每月妓生은 各八百圜 倡夫ᄂᆞ 六百同式인딕 目下官廳에 認可를 申請中이라더(『皇城新聞』, 1910.5.4.)

이 시기 기생들의 공연 양상과 확산을 보여주는 단면들이다. 1910 년 일본에서 열린 박람회에 파견하기 위하여 신문사에서 기생 8명과 악공 6명을 보내기 위해 기생조합과 계약을 맺고, 급여 등을 지급하 였다는 내용이다. 이는 이 시기 기획에 의한 엔터테인먼트의 산업 구조가 형성되고 있었음을 보여준다. 생산자와 이를 소비하려는 수 요층, 그 중간에 이를 매개하는 매니지먼트까지 등장하여 문화의 유 통구조가 이루어진 문화콘텐츠의 양상 그대로인 것이다.

특히 이러한 확산은 근대 키워드 중 하나인 박람회를 통해 이루어
진다는 점에서 흥미로운 면모이다. 서양의 열강들은 산업혁명 이후
자본주의의 확대를 통해 자신의 힘을 과시할 수 있는 집약적이며 상
징적인 행위 공간이 필요하였는데, 이것이 박람회로 나타났다. 일본
은 서양의 여러 문물을 받아들이는 과정에서 만국박람회를 접하게
되었는데 그동안 일본에서 행해지던 물산회의 확대된 형태로 외국에
서 출품된 물건을 전시하는 등 1907년 오사카에서 내국권업박람회를
통해 제대로 된 규모와 내용의 첫 박람회를 개최하게 되었다. 특히
박람회는 산업전시와 더불어 오락적 볼거리 등 다양한 장치를 마련
하고 있었다. 그런 가운데 1910년 박람회에 제대로 된 형태의 예인들
이 파견을 준비하면서 단순한 볼거리가 아닌 악공 등이 포함된 어느
정도 구색을 갖춘 형태의 예술단이 파견되었음을 알 수 있다.[22]

이후 박람회를 통한 일회적 공연뿐만 아니라 제대로 된 순회공연
형태도 서서히 등장하는데, 두 번째 기사의 내용처럼 향운, 이화, 채
옥, 산옥, 계옥 등의 기생이 참여한 공연도 그러한 모습이다. 여기서
는 참여자, 공연내용, 공연장소 등이 정확히 기록되어 있는데, 오사
카, 고베, 나고야, 도쿄로 이어지는 공연으로 가인전목단, 승무, 항장
무, 남무, 무고 등을 통해 일본 관객과 만남을 가진 것이다. 이는 그
즈음 대중에게 가장 인기 있는 레퍼토리가 그대로 일본에서도 연희
되어 대중에게 흥미를 준 내용임과 동시에 한국적 미의식과 더불어

---

22 이즈음 열린 박람회는 1910년 5월 14일부터 10월 29일까지 열린 일영박람회로 러일전
  쟁의 승전을 과시하고, 영국과 통상을 보여주는 자리로 이 중 아이누, 대만, 하와이
  등 민족무용을 보여준 행사가 있었는데, 이 행사에 참여하기 위한 준비로 추정된다.
  그런데 이 행사에 참여하였는지에 대해서는 면밀한 문헌 조사가 필요할 것이다.

역동적인 원형질이 고스란히 드러난 정제된 레퍼토리란 측면에서 이를 바라볼 수 있다.

또한 이러한 해외공연이 일본에만 머문 것이 아니라 다른 나라에도 그 영역이 확대되는 모습도 보이는데, 기생 20명, 창부 30명의 대규모 예술단을 모집, 워싱턴을 비롯한 미국 각지에서 공연을 갖는다는 내용도 그러한 흔적이다. 여기서도 비교적 정확한 내용에 대한 설명이 있는데, 8개월에 걸쳐 순회공연이 이어지며 월 급여로 기생은 팔백 원, 창부에게는 육백 원 지급하여 관청에 인가를 얻는다는 내용이다. 여기서 미국 공연이 제대로 이루어졌는지는 명확하지 않지만 이런 추진의 내용에서 한국 공연문화에 대한 이미지로 기생이라는 코드는 많은 담론을 내포하며 대중에게 각인되어 담아내고 있었다. 이렇듯 개화기 무용은 기생들의 다양한 공연을 통해 문화원형의 재현이라는 측면과 문화콘텐츠의 생산이란 점에서 그들의 능력이 발휘되고 있었다.

3. 장기 무용 공연으로 그 첫 무대, '강선루' 공연(1912)

근대 초기 무대공연예술로 무용은 그 중심에 있거나 영속적인 공연 형태로 제대로 나아가지는 못하였다. 대부분 공연의 일부 레퍼토리로 삽입되거나, 중심이 되더라도 일회성에 머무는 경우가 많았다. 그렇지만 1907년 전후에 광무대, 단성사, 연흥사 등의 극장이 등장하고 이에 따라 새로운 레퍼토리가 요구되면서 무용의 위치는 조금씩 변화하기 시작하였다. 이는 1911년 첫 공연을 한 임성구 일행과 윤백남, 조일재의 '문수성' 등의 신연극 활동도 하나의 변화를 가지고 오는 계기가 되었는데 이른바 신파극을 통해 대중은 예술 향유의 기본적 속성인 재미를 만끽하게 되었고, 생산자들도 이를 충족시키기 위해 다양성을 추구하였기 때문이다. 이는 그동안의 전통 개량이 아닌 새로운 양식에 현실적인 이야기를 담아내어 관객의 눈높이에 그들의 요구를 충족시켜 나간 점에서도 드러난다.

이러한 중심에 단성사가 놓인다. 단성사는 개화기부터 현대까지 한국 문화의 중심을 이끌었던 극장으로 잘 알려져 있다. 그런데 초기 단성사의 공연 내용은 전통연희와 영화를 중심으로 구성이 되어 있었다. 그러다가 전통연희를 개량하기 시작하였는데, 이를 '신연극'이라 칭하였고, 단성사의 공연이 창덕궁에 초청이 될 정도로 관심을 얻게 되었다.[23] 이후 이른바 신파극에 바탕을 둔 연극이 자리를 잡으면서 이 시기부터 1920년대는 신파극 시기라 일컬으며 시대를 풍미하였다. 이러한 흐름 속에서 새로움을 추구하던 단성사의 의도에 걸맞은 또 다른 공연이 추진되었는데 '강선루' 공연이 그것이다. 이 공연은 1912년 4월 21일부터 5월 26일까지 이어진 무용 중심 공연으로 근대 장기 무용 공연의 첫 번째라는데 의미가 있다. 이 공연은 전에도 후에 볼 수 없는 기생가무라 칭하며 '단성사에서 종전의 기생가무를 일신 개량하여 흥행하오니 많은 관심을 바란다'는 내용과 '그동안 기생의 가무를 개량하는 것이 단성사의 특색'이라는 광고 문구에서 드

---

23 "新演劇의 入閣 中部 罷朝橋 단성사에셔는 近日 各種의 新演劇을 設行ᄒᆞᄂᆞᄃᆡ壯觀의 演劇이 有ᄒᆞᄃᆞᄒᆞ야 昌德宮에셔는一間該演劇을 김入ᄒᆞ 御觀覽ᄒᆞ신다더라."(『매일신보』, 1912.1.6.)

러나듯 그동안의 전통 공연과 다른 새로움을 추구하려는 의도를 강하게 대중에 내비치고 있었다.(『매일신보』, 1912.4.21.)

여기서 공연한 강선루는 '단성사연예회 내 강선루일행 백'이란 문구에서 드러나듯 단성사 소속 단체였다. 그렇지만 여기 속한 기생들은 단성사 전속이라기보다는 일종의 프로젝트 형식으로 이 공연을 위해 모인 임시적인 형태였다. 이는 공연자들이 고정되어 이어진 것이 아니라 레퍼토리에 따라 변화하거나 레퍼토리가 같더라도 일시에 따라 다른 출연자가 공연한 부분에서 찾을 수 있다. 그래서 기생들이 이후 각자 활발한 활동은 펼치지만 이들이 속한 강선루라는 이름의 공연은 더 이상 영속적으로 이루어지지 못함도 이를 말해준다.

그렇다면 이들의 공연 내용은 어떠하였을까? 이들의 공연 내용을 『매일신보』 광고와 연예 면에 실린 기사를 중심으로 살펴보면 다음 표 2와 같이 정리할 수 있다.

〈표 2〉 강선루 공연 레퍼토리 및 출연자(1912년 5월 7일~26일)

공연 내용	출연자	공연 횟수
장생보연지무 (長生寶宴之舞)	蓮紅, 蘭珠, 山月(3), 瓊月(3), 錦蓮(3), 雲香(2), 佩娘(2)	3회(7, 8, 9일)
죽간자[24] (竹竿子)	彩紅, 錦花(3), 梅花(2)	3회(7,8,9일)

---

24 송방송은 죽간자에 대하여 雀扇, 鳳扇, 尾扇과 같이 당악정에 사용된 무구의 일종이기 때문에 어떤 종목의 당악정재인지 불분명하다고 설명하였다. 송방송(2008), 앞의 논문, 159쪽.

공연 내용	출연자	공연 횟수
팔선녀무 (八仙女舞)	菊姬, 錦珠(7), 春外春(6), 花香(4), 明玉(3), 弄仙(4), 梅紅(3), 雪月(3), 彩雲(3), 綠珠, 彩姬, 翡翠(3), 弄仙(5), 蓮花(2), 瓊佩(3), 瓊月(6), 楚仙(3), 杏花(6), 山紅(5), 蓮香(2), 蓮心, 桂花(4), 桂仙(4), 錦紅(3), 山玉(3), 綠珠(3), 瓊○, 蓮○	14회(7, 8, 9, 10, 11, 12, 14, 15, 16, 17, 22, 23, 24, 26일)
검무 (劍舞)	錦連(3), 翠連(3), 玉連, 菊姬, 佳佩(2), 綠珠(2), 春外春(3), 錦株(3), 弄仙(6), 梅紅(3), 珊瑚珠, 蓮花(4), 桂紅, 彩瓊, 蓮心(5), 香蘭(2), 明玉(8), 山玉(3), 香蘭(3), 翡翠, 楚仙(3), 弄○	15회(7, 8, 9, 10, 11, 12, 14, 15, 18, 19, 21, 22, 23, 24, 26일)
승무 (僧舞)	錦珠(6), 春外春(5), 桃花(10), 彩瓊(9), 紅梅	17회(7, 8, 9, 10, 11, 12, 14, 15, 16, 17, 18, 19, 21, 22, 23, 24, 26일)
뎐긔호접무 (電氣胡蝶舞)	錄珠(7), 彩瓊, 桃花	9회(7, 8, 9, 10, 11, 12, 14, 18, 19일)
무고 (舞鼓)	風娘(2), 翠連(2), 佳佩(2), 芙蓉(3), 彩玉(2), 柳色(2), 錦花(2), 梅花(2), 飛燕(3), 錦蓮(3), 杏姬(3), 弄仙(3), 梅紅(3), 雪月(3), 彩雲(3), 春外春, 綠珠(2), 瓊佩, 錦珠, 梨花, 蓮香, 彩紅, 弄珠(6), 彩瓊, 瓊月, 錦紅(4), 牧丹(7), 桂花(2), 桂紅, 瓊佩(2), 蓮紅(2), 花香(5), 蓮心(2), 桂仙(2), 碧桃(5), 翡翠(3), 楚仙(2), 明玉, 山玉, 山紅(2), 玉葉, 蘭株(4), 弄玉(3), 蓮香3, 花○	14회(8, 9, 10, 11, 12, 14, 15, 16, 17, 18, 19, 23, 24, 26일)
항장무 (項莊舞)	飛燕(3), 錄珠(3), 花香(3), 明玉(3), 雪月(3), 彩玉(3)	3회(10, 11, 12일)
안락무 (安樂舞)	竹竿子(4), 翡翠(4), 花峰(3), 彩姬, 梨花, 彩紅, ○○	4회(10, 11, 12, 14일)
남무 (男舞)	牧丹(1), 芙蓉(1), 蓮紅(4), 花香(1), 玉葉(4), 弄株	6회(15, 21, 22, 23, 24, 26일)
전기무 (電氣舞)	彩瓊(7), 弄仙(7), 桃花(7), 花香(2), 弄玉(5), 翡翠, 山玉(2), 綠株, 楚仙, 瓊佩	8회(15, 18, 19, 21, 22, 23, 24, 26일)
앵접무[25] (鶯蝶舞)	玉葉(2), 彩瓊(6), 蘭珠(3), 明玉(3), 蓮心, 牧丹(4), 碧桃, 蓮紅, 桂仙, 楚仙, 芙蓉(4), 杏花(3), 錦紅, 弄仙, 瓊月(2), 山紅, 翠蓮, 山玉, 弄株, 弄玉(2), 桂花, 蓮心(5), 蓮花(2), 花香(4), 蓮○, 香蘭, 翡翠(4), 桃花(3), 錦紅(3)	7회(18, 19, 21, 22, 23, 24, 26일)

공연 내용	출연자	공연 횟수
승진무 (僧眞舞)	弄仙(2), 杏花, 瓊月(2), 綠珠, 蓮香, 桂花(2), 桂仙, 蓮花, 翠蓮(2), 錦紅, 瓊佩, 明玉, 山紅	2회(18, 19일)
향령무(響鈴舞)	彩姬, 翡翠, 綠株, 瓊佩, ○香, 錦珠	1회(14일)
가인전목단 (佳人剪牧丹)	珊瑚珠, 蓮花, 桂紅, 紅梅, 梨花, 蓮香, 彩紅, 蓮紅(2), 花香(2), 芙蓉(6), 香蘭(2), 弄珠(6), 明玉(4), 蓮心(2), 桂仙(1), 弄玉(6), 山玉(2), 牧丹(3), 弄仙(5), 綠珠(2), 桂花(2), 玉蓮, 蘭珠(4), 桃花, 瓊佩, 瓊月, 碧花, 楚仙, 彩瓊(3), 玉葉(3), 碧桃(3), ○仙	9회(14, 15, 16, 17, 19, 22, 23, 24, 26일)
포구락 (抛毬樂)[26]	玉葉, 蓮紅(2), 弄玉(2), 桃花, 蓮心, 蘭珠(2), 弄珠, 花香(2), 瓊佩, 杏蘭(2), 牧丹, 碧桃, 桃花, 彩瓊, 翡翠, 弄仙, 山玉, 山紅, 蓮花, ○仙, 芙蓉	3회(18, 21, 22일)
배무 (配舞)	牧丹, 芙蓉(2), 蓮紅, 花香, 弄仙, 翡翠(3), 香蘭(3)	6회(15, 21, 22, 23, 24, 26일)

강선루는 대개 하루 공연에서 10개 내외의 레퍼토리를 진행하였다. 그런데 소리와 가야금, 현금과 같은 악기 연주, 금강산전경 환등과 같은 내용도 있었지만 대부분 무용이 중심이었다. 한 달여 공연에서 무용 레퍼토리를 보면 총 17개로 장생보연지무, 무고, 포구락, 항장무, 가인전목단처럼 정재에 근원을 둔 춤, 승무처럼 민간에서 추던 춤, 그리고 전기호접무와 같이 새롭게 창작된 춤 등으로 나누어 이야기할 수 있다. 여기서 정재 중 가인전목단, 검무, 무고, 포구락은 1901년 고종의 진연과 1907년 한성고아원 자선공연에 이어 이 공연에서도 그대로 이어지는데, 이 레퍼토리들이 지니는 연희성과 문화원형의

---

25 『매일신보』, 1912.5.22, 23일 자에는 櫻蝶舞로 표기.
26 『매일신보』, 1912년 5월 18일 자에서는 抱球樂으로 표기.

가치를 생각할 수 있는 대목이다. 이 레퍼토리들이 포구락을 제외하고는 공연 횟수(가인전목단 9회, 검무 15회, 무고 14회)가 많았던 것도 대중성에 기인한다 할 것이다. 이러한 모습은 결국 연희자들의 전승 양상에서도 그 원인을 찾을 수 있는데, 1907년 경성고아원 자선공연의 중심이었던 궁내부, 태의원, 상의사 소속 행수 기생 계옥, 죽엽, 앵무 등이 이 공연에도 참여하여 전승의 중심에 있었다는 면도 저변으로 이해할 수 있다.

강선루 공연에서 가장 많이 공연된 레퍼토리를 살펴보면 승무(17회), 검무(15회), 팔선녀무(14회), 무고(14회), 전기호접무(9회), 가인전목단(9회) 등의 순임을 알 수 있다. 승무가 가장 많은 횟수로 나타난 것은 '승무'가 조선 후기부터 이즈음까지 예인에게 있어서나 대중에게 가장 호응이 높았던 레퍼토리였음을 보여주는 근거이다. 지금까지도 한국 무용에서 중요한 종목으로 자리하는 점도 원형적 가치와 미의식 등이 이 작품에서 흐르고 있기 때문이다. 또한 강선루 공연에서 다른 종목들에 비해 참여 인원이 적어 공연으로 용이성도 생각할 수 있는 문제이다.

'전기호접무'는 창작춤으로 근대 문물의 영향으로 생겨난 춤이다. 광무대 공연에서 나왔던 전기광무와 같이 조명을 비추어 몸동작을 더욱 아름답게 보여주는 춤으로 호접무와 전기춤이 하나의 형태로 만들어져 전기호접무라는 새로운 춤으로 생성되었다. 이 춤은 몸동작에 우선을 둔 1인무였는데 이 춤이 가지는 환상적 요소와 더불어 여성성을 잘 드러낸 춤이라 할 것이다. 이는 일본의 대중예술인 쇼쿄쿠사이 덴카쓰(松旭齊天勝)의 '전기우의무'와 비교무용학적 측면에서 바라볼 수 있다. 이 춤은 이백여 개의 전기를 밝혀 춤을 춘 선녀춤으

로 1906년 다큐멘터리 영화 〈덴카쓰의 우의무(天勝の羽衣舞踏)〉로 만들어져 그 인기가 더욱 높은 춤이다.[27] 이는 무대조명을 활용하여 얇은 의상 속의 실루엣을 드러낸 춤으로 현재의 기준에서는 그리 선정적이지는 않았지만 시대 상황으로 보았을 때 엄청난 반향을 일으킨 춤의 형태였다. 물론 전기호접무는 '전기우의무'만큼 과감한 모습은 아니었겠지만 몸동작과 조명을 통해 환상적 이미지를 보여주기에 여성다움의 견지에서 이야기할 수 있는 춤이었다.

그런데 '전기춤'과 '전기호접무'는 다른 성격의 춤임을 알 수 있다. 5월 8일과 9일 같은 무대에 섰고, 전기호접무와 달리 전기무는 1인무가 아닌 집단무로 나타나기 때문이다. 이는 전기호접무가 전기무로 변형되어 나아가는 모습으로 일인무 전기호접무가 21일부터는 전기무라는 단체무 성격으로 달리하여 나타남에서도 알 수 있다.

이렇게 여러 실험을 거듭한 이들은 강선루일행이란 이름으로 한 달여 공연을 이어갔다. 이 공연에 참여한 연희자들은 기생이 다수를 차지하며 한 달여 공연을 교체 출연하였는데, 이들의 원래 소속을 살펴보면 시곡기생(詩谷妓生)이었음을 알 수 있다.[28] 시곡기생은 한성기생조합소의 전신으로 이 공연에서 시곡기생이란 명칭이 사용된 것은 한성기생조합이 유명무실한 상태였고, 1913년 광교조합과 다동조합, 신창조합이 설립되기 이전 핵 분열된 형태로 생각할 수 있다.[29] 이를

---

27 石川雅章, 『松旭齊天勝』, 桃源社, 1968, p.38.

28 "降仙樓 중부파죠교단셩샤(團成社)에서 흥힝ᄒᄂ 강션루일힝(降仙樓一行)은 직작일 밤부터 시곡기싱(詩谷妓生)일판이 가셔 흥힝ᄒᄂ듸 기싱의 가무도 잘홀쑨더러 기부들의 단태된 것이 가샹ᄒ거니와…"(『매일신보』, 1912.5.15.)

29 송방송(2008), 앞의 논문, 162쪽.

역으로 생각한다면 이런 장기 프로젝트 공연이 이루어진 바탕은 소속감이 조금 떨어지는 과도기였기에 가능한 면모였을 것이다. 권번의 탄생으로 이후 공연이 권번 중심으로 이루어지고, 1915년 시정 5주년 공진회 공연이 권번별로 날짜를 나누어 진행되는 것도 이러한 반증이다.

이 공연에 대한 명확한 기록과 레퍼토리는 『매일신보』5월 7일 신문 광고로부터 알 수 있지만, 이 공연은 이미 4월 중순부터 관객과 만나고 있었다. 그래서 공연 초반에 기자가 쓴 인상기에서 기록 이전의 공연에 대한 전반적인 분위기를 느낄 수 있다.

> 演藝界 登降仙樓ㅎ야試一評) …월즁선(月中仙의) 거문고와 가픽(假佩) 치련(彩蓮)의 가야금과 화향(花香), 뎜홍(點紅)명옥(明玉)의 양금으로 음악합쥬와 금강산환등은 가히관람쟈의 정신을 화열케ㅎ고 치련, 화향, 화봉(花鳳)의, 뎐긔춤과, 뎜홍의, 호졉무(胡蝶舞)ㄴ, 가히관람쟈의흥긔를용동케ㅎ야, 만쟝이박슈갈치쏀더러, 이것은죠션의유릭ㅎ던, 가무음악이니, 어듸신지발달ㅎ도록, 찬성ㅎㄴ바이로다. 그러ㅎ나악공의츔쟝단이, 넘오느려셔, 관람쟈의지리ㅎ싱각을, 발케ㅎ즉아모리, 뎐일의습관일지라도, 시듸와인졍을인ㅎ야좀속ㅎ도록, 긔량ㅎㄴ것이됴흘듯ㅎ며…(『매일신보』, 1912.4.26.)

> 演藝界 降仙樓의善惡一評 …박춘직(朴春載)와 류영갑(柳泳甲)등의 풍속괴란ㅎㄴ지료ㄴ일톄로업시고 슌견흔 긔악으로 흥힝ㅎㄴ즁에 셔민안락무(庶民安樂舞) 향쟝무(響鈴舞) 현반도(獻盤挑)의 모든가무와 줄풍류ㄴ 진실로 셩대태편의 긔상을 자랑홀쑨안이라 그청아흔 가곡과 반션흔 츔쟝단은 가희관람쟈의 심신을 화열케ㅎ며 긔타의 뎐긔춤과 나뷔춤이며 기싱환등과 금강산샤진은 근일연극쟝에셔ㄴ 처음보ㄴ바인즉…(『매일신

보』, 1912.4.30.)

내용에서 보듯 채련, 화향, 화봉의 '전기춤', 점홍의 '호접무'가 뛰어
났음을 높이 평가하면서도 악공의 반주가 너무 느린 점은 부정적인
면으로 묘사하고 있다. 또한 서민안락무, 항장무, 헌반도 등을 통해
태평성대의 기상을 느낄 수 있었고, 전기춤과 나비춤 등 새로운 춤을
접하였다는 내용이다. 여기서 5월의 공연과 미세하게 다른 측면을 발
견할 수 있는데, 새로운 기생의 이름을 발견한다거나 레퍼토리에서
헌반도, 호접무가 등장하는 모습도 그러한 예이다. 이를 볼 때 초기에
는 '전기무'와 '호접무'가 분리되어 있다가 5월에 들어 전기호접무로
다시 후반에 전기무로 변용되어 나타났음을 알 수 있다. 또한 초반에
는 다양한 레퍼토리가 시험적으로 연희되다가 대중의 반응에 따라
삽입되고, 퇴출되는 수순이 4월 공연에서 이루어졌다.

그런데 이 두 기사를 같은 사람이 썼는지 다른 사람이 썼는지에
대해서는 명확하지 않지만 두 글 모두 새로운 춤을 비롯하여 무용
레퍼토리에 대해서는 좋은 평가를 내리고 있다. 하지만 이 공연의
전체적인 분위기에 대해서는 부정적으로 바라보는데 먼저 박춘재와
류영갑의 공연이 음담패설로 음란성이 가득하다는 점에서 문제를 제
기한다. 이러한 모습은 관객에게 피해로 돌아올 뿐이며 당직 순사의
엄중한 단속이 있어 결국 이들의 공연은 더 이상 이루어지지 못하였
고, 5월 기록으로 전하는 강선루의 공연이 무용 중심으로 이어진 근
거가 되었다.

강선루의 공연은 한 단체가 한 달이 넘는 기간 지속적으로 무용
공연을 한 전무후무한 기록을 남겼다. 이들은 다양한 레퍼토리를 통

해 그들 스스로를 시험하였고 대중의 반응에 따라 또 새로운 레퍼토리를 무대에 올렸다. 이들의 노력은 결국 현재 한국 무용의 시금석이었고, 이들의 양태는 공연예술로 무용의 위치를 밀착시키는 역할을 하였음은 부인할 수 없는 부분이다.

4. 결론

이 연구는 개화기에 무용이 어떠한 의미 체계를 가지고 무대공연예술로 수용되었는지를 살핀 글이다. 조선 후기에서 대한제국기까지 한국 공연예술의 가장 큰 변화는 극장이라는 공간의 등장일 것이다. 제한적이며 일회성으로 진행되던 전통연희들이 극장의 등장으로 정기적으로 대중을 만나면서 공연문화를 형성하게 되었다. 이는 수요와 공급에 의한 문화산업 구조가 생성되었고, 문화가 향유의 대상이 되는 근대적 현상으로도 나타났다. 또한 이른바 제4벽이 말하는 무대가 관객과 분리를 가지고 오면서 이에 걸맞게 공연 레퍼토리도 변용을 거듭하며 나타나기 시작하였다.

간헐적으로 무대공연예술을 통해 대중과 만나던 무용은 협률사의 항장무 공연을 통해 새로운 호흡을 만들었다. 이미 교방에서 궁중에서 다듬어진 이 레퍼토리는 극적 요소와 함께 당시 대중들에게 한국 문화의 원형을 보여준 무용으로 의미와 도상을 지니며 가무악 요소를 지닌 한국적 공연예술의 전범으로 자리하였다. 이러한 물고는 기생들의 자선공연을 통해 극대화되었는데 1907년 경성고아원 자선공연은 대중에게 가장 많은 무용 레퍼토리를 선보인 첫 공연이었다는

점에서 의미를 둘 수 있다. 이는 단지 첫 만남이란 측면만 있는 것이
아니라 정재와 민속춤의 조화를 통해 대중에게 가장 가까이 다가갈
레퍼토리를 선정하여 대중과 호흡하였다는 점에서도 주목할 수 있
다. 또한 개량이 유행처럼 예술에 접목되던 시기에 무용은 전기무와
같은 창작춤을 통해 새로운 시대에 적응하려는 노력을 기울이게 되
었다.

근대 장기 무용 공연으로 첫 번째 의미를 지니는 강선루 공연은
한 달여 동안 17개를 레퍼토리를 선보이며 한국 무용의 만들어진 전
통을 수립하였다. 이들은 특히 이전에 다양한 활동을 펼친 기생들이
참여함으로써 정재의 전승과 민속춤의 개발에 힘을 쏟아 새로운 가
치체계를 만들었다.

이렇게 개화기 공연예술은 급격한 사회변화에 따라 예인들의 다양
한 실험과 노력이 뒤따랐다. 협률사의 등장으로 무대공연예술에 걸
맞게 공연 내용이 다듬어졌고, 조선 사회는 수용, 소비, 생산의 문화
콘텐츠 구조를 형성한 것이었다. 게다가 자선공연을 통해 사회의식
이 깃든 모범적인 형태의 공연 모습도 이 시기 활성화되어 이들이
애국계몽의식을 몸으로 실천한 면모라 할 수 있다. 그렇지만 개화기
이러한 여러 시도가 근대적이었는가에 대해서는 의문점이 남는다.
극장이라는 공간이 생겼으며 소비 구조를 통한 공연문화(Hardware)가
만들어졌다 하여도 그것에 담아낸 내용물(software)이 전근대적인 요
소를 지니기에 이 시기는 근대로 나아가는 이행기로 의미를 지니며
근대 무용의 발아기에 머물고 있었다.

그럼에도 불구하고 이러한 노력은 무용이 통속적인 문화원형이 아
닌 고급의 문화전통이 대중에게 처음 수용되었다는 측면에서는 높이

평가할 수 있다. 또한 심리학적 담론이 아닌 시각을 통한 한국의 미적 가치를 높였다는 측면에서 한국 문화의 보편성과 특수성을 보여주는 기호로 이 시기 한국 무용은 의미를 가진다 할 것이다.

근대 공적 공간에 나타난 무용의 변용

1. 서론

이 연구는 근대 경성의 공적 공간에서 이루어진 무용 공연의 궤적을 살피고, 이 공연들이 어떠한 문화 담론을 형성하는지에 집중한 것이다. 특히 이 글에서는 경성공회당과 부민관을 중심으로 무용 공연에서 구현된 시대정신과 근대 무용의 공연사적 의미를 논의의 대상으로 한다.

근대 이후 극장의 등장은 공론장의 형성이라는 점에서 주목할 수 있다. 근대 초기 극장은 생산, 수용, 소비의 구조적 공간으로 자리하면서 시공간에 대한 근대적 인식, 광고의 등장과 수평적 질서의 구경꾼이 등장하는 등 다양한 사회적 담론을 형성하였다는 점에서 의미가 있다.[1] 이러한 형태는 공연을 위한 전용 공간이 등장하고, 생산과 소비 형태 구조를 통한 대중문화 구조를 만들어가는 과정 속에서 이루어진다.

---

[1] 김호연, 「한국 전통춤의 근대적 메타모포시스 연구 - 극장을 중심으로」, 『무용역사기록학』 54, 무용역사기록학회, 2019, 130쪽.

그런 가운데 경성공회당과 부민관은 공적 이익을 위한 다양한 행사가 이루어진 공간이었지만 이곳에서 의미 있는 공연이 다양하게 이루어진 점에서 주목할 수 있다. 이는 사설 극장이 이익을 창출하는 데 목적을 두어 대중적 정서를 강하게 드러냈던 데 반해 이 공간에서는 일회성에 그칠 수밖에 없는 다양한 장르를 수용하면서 새로운 문화 담론을 형성한다는 측면에서 주목할 수 있다.

특히 무용은 장르적 특성 상 장기 공연이 이루어지기 힘든 구조를 지녔고 전용 극장이 부재하였기에 이 공적 공간에서는 구조적 한계를 해결하여 주는 데 커다란 도움을 주었다. 이 두 공간이 지향한 다양한 문화 창출을 위한 바탕을 마련하고 문화 기회의 분배가 이루어지며 양질의 공연이 수용되었는데 이는 근대 무용사에서 쟁점이 되는 많은 작품이 공연되는 등 논의의 가치가 있을 것이다. 예를 들어 이른바 신무용의 출발로 일컬어지는 이시이 바쿠의 1926년 공연, 창작무용 〈아리랑〉을 비롯해 다양한 무용을 펼친 배구자의 1928년 공연 그리고 1930년 최승희 제1회 개인 공연을 비롯한 여러 의미 있는 공연이 경성공회당에서 이루어졌고, 부민관에서는 최승희, 조택원 등을 비롯한 여러 근대 무용가의 공연 그리고 전통 춤을 새롭게 정립한 한성준의 공연 등이 펼쳐지는 등 이 공간 속에서 행해진 공연은 한국 근대 무용의 중심 흐름이라 하여도 지나친 말이 아닐 정도로 주목하여 살펴볼 필요가 있다.

그동안 경성공회당과 부민관과 같은 공적 공간에 대한 연구는 다양한 시각에서 이루어졌다. 황병주는 공회당을 공적 공간의 대표적 상징으로 보고, 식민지 대중이 '공'의 가치에 입각한 장소성 체험과 공간 경험을 통해 근대적 규율을 체득하는 공간으로 정의 내리며 일제강점기 공회당을 살펴보았고[2], 김순주는 부민관의 건립 과정과 활용 양상을 거시적 시각에서 연구하기도 하였다.[3] 이와 함께 공적 공간에서 이루어진 공연의 장르별 연구도 이루어졌는데, 송방송은 일제말기 부민관에서 공연된 음악 공연에서 친일과 관련된 문제를 집중적으로 연구하였고,[4] 유민영은 한국 근대극장의 흐름을 정리한 글에서 부민관에 나타난 공연예술의 여러 모습에 대하여 논의하였고,[5] 김호연은 부민관을 중심으로 여기서 공연된 연극과 악극을 살피면서 장르적 변용 양상을 살폈으며,[6] 금용웅은 일제강점기 다목적 공간을 살피면서 경성공회당, 부민관에서 이루어진 전통음악 공연을 개괄적으로 정리하기도 하였다.[7]

이렇게 그동안 공적 공간에 대한 연구는 연극, 전통공연예술 등에 대한 접근이 간헐적으로 이루어졌지만 무용 공연에 대한 연구는 집중적으로 나타나지 못한 한계가 있었다. 경성공회당이 근대 새로운 무용 담론을 만들어낸 공간이고, 부민관이 무용 문화의 확장성을 생성한 공간임에도 불구하고 공간을 중심으로 제대로 살피지 못한 점

---

2   황병주, 「식민지기 공적 공간의 등장과 공회당」, 『대동문화연구』 69, 성균관대 대동문화연구원, 2010.

3   김순주, 「식민지시대 도시생활의 한 양식으로서 '대극장' – 1930년대 경성부민관을 중심으로」, 『서울학연구』 56, 서울시립대 서울학연구소, 2014.

4   송방송, 「부민관을 통해 본 일제말기의 음악상황 – 1941~1945년을 중심으로」, 『진단학보』 80, 진단학회, 1995.

5   유민영, 『한국근대극장변천사』, 태학사, 1998.

6   김호연, 「1930년대 서울 주민의 문화수용에 관한 연구 – 부민관을 중심으로」, 『서울학연구』 15, 서울시립대 서울학연구소, 2000.

7   금용웅, 「일제강점기 주요 다목적 공간들에서의 공연양상 – 전통음악공연을 중심으로」, 『공연문화연구』 36, 한국공연문화학회, 2018.

은 아쉬움으로 남는다.

이에 이 연구에서는 경성공회당, 부민관을 중심으로 이 공간이 가지는 담론장의 역할과 이 공간에서 펼쳐진 근대 무용의 공연사적 의미를 파악하는 데 집중하여 논의를 진행하고자 한다. 이를 위해 이 연구는 문헌 연구에 바탕을 두어 경성공회당과 부민관에서의 무용 공연을 목록화하고, 근대 무용의 수용과 전통 춤의 무대화라는 변용의 과정 속에서 대중과 소통하며 미적 근대성을 어떻게 확보하는지도 살펴볼 것이다.

이 연구는 근대 공적 공간에서 이루어진 무용의 다양한 양상을 살핌과 동시에 근대 경성의 일상생활 및 문화 활동의 사회적 담론을 찾을 수 있는 바탕으로도 가치가 있을 것이다. 이는 장르적 이해를 넘어서 무용이 가지는 문화사적 의미를 고구하는 측면에서 토대로 작용할 수 있을 것이다.

2. 경성공회당에 나타난 무용 공연의 제 양상

경성공회당은 경성상업회의소 겸 공회당의 용도로 1920년에 건립된 건물로 연설회, 집회, 각종 문화행사, 환영대회 등 도시의 집단적 행사가 빈번하게 이루어진 다목적 공간이었다. 이 건물이 만들어진 배경에는 경성의 인구가 25만을 육박하는 도시로 성장하였지만 제대로 된 공적 공간이 부족하였고, 경성상업회의소가 동양척식회사에서 더부살이를 하고 있어 독립 공간이 필요하다는 점이 합을 이루어 복합적인 공간을 마련한 것이었다.[8]

경성공회당은 지하 1층 지상 4층의 규모의 건물로 경성 장곡천정
(長谷川町)에 지어져 장곡천공회당이라는 이름으로도 불리었는데, 공
적 공간이 부족한 현실에서 연중무휴 다양한 행사들이 펼쳐지게 되
었다. 이곳에서는 여러 행사가 이루어졌는데 학술강연, 공공복리 증
진을 목적으로 하는 여러 집회, 회사 총회, 각종 전람회, 연예회 등이
열리며 새로운 문물 수용의 표상으로 인식되었고, 공론장의 기능을
담당하며 다양한 담론을 양산하였다.

특히 이곳에서는 근대 무용사에서 쟁점이 되는 여러 공연이 이루
어져 중요한 의미를 지닌다. 경성공회당에서 열린 무용 공연을 정리
하여 보면 다음과 같다.

〈표 1〉 경성공회당 무용 관련 공연

공연 일자	공연 명칭	내용	기타
1925.11.7.~8.	음악무용대회	藤間靜枝 무용 등	매일신보 주최
1925.12.19.	소년소녀음악무도회	소년소녀 노래와 댄스	소년주보사 주최 시대일보 후원
1926.3.21.~30.	이시이 바쿠 공연	石井漠 石井小浪 등	경성일보 후원
1927.10.25~26.	이시이 바쿠 공연	石井漠, 최승희 등	매일신보 주최 숙녀회 후원
1928.4.21.	배구자 공연	배구자, 〈아리랑〉 등	백장미사 주최
1929.3.9.	중앙보육학생회 동극무도대회	동극, 무도 음악회	매일신보 후원
1929.7.6.	眞島睦美 童謠舞踊	동요무용	경성YMCA 주최
1929.10.17.~18.	藤間久枝 공연	藤間久枝 무용 등	경성일보 주최
1929.10.21.~24.	羽田舞踊歌劇團		중국 단체

---

8 『매일신보』, 1918.2.27.

공연 일자	공연 명칭	내용	기타
1930.1.26.	음악과 무용의 밤		조선신문사 주최
1930.2.1.~2.	최승희무용연구소 제1회공연	최승희, 〈인도인의 비애〉 등	매일신보 주최
1930.4.11.	중앙유치원 음악무용의 밤	최승희 특별출연	조선일보 후원
1930.5.1.	松竹派 天勝一座	대소마술, 가극, 무용 등	조선신문사 후원
1930.11.11.	동정무용공연회	최승희, 〈그들은 태양을 찾는다〉 등	동아일보 후원
1931.2.7.	최승희 신작무용발표회	최승희, 〈그들의 행진〉 등	매일신보 주최
1931.3.2.~3.	사카로프부부	사카로프 부부, 〈낭만적 원무곡〉 등	경성기독교청년회 주최 매일신보사 후원
1931.7.14.	유치원연합율동대회		수양유치원 주최 동아일보 후원
1932.1.30.	재만동포위문 무용과 연극의 밤	최승희, 〈흙을 그리워 하는 사람들〉 등	철필구락부 주최
1932.6.4.~5.	이시이 바쿠 공연	〈影〉 등	매일신보 후원
1932.11.29.~30.	古田무용단 공연		매일신보 주최
1933.4.3.	川畑文子 공연	재즈 댄스 등	매일신보 주최
1933.6.1.	완다 푸르겔 일행 음악과 무용	성극, 음악, 무용 등	매일신보 주최
1934.1.27.	조택원 제1회 무용공연	조택원, 〈작렬하는 사색〉 등	매일신보 후원
1934.9.6.	음악 무용 극의 밤	조택원, 〈작렬하는 사색〉 등	극예술연구회 주최 동아일보 후원
1934.10.28.~29.	이시이 바쿠 무용회	石井漠, 최승희 등	
1935.1.26.~27.	조택원 제2회 신작무용발표회	조택원, 〈승무의 인상〉 등	매일신보 후원

　경성공회당의 무용 공연에 나타난 두드러진 면모는 새로운 형식과 내용을 담은 공연이 중심을 이룬다는 점이다. 이전까지 한국에서 이루어진 무용은 전통 춤이 무대공연예술로 변용을 이루며 이에 걸맞은 레퍼토리가 양산되는 모습을 보였다. 이는 단성사, 광무대, 연흥사

등의 극장에서 기생조합, 권번 혹은 극장 소속 예인을 중심으로 가무
악 형태 공연이 행해지고 있었는데, 이러한 형태는 창극이나 다른 전
통연희와 궤를 같이하며 내용에서나 형식에서 큰 변화 없이 구태를
그대로 지니고 있었다.

그렇지만 전통예술은 대중의 기호나 새로운 흐름에 맞는 변용이
제대로 이루어지지 못하였고, 신파극이나 영화 등의 장르에 밀려 위
세가 점점 약화되었다. 이러한 흐름 속에서 경성공회당의 건립은 새
로운 문화를 수용할 수 있는 양식과 구조를 갖추고 있었기에 외국의
여러 무용이 이입되는 창구가 되어 대중은 이곳을 통해 신문물을 향
유하는 공간으로 인식하게 되었다.

새로운 무용 공연으로 먼저 주목할 것은 후지마 시즈에(藤間靜枝)의
공연(1925.11.7.~8.)이다. 그는 가부키를 혁파하고, 일본 정신을 담으면
서도 새로운 형식의 춤을 선보여 일본 신무용의 효시로 일컬어지는
인물이다. 이는 경성 공연을 앞두고 소개된 글에서 "고전무용과 민요
동요 혹은 서양 댄스 등을 모두 동일한 무대예술로 음악과 혼연히
융합한 독특한 무용의 신비경을 개척하고"[9]라 말하며 전통과 현대의
조화 속에서 새로운 무용을 선보일 것이란 기대감을 갖게 만들었다.

이 공연은 대중에게 새로운 흥취를 주기에 충분하였다. "경성 시중
은 물론이요 멀리 인천, 수원 등지로부터 모여드는 관중은 개장 한
시간 전부터 공회당 부근에 사람 바다를 이루어 장내는 입추의 여지
없고 문밖까지 넘치는 대성황"[10]이란 표현처럼 공연 전부터 기대감이

---

9 『매일신보』, 1925.10.28.
10 『매일신보』, 1925.11.9.

충만하였고, "피아노의 울리는 리듬에 따라 부드러운 곡선이 찬란한 무대에 나타날 때마다 관중은 정신을 빼앗기고"[11]라는 대중의 반응에서 나타나듯 전통에 바탕을 두지만 현대적 형식의 표현을 통해 새로운 감흥을 주기에 충분하였다.

이에 반해 다음 해 경성공회당에서 펼쳐진 이시이 바쿠 공연(1926. 3.21.~30.)은 대중보다는 무용인들에 영향을 준 공연으로 바라볼 수 있다. 일본 현대무용의 아버지라 일컬어지는 그는 한국에서도 서양 무도가라 홍보되었고, 경성일보 후원으로 10여 일에 걸쳐 공연이 진행되었다. 그렇지만 이 공연에 대한 대중이나 언론의 반응은 두드러지지 않았다. 이는 총독부의 기관지이며 일본어 신문인 경성일보의 후원이라는 제한적 요소가 작용하였고, 그의 현대무용을 받아들이기에는 아직까지 대중의 무용에 대한 이해도가 그리 높지 못함에서 기인한다. 오히려 이 공연을 통해 최승희라는 숙명학교 출신 소녀가 이시이 바쿠의 제자가 된다는 것이 화제가 되는 등 공연 내용보다는 외적 요소가 주목을 끌었다.

이후 최승희는 일본에 간 지 6개월여 만에 공연에 참여하여 주목을 끌었고, 1년여 만인 1927년 10월 경성공회당 공연에서 14개 레퍼토리 중 독무인 〈세레나데〉를 비롯하여 4편을 등장하여 무용수로 성장한 모습을 보였다. 이러한 분위기 속에서 이 공연은 이시이 바쿠 무용단의 공연이었음에도 초점은 최승희에 집중되었고, 공연 내용뿐만 아니라 그의 행동은 사회적 관심을 불러일으키며 무용을 통한 새로운 문화 담론이 형성되기 시작하였다.

---

11 『매일신보』, 1925.11.10.

무용가 최승희 양의 향토에 돌아온 첫 출연이 있는지라 그의 모교되는 숙명여자고등보통학교에서는 이정숙 교장 이하 숙녀회원이 제일착으로 이르러서 무대 뒤에서 내다보는 최승희 양을 기뻐 울게 하였으며 뒤를 이어 밀리는 군중은 물밀듯하여 7시에 개연되는 것을 6시 반에 이르러서는 다시는 표를 팔 수 없는 만원 이상의 대만원을 이루니 무용예술 예찬의 소리 최승희 예찬의 소리는 개막 전부터 장내에 넘쳤었다.[12]

최승희가 일본으로 건너갈 당시 격렬하게 반대하던 숙명학교의 일원들은 일 년이 지나 그가 금의환향하자 이번에는 학교에서 공연을 후원하며 전폭적인 지지를 보냈다. 대중도 이 공연에 커다란 반응을 보였고, 이시이 바쿠 무용단의 공연이었지만 최승희 효과를 통해 무용에 대한 심미적 지평을 넓히는 기회가 되기도 하였다. 이는 최승희에 대한 입소문과 매일신보 후원에 의해 연일 홍보가 이루어질 결과였다.

이러한 관심은 기자의 글이 아닌 대중의 리뷰가 신문에 실리며 무용 문화에 대한 공론 형성이 이루어지는 계기로 작용하였다. 동아일보에 생生이란 필명으로 쓴 "최승희 양의 무용을 보고"[13]에서는 공연 분위기와 작품에 대한 개인적 감정을 적으면서 최승희의 춤을 '봄 동산 아지랑이가 피어오름인지 고흔 바람이 맑은 물을 흔들음인지 남유달리 아름다운 육체미를 가진 곡선과 곡선에서 흘러나오는 리듬'이라 문학적 표현을 쓰고 있는데, 그의 균형미와 리듬감 등을 칭찬하며 한국 무용의 희망으로 바라보며 앞으로 그의 활동에 기대감을 가지

---

12 『매일신보』, 1927.10.27.
13 생生, 「최승희양의 무용을 보고」, 『동아일보』, 1927.10.28.

게 하였다.

이러한 무용에 대한 근대적 담론 형성은 배구자의 공연에서 자율적 창작 의식을 통해 대중과 소통 구조 속에서 새로운 의미를 담아내었다. 이 공연은 백장미사의 이철이 기획한 공연으로 창작무용 〈아리랑〉 등을 통해 근대의식의 발현과 집단적 소통을 이룬 공연이란 측면에서 한국 근대 무용의 시초로 바라볼 수 있는 공연이다.[14] 게다가 이 공연에서는 발레 〈빈사의 백조〉를 선보이며 서양 춤에 대한 심미적 지평을 열어주는 계기로도 작용하였다. 이 공연에 대해서도 '망언자'라는 필명이 가진 이가 쓴 리뷰가 중외일보에 실리는데 전체적으로 사람의 마음을 심각하게 올려주는 것을 구하지 못한 것이 섭섭하다고 말하면서도 "〈빈사의 백조〉는 무용으로 가장 가치 많은 것을 보였고, 〈아리랑〉은 자작한 것은 그 동기로부터 감사하고 싶고, 아리랑의 기분을 무용으로 나타내었는데 그 얼마는 확실히 성공하였다"[15]라 말하며 상찬하였다. 이는 창작무용으로 〈아리랑〉이 민족의식을 일깨운 자의식의 발로라는 인식 속에서 자생적인 한국 근대 무용이 형성되고 있음을 발견할 수 있는 부분이며, 〈빈사의 백조〉를 통해 전면적이지는 않았지만 발레의 수용을 통해 동시대적 무용의 수용과 확산 현상을 발견할 수 있는 대목이다.

이러한 글들이 전문적인 관점이나 긴 호흡을 가진 비평으로까지 나아가진 못하였지만 대중이 무용을 보고 심미적 지평과 사회적 의식을 열면서 여러 담론을 형성하고 있다는 점에서 의미가 있다. 이

---

14 김호연, 『한국근대무용사』, 민속원, 2016, 97쪽.
15 망언자, 「배구자양의 음악무용을 보고」, 『중외일보』, 1928.4.23.

는 문화가 상품 형태를 취하면서도 본래의 '문화적 의미'로 전개되면서, 그 문화 자체를 통해 공중과 연관된 주체들이 서로가 협의하는 토론 대상이 된 면모일 것이다.[16] 이렇게 새로운 춤 형식들은 대중에게 문화 향유와 심미적 지평을 열며 미적 근대성을 확립하는 기호가 되었다.

일본에서 활동하던 최승희가 한국으로 돌아와 새로운 창작 안무를 선보인 최승희무용연구소 제1회 공연(1930.2.1.~2.)도 경성공회당에서 이루어진다. 이 공연은 일본에서 돌아온 최승희가 무용연구소를 만들고, 그의 제자 여덟 명과 함께 여러 실험 속에서 한국 무용의 고유성과 특수성을 보여주려 한 공연이었다. 이 공연은 〈영산무〉와 같은 전통 색채가 농후한 작품, 〈해방을 구하는 사람들〉과 같이 현대무용의 요소가 담겨진 작품 그리고 〈인도인의 비애〉처럼 동시대 서양 춤의 수용 등 한국 창작무용의 확장성을 이루려 한 점에서 주목할 수 있다. 이 공연도 대중은 최승희라는 인물에 많은 관심을 보이며 공연에 찬사를 보냈다.

> 장내가 떠나갈 듯한 박수가 한 번도 아니요 연하여 두 번 일어난 것은 그들이 자기의 고유한 율동에 맞는 것을 얻어 감상한 기쁨을 숨김없이 나타냄이며 따라서 최 양의 창작의 성공을 말하는 것은 아닐 수 없는 것이다.[17]

이 공연에 대한 평자도 기호에 맞는 작품과 그렇지 않은 작품을

---

16 위르겐 하버마스, 한승완 옮김, 『공론장의 구조변동』, 나남, 2001, 110쪽.
17 문외한, 「최승희의 제1회 공연, 인상에 남은 것들」, 『동아일보』, 1930.2.5.

논하면서도 〈애수의 을녀〉에서 나오는 최승희에 대해서는 '그 어깨로부터 손끝에 물결처럼 흐르는 델리케이트한 리듬'과 표현력에 찬사를 보내며 객석 모두 이 부분에서는 감흥을 받았음을 묘사하였다. 이와 함께 창작무용에 대한 이해와 기대를 하면서 내용과 표현에서 얼마큼 조화를 이루어 관객에게 전달되고 있는지에 대한 문제도 지적하는 등 무용 감상 그 자체에 대한 인식도 조금씩 넓어지고 있음을 발견할 수 있다.

조택원의 공연은 앞서 배구자, 최승희와 또 다른 결을 보이며 한국춤의 전형성을 보여주었다. 이시이바쿠무용연구소에서 전문적으로 무용을 익힌 조택원은 귀국하여 1934년 첫 발표회(1934.1.27.)를 경성공회당에서 갖는데, 〈화려한 왈츠〉, 〈작렬하는 사색〉 등의 레퍼토리를 통해서였다. 이 공연에서 대해서 박철민은 그동안 리뷰가 보인 인상적 단상에서 벗어나 9번에 걸친 긴 호흡의 전문적 글을 통해 심도 있게 논의를 전개하였다. 그는 먼저 조택원의 공연이 전체적으로 미흡함이 있다 신랄하게 꼬집는다. 이는 천편일률적으로 고정적 유형에서 벗어나지 못한 안무법에서 나온다고 보았다. 그러면서도 "조선에 있어 무용예술에 대한 일반의 관심을 유발케 하는 계기를 작성하였으며 사회적 생활에 있어 공리적 형태로 완전한 진출을 기도하게 될 진실한 예술적 무용을 촉진"[18]하는 의미로 사회적 의의가 존재한다고 바라보았다. 그러면서 그는 조선 민중의 현실적 생활과 감정에 부합하는 무용 형식이 요구된다고 하였는데 이러한 시각은 사회

18 박철민, 「무용예술의 창조적 의의 - 조택원군 무용발표를 계기로」, 『조선일보』, 1934. 4.8.

주의 리얼리즘에서 바라본 무용 담론이란 측면에서 문예적 해석력을 낳는 계기를 만들었다.

이렇게 배구자, 최승희, 조택원으로 이어진 공연은 근대 무용에 대한 심미적 지평을 열고, 이를 통해 사회적 의미에 대한 의식을 넓히는 계기가 되었다. 이는 공적 공간을 통해 다양성을 수용하고, 언론을 통한 사회망 속에서 담론을 형성하는 구조 속에서 발견된다. 경성공회당에서 이루어진 공연이 대부분 신문사의 후원에 힘입었는데, 이는 무용이 장르적 속성 상 이익 창출이 힘든 구조이기에 신문사에서도 공공적 측면의 지원을 통해 무용인들에게 경제적 지원을 하고, 대중에게는 새로운 문화를 전해주는 중간자의 역할을 담당한 것이었다.

또한 경성공회당은 일본이나 서양의 새로운 춤 형식이 공연되며 다양한 문화를 경험할 수 있는 기호적 공간으로 자리하였다. 이는 무용뿐만 아니라 하이페츠, 클라이슬러 등 세계적 음악인이 이곳에서 공연한 측면에서도 그러하다. 이렇게 경성공회당은 대중에게는 흥취와 함께 근대 문화 수용을 통해 미적 근대성을 확보하는 통로였다. 또한 무용에서는 자생적 근대 무용 형성의 바탕이면서 대중도 무용을 통한 심미적 지평을 여는 공간으로 자리하였다.

3. 부민관에 나타난 무용의 변용 양상

부민관은 경성 부민을 위한 문화 복합 공간의 용도로 1935년 12월 태평로 1정목 60번지에 건립된 공간으로 대강당, 중소강당 등을 비롯하여 다양한 용도의 시설을 갖춘 당대 가장 큰 규모의 다목적 건물이었다. 이곳은 지하 1층, 지상 3층이었지만 144척 높이의 첨탑이 있어 경성에서 가장 높은 건물이었고, 객석 1,800여 석의 대강당도 여타 극장에 비해 가장 큰 규모를 차지하였다.

이렇게 당대 최대 규모를 가진 부민관은 여러 행사들이 1년 내내 이루어졌고, 공연예술도 다양한 장르의 수용 속에서 새로운 문화 담론이 형성하였다. 이는 극장의 규모가 커짐에 따라 자연스럽게 이에 걸맞은 양식과 내용이 필요하여 변용이 이루어지는데, 연극의 경우 번역극 우선론과 소극장 중심론을 통해 신극의 토대를 닦던 극예술연구회가 경성공회당이나 조선 극장의 소규모 극장에서 벗어나 '관중 본위의 연극', 즉 연극의 대중화를 강조하게 된 것도 부민관이 있었기 때문이다. 또한 악극처럼 대규모의 융합적 공연예술이 득세하게 된 것도 대중문화의 형성이라는 토대와 함께 부민관의 건립이 하나의 임계점으로 작용하였다.

무용의 경우도 부민관의 등장은 형식의 확장성을 통해 새로운 변용이 이루어진다. 다음은 부민관에서 이루어진 무용 공연을 정리한 것이다.

<표 2> 부민관 무용 관련 공연

공연 일자	공연 명칭	내용	기타
1936.1.24.~26.	이원 3귀재 경연대회	조택원, 신불출, 나운규 무용 10개 레퍼토리	조선중앙일보 주최
1936.4.3.~4.	최승희 공연	최승희, 김민자 등	
1936.6.5.	조택원 공연	도구고별 신작무용 발표회	
1937.1.30.~31.	째스와 무용의 밤	CMC악단 등	매일신보, 경성일보 사회봉사단 사업

공연 일자	공연 명칭	내용	기타
1937.3.29.	최승희 무용공연		숙명여자고보 동창 숙녀회 주최 매일신보, 경성일보 후원
1938.6.23.	조선음악무용연구회	한성준, 〈승무〉 등	조광회 주최
1938.6.24~26.	花柳壽美 공연	花柳壽美 등	경성일보 주최
1938.11.24.~25.	조택원 무용회	조택원, 〈가사호접〉 등	동아일보 주최
1938.12.13.	조택원 창작무용발표회	조택원, 김민자 등	동아일보 후원
1939.5.6.~7.	엘리아나 파블로바 무용회	엘리아나 파블로바, 조택원 등	경성일보 후원
1940.2.27.	조선음악무용연구회 도동기념공연	한성준 외, 〈학무〉 등	조선일보 후원
1940.12.17.	김민자 무용발표회	김민자, 〈적초〉 등	최승희무용연구소 주최 매일신보 후원
1941.2.20.	음악과 무용의 밤	경성보육학교 음악부	매일신보 후원
1941.2.25.~28.	오케음악무용연구소 제1회 발표회	〈아름다운 봄〉 등	매일신보 주최
1941.3.13.	음악 무용의 밤	중앙보육학교	매일신보 후원
1941.5.12.~16.	부여회상곡	조택원 안무	국민총력조선연맹 주최 총독부 후원
1941.5.28.~29.	전선가요 무용경연대회	김은하 등	매일신보 주최
1941.6.19.	전조선 명창명무 선발경연대회	임소향 〈승무〉 등	매일신보 주최
1941.10.4.	幸美園 신작무용발표회	幸美園 등	
1941.10.5.	金原仙芳 향토무용발표회	金原仙芳 등	
1942.2.16.~20.	최승희발표회	〈보살의 춤〉 등	조선군보도부, 국민총력조선동맹, 기계화국방예회 조선본부 후원
1942.7.11.	협동무용 제1회 발표회	〈무적황군〉 등	
1942.7.12.~14.	조선음악무용제전	임소향, 한영숙 등	조선춘추사 주최 조선음악협회, 매일신보 후원

공연 일자	공연 명칭	내용	기타
1942.7.21.~24.	石井漠 30주년 기념공연	〈등산〉, 〈명랑〉 등	대화숙 主催, 군보도부 後援
1942.22~26.	국민무용율동강습회		매일신보 주최 부민관 중강당
1943.3.31.~4.2.	조택원 신작무용회	〈학춤〉 등	조선방공협회 후원
1943.9.20.	항공일 기념 음악무용영화대회	경성보육학교 생도 등	매일신보 주최
1944.4.20.	조용자 무용발표회		영도사 문화부 주최
1944.5.2.~7.	최승희 무용공연	초립동 등	대일본부인회조선본부 주최 본부 정보과, 조선군보도부 총연맹, 매일신보, 경성일보 후원
1945.2.17.~18.	조용자무용발표	〈즉흥곡〉 등	
1945.2.26.	진수방무용공연	〈춘의 원무곡〉 등	조택원무용단 주최 문인친목회 후원
1945.4.19.	김미화 제1회발표회	〈가자〉 등	
1945.5.20.~21.	선방 삼화 합동공연	〈춘향전〉 등	

부민관은 극장 자체만으로도 동시대 가장 큰 규모였다. 그러다 보니 여러 공연이 지속적으로 이루어졌고 무용도 다양한 단체들이 공연을 펼쳤다. 그렇지만 부민관에서 공연을 실행할 수 있는 인물은 제한적이었다. 이는 규모에 맞는 양질의 공연 내용이 필요하였기 때문인데 그러다 보니 최승희, 조택원 등과 같이 당대 이름 높은 무용인들이 초기에 주로 공연하였다.

조택원은 부민관에서 공연을 가장 많이 한 인물이다. 그는 1936년 만담가 신불출, 영화인 나운규와 함께 이원 3귀재 경연대회라는 이름으로 합동공연을 펼치는데 여기서 10개의 레퍼토리를 선보였다. 이 공연은 대부분 클라이슬러, 쇼팽, 드뷔시, 시벨리우스 등의 음악에 맞추어 창작한 작품들로 구성되었는데, 독무 혹은 진수방, 김민자 등 그의 무용연구소에 있던 인물들이 참여한 형태를 띠었다.

그러던 조택원은 일본과 유럽으로 활동 범위를 넓히면서 한국 무용에 대한 실험을 거듭하면서 여러 고민을 하게 된다. 그는 유럽에서 경험과 여러 문예사조의 흐름을 관찰하면서 창작 방법론에 대한 고민을 한 것이었다. 이는 타지에서 느낄 수 있는 한국 문화 고유성에 대한 본질적 문제의식에 대한 것으로, 그는 한국적 소재를 바탕에 두면서도 새로운 호흡을 지닌 무용을 가장 이상적인 형태를 인지하기에 이른다. 이러한 생각은 서양 것을 배우지만 그들을 뛰어넘을 수 없기에 전통으로 돌아가 서양의 것을 모방하더라도 전통이 피 속에 있기에 한국적인 것이 표출될 수 있다는 논리를 완성하게 된 것이다.[19] 이는 유럽에서 돌아와 공연한 1938년 11월 부민관 공연에서 1부를 서양 무용으로 2부를 고전무용으로 나누면서 특히 2부인 고전무용에 역점을 둔 점도 이러한 논리의 실천적 양상이었다. 이 공연에 대해서 "7분의 현대적 감각에 3분의 고전미는 조선적인 정서를 무대에 꽉 차게 하기에 부족함이 없었고 우아미를 살리기에 충분하였다"[20]라는 평처럼 조택원은 한국적 모티브를 바탕으로 현대적 기법이나 음악으로 새로운 감각의 움직임을 표현하고자 하였고, 동시대 사회의 전형이나 고유의 전통성을 강조하기보다는 자연스럽게 동시대 원형의 발현을 통해 민족문화 담론을 형성하고자 하였다.

이러한 조택원의 무용 철학은 무용극이라는 확장된 형태로 변용되

19 『동아일보』, 1938.11.23.
20 『매일신보』, 1938.11.28.

어 나타났다. 이는 한국 춤의 발레화를 지향하여 만든 〈학〉, 〈춘향조곡〉, 〈부여회상곡〉이 그러한 실천적 의지가 투영된 작품들이었다. 조택원은 유럽에서 여러 경험을 바탕으로 그랜드 발레 형식의 무용극을 지향하는데 그 첫 작품이 〈학〉이었다. 이 작품에 대해 조택원은 전통 춤의 하나인 '학무'를 모티브로 안나 파블로바의 〈빈사의 백조〉나 세르쥬 리파르에서 영감을 얻어 만든 것으로 동양무용의 본격적 발레화의 효시가 되는 작품이라 지칭하기도 하였다.[21] 그런데 이 작품은 1940년 1월 일본 히비야공회당에서 공연되었지만 완성도를 보이지 못하고 실패를 하였다. 이는 여러 요소가 융합되다 보니 기법에서나 내용에서 불안정적 요소가 강하게 나타났기 때문이다.

이러한 실패 이후 다시 도전한 것이 1941년 5월 부민관에서 공연된 〈부여회상곡〉이다. 이 작품은 이시이바쿠무용연구소생, 오케음악무용연구소생 전원, 조선합창단, 조선교향악단 등 무용인 25명, 합창단 40명, 관현악단 45명이 참여한 대규모 공연으로 국민총력조선연맹 주최, 총독부 후원으로 진행된 형태였다. 그런데 주최나 후원에서 드러나듯 이 작품은 총독부의 내선일체 이념에 대한 역사적 예증과 이를 대규모 공연을 통해 프로파간다로 활용하고자 한 국민총력 조선연맹의 실천적 의지가 강한 작품이었다.

이는 일제가 중일전쟁 이후 전시체제로 들어서면서 전시 국민생활의 사회적 통제라는 측면과 그들이 강조한 '명랑한 오락'이란 이중적 체계 속에서 내선일체를 세뇌를 시키고자 한 실천성이 이 작품을 통해 구현된 것이었다. 이러한 양상은 이 작품의 실무를 담당한 야나베

---

21 『동아일보』, 1938.12.13.

에이자부로 국민총력조선연맹 문화부장이 "세계적 위국에 직면하고 아국이 오락에서도 방향을 취하지 않으면 안 된다"[22]는 논리에서도 그대로 반영된 모습이다. 이는 연극에서도 연극경연대회를 통해 일 제의 정치적 신념을 담으려는 대규모 행사가 영속적으로 이루어진 것과 궤를 함께하는 모습으로 부민관이란 공적 공간을 통해 선전활 동과 여론 환기 작업으로 활용되어 공개성이란 이름으로 공권력이 발현된 대표적 형태였다.[23]

최승희도 부민관의 등장과 함께 새로운 변화를 보인다. 그는 한국 에서 활발한 활동을 펼치다 1933년 일본에 건너가 〈에헤야 노아라〉 로 큰 반향을 일으키며 일본 무용계에 영향력 있는 무용인으로 거듭 나기 시작하였다. 이러한 계기는 앞서 그가 현실을 담아내거나 현대 무용 요소가 강한 작품을 선보였던 데 반해 전통에 기반을 둔 동시대 춤을 양산하면서 빛을 발한 것이었다. 최승희를 후원했던 소설가 가 와바타 야스나리(川端康成)가 "최승희는 조선 무용을 그대로 춤추는 것이 아니라 옛날 것은 새롭게, 약한 것을 강하게, 없어진 것은 다시 살려 스스로 창작하는 것이 그녀가 가지는 생명"[24]이란 말처럼 전통적 요소에만 집중하지 않고, 현대적 요소를 수용하여 동시대 고유성을 만들었기에 글로컬리티(Glocality)를 함유한 측면을 상찬한 측면이다.

이는 유럽과 미주에서 활발한 활동을 펼치는 1937년부터 1940년까 지 더욱 강하게 드러났는데 이 시기는 최승희의 정체성이 명확하게

22 矢鍋永三郎, 「부여회상곡에 대하야」, 『매일신보』, 1941.5.11.
23 위르겐 하버마스, 앞의 책, 69~70쪽.
24 최승희, 『불꽃』, 자음과 모음, 2006, 107쪽.

확립된 기간으로 바라볼 수 있다. 최승희는 1942년 부민관에서 이러한 정체성이 결집된 공연을 펼치는데 이는 '동양무용 수립'이라는 이론적 토대를 밝히면서 그의 무용 철학을 설파하기에까지 이른다.

> 아세아각지의 무용으로부터 아세아인의 혼과 아세아인의 육체가 아니면 표현할 수가 업는 무용을 건설하야 우리 일본의 무용계로써 국제 무용계의 중심적인 영향력에 까지 놉히는 것이 필요한 일이며 쏘한 그것이 가능할 수가 있다고 생각합니다.[25]

그동안 근대 동양에서는 서양 근대문화가 우월한 것으로 인식하고 그들의 것을 무비판적으로 받아들이는 것이 지배적 현상이었다. 이는 스스로를 오리엔탈리즘 시각으로 바라본 면도 없지 않을 것이다. 그렇지만 최승희가 타자를 통해 느낀 점은 문화상대주의적 측면에서 문화의 고유성에 대한 두드러짐이다. 그는 이러한 경험을 토대로 더 동양적인 것을 강조하게 되었고, 이를 표면적 이면적 주제의식 속에 모두 담고자 하였다. 이러한 실천적 의지가 투영한 것이 부민관 무대였는데 이 공연에서 선보인 레퍼토리를 살펴보면 "신전의 무, 화랑의 춤, 동양적 리듬, 추심, 세 가지 전통 리듬, 칠석춤 형식, 무혼, 보살의 도, 화립의 춤, 칠석야, 초립동, 인도풍의 춤, 사죽춤, 즉흥무"[26]였다. 내용을 살피면 이전까지 보인 창작무용은 찾을 수 없고, 전통적 소재에 바탕을 둔 춤이 중심을 이루고 있다. 또한 〈화랑의 춤〉, 〈세가지 전통 리듬〉, 〈즉흥무〉 등처럼 한국적 춤에 근원을 둔 것도 있지만

25 최승희, 「나의 무용기 - 동양무용수립을 위해」, 『매일신보』, 1942.2.13.
26 『매일신보』, 1942.2.18.

〈보살의 도〉는 가마쿠라나 헤이안시대의 불화에서 모티브를 얻거나, 노가쿠(能樂)를 차용한 〈추심〉 등 절반 정도가 일본을 전면에 내새운다는 점에서 이 시기 체제에 순응하는 최승희의 활동 양상이 여기서 그대로 드러난다.

이 공연은 조선군보도부, 국민총력조선동맹, 기계화국방예회 조선본부 후원으로 이루어졌는데, 이후 공연이 대부분 일제의 여러 단체 후원으로 행해지고, 이러한 레퍼토리가 그대로 수용되어 전통 춤의 새로운 변용이란 표피적인 측면으로 이해될 수 있지만 대규모 공연을 통해 공공성의 프로파간다 활용이란 점에서 비판적 시각으로 바라볼 수 있다.

이에 반해 전통 춤이 무대공연예술로 수용되어 원형의 전형성을 확보하는 것도 부민관을 통해서 이루어진다. 전통 춤은 정재와 같이 궁중에서 이루어지는 연희와 민속춤과 교방춤처럼 민간에서 이루어진 형태가 전승의 큰 흐름을 차지하였다. 그런데 무용은 극장의 등장을 통해 무대에 맞게 레퍼토리가 정리가 되고, 조탁을 거듭하며 새로운 공연문화를 형성한다. 이러한 공연 양상은 기생조합, 권번을 통해 이어졌고, 근대 초기 극장에서 중요한 볼거리를 제공하는 기호로 작용하였다.

그렇지만 이러한 형태는 새로운 심미적 가치를 창출하지 못하다 보니 퇴행을 거듭하고 무대공연예술에서 점점 사라졌다. 이즈음 한성준은 원형에 대한 해체와 새로운 질서를 확립하며 전통적 가치를 대중에게 새롭게 전해주었다. 그는 조선음악무용연구회를 조직하여 전통예술에 대한 계승과 실험을 거듭하다가 본인이 정리한 전통 춤을 1938년 5월 조선향토연예대회에서 선보이는데 이 무대는 대중에

게 큰 반향을 일으키며 전통 춤에 대한 새로운 인식을 심어주는 계기
가 되었다.

> 지난 5월 본사의 지령 6천호와 혁신 5주년기념사업의 하나로 전조선향
> 토연예대회 때에 이미 고전무용은 처음으로 일반사회에 소개되자 당야는
> 초만원의 대성황을 이루었을 뿐만 아니라 회장 관계로 입장 못한 이가
> 무려 4, 5백 명에 달하여 일대 소란을 일으키게까지 일반의 대망과 기대가
> 컸었다. 실로 당야의 푸로는 다시없는 대호화판을 이루어 관중은 감탄,
> 감탄하여 잠시 옛날의 예향의 삼매경에 잠기고 말았다.[27]

조선일보에서 개최한 전통예술 공연에서 한성준은 그동안 정리한
전통 춤 레퍼토리를 선보이며 커다란 반향을 일으켰다. '고전무용은
처음으로 일반사회에 소개되자'라는 표현처럼 기생조합이나 권번에
서 행해지던 고답적인 형태가 아닌 공연예술로 정제된 전통 춤, 특히
민속춤을 중심으로 이를 무대에서 펼쳐 대중에게 색다른 감흥을 주
었던 것이다. 이러한 큰 반향이 일어나자 무용만 따로 단독 공연이
이루어지는데 한 달 뒤인 1938년 6월 부민관에서 공연된 고전무용대
회가 그것이다.

이 공연에서는 14개의 전통 춤을 선보이는데, 바라춤, 한량무, 검
무, 단가무, 신선악, 상좌무, 살풀이춤, 사자무, 학무, 태평무, 급제무,
농악, 소경춤, 군노사령춤이 그것이다.[28] 내용에서 나타나듯 전통의
원형질을 품고 있는 춤들이지만 한성준에 의해 재정립된 춤임을 알

27 『조선일보』, 1938.6.19.
28 『조선일보』, 1939.6.19.

수 있다. 이는 "조선 고대춤으로는 재래 조선의 궁중에서 추던 춤과 민간에서 추던 춤만으로도 40여 종인데 그가 창작한 춤이 100여 종"[29] 이란 말처럼 한성준에 의한 전통 춤은 원형적 요소를 간직하면서 무대공연예술에 맞게 변용을 거친 형태로 나타난 것이다. 이는 학무처럼 정재에 있던 것이 민속 요소가 결합되어 탈바꿈하거나 태평무처럼 한성준에 의해 새롭게 구성된 경우 그리고 살풀이춤처럼 민속춤이 정리되는 등 '만들어진 전통'으로 의미를 확보하게 된 것이었다.

> 이번 것에는 특히 당대 우리무용계의 일인자인 한성준 노인이 새시대의 관대한 무대에 상연키 위하야 각별한 용이를 베프러 우리무용의 현대적 진출을 고려한 것이 특히 주목되는 점이다. 즉 현대적인 무대효과를 나타내이기 위하야 동작을 전폭적으로 확대하야 어떠케보면 현대무용의 감각을 깁게 한 것이 그것이라 할것이니 예를 들면 바라춤이며 검무 등이 확실히 그러타고 볼수잇다.[30]

한성준은 민속춤이 가지는 자율적 구조에서 벗어나 무대, 특히 부민관이란 대극장으로 진입하면서 이에 맞는 움직임과 표현 방법을 창작하게 되었다. 그렇지만 최승희나 조택원이 보였던 음악 구성의 현대적 요소를 수용하는 것이 아닌 모든 제반 요소는 전통적 요소를 포괄하면서 원형을 확보하였다는 점에서 고유성을 지니고 있다. 그의 전통 춤 정립은 대중에게 전통 춤에 대해 새로운 심미적 가치를 얻을 수 있게 하였고, 민족문화에 대한 자긍심을 일으키는 데 크게

---

29 『동아일보』, 1938.1.19.
30 『조선일보』, 1938.6.23.

이바지하였다.

부민관 건립 즈음인 1930년대 중반은 문화의 흐름도 변화를 겪는 데, 이 시기 연극 전용극장인 동양극장이 세워지고, 영화가 중요한 소비산업으로 등장하면서 대중문화가 자리 잡기 시작하였다. 이에 무용은 대중 공연예술과 융합하여 새로운 흐름을 창출하는 변용이 이루어진다. 이러한 예로 오케음악무용연구소를 들 수 있다. 오케음 악무용연구소는 이철이 이끈 오케레코드, 조선악극단의 산하 조직이 었는데, 악극에서 중요한 요소를 차지하는 무용 부분의 인재를 배출 하기 위한 무용학교 형태를 띠고 있었다. 여기서는 일반학과, 음악과, 무용과를 두었고, 순정 음악과 무용을 연구하며 처음에는 교수 13명 가 생도 14명을 담당하였는데 앞으로 이를 예술문화학원으로 확대하 여 50여 명의 생도 모집할 계획을 가질 정도도 이곳을 인재양성의 장으로 키우려는 의지가 강하게 나타났다.[31]

이 오케음악무용연구소 소원들이 준비한 첫 발표회는 1941년 2월 부민관에서 이루어지는데 1부 국민무용, 2부 무용콘서트, 3부 조선교 향악단 연주, 제4부 무용극 〈흥부 놀부〉로 구성하여 다양한 무용 작 품을 선보였다. 이중 생도들은 1부와 군무에 참여하였고, 굉대자(轟待 子), 이준희, 조영숙 등 이 연구소 교수들이 2부의 창작 작품에서 출연 과 안무를 담당하였고, 이시이바쿠연구소 단원과 조택원이 찬조하는 등 많은 볼거리를 전해주었다. 이 공연은 7시 공연임에도 '5시부터 관중은 부민관 안으로 몰려들기 시작하여 근래에 드문 장사진', '근래 보기 드문 성황' 표현처럼 많은 관객을 불러 모았다.[32]

---

31 『매일신보』, 1941.2.22.

이러한 측면은 조선악극단의 인기에 힘입은 바가 크다. 조선악극
단은 남인수, 이난영 등의 전속가수를 보유하였고, 김해송, 박시춘
등의 연주자까지 확보하는 등 대중에게 많은 볼거리를 제공하던 당
대 최고의 인기 단체였다. 이들은 한 공연 안에서 가요, 극, 재즈, 무
용 등을 통해 다채로운 무대를 보여주고 있었는데, 무용도 일본의 다
카라즈카가극(寶塚歌劇)식의 무대, 즉 버라이어티 쇼(variety Show) 형
식을 지향하며 대중적 흡입력을 강하게 보여주고 있었다. 이들은 장
르적 결합에 집중하여 한 분야에 치우치지 않고 다양한 형식을 마련
하고 있었는데, 오케음악무용연구소도 그러한 배경에서 나온 교육 형
태였던 것이다. 이후 김민자가 안무 담당으로 조선악극단에 입단한
것도 각 분야에서 내실을 기하며 통합적 시너지를 얻고자 한 모습이
었다.

이렇게 부민관의 등장은 악극과 같은 다양한 장르가 융합된 버라
이어티 공연 속에서 대형화와 대중화를 이루는 데 기여하였다. 이러
한 형식이 잠시 시대고를 잊게 만드는 단순한 형태였고, 통속성을 지
니지만 문화의 일상성 확대라는 측면에서 논의가 이루어질 수 있을
것이다.

4. 결론

이상과 같이 이 연구는 근대 경성의 공적 공간에서 이루어진 무용

---

32 『매일신보』, 1941.2.22.

공연을 살피고, 그 속에 담긴 무용이 가지는 사회적 담론을 찾는 데 집중하였다. 공적 공간은 공공적 성격을 지닌 다목적 용도의 장소로 근대에는 공론이 형성되어 다양한 담론이 표출된다는 측면에서 가치가 있다. 이러한 공적 공간으로 근대 경성에는 경성공회당과 부민관이 존재하였다. 이 두 장소에서는 다양한 시민 행사들이 펼쳐졌지만 많은 공연예술도 이루어져 근대 문화 형성의 토대였다는 점에서 주목할 수 있다. 특히 무용의 경우도 이 두 공간에서 다양한 작품이 공연되고, 대중과 소통하면서 근대 무용 담론을 형성하는 바탕으로 작용하였다.

경성공회당과 부민관은 공적 공간으로 무용뿐만 아니라 다양한 장르가 공연되어 다양성을 제공하였다는 점에서 의미가 있다. 이는 사설 극장들이 수익을 강조하여 대중 지향의 공연예술이나 영화에 우선 두었다면 이곳은 공공성에 가치를 두어 이른바 순수 공연예술 실연의 마당을 마련하여 주는 등 공공적 역할을 담당하였다. 이러한 공적 공간은 무용의 경우도 전용극장이 없는 현실에서 새로운 무용 문화를 조성하는 데 기여하였다. 이는 동시대 새로운 무용을 수용하여 대중에게 인식의 폭을 넓히는 기회를 제공해 줌과 동시에 미적 근대성을 확보하는 공간으로 의미를 가진다.

또한 공적 공간의 역할 중 하나인 문화의 확장성으로도 논의가 이루어지는데, 이 공간에서 장기공연보다는 일회성을 가진 형태가 유지되었지만 여기서 이루어진 다양한 공연이 초연 이후 지방 공회당 혹은 극장으로 이어지며 공공성의 네트워크화가 이루어졌다는 측면에서도 사회적 역할을 담당하였다.

또한 한성준에 의한 전통 춤의 재발견은 부민관을 통해 이루어진 가장 특이한 면모로 바라볼 수 있다. 이는 대부분 공적 공간에서 이루어지는 형태가 새것 혹은 동시대성에 대한 수용이었던 데 반해 한성준의 공연은 '만들어진 전통'을 통한 민족 원형의 재인식이란 측면에서 이 공간이 집단 무의식을 일깨운 계기가 된 상징성이 있기 때문이다.

그러나 열린 공간을 지향하는 공적 공간이 일제강점 말기 국가 통제 이념을 지향하는 일방향성의 지시적 공간으로 변이되면서 공적 공간은 여러 가지 폐해를 낳았다. 이는 내선일체와 전시체제의 일원화 구조를 통해 이 공간에 담겨진 예술이 공공성의 프로파간다로 작용하였다는 점에서 문제점 범주로 논의된다.

이 연구는 근대 경성의 공적 공간에 집중한 글이다. 그럼에도 무용은 단기적 형태를 띠기에 일회성에 그치지만, 연결성을 가지고 지역의 공적 공간에서 다양한 흐름 속에서 공연이 이어지면서 다양한 로컬리티 담론을 형성한다. 이러한 공연에 대한 연결성과 부산, 대구 등의 공회당에서 이루어진 문화 담론 형성에 관한 살핌은 추후 연구 대상으로 삼고자 한다.

일제강점 말기 무용의 시대적 순응 양상

1. 서론

이 연구는 일제강점 말기 무용 활동과 무용의 관제화에 따른 시대적 순응 양상을 살피는 데 집중한 글이다. 일제강점 말기는 정치, 사회, 경제, 문화 심지어 일상까지 모든 것이 집단적으로 통제받던 한국 근대사에서 가장 암울한 시기였다. 1910년 이후 일본은 조선을 강점, 국권을 침탈하며 식민지 지배를 시작하였고, '팔굉일우'(八紘一宇, 온 세상이 하나의 집이 된다는 의미)라는 사상적 토대로 한반도를 옭아맸다. 특히 중일전쟁이 시작된 1937년 즈음부터는 이러한 사상이 내선일체라는 총독부 강령으로 구체화되더니 태평양전쟁이 발발한 1941년부터는 황국신민화라는 이름으로 민중의 일상을 집단화하여 통제하기에 이르렀다.

무용도 그러한 시대적 분위기에서 자유로울 수 없었다. 근대기, 그 토대가 그리 탄탄하지 않은 상황에서 무용은 체제의 흐름에 순응하거나 암묵적 동의의 상황에 놓여있었는데, 이는 전반적 무대공연예술과 비슷한 모습이었다. 특히 일제는 '명랑하고 건전한 문화' 건설이라는 화두로 내선일체와 황국신민화를 위한 한 방편으로 무용을 적재적소에 활용하였는데 이 연구에서는 일제가 무용을 어떻게 관제화하고 민중을 현혹시키는지에 중심을 두어 연구를 진행하고자 한다. 물론 이 시기는 일제에 협력하는 친일의 문제를 논제로 가장 먼저 생각할 수 있을 것이다. 그렇지만 이러한 부분은 물리적 잣대뿐만 아니라 사상적 검토가 필요한데 이 연구에서는 당시 신문에 기록된 자료를 중심으로 현상에 초점을 맞추어 연구하고자 한다. 이 연구에서 다루는 대상은 황국신민화의 실천적 형태인 국민무용(國民舞踊)과 프로파간다 공연예술의 한 모습인 무용극 〈부여회상곡〉, 일제강점기 시대의 표상이었고, 무용계의 상징이었던 최승희 그리고 조선악극단 속 대중적 무용의 활동 양상, 이렇게 네 가지 측면에서 살펴보도록 한다. 이 네 가지는 교육무용, 무대공연예술, 대중문화라는 경계에서도 살필 수 있는 주제로 시대 상황과 사적 검토에서도 논의의 대상이 될 수 있을 것이다.

이 연구의 선행 업적으로는 다음과 같은 노작을 들 수 있다. 김영희·김채원·김채현·이종숙·조경아의 『한국춤통사』[1]의 제9장에서는 일제강점기 부분을 다루었는데 여기서는 이왕직 아악부의 춤, 기생의 춤, 서양 춤의 도입, 모던 댄스의 도입, 신무용의 탄생, 조선 춤의 무대화로 나누어 통시적으로 검토하였다. 그렇지만 이 일제강점 말기는 자세히 다루어지는 않은 아쉬움이 있다. 이는 김경애·김채현·이종호가 쓴 『우리무용100년』도 마찬가지로 무용가들이 부분적으로 일제에 순응하는 양상을 언급하였지만 심층적으로 다루지는 않은 한계를 지닌다.[2]

---

1   김영희·김채원·김채현·이종숙·조경아, 『한국춤통사』, 보고사, 2014.

또한 이 시기에 대한 주제별 연구로는 박선욱의 「교육무용의 근대화 과정 연구 – 일제하와 미군정기를 통해」[3]에서 이 시기의 교육무용을 다루었고, 조택원의 〈부여회상곡〉을 중심으로 한 연구로는 문경연의 「일제말기 '부여'표상과 정치의 미학화 – 이석훈과 조택원을 중심으로」와 김호연의 「정치적 격변과 한국 근현대 무용의 상관관계 연구」에서 이루어졌다.[4] 또한 한경자의 「최승희 예술이 한국창작 춤에 끼친 영향」와 이영란의 「최승희 동양사상을 통한 동양무용 발달 연구」 등이 이 시기 최승희의 활동에 대하여 세밀하게 다루었고, 김호연의 『한국근대악극연구』에서는 이 시기 악극과 조선악극단의 활동에 대하여 연구하였다.[5]

이렇게 선행 연구는 일제강점 말기 무용의 활동 양상을 심층적으로 다루지 못한 아쉬움이 있었다. 이에 이 연구에서는 일제강점 말기 무용 체제 순응의 제 양상을 살펴 당대 무용의 시대적 반영의 궤적을 살펴보고자 한다. 이는 국민무용, 프로파간다적 성격의 무용극 그리고 체제 순응의 한 무용가를 통해 분석할 것이다.

자료 분석 대상은 『매일신보』를 중심으로 진행하도록 한다. 여기서 『매일신보』를 중심으로 하는 것에는 한계와 장단점이 포괄된다.

2 　김경애·김채현·이종호, 『우리무용100년』, 현암사, 2001.
3 　박선욱, 「교육무용의 근대화 과정 연구 – 일제하와 미군정기를 통해」, 『무용예술학연구』 8, 한국무용예술학회, 2011.
4 　문경연, 「일제말기 '부여'표상과 정치의 미학화 – 이석훈과 조택원을 중심으로」, 『한국극예술연구』 33, 한국극예술학회, 2011; 김호연, 「정치적 격변과 한국 근현대 무용의 상관관계 연구」, 『무용예술학연구』 30, 한국무용예술학회, 2014.
5 　한경자, 「최승희 예술이 한국창작 춤에 끼친 영향」, 『남북문화예술연구』 3, 남북문화예술학회, 2008; 이영란, 「최승희 동양사상을 통한 동양무용 발달 연구」, 『우리춤과 과학기술』 28, 한양대 우리춤연구소, 2015; 김호연, 『한국근대악극연구』, 민속원, 2009.

이는 이 시기 다룰 수 있는 한글로 발행된 중앙지로는 『매일신보』가 유일하다는 점에 기인한다. 이는 1940년 『조선일보』, 『동아일보』 등의 민간지가 폐간되면서 『매일신보』만이 유일하게 발행되었기 때문이다. 게다가 『매일신보』는 총독부 기관지라는 특성상 다양한 여론을 담을 수 없는 점에서 한계가 있다. 그렇지만 오히려 이러한 일방향의 관점을 통해 어떠한 의미체계를 가지고 움직이는지를 보는 데는 적합한 자료이기에 『매일신보』를 연구의 바탕으로 삼고자 한다. 이렇게 이 연구는 『매일신보』 기사를 근거로 1940~1945년까지 사회적 의미 속에서 무용이 어떻게 생존하고, 변용되는지를 살피는 데 중요한 목적으로 자리한다.

또한 이 연구는 일제강점 말기 무용에 나타난 사회적 현상과 공연 예술을 통해 형성된 체제 담론을 살피는 데 의미가 있다. 그러다 보니 전통 춤보다는 근대에 새롭게 생성된 춤에 중심을 두었다. 이는 전통 춤이 일제강점 말기에 다양한 담론 형성을 이루지 못하였고, 전시체제에 뚜렷한 현상을 보이지 못함에 원인이 있다. 이는 구조적 측면과 내용적 측면을 함께 살펴 생각할 수 있겠지만 아무래도 이러한 체제 순응은 근대 무용으로 한정하여 살피는 것이 효율적일 것이다.

2. 일제강점 말기 무용의 활동 양상과 그 궤적

1) 명랑 건전한 황국신민화의 방법론, 국민무용

일제는 1937년 중일전쟁을 중심으로 전시동원체제를 강화하며 조직적으로 국민을 통제하기 시작하였다. 먼저 같은 해 9월 국민정신총동원중앙연맹을 통해 '거국일치(擧國一致), 진충보국(盡忠報國), 견인지구(堅忍持久)'라는 모토로 국민을 옭아매었고, 일왕을 중심으로 한 파시즘 체제로 민중의 생활을 철저히 통제하였다. 조선에서도 1938년 7월 국민정신총동원조선연맹이 결성되어 '황국정신의 현양, 내선일체의 완성, 생활혁신, 전시경제 정책에 협력, 근로보국, 생업보국, 총후후원, 방공방첩, 실천망의 조직과 지도의 철저' 등을 실천 강령으로 하고, 매일 아침 황거 요배, 근로보국대 활약 강화 등 21개의 실천 요목을 내어놓으며 상명하달의 일원화된 조직을 만들었다.[6] 이러한 형태는 1940년 10월 국민총력조선연맹으로 개편되어 민중의 모든 일상까지 조직에 의해 움직여졌고, 전시체제의 강화는 더욱 공고히 되어갔다.

공연예술도 이러한 사회적 분위기에서 예외일 수 없었다. 일본에서는 1940년 연극의 중심세력이던 진보적인 두 극단, 신협(新協)과 신스키지(新築地)극단에 해산명령이 내려졌고, 모든 연극인을 아우르는 일본연극협회가 발족되면서 신체제에 순응하는 세력만이 존재하였다. 이를 통해 공연예술에도 조직적 통제 강화와 철저한 검열이 이루어졌고, 신극부터 전통연극까지 모든 연극이 '국민연극'이라는 하나의 이름으로 불리는 시대가 도래한 것이었다.[7] 무용도 1940년 대일본무용연맹(大日本舞踊聯盟)이 결성되어 체제에 순응하며 각종 행사에 동원되거나 각지의 야스쿠니신사에서 봉납무용을 추는 등 어두움과 고통의 시기를 보내고 있었다.[8] 이렇게 일본에서는 이 시기 '국민'이

---

6 「국민정신총동원조선연맹」, 『청년』 7, 1938.11, 8~11쪽.
7 河竹繁俊, 『日本演劇全史』, 岩波書店, 1959, p.1094.

란 명칭을 강조하여 왜곡된 사상에 정당성을 부여하며 획일화하는
작업을 교묘하게 진행하고 있었다.

　한국에서도 '연극의 건전한 발달과 연극인의 자질 향상을 돕고 문
화향상에 기여함을 목적으로 하며 연극을 통하여 내선일체를 기한다'
는 모토로 조선연극협회(1940.12.12.)가 조직되었고, '연예의 건전한 발
달과 연예인의 실질 향상을 도모하여 국민문화에 이바지'한다는 취지
로 조선연예협회(1941.1.26.)가 결성되었다. 그렇지만 한국에서는 이
시기 무용 단체가 조직적으로 규합하지는 않았다. 이는 아직까지 무
용이 공연예술로 토대를 제대로 마련하지 못하였고, 세력에 의해 움
직이기보다는 무용가들의 개별적인 활동이 중심이었던 데 기인한다.

　이러한 시국 상황에서 무용의 조직적 활동이 서서히 나타나는데
이는 공연예술이 아닌 교육무용을 통해서였다. 이는 이른바 '국민무
용'을 통해서인데 국민무용이란 예술로서 개인의 무용이 아닌 개인적
심신의 발달을 통해 건강한 사회를 만들어 가는 데 기여하는 집단
무용으로 넓은 의미의 교육무용의 한 형태를 말한다. 이즈음 일제는
전시체제에 들어서며 민중을 하나로 아우르는 여러 수단을 강구하였
다. 그러면서 이들은 파시즘적 사고를 통해 '국민'이란 용어를 예술에
덧붙여 체제 강화 수단으로 사용하였다. 예를 들어 '국민문학', '국민
연극', '국민가요' 등이 그러한데, 이는 신체제의 목표에 부합하는 개
념으로의 정착과 동시에 대동아공영권이라는 식민지 통치 이념에 가
장 적합한 형태로 자리매김하게 되었다. 이는 조선총독부 경무국 사
무관이었던 호시데 도시오(星出壽雄)가 국민연극이란 말이 조선에서

8　西形節子, 『近代日本舞踊史』, 演劇出版社, 2006, p.620.

는 '진실한 황국신민(皇國臣民)이 된 반도사람으로 국민적 자각, 국민
생활 감정에 공감을 일으키게 할 것을 요구[9]한다는 생각과 궤를 같이
하는 면모였다. 그렇기에 국민무용은 단순하게 국민의 감성을 증진
시켜 사회적 원동력으로 만드는 무용이 아닌 진정한 황국신민을 만
들고 신체제에 순응하는 실천적인 모습들이 저변에 깔려 있었던 것
이다.

국민무용은 대일본무용연맹 평의원으로 있던 三木秀人(함귀봉)이
지면을 통해 소개하면서 조선에 그 실체가 처음 나타났다. 그는 일본
무용계도 정부에 의해 대일본무용연맹으로 결집되었다 전제하고 신
체제에 맞추는 국민교육무용이 필요하다 역설하였다. 그러면서 '모든
허식을 버리고, 무용이 각양각색 통일된 무언가가 없는 모습을 극복
하여 국민적인 사상과 실천 밑에서 발전'함을 강조하였다.[10] 이 글은
원래 연재 글이었지만 일회에 그쳐 그가 생각하는 국민무용에 대한
성격을 정확하게 파악하기에는 부족함이 있었다. 그렇지만 곧 이어
열린『매일신보』주관 '국민무용율동강습회'를 통해 그 실천적 모습
이 나타나면서 국민무용의 실체가 드러났다.

1941년 7월 20일부터 25일까지 부민관 중강당에서 이루어진 이 강
습회는 매일신보 주최, 조선교육회, 국민총력조선연맹 후원으로 김복
실을 강사로 하여 아동무용(율동유희 30여 종목), 일반무용(국민총력가,
애국반의 노래, 국민행진곡 안무)을 내용으로 진행되었다. 이 강습회는
우선 '국민의 후생무용도 시국 아래 체력 연성(鍊成)의 큰 의의를 가져

---

9 星出壽雄,「演劇統制の諸問題」,『國民文學』, 1942.1.

10 三木秀人,「국민무용을 익켜서 명랑한 가정을 건설」,『매일신보』, 1941.6.29.

오게 되어 활동하는 젊은이의 힘과 열(熱)을 무용의 리듬으로 미화하는 국민무용의 제창'이라는 바탕에서 출발하였다.[11] 그렇지만 국민무용의 궁극적인 목적은 건전한 사상이 아닌 전시체제에서 국민가요를 몸으로 익히고 표현하는 세뇌교육이 밑바탕에 깔려있었다.

강습회에 앞서 강사를 맡은 김복실은 『매일신보』에 6번(1941.7.13., 16~20.)에 걸쳐 국민무용강습회의 필요성에 대하여 설파하였다. 그 내용을 보면 아동무용에 대한 기본적 이해가 중심을 이루는데, 리듬에 따라 그 몸짓이 자연스럽게 나타나는 무용은 아동의 신체와 정신의 균형적 발달을 꾀할 수 있다고 말하여 달크로즈(Emile Jacques Dalcroze) 교육방법에 기초를 두어 설명하고 있다. 이는 그동안 1930년대 행해진 율동유희강습회의 기본적 토대에서 출발하는 모습이다. 그렇지만 신체제운동이 전개되는 과정에서 현실적 문제를 드러내며 총후의 각기 맡은 곳에서 직역봉공(職役奉公)해야 하며 국민적 정조를 기르고 체위를 향상시키는 수단으로 무용이 시대에 이바지하여야 함을 강조하였다.

> 즐거웁고 명랑한 가운데 정신적 진보의 원동력이 솟아나올 것입니다. (중략) 우리는 일억일심 황국을 직히고 나아가 우리의 조국의 정신인 팔굉일우의 큰리상을 사해에 널리 펴노흘 임무를 느낍니다. 우리의 이 정신이 음악으로 춤으로 나타낼째 애국적 정조는 한층 더 물결침을 쌔닷게 됩니다. 우리는 이 고귀한 정조를 함양함에 교육 무용으로서 하려합니다. 반도에도 국민적 자각이 이즈음에 더욱 높아서 국민총력연맹의 지도 아

---

11 「하계율동무용강습회 – 국민무용의 대연찬 – 본사 학예부 주최 칠월 이십일일부터 일주간」, 『매일신보』, 1941.7.4.

래 2천4백만의 애국반원이 한마음 한 덩어리 되어 우리의 큰 이상을 실현
하기에 오직 분투하고 있음을 보게 되었습니다. 거리거리에 어린이의 입
에서 총력가와 애국반가의 음곡이 흘러나옴을 들을 때 어찌 그 리듬을
몸으로 느끼지 않겠습니까?[12]

　　김복실이 이야기한 국민무용의 기본적 방법은 리듬의 표현이라는
측면에 기초한다. 그렇지만 이런 기본적인 정조는 자연스러운 몸의
말김이 아닌 이른바 국민가요를 주제로 한 의도된 집단 안무를 통해
일제 교육령의 기본적 모토인 국체명징(國體明徵), 내선일체, 인고단
련(忍苦鍛鍊)의 실천적 세뇌교육의 한 방편이었다. 특히 1940년 국민
총력조선연맹에서 제정 보급한 〈애국반가〉, 〈국민총력가〉를 빠르게
전파할 수 있는 방법으로 율동을 통해 익히는 것이 가장 적합하다고
일제는 생각하였고, 이 실천적 방안으로 무용율동강습회를 통해 교사
들에게 먼저 교육시키고, 이를 보급하는 형식을 취한 것이다.

　　이 시기 일제는 조선교육령에 의거 체육교육의 변화를 꾀하는데,
황국신민체조 등을 보급하며 황국신민화와 전시체제를 위한 교육을
강화하였다. 게다가 집단적 체육 교육에 매진하며 징집제의 예비 단
계 의미를 띠며 체육의 군사화를 심화시켰다. 이러한 시대적 분위기
와 함께 유아교육에 있어서도 자연스럽게 황국신민화의 길로 나아가
고 있었다. 이는 일제가 근대 초기부터 유치원 교육에 대한 간섭이
크지 않아 율동유희의 감성교육이 지속되었지만 암흑기로 들어서며
유희가 정신무장을 위한 군국무용으로 바뀌는 모습이었다.[13] 이러한

---

12 金光福實, 「국민무용의 새출발 아동의 정조교육이 특점 – 강습회를 앞두고 4」, 『매일
신보』, 1941.7.18.

형태는 표면적으로는 감성적 접근을 취하면서도 획일화된 교육의 전형을 보여준 것이었다.

이 강습회에는 각 지역의 유치원 보모 등 약 250여 명이 참가하였고 다음 해에도 개최되어 지속적인 내선일체 방법론으로 나아갔다. 1942년 7월 21일부터 25일까지 부민관 중강당에서 열린 국민무용율동회는 1941년과 마찬가지로 매일신보 주최로 개최되었다. 그런데 1942년은 1941년과는 또 다른 형국이었다. 1941년 12월 일제는 진주만 공격을 통해 태평양전쟁을 선포하였고, 이들은 이른바 '대동아전쟁'이라 명명하고, 대동아 신질서 건설 확립에 주력하였다. 이에 매일신보사도 국민무용율동강습회를 열며 찬연히 빛나는 대동아문화권 건설에 도움이 되고자 이 강습회를 개최한다고 그 의도를 밝혔다.

> 억세고 굿세인 총후국민생활은 자칫하면 건조하고 무듸여져서 약동하는 생명의 율동미를 상실하기 쉽다. 이에 건전하고도 명랑한 한국미무용과 율동을 널리 보급식혀 체위향상을 쇠하며 국민적 지도의 함양과 아름다운 정서를 길러 총후가정생활을 명랑하고 윤택하게 하는 동시에 아동의 정서교육에 이바지하려는 의도에서 작년부터 개회가 본사 주최의 국민무용율동강습회는 ⋯⋯.[14]

국민무용율동이 전시체제 총후국민생활에서 정서적으로 힘든 현실이기에 그것을 타개할 수 있는 '명랑하고 윤택한 삶을 위해 정서교육'에 이바지하자는 내용이다. 표면적으로는 이러한 의도는 건전하

---

13 박선욱, 앞의 논문, 129~130쪽.
14 「국민무용율동강습 본사주최 금일부터 오일간」, 『매일신보』, 1942.7.22.

고, 밝고 긍정적인 표상으로 비추어진다. 그렇지만 명랑이란 말은 암울한 현실을 잊게 만드는 코드였고, 감성적인 측면에서 일제가 민중을 하나로 옥죄는 담론으로 작용하였다. 이미 일제는 통치 이념으로 '명랑한 정치'를 지속적으로 언급한 바 있다. 이러한 요소는 일제에 부정적인 요소를 제거하는 담론으로 작용하거나 체제를 순응하며 긍정적으로 바라보는 기재로 나타난 것이었다. 국민무용율동도 결국 일제가 강조한 '명랑하고 건전'한 황국신민을 만들기 위한 세뇌교육의 하나의 방법론이었고, 민중을 하나로 규격화, 집단화시키는 파시즘의 대표적 교육 방법론으로 작용하였다.

2) 내선일체의 프로파간다 무용극 〈부여회상곡〉

1937년 중일전쟁 이후 미나미 지로(南次郎) 조선총독은 '본 사변이 가져온 직접 간접 형이상하에 미치는 영향과 오인(吾人)이 시행하는 사적(事跡)을 검토하건데 내선일체의 본류에 따라 더 한층 새로운 의의를 띠고 그 실적(實績)을 거양할 수 있다'[15]며 조선 통치에서 내선일체를 가장 우선에 두어 강조하였다. 이를 바탕으로 일제는 일상생활에서 내선일체를 도모하며 창씨개명을 시행하였고 조선과 일본의 사적(史的) 관계의 재해석, 내선인의 통혼을 장려하는 등 내선일체를 위한 다양한 실천방안을 늘어놓기 시작하였다. 그런 가운데 1940년은 일본 초대 왕인 진무천황이 즉위한지 2600년이 되는 해로 일본은 이를 계기로 대대적인 행사를 갖으며 일본의 존재를 세계에 과시하려

---

15 『조선총독부관보』 3376, 1938.4.20.

노력하였다. 이를 맞아 조선총독부에서도 2600년 전의 역사를 되새기며 한반도와 일본과 관련성을 부각시키며 대동아공영권의 정당성을 확보하기 위한 여러 기호를 찾게 되었다. 특히 백제와 교류했던 응신천황(應神天皇), 제명천황(齊明天皇), 천지천황(天智天皇), 신공황후(神功王后)를 부각시키며 이들을 위한 신전을 만들려 하였으니 그것이 '부여신궁'이다.

일제에게 있어 부여신궁의 건립은 내선일체의 정신적 근원을 만듦과 동시에 새로운 역사 위에 거대한 건축물을 만들어 그들의 위대함을 보여주려는 파시즘의 상징적 기호로 적절한 의미를 담고 있었다.[16] 퇴락하고, 뇌리에 잊힌 고도(古都) 부여에 새로운 역사를 창조한다는 것은 일제에 있어서도 의미 부여가 되었고, 많은 인원들이 근로봉사라는 명목으로 여기에 투입되어 내선일체의 실천적 행위에 동화되어 나아간 점도 일석이조의 효과를 보았다. 이러한 근로봉사에 많은 예술인도 참여하였고 이를 후일담으로 적었는데, 조선영화인협회 소속으로 참여한 안석영(창씨개명 安田榮)은 '성역의 그 깨끗한 흙이 우리들의 곡괭이와 삽 끝에 부딪칠 때 우리들의 혈맥 속에 그 더러운 피가 씻기고 새로운 피를 이 땅에서 받은 것 같다'[17]며 일제가 그리고자 하는 방향에 철저히 순응하는 모습을 보였다.

이러한 과정에서 일제는 이를 조금 더 쉽게 대중에게 인식시킬 장치가 필요하였는데, 이러한 배경에서 생성된 것이 무용극 〈부여회상

---

16 김호연, 「정치적 격변과 한국 근현대 무용의 상관관계 연구」, 『무용예술학연구』 50:2, 한국무용예술학회, 2014, 62쪽.

17 安田榮, 「신역에서 받자온 그 크신 뜻」, 『신시대』, 1941.3., 255쪽.

곡)이다. 이 〈부여회상곡〉은 조선총독부의 내선일체 이념과 이를 그
대로 행동에 옮기는 국민총력조선연맹 그리고 예술인들의 체제 순응
의 결과가 결집된 프로파간다의 대표적 작품이었다. 프로파간다
(propaganda)란 선동 그리고 선동의 의미를 함께 포괄하는 용어로 일
정한 목적을 갖고 대중을 의도하는 방향으로 이끌어가는 행위를 일
컫는데 〈부여회상곡〉의 경우도 여러 매개체를 통해 이러한 역할을
담당하게 되었다. 이 작품이 처음 가시화된 것은 「내선일체의 사실을
토대:무용시로 될 "부여회상곡"」(『매일신보』, 1940.11.29.)라는 기사를
통해서이다. 여기서는 표제뿐만 아니라 기사의 논조에서 내선일체
근원으로 부여신궁 그리고 이러한 배경에서 이 작품이 비롯되었음을
강조하고 있다.

> 1천3백년전 백제시대부터 내선간에는 끊임업는 력사적관계가 기펏든
> 만큼 그째 백제로 불교를 배우고져 내지로부터 쏫가튼 시악시들이 유학
> 을 왓든 것 쏘는 당나라로부터 소정방의 침입을 바더 신라 왕의 연합군에
> 게 백제가 멸망하게 되엇슬째 일본으로부터 다수한 원군을 보냇든 사실
> 들을 력사적 로맨스로 얽어가지고 무용과 연극으로 표현하는 무용시 부
> 여의 회상곡을 만들어 전조선적으로 공개한다는 것이다.[18]

지금은 황량한 부여라는 공간이지만 역사 속에서 옛 영화로움을
찾고 일본과 관계를 재조명한다는 이 작품은 대본 이서구, 무대장치
및 의상 배운성, 음악 이시이 고로(石井五郎) 그리고 무용은 조택원이
맡는 등 이미 어느 정도 작품에 대한 설계는 완성된 상태였다. 작품이

---

18 「내선일체의 사실을 토대 – 무용시로 될 부여회상곡」, 『매일신보』, 1940.11.29.

전부 12장으로 구성되어 1941년 5월쯤 공연을 갖고 공연 후 순회공연을 갖는다는 등 구체적인 계획이 이미 수립되어 있었다.[19] 이는 총독부 그리고 국민총력조선연맹에서도 내선일체의 역사적 사실을 널리 알리고, 현실적인 내선일체의 관념을 널리 선양하는 의미에서 적극적으로 후원하기로 하였음을 밝히는 대목에서 드러나는 모습으로 이 작품이 일제에게 있어 얼마큼 중요한 사안이었는지를 보여주는 예증이다. 또한 조선연극협회장인 이서구가 대본을 쓰고, 총기획을 조선연예협회장인 이철이 맡은 점에서 이 작품은 완벽하게 총독부, 국민총력조선연맹 그리고 그 산하 직계 단체가 조직적으로 움직인 합작품임을 알 수 있다. 여기다 조택원이라는 상징적 가치를 지닌 브랜드를 활용함으로써 그 효과는 배가되었다.

〈부여회상곡〉에 대해 이 작품의 실무를 담당한 국민총력조선연맹 문화부장인 야나베 에이자부로(矢鍋永三郞)는 조택원은 무용가로 이미 조선의 상징적 존재이며 각 방면의 권위자들이 참여하여 기대하는 바가 크다며 내선일체에 바탕이 되는 자랑스러운 작품으로 기대감을 표출한다.

---

19 『친일인명사전』에는 조택원이 '1941년 1월 일본 도쿄 히비야공회당에서 가진 공연의 실패로 인해 막대한 부채를 안게 되었고, 이를 만회하기 위해 조선총독부 시오바라 도키사부로(鹽原時三郞) 학무국장 찾아 후원을 요청했고, 내선일체 정책을 강화하는 무용 공연에 합의하면서 조선총독부로부터 4만 원을 받아 공연되었다'고 기술하고 있다.(민족문제연구소 편집부, 『친일인명사전』, 민족문제연구소, 2006, 607쪽.) 이러한 바탕은 조택원의 자서전 『가사호접』(서문당, 1973)의 회고에 바탕을 두었기 때문이다. 그렇지만 위의 기사에서 보이듯 이 작품은 1940년 겨울 즈음에 어느 정도 완성된 상태였고, 『가사호접』에서도 이 작품의 준비 기간이 1년 이상 걸렸다고 회고하기에 이 부분에 대해서는 조택원의 부분적 착오에서 비롯된 것으로 보인다.

조택원군은 무용가로서 이미 이름을 나타낸 반도의 대표적 존재이고 작곡, 무대의상 등 온갖 방면에도 내선의 권위적 인재를 가추어잇서 이 기획은 반도에 잇어 미증유의 성관(盛觀)이라고 생각한다. 더구나 제재는 내선일체의 성역인 부여의 사실에서 어더 찬란한 무대면을 현출하리라는 것으로 실로 기대가 크다. 봇조록 무대예술로서 부스럽지 안타고하느니 보다 이와가치 훌륭한 무용시가 반도에서도 맨드러젓다는 것은 자랑할만 한 일이요 또 그런 것이 나타나리라고 밋고잇는바이다.[20]

조택원이라는 유명세, 기획의 성과 그리고 내선일체의 강조 등 일제에게 있어 이 구도는 물리적으로 가장 완벽한 형태로 보였고, 국민총력조선연맹의 의도대로 진행되고 있음을 말해주고 있다. 이 글은 이미 『문장』(1941.4.)에 "부여회상곡에 대하야."라고 한국어로 실린 글이 다시 같은 내용으로 『매일신보』에 공연을 앞두고 실렸고, 또 공연 이후에는 『삼천리』(1941.7.)에 「扶餘回想曲について」로 축약되어 게재되었다. 이는 그만큼 국민총력조선연맹이 강력한 지원 속에 이 작품이 놓여있음을 보여주는 모습이며 그 의도의 반복을 통해 다양하게 홍보하였던 것이다.

이러한 바탕에서 〈부여회상곡〉은 1941년 5월 12일부터 16일까지 부민관에서 공연되었다. 〈부여회상곡〉에는 여러 수식어가 붙었는데 무용시, 무용곡, 무용극, 무대시, 그랜드 발레 그리고 국민무용이란 명칭까지도 사용되었다.[21] 이는 이야기가 있는 무용이기에 무용극이

---

20 「국민무용의 대제전 부여회상곡」, 『매일신보』, 1941.5.11.
21 이 작품에 대한 시놉시스에 대해서는 잡지 『삼천리』(1941.3)에 자세하게 언급되었다. 이를 바탕으로 문경연(2011), 김호연(2014)의 연구에서 내적 검토가 이루어졌다. 이 연구에서는 내적 검토보다는 일제강점 말기 이러한 작품을 통한 여러 현상에 집중하

란 명칭이 붙여졌고, 총체적인 무용극의 구성과 조선교향악단 등이
음악에 참여하여 서양식의 발레 기법은 아니지만 그에 준하는 형식
이기에 그랜드 발레라는 용어도 사용된 것이다. 또한 「부여회상곡의
감격:초일부터 성황인 국민무용제전」(『매일신보』, 1941.5.13.)이라는 표
제에서 보이듯 내선일체의 실제적 모습을 보여주어 '국민무용'으로
의미가 부여된 것이었다. 이 작품의 13일 공연에는 미나미 지로 총독
이 관람하였고, 공연 뒤에도 국민총력조선연맹 사무총장 가와기시 분
자부로(川岸文三郎)가 '내선사실(內鮮史實)의 재인식과 내선일체의 완
성을 보여준 작품'으로 평가하는 등 〈부여회상곡〉이 지니는 비중은
그들에게 커다란 것이었다.

그럼에도 불구하고 〈부여회상곡〉이 프로파간다로 역할을 제대로
하였는가에 대해서는 몇 가지 점에서 구명(究明)의 대상이 된다. 이
무용극이 전국 각지를 돌며 순회하려 하였지만 경성과 대구 공연으
로 그친 점이나 기획한 이철이 이 공연이 적자였지만 내선일체의 시
국에 동참하였음을 기쁨으로 밝히는 대목에서도 이 작품의 효율성을
언급할 수 있기 때문이다. 또한 전시체제가 극렬한 시국으로 바뀌면
서 부여신궁의 건립은 구체화되지 못하고, 허상으로 남으면서 이 작
품의 효용 가치도 떨어지는 등 이 작품이 프로파간다로 제대로 된
의미를 지닐 수 있는지의 문제는 작품 내적 검토를 떠나 맹점으로
등장하는 부분이다.

였기에 작품 분석은 논외로 하였다.

3) '동양무용론'과 최승희의 활동 양상

일제강점기 많은 담론을 양산하며 시대적 표징 중 한 사람이었던 최승희는 이 시기에도 다양한 활동을 보이는데 특히 1937년부터 1940년까지는 외국에서 활발한 활동을 펼친다. 미국을 시작으로 프랑스, 벨기에, 스위스, 이탈리아, 독일, 네덜란드 등의 유럽을 거쳐 다시 미국 그리고 브라질, 우루과이, 아르헨티나, 페루, 콜롬비아, 멕시코 등으로 이어진 기나긴 공연 활동은 그의 진가를 널리 발휘한 시공간이었다. 이러한 최승희의 활동에 대해 현지에서는 '여사의 아름다운 동작과 천태만상으로 변하는 자태를 볼 수 있었고 동양예술 특유한 우아 섬세의 정미(精味)가 특색이었으며 그의 아리따운 자태와 표정으로 관중을 취하게 만들었다.'[22]며 큰 호평을 하는데 최승희에게 있어 가장 화려한 시절이었다.

그런데 이 기간 한반도에서는 일제강점이라는 상황 속에서 엄혹한 현실이 진행되고 있었다. 1937년 중일전쟁이 발발하면서 국민정신 총동원 실시 요강 및 국가 총동원령을 통해 시국은 전시체제로 전환되었고, 『조선일보』, 『동아일보』 등이 폐간되면서 총독부 기관지인 『매일신보』만이 남는 일방향적 시국으로 변하고 있었다. 이러한 상황 속에서 최승희가 일본으로 돌아온 1940년은 전시체제와 더불어 조선에서는 황국신민화 정책이 노골적으로 강요된 시기로 그가 장기 해외 공연을 떠난 1937년과는 전혀 다른 사회 분위기였다.

그런 가운데 최승희는 1941년 2월 21일부터 25일까지 가부키좌(歌舞伎座)에서 〈세 가지 전통적 리듬〉, 〈보현보살〉, 〈가면무〉 등의 레

---

22 「최승희여사의 세계적 성공」, 『동아일보』, 1938.4.5.

퍼토리를 가지고 공연을 펼친다. 이 무대는 긴 해외 공연 이후 일본으로 돌아와 갖은 첫 무대로 '긴 해외 공연을 통해 더욱 광채를 내서 예술적 격을 높였으며 일본에 순수한 솔로 댄서로 힘을 가진 이는 최승희 말고는 없다'[23]는 칭송을 받는 등 그의 진면목을 보여준 공연이었다. 그렇지만 이 즈음을 중심으로 그에게는 몇 가지 점에서 시대적 요구를 받아들일 수밖에 없는 현실적 문제가 존재하였다. 이는 미국 공연에서 불거진 반일 혹은 배일(排日) 모습에 대한 논란과 좀 더 일본다운 레퍼토리에 대한 일제의 보이지 않는 요구였다. 반일, 배일에 대한 문제는 공연을 둘러싼 해프닝에 불과할 수 있지만, 이는 그에게 보이지 않은 족쇄로 나타났고, 조선 전통 소재 중심의 작품 선정은 그의 존재감이나 브랜드 가치를 생각할 때 일제가 좋은 시선으로 바라볼 수 없는 면모였다. 이런 상황에서 그는 그 중간의 경계에 서거나 한쪽으로 치우치는 순응적 태도를 보이며 위기를 모면하려 하였다. 예를 들어 외국 공연에서 창씨개명 대신 최승희의 일본식 발음인 '사이 쇼오기'로 표기하거나 레퍼토리를 조선 무용에 바탕을 두지만 일본무용, 더 나아가 인도무용까지 아우르는 '동양무용'의 수립이 그러한 모습이다.

　일본에서 활동을 갖던 최승희는 1941년 귀국하여 간헐적인 활동을 하다, 1942년 조선군사보급협회 주최로 무용발표회를 갖는다. 이 공연을 앞두고 그는 「나의 동양무용수립을 위해」(『매일신보』, 1942.2.11, 13.)를 통해 그의 동양무용에 대한 소회를 풀어놓는다. 그는 그동안 예술가들이 서양의 것들을 무비판적으로 추종하고 섭취하기에 바빴

23　다카시마 유자부로, 정병호, 『춤추는 최승희』, 뿌리깊은 나무, 1995, 199쪽에서 재인용.

는데 이제는 '우리들 선조가 남기어놓은 유산으로부터 일본적인 한걸음 더 나아가서 아세아적인 것을 발전시키기 위하여 지대한 열심과 노력의 필요를 느끼는 시기가 왔다'[24]고 동양무용 수립에 대한 배경을 설명하였다. 이러한 생각은 먼저 그가 외국 공연에서 느낀 서양인들이 바라보는 일본 문화에 대한 생경함 더 나아가 동양문화에 대한 무지(無知)라는 현실적 문제에서 비롯되었다. 이러한 오리엔탈리즘(Orientalism)에서 비롯된 서양인들의 동양에 대한 신비적 혹은 문화 이중적 시각은 최승희에게 있어 하나의 자극이 되었고, 그의 무용관에 변화를 주는 계기로 작용하였다.

최승희의 초기 무용 창작관은 현대무용의 기법적 측면과 조선적 소재를 다루는 데 기조를 두었다. 그래서 민속적 소재를 특유의 메소드로 새롭게 표현하였고 남다른 신체조건 그리고 이에 걸맞은 무대 기교와 표현력으로 조선적 정서를 잘 표현한 것이었다.[25] 이러한 모습은 보편적 정서를 가지고 서양인들도 이해할 수 있는 춤을 지향하는 것이 조선 무용의 현대화에 앞당길 수 있다는 생각 때문이었다. 이는 그가 한국 전통을 우선하기보다는 이른바 신무용을 통한 조선 춤의 실현이었기에 당연한 결과였다.

제가 금일까지 연구공연하야 온 것은 조선 무용을 현대화 즉 말하면 서양무용에서 조흔 것을 배위 서양사람도 이해할 수 잇는 무용 30여종을 창작하여 왔습니다. 이번 歐米에 가 소개할려는 朝鮮舞踊이란 이것

---

24 최승희, 「나의 무용기 – 동양무용 수립을 위해(상)」, 『매일신보』, 1942.2.11.
25 한경자, 앞의 논문, 247쪽.

입니다.[26]

그의 무용관은 조선적 소재를 어떻게 더 현대화시키느냐에 귀착되어 있었다. 그래서 같이 대담을 나눈 한성준이 그동안 연구해온 조선춤 50여 종의 전통을 계승해달라는 부탁에도 그는 일언지하 '조선 춤의 현대화'라는 화답에서도 드러나는 면모이다. 이에 따라 그는 외국공연을 통해 로컬리티(locality)의 재해석을 통한 글로컬라이제이션(glocalization)만이 동양무용이 세계에서 주목받을 수 있다는 것을 깨닫게 되면서 동양무용론을 수립하게 되었다. 또한 이러한 화두와 함께 전시체제의 분위기, 배일, 반일의 강박관념이 자연스럽고 동양무용론이라 화두로 이끌어지면서 일제의 대동아공영권이란 이념에 순진하게 순응하며 변화를 보인 것이다.

이러한 이론적 흐름 속에서 1942년 조선에서 조선군사보급협회 주최로 '최승희 무용회'를 여는데, 그 레퍼토리를 보면 다음과 같다.[27]

〈표 1〉 1942년 2월 16일 최승희 무용회(조선군사보급협회 주최) 레퍼토리

레퍼토리	내용
신전의 무	일본의 의식무용의 장중한 형식미를 표현
화랑(花郎)의 춤	화려하고 명랑한 청춘무
동양적 리듬	근대적 리듬과 동작
추심(追心)	노가쿠(能樂)의 모성애 작품 중에서 취재 죽은 내 자식의 모양을 추억하여 슬퍼하며 원통해 하는 그 마음과 자태

---

26 「고전 무용과 음악을 부흥식히고저, 최승희·한성준 양거장 회견」, 『삼천리』 10:1, 1938.1.
27 「신면목이 약여한 최승희의 동양무 – 다채한 프로로 연야성황」, 『매일신보』, 1942.2.18.

레퍼토리	내용
세 가지 전통 리듬	조선의 고전무용의 세 가지 기본적 동작을 체계화해서 창작한 것
칠석(七夕)춤 형식(形式)	내지의 칠석춤의 전형적 수법을 취하여 무대화한 것
무혼(武魂)	우리 충혼에 바치는 춤. 고래의 무사혼을 표현한 것
보살(菩薩)의 도(圖)	가. 가무보살(歌舞菩薩) : 가마쿠라(鎌倉)시대의 〈이십오보살내영도(二十五菩薩來迎圖)〉에서 취재한 것. 나. 보현보살(普賢菩薩) : 헤이안(平安)조의 그림 〈보현보살〉에서 취재 무용화
화립(花笠)의 춤	향토무용
칠석야(七夕夜)	〈견우직녀〉의 전물(傳物)에서 취재
초립동(草笠童)	소년 신랑의 희희낙락한 모양
인도풍의 춤	인도무용의 수법
사죽(四竹)춤	류큐(琉球)무용의 대표적인 춤
즉흥무(卽興舞)	가야금 산조의 변화에 주제를 취한 것

공연 내용을 보면 앞서 그가 밝힌 동양무용 수립에 근거 한 작품들로 이루어졌음을 볼 수 있다. 먼저 그 내용을 살펴보면 일본을 전면에 드러낸 작품으로는 〈신전의 무〉, 〈추심〉, 〈칠석춤 형식〉, 〈무혼〉, 〈가무보살〉·〈보현보살〉(보살의 도), 〈사죽춤〉으로 레퍼토리 중 절반에 가까운 비중이었고 그가 한국에서 처음 선보이는 레퍼토리들이 중심을 이루었다. 그런데 이러한 레퍼토리 형태는 이때가 처음은 아니었다. 이러한 모습은 그가 일본으로 돌아온 이후 두 번째 공연이었던 1941년 11월 28일부터 30일까지 도쿄 다카라즈카(寶塚)극장에서 표면화되었다. 그는 짧은 기간 안에 노(能)와 부가쿠(舞樂)를 배워 〈신전의 춤〉, 〈칠석의 밤〉, 〈무혼〉 등을 올렸는데, 동양 각지의 무용으로부터 동양인의 혼과 육체가 아니면 표현할 수 없는 무용을 지향하

며 조선 무용뿐만 아니라 규슈(九州), 도호쿠(東北), 류큐 더 나아가 만주(滿洲), 지나(支那), 태국까지 연구하여 표현하려 하였던 것이었다. 그는 이렇게 1941년 2월과 11월 사이라는 짧은 간극에서 체제순응의 레퍼토리를 뽑아내었고, 일제가 말한 대동아공영권의 범주에서 레퍼토리화 한 것이었다. 게다가 보살춤의 근원을 가마쿠라와 헤이안시대로 언급한 것에서 드러나듯 체제에 순응하는 모습을 그대로 보여주었다.

이후 최승희는 일제의 여러 단체의 후원으로 순회공연을 갖는다. 이는 한반도뿐만 아니라 황군 위문차 북경, 상해, 남경에 이르는 여정까지 소화하였다. 그런데 그의 공연 대부분은 후원이나 목적의식을 통해 이루어졌음을 알 수 있다. 몇몇 중요 공연의 내용을 살펴보면 다음과 같다.

〈표 2〉 1941~1944년 최승희 중요 공연 내용[28]

일자	공연 내용	비고
1941.4.2~6.	최승희 귀조 제1회 공연	조선문인협회 헌금 2천 원
1941.4.25.~26.	부산공연	군사후원연맹 1천 원, 국방자금 1천 원 헌납
1941.11.28.	일본 가부키흥업 공연	제1선황군장병 흘병기금 6396원
1942.2.16.~20.	부민관 공연	군사보급협회 후원
1944.5.2.~7.	부민관 공연[29]	대일본부인회조선본부 주최, 본부정보과, 조선군보도부총력연맹 본사, 경성일보 후원
1944.	전선 주요도시 공연	육해공군 5만 원 헌납, 총독부 문화장려금 1만 원

---

28 위 표는 『매일신보』에 나온 최승희 관련 기사(『매일신보』, 1941.4.9., 4.28., 12.3., 1942.2.20., 1944.5.2., 12.3.)를 취합하여 저자가 정리 작성하였다.
29 이 공연의 레퍼토리를 보면 제1부 1. 길장천녀(吉粧天女) 2. 화랑무 3. 기원 4. 만궁추

『매일신보』에 기록된 일제강점 말기 최승희의 공연 내용을 보면 거의 대부분 공연이 관제에 의한 것이었고, 이것이 다시 순회 혹은 위문공연으로 이루어졌음을 알 수 있다. 이는 이 시기 공연예술이 총독부의 통제에 놓여 선별된 단체들에 의해서만 공연이 이루어졌고, 그 밖의 단체들이 위문대, 이동극단으로 위문공연을 하였던 데 반해 무용에서는 최승희 일인이 이 모든 짐을 짊어져야 했고, 일제는 이를 적극적 활용하였던 것이다. 게다가 최승희의 공연에서는 비싼 입장료에도 관객이 들어찼기에 이를 관변단체에서는 그 수익금에 기대어 후원에 나섰고, 공연의 수익금은 다시 헌납이라는 형태로 이루어진 것이다. 결국 최승희는 그의 예술혼을 저당 잡혀 희생양으로 순응할 수밖에 없었고, 악화가 양화를 구축하는 매개체가 되어버렸다.

4) 퇴영적 카타르시스로서 악극 속 대중무용

일제강점 말기는 전시체제의 암울한 현실이었지만 이와 반대로 문화는 대중적 취향에 경도되어 있었다. 이미 영화는 가장 친근한 대중문화로 자리하였고, 공연예술에서도 악극이 대중과 호흡하며 다양화를 꾀하고 있었다. 악극은 처음 소녀가극에 연원을 두거나 레코드회사에서 레코드 홍보를 위한 연주회의 희가극에서 그 출발을 찾을 수 있다. 그렇지만 이러한 형식이 음악과 연극, 무용이 융합되면서 서사

월(滿宮秋月) 5. 무혼(武魂) 6. 봄노래 7. 생각 8. 산조 제2부 1. 고전의식 2. 묘정(妙淨) 3. 선무(禪舞) 4. 석굴암의 벽조(壁調) 5. 초립동 6. 아잔타 벽화 7. 궁정애사 8. 장구춤 등이었다. 앞서 1942년과 또 다른 레퍼토리였음을 알 수 있는데, 조선, 일본 그리고 중국 공연 뒤 북경극 '곤륜(崑崙)'에 영향을 받은 작품으로 구성되어 있었다.(『매일신보』, 1944.5.2.)

구조를 지닌 대중음악극으로 발전하여 악극은 하나의 장르로 탄생하게 되었다. 특히 조선악극단은 여러 장르적 요소를 파괴하여 대중과 호흡하며 당대 가장 인기 있는 악극단으로 손꼽을 수 있다.

　조선악극단의 생성은 음반회사인 오케레코드(Okeh Record)에서 그 연원을 찾는다. 오케레코드는 1933년 이철을 중심으로 만들어진 음반 회사로 일본 제축회사와 제휴를 통해 설립되었다. 이미 레코드 업계는 콜럼비아레코드와 빅타레코드 등 굴지의 회사들이 선점하고 있었는데 오케레코드는 뒤늦게 출발하였지만 뛰어난 기획력을 통해 큰 반향을 일으켰다. 먼저 이들은 레코드를 1원에 발매하며 선풍적인 인기를 끌기 시작하였다. 당시 레코드 가격이 1원 50전에서 2원 정도였던 데 반해 이들의 저가 공세는 소비자의 욕구를 충족시키기에 충분하였다.

　또한 이들은 당대 가장 유명한 대중가수들을 집중적으로 영입하여 가요 중심으로 음반 시장을 변화시키며 대중과 가깝게 소통하였다. 그런데 이들은 단순하게 레코드만 발매한 것이 아닌 대중과 가수의 직접적인 만남의 공간을 마련하여 더욱 큰 호응을 얻었는데, '오케연주회' 혹은 '오케실연음악회'라는 이름의 공연이 그것이다. 이 연주회는 단순하게 가수들의 노래만이 아닌 여러 공연예술이 함께 무대를 꾸몄는데, 예를 들어 1934년 7월 강원도 철원 연주회에서는 오케 전속 가수 이난영을 비롯한 가수들과 임생원, 신카나리아 등의 스케치 그리고 김소군, 김우자 등의 무용을 선보였다.[30] 무용에 참여한 김소군은 당대 대표적인 레뷰 무용수였다. 그는 동생인 김능자와 함께

30　「오케 - 연주회성황」, 『매일신보』, 1934.7.8.

일본에서 10여 년 간 이시이 바쿠의 동생 이시이 유키야스(石井行康)에게 무용을, 나니와 기미코(浪速喜美子)에게 재즈 댄스를 배우며 귀국하였는데, 이듬해인 1934년부터 오케에 합류하여 다양한 레뷰 무대를 선보인 것이다.[31] 이 연주회 무대는 이후 지역뿐만 아니라 일본에서도 이루어지다가 이철이 오케레코드에서 물러나 오케연주회에 전념하면서 더욱 확대된 형태로 나타났다. 이 시기부터 '오케그랜드 쇼단'이라는 이름처럼 버라이어티 쇼(variety Show) 무대를 선보이는데 고복수, 이난영, 남인수, 김정구, 손목인, 김능자 등과 전속악단인 CMC(조선뮤지컬클럽) 밴드까지 결성하는 등 다채로운 무대를 보여주었다. 또한 이들은 일본 최대 연예기획사인 요시모토(吉本)흥업과 계약을 맺고 일본 내 공연을 활발히 갖는데 1939년 일본 공연 이후부터는 조선악극단이란 이름으로 활동을 하게 되었다.

이즈음부터 조선악극단은 일회성이나 단편적 공연방식에서 벗어나 대규모 형식을 통해 새로운 대중문화를 양산하는데 그 대표적인 공연이 1941년 2월 열린 제1회 오케음악무용연구소 발표회이다. 그동안 조선악극단은 산하 조직으로 오케가극대, 오케악극대 그리고 자매극단으로 신생극단이 두어 그 폭을 넓혀가고 있었는데, 여기에 오케음악무용연구소(혹은 오케무용학교란 명칭을 썼다)를 두어 그 다양성을 더한 것이었다.

이날 공연된 내용을 보면 다음과 같다.

제1부 국민무용(연구소생 일동 출연) 1. 국민총력의 노래, 2. 푸른 싸늉

---

31 「무용수업 십년 만에 금환한 김양 자매」, 『동아일보』, 1933.7.27.

강(요한 슈트라우스 곡), 3. 항아리 아베마리아에 의함(구노 곡), 4. 국민
진군가, 5. 심판, 6. 애국반의 노래(이상 관현악 반주)

　제2부 무용콘서트 (1) 섭대자 작품(聶待子 외 3명) 1. 아름다운 봄(왈츠,
릴케 곡), 2. 타령(朝鮮樂), (2) 이준희 작품(이준희 외 3명) (3) 조영숙
작품(조영숙 외 3명) 1. 검무(조선악) 石井漢무용연구소찬조출연(菖木好
美) (1) 헝가리안 댄스(石井漢 진부, 브람스 곡), (2) 동양풍의 무용(구노
곡) 石井不二香(自作自演) 조택원 작품집(조택원) (1) 네 개의 움직임(타
악기에 의함), (2) 만종(쇼팽 곡), (3) 아리랑환상곡, (4) 포엠 제3부 조선교
향악단연주(지휘 박경호) (1) 가극 에그몬드서곡(베토벤 곡), (2) 미정 (3)
제8교향곡 미완성(슈베르트 곡)제4부 무용극 흥부놀부(전 5장) 조영숙 외
생도 일동, 김성태 작곡 지휘 1장 흥부, 2장 흥부와 제비, 3장 향연, 4장
놀부와 제비, 5장 ○조,[32]

　오케음악무용연구소의 첫 발표회는 그 구성원뿐만 아니라 조택원,
이시이 바쿠의 제자 두 명이 출연하는 등 다양한 무대를 선보였다.
또한 조선교향악단의 첫 무대라는 점에서도 이날 공연은 의미가 깊
었다. 게다가 무용극 〈흥부놀부〉에서는 작곡가인 김성태가 지휘를
맡고 조선교향악단가 반주를 맡는 등 기존에 볼 수 없던 대규모의
완성된 공연을 보여주어 대중에 큰 호응을 얻었다. 레퍼토리를 보면
시국에 맞게 〈국민총력의 노래〉 등의 노래에 맞추어 국민무용을 선
보였는데, 조선연예협회 회장인 조선악극단의 대표인 이철의 기획에
의해 움직였기에 체제에 협력하는 작품이 구색을 맞추었지만 그 외
의 작품에서는 무용 중심의 공연이지만 대중의 흥미를 충족시킬 수
있는 공연으로 구성되어 있었다. 왈츠 춤과 조선 춤, 창작춤 그리고

---

32 『매일신보』, 1941.2.19.

무용극 〈흥부놀부〉까지 다양한 시도를 선보였다는 점에서 종합공연
예술로 무용의 위치와 나아갈 새로운 가능성을 열어 주게 된 것이었
다. 이는 오케음악무용연구소가 바탕이 되었는데, 이곳은 무용학교
형식을 띠고 있었고, 교수과목으로 일반학과 음악, 무용을 가르치며
조선악극단 소속이지만 순정음악과 무용에 기본을 두어 교육하려고
하였다는 점에서 의미를 지닌다.[33] 또한 이 조직을 석정부자(石井扶子)
가 맡아 예술문화학원으로 나아가고자 하였고, 조선의 전통과 민속을
무용화하고 건전한 신체제 무용 수립에 기여하고자 하는 등 적극적
인 투자의 모습을 보이려 하였다. 그렇지만 이들의 활동은 전면적으
로 나타나지는 못하고 조선악극단 공연의 일부분으로 참여하는 등
융합의 입장에서 총체적 무대공연예술의 지향하는 조선악극단의 토
대가 되었다.

조선악극단은 당대 촉망받던 무용인이던 김민자를 영입하고 그에
게 안무를 맡겨 악극의 수준을 높이려 하였다. 그는 '유니크한 테크닉
과 기풍으로 제도일류의 무용계에 비하여 조금도 손색이 없다'[34]는 평
가를 받으며 활발한 활동을 하였는데, 1940년 일본에서 귀국하여 제1
회 무용발표회를 연 뒤 얼마 되지 않아 조선악극단에 참여하게 된
것이었다.[35] 김민자는 1940년 제1회 발표회에서 큰 찬사를 받고, 국내

---

33 「국민예술 수립을 목표 오케음악무용연구소의 전모 본사주최발표회를 앞두고」, 『매일
신보』, 1941.2.22.

34 「최승희여사와 김민자양 무용회 개최」, 『매일신보』, 1937.2.20.

35 "최승희여사의 문하에서 무용을 연마하고 작년 경성에 돌아와 본사 학예부 후원 아래
제1회무용발표회를 열어 기계(欺界)의 찬탄을 받은 김민자양(26)은 금번 오케무용연
구소의 강사로 취임하는 한편 조선악극단의 무용안무를 담당하기로 되엇다고 한다.
양은 방금 명치좌에서 공연 중인 〈홍장미의 꿈〉의 무용을 안무하고 있는데 앞으로도

에서 활동을 재개하고 조선악극단에 들어가는 파격적 행보를 걷는다. 이른바 순수예술과 대중문화의 융합이라는 점에서 개인에게는 긍정과 부정적 면이 함께 잔존했지만 그는 〈홍장미의 꿈〉을 시작으로 몇 편의 조선악극단의 작품에 참여하게 된다.[36] 1941년 조명암 작 〈낙화삼천〉은 작곡에는 김해송이 미술에는 김정환이 담당하였는데, 당대 최고의 무대공연예술 제작진과 함께 작업을 하며 김민자도 총체적 무대에 대한 감각을 몸으로 습득하게 되었다. 이후 그는 1943년 7월 조선악극단 공연에 안무를 맡는 등 2년 여 활동을 하는데, 이러한 활동은 이후 다방변에 걸쳐 지속되었다. 그래서 그는 1955년 한국연예주식회사가 올린 악극 〈꿈의 궁전〉과 예그린악단의 한국적 뮤지컬의 효시로 일컬어지는 〈살짜기 옵서예〉의 안무를 담당하는 등 총체적 공연예술로 무용 확대의 첫걸음이라는 측면에서 의미를 지닌다.

이렇게 총체적인 무대공연을 펼치던 조선악극단은 더욱 화려한 무대를 펼치며 대중의 사랑을 받았다. 음악무용극이 기본 레퍼토리로 들어갔고, 버라이어티 쇼에서도 무용의 중심을 차지했다. 예를 들어 1943년 7월 3일부터 7일간 열린 조선악극단의 공연 레퍼토리를 보면 낭영극(朗詠劇) 〈신풍〉, 악극 〈아편의 항〉, 무용극 〈장승제〉, 음악무용집 〈太平洋は君を呼ぶ〉, 대가극 〈춘향전〉에서처럼 무용극이 중요

주로 악극 안무의 창작을 연구발표하리라고 한다." 『매일신보』, 1941.7.2.

36 김민자는 조선악극단에서 1942년 연락이 왔고, 결혼을 하고 일주일에 한두 번 나가는 거니 별 무리가 없다고 회고하였고 그 기간도 오래지 않았다 말하였다.(성기숙, 「신무용의 빛과 그림자 이곳에 불심으로 살아계셨다: 김민자 선생을 찾아 영산법화사로」, 『춤』, 2001.2.) 그렇지만 김민자가 조선악극단에 들어간 시기는 1941년으로 기억에 대한 착오로 보인다. 또한 세간에서 보는 악극에 대한 편견 등으로 이 부분에 대해서는 심층적인 접근이 필요할 듯하다.

한 레퍼토리로 들어갔고, 모든 극에서도 바탕이 되었음을 알 수 있다. 이는 이른바 레뷰춤의 확대된 형태였고, 부민관과 같은 대형무대에 맞게 극적 요소가 가미된 대중 취향의 무용으로 풍미하게 된 것이었다. 그렇지만 음악무용집 〈태평양은 군을→너를 부른다〉는 제목에서 그대로 드러나듯 프로파간다 성격의 무용극으로 노골화된 선동적인 면모도 드러났다.

당시 무용계에서는 대중 취향의 무용에 대해서 그리 좋은 시선으로 바라보지는 않았다. 이는 악극에 대한 사회적 통념에서 비롯되었는데 악극하면 시대고를 잠시 잊게 만드는 퇴영성이나 저급한 수준의 무대공연예술로 단순하게 자극하는 수용 양상의 구조로 바라보기 때문이다.[37] 그래서 조택원은 당대 무용계의 침체 현상 중 흥행적인 오락무용을 저해 요인으로 손꼽으며 다음과 같이 비판적 시각에서 논의하였다.

> 둘째로는 소위 악극단의 무용인데 역시 이름만이 무용이지 무엇을 하는 것인지 정의를 내릴 수 없을 지경이었다. 무용이 언어의 해석이 아닌 이상 절대로 무용적이 아니면 안 되는 것만은 이해해야 할 터인데 세련되지 못한 수법으로 무대에 횡행하는 그들은 대중을 너무 얕잡아보고 하는 행위가 아닌가 생각한다. 현실과 의욕은 젖혀놓고라도 기교만이라도 체득한 무용술을 갖춘 것을 무대에서 보여주면 흥행적으로 성적이 올라갈 것이니 맹성하기 바랄뿐이다. 문제는 양심적이냐! 아니냐! 이 두 가지에 있을 뿐이다.[38]

---

37 김호연(2009), 앞의 책, 38쪽.

38 조택원, 「반성과 신출발 – 무용협회 결성의 제창」, 『매일신보』, 1943.1.1.

조택원은 무용협회를 결성하는 과정에서 교육무용, 흥행적인 오락무용, 창작무용의 문제점을 지적하며 건전한 무용예술을 위한 대대적인 반성이 필요하다 지적을 하였다. 그러면서 조선 사람들은 무용을 즐기는 편이지만 건전한 이념과 변천이 없음을 지적하며 냉정한 비판이 필요함을 강조하였다. 특히 악극단의 무용은 말초적인 자극만이 있을 뿐이라 말하며 이들에게 양심적인 자세를 충고하였다. 이러한 악극의 대중성은 자연발생적으로 생성한 문화예술이라는 측면과 '명랑하고 건전한 문화'를 지향하며 퇴영 창구라는 우민화 정책이 함께 한 문제로 이러한 논의는 이 시기 자정이 필요한 문제였지만 대중성, 대중문화라는 측면에서 필요악인가 필요선인가의 이분법적 논의에 의해 고민될 부분이었다. 순수예술과 대중예술은 대척점이 아닌 다성적인 시각이 필요한 것이지만 예술 본질에 대한 고민과 예술이 서서히 문화산업으로 들어오는 과정에서 예술의 경제성이라는 딜레마에서 생각해야 될 부분이 존재하기 때문이다. 이러한 문제는 이후 지속적으로 논의되는 문제였고, 순수무용과 상호보완적 통합의 무용이라는 측면에서 무용의 위치를 다시금 묻는 문제로 등장하였다.

3. 결론

이상과 같이 이 연구에서는 일제강점 말기 무용 활동과 그 변화양상을 살펴보았다. 일제는 1937년 중일전쟁을 직후로 전시동원체제를 강화하고, 파시즘 체제를 통해 민중의 생활을 철저히 통제하였다. 이 땅에도 이는 예외일 수 없었고, 공연예술도 마찬가지였다. 무용에서는 국민무용이란 이름으로 진정한 황국신민을 만들고 신체제에 순응하는 조직적 활동을 진행하였다. 이는 모든 허식을 버리고 리듬에 맞추어 무언가 통일된 율동을 만드는 무용 형태로 〈국민총력가〉, 〈애국반가〉 등의 국민가요에 맞추어 율동하고 이를 몸으로 익힐 수 있도록 한 세뇌교육의 장치였다. 이러한 바탕은 학교 체육교육이 전시체제를 위한 물리적 준비 단계였다면 '명랑하고 윤택한 삶을 위한 정서 교육'이라는 감성적인 허울의 교육방식을 통해 규격화 집단화시키는 파시즘의 대표적인 교육방법 중 하나로 작용하였다.

무대공연예술에서도 일제가 지향하는 방향으로 움직여진 조직적 공연 형태가 나타나는데 〈부여회상곡〉은 그 대표적인 경우이다. 일제는 강점 말기 내선일체를 앞세우며 민중의 삶을 옥죄었다. 이는 조선총독부, 국민총력조선연맹을 중심으로 일상까지 통제하였고, 여러 실천요강을 통해 구체화되었다. 이들은 내선일체의 역사적 정신적 토대를 마련하기 위하여 부여에 신궁을 짓는데, 제국주의의 위대함을 보여주기 위한 상징적 기호와 세뇌시키는 장치로 나타나게 되었다. 그런 가운데 일제는 내선일체의 관념을 널리 선양하기 위하여 〈부여회상곡〉을 기획하는데, 이는 총독부, 국민총력조선연맹, 조선연극협회, 조선연예협회 그리고 조택원 등의 서로 다른 이해관계의 교집합에 의해 무대화된 것이었다. 이 작품은 프로파간다로 만들어진 작품이지만 민중에게 얼마큼 영향력을 주었는가의 의미는 두드러지지는 않다. 대규모 순회공연을 통해 민중과 소통하려 하였지만 경성과 대구 공연에 그쳐 그 선동성에 실패하였고, 궁극적으로 전시체제로 들어서며 부여신궁을 짓기에는 물리적으로 여러 어려움을 따르며 건설에 실패한 현실적 문제가 잔존하였기 때문이다. 그럼에도 일제는 여러 방식을 통해 그들의 황국신민화와 내선일체를 위한 체제를 강화하는데 최승희도 이러한 흐름 속에서 언급될 수 있는 인물이다.

최승희는 일제강점기 시대적 표상이었다. 그의 무대공연 활동이나 일상은 대중의 관심에 놓였고, 세계 여러 나라에서 활동을 통해 '반도의 무희'라는 상징성을 가지며 조선의 자존심으로 각인되었다. 특히 1937년부터 1940년까지 미국, 남미, 유럽의 공연 기간은 그의 무용 활동의 정점을 찍은 시기로 다양한 레퍼토리를 통해 세계인과 호흡하였다. 그렇지만 그가 귀국한 1940년 즈음은 전시체제가 강화된 시기로 일제는 그를 희생양으로 하여 적극적으로 활용하는 모습을 보인다. 그에게 대동아공영권이라는 화두를 던지고, 후원 공연에 그의 이름을 올리고 수익금은 헌납이라는 형식을 취한 것은 일제가 그를 활용한 대표적인 예일 것이다. 이는 어찌되었건 최승희가 자의반타의반이었지만 일제에 순응하여 친일의 문제에 논란이 될 수 있는 부분이다. 이러한 문제는 그의 사상적 편린을 고구해야 하는 점이 남기에 일본에서 활동이나 그가 남긴 글의 세심한 검토를 통해 연구가 진행되어야 할 것이다.

또한 이 시기 무용은 대중과 호흡하는 형태로 수용되어 변용되기도 하는데 악극단 공연 속 무용 레퍼토리가 그러하다. 특히 조선악극단의 경우 당대 가장 인기 있는 악극단으로 다채로운 공연을 펼쳤는데, 이른바 버라이어티 쇼를 통해 대중적인 무용을 생산하였고, 이전 레뷰춤이 지니는 형태에서 벗어나 대규모의 화려한 무용극을 통해 대중의 시대고를 해소하는 기호로 나타났다. 여기에는 김민자 등이 참여하여 공연의 일정 수준을 높이는 결과를 가져왔지만 이러한 형태에 대해서 순수예술에서는 그리 긍정적 시각을 바라본 것은 아니었다. 이는 순수, 대중, 관객 수용, 예술의 본질이라는 여러 가지 키워드가 뒤섞여 나타난 형태로 이러한 문제는 현대에 이르기까지 예술에 던지는 화두가 여기서도 드러난 것이다. 또한 우민화 정책을 통한 암묵적 형태의 공연이라는 측면에서도 악극 속 대중무용은 비판의 대상으로 자리한다.

이 연구는 이 시기의 문헌 특히 『매일신보』에 근원을 두어 연구한 글이다. 『매일신보』가 지니는 한계성으로 연구의 폭이 넓지 못하였지만 이는 또 이 시기가 지니는 근본적 한계라 할 수 있다. 앞서 밝혔듯이 이 시기의 사상적 내적 검토는 여러 의미체계를 종합적으로 검토한 후 이루어져야 할 것이다. 특히 일본 무용과 상호연관성은 이 연구에서 중요한 키워드로 작용할 것이다. 이는 다음 연구 과제로 삼고자 한다.

한국 근대 무용 담론의 탄생

- 한국 근대 무용 이론의 생성
- 한국 근대 무용 비평의 탄생
- 한국 근대 현대 무용 형성과 그 의미
- 근대 한국 발레의 생성과 그 흐름

한국 근대 무용 이론의 생성

1. 서론

개항 이후 한국에서는 자생적 문화와 서양의 여러 문명이 충돌하면서 문화적 변용이 급격하게 이루어지고 있었다. 이는 전통적 요소를 해체하여 새로운 문화를 구축하려는 의지의 표현과 근대성을 지닌 서양의 문물이 이식되면서 다양한 담론이 만들어진 것이다. 특히 이질적이지만 근대성을 지닌 서양의 예술 양식은 전통문화를 해체시키고 새로운 문화를 만드는 자극제로 작용하였다.

무용도 마찬가지이다. 서양 춤 양식의 유입은 제한적이던 한국 춤 문화의 패러다임을 확장시키며 무대공연예술로 의미를 확보하는 계기였다. 이는 개화기 정재의 무대화를 통한 레퍼토리의 변용이나 1920년대 일본 신무용의 수용 속에서 한국 근대 무용이 변화 과정 속에서 발견할 수 있다. 이러한 변용의 모습은 외래문화의 탐닉이 곧 고유문화, 재래유산의 해체를 촉진하고 그것의 완료가 곧 새 문화의 제조가 되는 형태라 말할 수 있다.[1]

---

1 임화, 임규찬·한진일 편, 『임화 신문학사』, 한길사, 1993, 371쪽.

먼저 한국 근대 무용은 극장의 등장으로 대중과 소통이 이루어지고, 여러 변용을 통해 자생적인 무용 담론을 형성하고 있었다. 이 결과는 무용을 통해 미적 근대성을 분출하려는 창작자의 의지와 이를 수용하여 새로운 가치를 재생산하려는 대중과의 패러다임에서 나타난 결과였다. 여기서 대중은 이러한 구조 속에서 단순한 구경꾼에 머물지 않고, 리뷰 등의 언술을 통해 무용 담론을 만들어내고, 시대정신을 창출하는 주체로 성장하였다.

그럼에도 이러한 언술은 일제강점기에 전문적으로 발전하지 못하고 딜레탕트에 머문 감이 없지 않다. 이는 무용을 제대로 공부하고 이를 실제적 측면에서 깊이 있게 바라보는 혜안이 부족하였기 때문이다. 리뷰와 더불어 무용 이론도 이 시기 깊이 있게 논의가 이루어진 것은 아니었다. 이도 무용이 가지는 속성상 창작이 앞서고 이론적으로 연구할 토대가 제대로 갖추어지지 못함에 기인한다.

그렇지만 대중이 무용의 이론적 토대를 제대로 인지하지 못한 현실 속에서 영속적으로 이루어진 무용 언술은 무용의 본질을 묘파하며 한국 무용 담론 조성에 이바지하였다는 측면에서 의미가 있다. 이에 이 연구에서는 한국 근대 신문에 나타난 무용 이론 관련 언술을 살피고, 이러한 행위가 어떠한 근대적 담론의 형성으로 어떠한 의미가 있는지 살펴보고자 한다. 먼저 서양 춤의 유입에 따른 무용 이론의 형성 과정과 전통 춤의 재정립 양상을 살펴 한국 근대 무용이 어떠한 새로운 가치를 창출하는지 연구하도록 한다. 또한 불특정 다수가 보편성을 지니고 인식할 수 있는 신문에 집중하여 근대 무용이 가지는 역할이 대중에 어떻게 전파되었는지 연구하고자 한다. 이는 보편적 언술 행위가 대중에게 어떻게 무용을 인식시키고 무용의 사회적 역할을 자임하는지 살피는 데 적합한 요소로 작용하기 때문이다.

그동안 이러한 논의에 대해서 박자은,[2] 이진아,[3] 이종숙[4]을 통해 부분적이지만 진지한 연구가 이루어졌다. 박자은은 1927년 김동환의 「조선무용진흥론」을 한국 최초 무용 평문으로 바라보고 이후 무용 비평 관련 글을 개괄적으로 취사선택하여 정리하였고, 이진아는 신무용의 유입을 통해 근대적 예술 개념이 어떻게 생성되었는지를 예술사회학적 측면에서 살핀 연구로 이를 관객과 미디어매체, 공연장 등의 소통 구조로 확장하여 근대적 담론을 추출하였다는 점에서 주목할 글이다. 또한 이종숙은 무용, 신무용이라는 용어가 이 땅에 어떻게 수용되어 인식되었는지를 살피며 신무용을 현대무용의 기법을 토대로 한 예술적이면서 창작성을 갖춘 무용을 통칭한 용어로 파악하여 한국 무용의 개념적 인식에 도움을 주었다.

이렇게 이 연구들은 한국 근대 여러 문헌에 나타난 언술 중에서 무용 비평과 무용, 신무용 등의 개념에 집중하여 한국 근대 무용의 여러 현상을 살핀 노작들로 이해할 수 있다. 그럼에도 불구하고 한 분야에 집중하거나 서사적 이론의 의미체계를 미시적으로 분석하지 못한 아쉬움이 있다.

그런 의미에서 이 연구에서는 근대 신문에 나타난 무용 언술을 살

---

2 박자은, 「20세기 전반 한국의 춤 문화와 비평」, 『한국무용연구』 28, 한국무용연구학회, 2010.

3 이진아, 「식민지조선의 신무용과 근대적 예술 개념의 수용」, 『사회와 역사』 112, 한국사회사학회, 2016.

4 이종숙, 「'무용(舞踊)', '신무용(新舞踊)' 용어의 수용과 정착 -『매일신보』, 『동아일보』, 『조선일보』 기사를 중심으로」, 『무용역사기록학』 46, 무용역사기록학회, 2017.

펴 한국 무용 이론이 어떠한 과정 속에서 형성되는지 그 의미를 찾고, 미적 근대성의 고구를 통해 시대정신과 문화원형이 어떻게 추출되는지 집중하고자 한다. 이는 근대 무용의 시대적 가치를 살핌과 동시에 무용 이론의 통시적 접근이라는 측면에서 의미가 있을 것이다.

2. 무용 이론의 개념적 정립 양상

한국에서는 개항 이후 다양한 문물이 수용되면서 이에 대한 개념적 정립이 요구되었다. 이는 한국만이 아니라 중국, 일본 등 동아시아의 모든 국가들에 해당하는 문제였다. 이런 개념 정립은 서양 문물이 가지고 있는 본래의 의미와 한자어를 통해 가장 근접한 해석 속에서 용어가 탄생되면서 새로운 담론을 형성하는 기호로 작용하였다. 게다가 개념어는 역사적이며 수많은 논쟁 속에서 동원된 용어들로 다의적 의미가 내포되어야 하며 특정한 상황 속의 특정한 언어 사용이라는 측면에서 주의 깊게 바라볼 필요가 있다.[5] 이는 함유된 상징적 의미를 통해 시대정신을 읽을 수 있으며 통사적 가치체계를 바라볼 수 있기 때문이다.

한국에서 서양의 춤 형식이 들어오면서 새로운 개념어들이 탄생하였다. 예를 들어 단순하게 서양의 춤이라고 했을 때 도무(蹈舞), 무도(舞蹈)라는 말은 그러한 예다.

---

5   박찬승, 『민족·민족주의』, 소화, 2016, 20쪽.

　　"본月六日에 청公使曾廣銓氏가 蹈舞會를 該公舘내에 開催ᄒ고 내外國
紳士를 宴待ᄒ기 爲ᄒ야 청帖을 發送ᄒ얏더라"(『대한매일신보』, 1905.
11.3.)

　　"淸公使 曾廣銓氏가 本月十一日 該舘內에 舞蹈會를 設ᄒ다고 各公使와
各部大臣을 請邀하얏더라"(『황성신문』, 1905.11.3.)

　위 기사는 청나라 대사관에서 행사를 개최하였는데 각 나라의 외
교사절을 초청한 춤 모임이라는 내용의 글이다. 한 문장으로 된 짧은
글이기에 이 행사가 어떠하였는지 판단할 수 없지만 서양 춤을 지칭
하는 용어로 무도, 도무가 사용됨을 알 수 있다. 여기서 이루어진 춤
의 내용을 정확하게 알 수는 없지만 통시적으로 보았을 때 이는 서양
사교춤을 말하는 것으로 이후 무도, 도무는 서양 춤을 포괄하며 전통
춤에 대비되는 춤들을 의미하게 되었다. 조동화는 이 시기부터 1920
년대 중반까지를 무도기(1905~1925)로 규정하고, "낯선 용어의 등장,
이미 국적이 다른 춤이 이 땅에 상륙하였다는 사실을 알리는 그리고
춤의 새 시대를 알리는 신호"[6]로 바라보았다.

　그렇다면 낯선 서양 춤인 '무도'에 대해서는 어떠한 개념으로 이해
하고 있었을까. 이는 서양의 여러 제도를 짧게 설명한 글에서 대강의
의미를 파악할 수 있다. 이 글에서는 서양의 교제법, 상제법, 경례법
등을 말하면서 무도법에 대해서 "셔洋人의 舞蹈法은 宴樂에나 醉興時
에 男女勿論 발노 ᄒ고 東洋人은 以手ᄒ니 何其相反如此흔가 兩法參
用ᄒᄌ커던 蹈홀 者는 以足하고 舞홀 者는 以手홀 事"(『대한매일신보』,

6　조동화,「현대무용」, 김종길 외,『한국현대문화사대계』 1, 고려민족문화연구소출판부,
　　1975, 588쪽.

1909.5.22.)라 설명하였다. 이는 한국 춤과 서양 춤의 가장 큰 변별이 손이 중심이냐 발이 중심이냐는 관점에서 바라보고, 손을 쓰는 것을 무(舞), 발을 쓰는 것을 도(蹈)로 보아 기존에 전통 춤 용어인 무(舞)에 발을 구르는 형태(蹈)를 덧붙여 '무도'를 새로운 개념의 춤 형식으로 받아들인 것이다.

무도를 서양 춤의 포괄적으로 개념으로 받아들인 가운데 '무용'이란 용어도 서서히 등장하는데 이는 일본에서 쓰이던 춤의 개념이 그대로 수용된 형태로 나타났다. 이는 "場內泉水上에 建設혼 舞臺에는 開城의 妓生과 內地人 藝妓의 舞踊이 개시되야 大喝采를 博得하야…"(『매일신보』, 1913.10.7.)에서처럼 '일본인 예기의 춤'을 지칭하는 용어로 처음 등장한 것이다. 원래 무용은 일본에서 소설가이며 문예 평론가인 쓰보우치 쇼요(坪內逍遙)가 쓴 『신악극론』(1904)에서 보편적으로 쓰이게 된 용어로 한국에서는 일본인들이 지칭한 춤의 개념이 그대로 수용되어 인식하였다. 이는 문예비평가이며 소설가인 시마무라 호게쓰(島村抱月)가 조선 기생의 아박무 등의 가무를 보고 이에 대한 인상을 정리한 기사인 「優美한 舞踊, 理想의 服裝, 재미있게 구경한 조선의 가무」(『매일신보』, 1917.6.20.)의 표제에 쓰인 모습도 그러하다. 이는 무용이란 단어가 기사 내용에서는 나타나지 않고 표제에서만 나타나는데 시마무라 호게쓰가 단순하게 춤을 무용이라 표현하였고, 이를 언론에서도 그대로 수용하여 기술한 것이었다. 또한 1926년 이시이 바쿠의 공연에 대해 일본어 신문 『경성일보』에서 '신무용'이라 쓰는데 '무용'이 광의로는 춤을 지칭하는 말로 협의로는 무대공연 예술에서 이루어지는 춤 형식으로 사용된 것도 비슷한 양상의 개념화 과정이다.

이렇게 이 시기는 춤에 대한 명칭이나 개념이 혼용되어 쓰이고 있었다. 이는 무용이 아직까지 주체적인 측면에서 변용을 이루어 담론화되지 못하였고, 대중과 호흡이 제대로 이루어지지 못하였기 때문이다. 또한 다른 문예가 빠른 변용 속에서 근대적 가치를 만들고 있었던 데 반해 무용은 기존의 질서가 해체되어 새로운 담론을 만들려는 정반합이 제대로 이루어지지 못하였다. 이에 대한 변용 양상은 1920년대 중반 신무용을 표방한 일본의 공연이 이루어지고, 대중이 무용에 대한 인식이 싹트면서 조금씩 사회적 담론이 형성되기 시작하였다.

이러한 흐름 속에서 김동환이 쓴 「조선무용 진흥론」(『동아일보』, 1927.8.10.~19.)은 무용을 이론적으로 정립한 첫 번째 글로 이해할 수 있다. 김동환은 시인이면서 일제강점기 대표적 대중지인 『삼천리』의 발행인으로 널리 알려진 인물로 이 시기는 그가 다양한 실험을 통해 예술의 사회적 역할을 강조한 때로 이 글도 그런 인식에서 함께 조망할 수 있다.

그는 이 글에서 한국의 춤은 상무적(尙武的) 가무와 예악이 성하여 국민의 웅대한 기운이 넘쳤지만 현재는 그렇지 못하다 말한다. 그러면서 한국의 춤을 무녀, 승녀를 중심으로 발달된 종교적 무용, 궁기나 궁녀를 중심으로 발달된 아무(雅舞), 농부어사(農夫漁師)를 중심으로 발달한 향토무용 이렇게 세 가지 형태로 나누며 이 춤들이 현재는 "신당에 박혀있고, 아무는 도회를 유랑하면서 고악에 그저 힘을 빌려 존재하고, 향토무용은 소박한 원시 정조를 전한다"며 아쉬움을 드러냈다.

이런 현실에서 그는 무용이 새로운 의식을 가지고 대중적이면서 현실적인 창조를 기대한다. 이는 시대적 상황 속에서 사회 민중의 의기를 무용을 통해 이루어지기를 바라는 마음에서였는데 김동환의 사상적 배경인 '민중예술론'에서 출발한 생각이다. 김동환은 이 시기 박영희, 김기진, 조명희 등의 카프 맹원들과 함께 프로연극 단체인 불개미극단을 조직하였다. 그들은 "민중의 감정과 지능을 유도 개발 하여 장래할 문화 형태를 창조"(『동아일보』, 1927.1.28.)하는 데 뜻을 두 며 프롤레타리아 연극을 지향하였는데 이는 로망 롤랑의 '민중연극론' 과 궤를 같이하는 사상이었다. 로망 롤랑의 '민중연극론'은 '민중에 의한 민중을 위한 연극', 즉 민중의 중요성을 강조한 이념으로 1920년 대 한국과 일본의 진보적 지식인에 큰 영향을 끼친 이론이다. 이들이 프롤레타리아 대중예술론을 실천 방법으로 삼은 것은 이념에 그치는 것이 아닌 민중을 주체로 하는 참여 행위를 강조한 것으로, 김동환도 이를 무용에 적용하여 하나의 실천적 방법으로 제시하였다. 그는 이 에 "무산계급의 해방을 위하여 그네에게 ××정신을 고취하고저 불국 의 로망롤랑이나 모텔 등의 민중극을 들고 궐기하듯이" 민중의 힘에 의해 예술의 사회적 참여를 강조한 것이었다.

그는 이러한 실천 방안으로 무용의 집단적 본질을 지향하며 협동 정신과 웅건한 기상의 전통을 잇는 '신무용운동'을 제창한다. 이는 서 두에서 언급한 전쟁에서 발생된 '상무적 춤'의 변용된 형식으로 다수 가 참여하여 국체, 무력을 드러낼 수 있는 형태로 '평화적 무장과 공 동적, 희생적 정신을 통한 조선 민중의 의기'라는 진보적인 이념이 그대로 표출된 언술이었다. 그는 이를 위해 군중적이며 야생적이며 원초적인 춤을 본질로 삼자고 하였는데, 이는 즉각적인 투쟁이라기보 다는 무용을 통해 집단의식을 일으키고, 평화적 무장으로 나아가고자 한 것이었다.

그는 한국적 현실에 맞는 집단적 무용에 대해 구체적인 방안까지 제시한다. 우선 "단오, 추석 그리고 초, 중, 말 삼복 전국적 무용일, 학교나 단체 등에서 종교적 기념일에 기념 무용, 농어촌에서는 풍년, 풍어와 관련된 무용, 일생의례에서 행할 수 있는 무용" 등 모두 기층문화에서 발생할 수 있는 사회무용의 강조이다. 이러한 생각은 무용이 하나의 저항을 위한 토대를 이룰 수 있다는 생각에서 비롯된 것이며 한국의 현실에서 가장 적합한 저항 행위로 무용을 인식하였던 것이다. 이것이 실천화되지는 못하였지만 무용의 통시적, 사회적 의미를 포괄하여 민족 담론을 일깨운 진보적인 인식이라는 점에서 의미가 있다.

이러한 무용의 사회참여 인식은 1930년대 중반에 들어서며 일상성과 민족문화의 고유성이란 관점으로 논의가 전환되기 시작한다. 먼저 박영인의 「무용과 생활 − 춤추는 것은 생활의 표현」(『동아일보』, 1936.4.10.~12.)은 무용의 본질인 일상과 철학의 중요성을 강조한 글로 무용의 이론과 실제를 겸비한 인물의 글이라는 점에서 주목된다. 박영인은 현대무용가로 일본과 유럽에서 활발한 활동을 펼친 인물이다. 그는 루돌프 라반, 마리 비그만의 영향을 받아 동시대 다양한 창작 활동을 펼침과 동시에 도쿄제국대학 미학과 출신으로 『무용미학』 등 여러 저술을 통해 현대무용 이론을 정립한 인물로 평가받는다.

이 글에서 그는 무용이 원시시대 이후 생활과 떨어져서 살아갈 수 없었음을 말하면서 배구자 공연을 예로 들며 그의 조박한 춤을 통해 "아무 기쁨 없는 이곳에 사는 조선인에 큰 위안을 주었다"며 긍정적으로 바라보면서도 한걸음 더 나아가 무용은 철학이 있어야 함을 강조한다. 이는 무용이 관능적인 욕구를 만족시키거나 피곤한 사람들에게 위안을 주는 정도에 머무는 것이 아닌 대중을 이끄는 힘이 있어야 된다는 인식이 있었다. 그는 이를 위해서 무용가의 우월한 인생관, 세계관 위에서 창작이 이루어져야 하고, 이것이 대중적이지 않더라도 육체와 동시에 정신도 무대 이외에 있어 생활이 여실히 드러나야 하는 함을 강조한다.

박영인이 인식한 무용은 대중적이면서도 무용수가 가지는 철학적 토대가 춤으로 구현되고 이것은 다시 대중의 마음을 움직이는 소통적 행위에 기반을 둔다. 이것이 결국 생활 속에 놓여있어 공감대를 형성하면서 무용 행위 속에서 미와 추를 포괄한 예술 미학을 전해주는 것이기에 무용수의 여러 경험을 통한 창의적 창작의 필요성을 말하고자 함이다. 이렇게 박영인은 무용 이론을 동시대적으로 수용하면서 이를 한국적 현실에 맞게 언술하고 있다는 점에서 진일보된 이론적 토대로 바라볼 수 있다.

1930년대 중반 이후 최승희, 조택원, 박영인 등은 유럽, 미주 등의 외국에서 활발한 활동을 펼치며 한국 춤의 확산에 이바지하였다. 그러면서 이들은 외국의 공연을 통해 한국 춤 본질에 대해 깊이 있게 고민하였다. 이는 타자에게 흥취를 주었던 것이 '한국적'이란 점에 초점이 맞추어졌기 때문이다. 이들의 무용 첫 출발이 현대무용에 기반을 둔 춤이었음에도 개성을 드러낸 임계점이 한국 문화에 모티브를 둔 작품이었기에 창작도 이런 방향으로 자연스럽게 흘러가고 있었던 것이다.

조택원의 「조선무용의 특이성」(『동아일보』, 1939. 1. 13.)도 창작자 스스로 인식한 한국 춤에 대한 개념 정립이다. 그는 그동안 광대라 여기던 무용가의 낮은 평가는 최승희, 박영인, 조택원 등을 통해 한국 춤이 타자에 상당한 반향을 일으키며 새로운 가치를 전해주었다 말한다. 그러면서 타자가 주목을 끈 것은 이국정서도 있지만 조선 무용의 특이성의 발견에서 비롯되었다 바라본다.

여기서 말하는 '조선 무용의 특이성'은 무엇인가? 그는 서양 무용이 이데아보다 형식미로 흘러버렸음에 반해 조선 무용은 이데아, 즉 춤 속에서 관념적 인식이 자리 잡아 철학적 체계가 그 매력으로 보았다. 이는 유럽에서 인식한 한국 춤은 기법이 아닌 철학이 내재되어 있고, 이러한 점이 문화상대주의적 관점에서 다름의 미학 속에서 한국의 고유성을 타자가 느낀 것에 기인한다. 이는 프랑스 평론가가 조택원의 춤을 보고 "조선이 가진 심오한 신비성, 전통의 우아함"(『동아일보』, 1938.11.22.)이란 언급처럼 오리엔탈리즘의 시각과 한국 문화의 정체성이 그대로 묘파된 관점에서 한국 춤이 수용된 모습이었다.

이런 한국적 본질에 대해 그는 지극히 전통적인 것을 지양하면서도 본질을 유지하고자 하는 중용적 입장을 취한다. 이는 최승희의 춤이 '조선 춤의 현대화'였다면 조택원은 이 두 요소가 절묘하게 조화된 형태를 방법론으로 삼고자 한 것이다. 조택원의 무용에 대해 "사상적 요소는 극히 단순하지만 그 단순한 속에서 소박함이 있고, 민족무용의 형태를 해치지 않고 보존"(오병년, 「일가로 자기의 격조를 표현한 직감력 가진 조택원씨」, 『동아일보』, 1937.9.8.)이라 평하였다. 이는 조택원의 춤이 보편적인 한국적 표상을 드러내지만 동시대적 기법을 차용하여 새로운 가치를 만들고자 한 점에서 매력이 있는데 이는 조택원이 지닌 한국 창작 방법론에 대한 보편성과 특수성을 결합시키고자 하는 사상적 토대에서 출발할 것이다.

앞서 무용 이론이 사회적 역할이나 창작자를 통한 무용의 철학적 의미, 특히 한국 춤의 보편성과 특수성에 대한 논의가 이루어졌다면 무용의 본질에 대한 담론도 서서히 이루어진다. 행미원의 「무용예술의 소감, 특히 무용의 본질에 대하여」(『매일신보』, 1941.4.18.)는 무용의 개론적 성격과 본질적 의미를 알기 쉽게 서술한 글이다. 그는 흔히 무용이 음악을 반주로 하는 신체운동으로 알고 있지만 "무용예술이란 육체의 율동적 약동으로 기교 있게 정서 생활을 표현하는 예술이다."라고 정의 내린다. 이는 단순한 율동과 변별을 두고자 하는 태도로 몸과 마음을 재료로 감정을 표현하는 것이 무용이라 한 것이다.

그는 무용의 특질을 '재료로서 육체, 율동적 운동, 기교성, 정서 생명의 표현', 이렇게 네 가지를 들어 말하고자 한다. 이는 사상, 감정, 의지, 열정, 정서 등 인간의 정신생활의 육체의 율동적 운동에 의하여 표현한 예술로 바라보고자 한 관점이다. 이러한 정립 양상은 무용의 사회적 담론이나 문화적 접근이 아닌 무용의 원론적 해석이라는 점에서 무용 이론의 토대가 심층적으로 다져짐을 알 수 있다.

1940년대는 전시체제가 강화되면서 사회 모든 분야가 강한 통제 속에서 일원화된 움직임을 보였다. 일제는 특히 민중을 하나로 아우르는 사상적 통제도 강화하여 '국민'이란 용어로 집단화하기에 이르고, 이를 '국민문학', '국민연극', '국민가요'이란 이름으로 규정되었다. 이는 조선총독부 경무국 사무관 호시데 도시오(星出壽雄)가 '진실한 황국 신민이 된 반도 사람으로 국민적 자각, 국민생활 감정에 공감을 일으키게 할 것을 요구'(星出壽雄, 「演劇統制の諸問題」, 『국민문학』, 1942.1.)한다는 국민연극의 목표에서 일제가 요구하는 바를 읽을 수 있다.

이는 무용에도 그대로 적용되었는데, '국민무용'이란 용어를 쓰며 무용을 통해 국민을 집단화시키는 도구로 이용하였다. 국민무용이란 용어는 이즈음 공연된 〈부여회상곡〉에 붙여졌다. 그렇지만 이것이 실질적으로 대중에 다가선 것은 1941년 7월부터 25일까지 이루어진 국민무용 강습회를 통해서였다. 이 행사는 매일신보 주최로 조선교육회, 국민총력조선연맹의 후원으로 이루어졌는데 일종의 율동무용 강습회 성격을 띤 강습회였다. 이 행사를 앞두고 강사인 김복실은 여섯 번의 연재(金光福實, 「국민무용의 새출발 아동의 정조교육이 특점 – 강습회를 앞두고」, 『매일신보』, 1931.7.13.~20.)를 통해 이 행사의 의의에 대하여 설명하였다.

그는 교육적 측면에서 무용은 국민적 정조를 기르고 체력을 향상시키는 역할로 큰 의미가 있다 말한다. 그러면서 리듬을 통한 움직임의 구성에 대하여 육체와 정신을 통일시키고, 사회의 진보를 촉진시키는 효과까지 이룰 수 있다 강조한다. 이러한 율동적 행위는 근육을 발달시켜 체력을 기르는 역할이 있고, 리듬을 통해 육체를 발산하여 정신 건강에도 도움을 주는 등 교육 측면에서 꼭 필요하다는 논지이다. 이 내용은 달크로즈 무용 교육 방법 그대로이다. 이는 율동을 통한 아동 정서 발달과 체력을 증진시키고자 하는 본질 그대로이기 때문이다. 이 시기 이러한 율동교육은 활성화되어 유아교육에서 일정 부분 기여를 하였다는 점에서 의미가 있는 활동이었다.

그런데 이러한 율동교육이 전시체제로 들어오며 체제에 순응하여 변질된다는 측면에서 주의 깊게 바라볼 필요가 있다. 김복실 글의 대부분이 달크로즈 무용 교육에 집중하고 있지만 궁극적 목적이 전시 무용의 사회적 역할을 말하며 애국적 정조를 강조한다는 측면에서 문제적 범주에 놓이는 것이다. 이는 무용이 집단적 행위의 세뇌교육을 지향한 파시즘의 행위라는 점에서 그러한데 아동무용 교육과 더불어 국민총력가, 애국반의 노래, 국민행진곡 등 군국주의의 내용을 담은 노래에 맞추어 율동 교육이 이루어졌다는 점에서 본질의 왜곡된 형태로 나아간 것이다. 이는 일제가 '명랑하고 윤택한 삶을 위한 정서교육'을 지향하면서도 황국신민을 위한 세뇌교육의 한 형태였다는 점에서 파시즘 교육 방법론이 작용한 형태로 볼 수 있다.[7] 김복실의 이 글은 교육무용의 본질적 의미를 지님과 동시에 시대적 상황에 따른 무용의 체제 순응의 한 양상이라는 측면에서 양면적 논의가 필요하다.

이렇게 1940년대 중반은 일제가 전시체제를 사회 전반에 강요하던 시기였다. 그럼에도 무용에 대한 이론적 토대는 조금 더 동시대의 인식을 수용하기 시작하였다. 문철민의 「현대무용」(『매일신보』, 1945.6. 15.~18.)은 무용의 동시대적 의미를 논의하면서도 한국에서 이러한 형태가 어떻게 적용되고 있는지 살피고 있다는 점에서 의미가 있다. 여기서 말하는 '현대무용'이란 장르적 개념이라기보다는 'contemporary dance'로 바라볼 수 있는데, 그래서 한국에서 행해지는 무용을 "발레 계통을 섭취한 것, 무용시를 표방한 것, 향토무용 내지 그것을 표방한 것" 이렇게 세 가지로 나누어 살펴보고 있다. 이는 '발레', 무용시를 '현대무용', 향토무용을 '전통 춤' 그리고 그것을 표방한 것을 '창작무용'으로 나눈 것으로 한국의 현실 상황에서 형성된 3분법 인식이 이 시기부터 자리 잡고 있음을 알 수 있다.

한국에서 발레는 이 시기 제대로 된 모습을 보이지 못하였다. 발레의 기본을 제대로 교육받은 인물이 부족하였고, 집단적으로 이루어지는 발레 형식이 현실적으로 불가능하였기 때문이다. 문철민도 발레하는 이가 두 사람 정도에 지나지 않는다 말하였고, 발레는 구성과

---

7 김호연, 「일제강점 말기 무용 활동과 그 변화 양상 – 무용의 관제화 경향을 중심으로」, 『무용역사기록학』 38, 무용역사기록학회, 2015, 82쪽.

연출, 음악, 미술 등 모든 요소가 갖추어져야 하지만 본질이 이루어지지 못하다며 비판적인 시각에서 바라보았다. 이어 무용시, 즉 현대무용에 대해서도 과학적 표현방법과 리듬을 제대로 익히는 것이 중요한데, 이도 아직까지 한국에서 제대로 수용되지 못하였다 현실을 논하였다.

그런데 이 글의 방점은 후술하는 향토무용 혹은 그것을 표방하는 무용에 둔다. 이는 앞서의 것들이 외국에서 발생하여 아직 체계가 갖추어지지 않은 데 비해 향토무용은 본질과 외국 무용의 토대를 잘 수용한다면 새로운 가치를 창출할 수 있다 인식한다. 또한 향토무용도 본질적 요소, 한국인의 희로애락을 표현하면서도 현대적 지성을 갖춘 새로운 주제의식 속에서 다듬어지길 바라는 등 전통이나 창작이나 모두 동시대적 감각을 익힐 것을 바라면서 새로운 한국 고유성을 지닌 창작을 기대한 것이다.

이렇게 근대 한국에서는 여러 관점에서 무용 이론 정립이 이루어졌다. 무용 이론은 대부분 무용의 사회적 의미와 한국 문화의 고유성에 집중하여 논의가 이루어졌다. 이는 시대적 상황과 떨어져 생각할 수 없을 것이다. 또한 아직까지 이론을 정립시켜 논의를 전개할 작품이 제대로 출현하지 못하여 제언적 성격이 강한데 이는 결국 창의적인 작품이 나오기를 기대하는 요구에서 비롯된 면모일 것이다.

3. 전통 춤의 원형 발굴과 재창조의 담론

무대공연예술로 무용은 대중과 다양한 소통을 이루며 사회적 담론을 만들었다. 이는 최승희, 조택원 등의 선구적 인물에 힘입은 바 크다. 게다가 이들이 국내에만 머문 것이 아니라 유럽이나 미주의 타자에게도 인식되며 사회적 영향력은 배가되었다. 이러한 패러다임은 이들의 공연 내용이 한국 문화의 고유성을 전해줌과 동시에 한국 대중에게는 자긍심을 불러일으키는 기호로 작용하였다는 점에서 의미가 있다.

이렇게 한국 춤에 대한 인식은 조금씩 확산되었지만 한국 전통 춤에 대한 이론적 정립은 제대로 이루어지지 못하였다. 이는 무용을 전문으로 연구하는 학자가 드물었고, 전근대의 예술이 총체적 형태를 지니고 있었기에 무용을 따로 분리하여 보려 하지 않은 데 원인이 있다. 이런 흐름 속에서 무용에 대한 연구는 연극이나 민속을 전공하는 학자들에 의해 부분적으로 이루어졌다.

송석하의 「조선무용의 사적 개관 – 우리 무용의 재인식」(『동아일보』, 1939.1.3.)은 개략적이지만 무용을 사적으로 정리한 첫 글이다. 송석하는 이 시기 민속연구 특히 탈춤을 중심으로 전통공연예술에 대한 연구를 진행하고 있었다. 그런 가운데 그는 전통예술 중 무용만을 추출하여 그 흐름을 정리하였는데, 무용은 인류의 시작과 함께하였고, 인류의 감정표현과 같이 이루어졌지만 문헌이 없어 언급하는 데 무리가 따름을 밝힌다. 이는 후술하는 무용의 사적 정리가 문헌에 근거를 두고자 함을 밝힌 대목이다.

그래서 이 글은 삼한시대, 삼국시대, 고려시대, 이조시대로 나누면서 『삼국지』, 〈향약잡영〉, 『삼국유사』, 『고려사』, 『동경잡기』 등을 비롯한 여러 문헌에 기술된 춤을 중심으로 그 흐름을 파악하고자 한다. 이러한 관점은 안확도 마찬가지이다. 그는 「조선음악 연구」에서 무용의 분리하여 정리하였는데, 이 글에서도 삼한시대, 삼국시대, 고려

시대, 이조시대 그리고 근경의 무용으로 나누고 서술하였다. 문헌에
바탕을 두어 기술한다는 점에서는 같지만 근경의 무용에서 "이왕직
아악부에서 연행하는 일무, 정대업, 보태평 등이 있지만 본래 춤 모습
과 어떻게 다른지 모르겠고, 처용무를 춘다고 하지만 이는 더욱 모작
이요 본래의 춤은 아니다"라고 서술하여 정재 중심의 관점이고, 이도
실제적이지 못한 모습을 보인다.[8] 그러다 보니 전승이나 변용의 실제
적 양상보다는 훈고적 시각으로 바라보아 문헌과 실제의 괴리가 있
는 '처용무'나 '검무'에 대해서 쟁점만을 부각한 한계가 드러낸다.

또한 흐름의 전개도 고려시대에서 조선시대의 문헌 속 정재 종목
만을 나열하여 제한적 인식도 존재한다. 이는 탈춤의 전승과 동시대
적 양상을 살펴 연구의 토대를 제공한 그이지만 무용에 대해서는 실
제적 인식을 조망하지 못한 점이 존재하였다. 이는 "민간의 무용은
궁중무용과 떨어져 살필 수 없지만 승무는 독특한 형태로, 한량무와
같은 비교적 루즈한 무용"도 존재하였다고 말하며 이 두 춤을 민속춤
의 대표적 유형으로 살핀 것도 그러한 인식이다. 그가 "무용에 있어
서도 동래, 밀양의 몃배기, 통영, 남해의 '중매구', 파발, 양주, 봉산의
탈춤, 노장춤은 훌륭한 민속무용이라고 하겠지마는 각처의 한량무,
승무는 그것이 아닌 지 오래다"라며 한량무와 승무만을 이미 언급한
것도 그 맥을 같이한 관념이다.[9] 이 내용은 한량무와 승무가 이제는
민속춤에서 벗어나 보편성을 띤 전통 춤으로 정착되었음을 말하는

---

8 안확, 『조선음악의 연구』, 보고사, 2008, 159~211쪽.
9 송석하, 「민속예술의 소개에 대하여 김포 농민무용 동경파견을 계기로」, 『동아일보』,
   1934.3.30.~4.1.

관점이면서 그가 전통 춤에 대한 인식이 확장되지 못하고 이 두 춤에 머문 결과이다.

그러면서 송석하는 탈춤에 대해서 논의하는 관점에 따라 '가면무', '가면극', '가면무용극', '무용연극', '가면연극무', '가면연극무용' 등의 다양한 명칭을 적절하게 사용하며 총체적 관점을 보인다. 그는 탈춤이 연극은 아니면서도 가면을 쓰고 무용적 요소가 많다고 인식하면서 사자춤이나 한량무도 '극 영역에 깊이 뿌리를 내린 무용'[10]으로 바라본다. 이는 탈춤을 탈춤 그 자체로 바라보면서도 연극적 토대에 무용 형식이 가미된 극형식으로 바라보고자 한 것이다.

그렇지만 그가 무용을 단순하게 이해하는 것은 아니다. 봉산탈춤을 "현대 양풍 무용처럼 무용하면서 순간 순간 정지 시간이 잇어 관중으로 하여곰 무용가 자체의 사상 급 주관을 구테여 양해 식히지 아니하고 리즘만으로 관중의 심리를 파악"(송석하, 「봉산 민속무용고 – 연극학 급 무용 계통상으로」, 『조선일보』, 1937.5.16.)한다고 본 것은 몸짓을 통해 심리적 양상을 표현하는 무용의 본질을 이해한 면모이다. 또한 팔목승춤에서 8명이 전혀 다른 춤을 펼치면서도 리듬에서는 일치감을 보이는 것이나 노장춤에서 여러 요소들이 무용이 점점 연극적으로 나아간다는 관점 등은 공연예술로 무용의 특질을 묘파한 면모이다. 이는 그가 바라본 전통연희, 특히 탈춤이 서양의 무용이나 연극 기준에 부합하지 않지만 한국 문화의 보편성과 특수성을 찾을 수 있는 총합적인 예술로 바라보고 이것을 민족예술의 원형으로 접근한 것이다.

---

10 송석하, 「연극 조선연극개관」, 국립민속박물관 편, 『석남 송석하 한국 민속의 재음미 상』, 국립민속박물관, 2004, 281~282쪽.

그는 이런 전통에 바탕을 둔 동시대적 인식을 가진 공연예술 행위를 최승희에서 발견한다. "최승희의 무용에서 조선적 리듬이 관중의 심리를 파악"한 점을 긍정적으로 본 것인데 최승희 춤에서 나오는 고유성의 표출과 근대성이 발현되고 있는 점에서이다. 이는 송석하가 바라본 전통이 본질 그대로이지만 이것이 무대공연으로 변용되었을 때 원형의 구현과 동질성의 공감대 형성이 합을 이룰 수 있다는 생각 때문이다.

이렇게 전통 춤에 대한 연구는 문헌과 총체적인 입장에서 연구되었고, 인류학적 맥락에서 정리가 이루어지고 있었다. 그런 가운데 다양한 인식을 가지고 학자들의 논쟁이 펼쳐지는데 '처용무'가 그 예다. 처용무에 대한 논쟁은 신라시대에서 전래된 것이지만 지금 전승되는 것의 연원에 대한 문제, 그리고 처용무가 가지는 의미 해석 등을 중심으로 논쟁이 이루어졌다.

김재철은 「처용무」(『동아일보』, 1931.4.18.~20.)에서 손진태가 발표한 「처용랑 전설고」(『신생』 3:1, 1930)의 논의를 비판적인 시각에서 바라보면서 동경(東京)이란 용어가 고려 성종 이후 생겼기에 처용가는 고려 성종 이후 작이라는 이전부터 통용되었다고 반박하면서 논의를 전개하였다. 그는 특히 "풍류아의 출현과 민간신앙의 문신과 교호히 연결하여 불도가 전설을 지은 뒤에 처용극"(『동아일보』, 1931.4.19.)이 출현한 것으로 처용 가무는 역신을 쫓아내려 한 것을 넘어서 일장가무를 한 음악적 풍류남자로 바라보았다. 이는 처용설화에 나타난 벽사의식의 민속적 상징과 함께 처용이라는 인물에 집중하여 그가 초월의지를 지닌 총체적 인간이고, 이러한 행위가 신라의 설화에 바탕을 두고 스토리텔링을 통해 극으로 구현되었음을 밝히고자 한 것이다.

이와 함께 김재철은 『악학궤범』을 통해 "처용무와 합설하는 학무
는 가면극이지마는 인형극과 같이 실을 늘여서 당기는 것을 보면 상
당히 발달되엇다고 아니할 수가 없다"라며 '학연화대처용무합설'에
대한 언급을 하는데, 이를 가면극과 인형극의 형태로 규정하고 춤이
아닌 연극의 관점에서 바라보려 하였다.[11] 이는 장르의 분리에 따른
유형학적 근대적 인식으로 바라볼 수 있다. 한국의 전통예술의 가무
악은 음악과 춤이 결합되어 있으면서도 서양에서 논의한 서정, 서사,
극 형식의 결합되어 통합적 측면에서 바라볼 수밖에 없는 특질론에
있다. 그럼에도 근대에 들어오면서 이러한 인식은 지배 특성에 따라
분리적 성격을 지니게 되었고, 예술적 독창성의 측면에서 그는 처용
무를 연극으로 바라보게 된 것이다.

이러한 김재철의 글을 통해 다시 손진태 그리고 안확의 재반박이
진행되는데, 손진태는 「다시 처용전설과 동경에 취하여 – 김재철의
박론에 답함」(『동아일보』, 1931.7.21.)에서 김재철의 의견을 반박하면서
가무에 관한 문제도 종교학상의 추리와 민속학적 시각에서 나오는
관점의 차이에 있는 취지의 논의를 전개하지만 처용의 행위적 측면
에서는 명확한 입장을 피력하지는 않았다. 이는 손진태가 처용전설
에 집중하여 계통적 흐름이나 민속학적 시각에만 집중한 결과였다.

이어 안자산의 「처용고에 대하여」(『조선일보』, 1931.7.27.~8.2.)는 처
용설화에 대하여 개략적으로 정리하며 앞서 인물들과 다르게 처용무

---

11 김재철이 저술한 『조선연극사』(1933)에서는 한국 연극의 흐름을 크게 가면극, 인형극,
구극과 신극, 이렇게 나누고, 신라시대 가면극으로 검무, 처용무, 무애무 등을 개념적
으로 정리하였다.

를 음악적 측면에서 바라보며 변별성을 보인다. 그는 처용설화가 일
종의 무악으로 변화하여 극적으로 조직되었다고 공연예술의 변용 양
상으로 살핀다. 이는 조선의 명곡으로 처용무를 언급하며 "처용무는
조선 소산(所産)이라 하여 명곡(名曲)이라 함이 안이라 기내용급형식
(其內容及形式)이 가장 이채(異彩)를 띔 것이니"(『조선일보』, 1931.7.30.)
라는 인식도 설화적 소재에 바탕을 두어 이것이 하나의 서사구조로
정제되고, 공연예술로 조탁을 거쳐 조선시대에 완결된 작품에 대해
가치를 두고자 한 것이었다. 이런 처용무의 논쟁은 문학, 민속학, 공
연의 측면 등 보는 시각에 따라 다양한 논의가 전개되었지만 근원이
가장 오래된 전통 춤으로 언술하며 이것이 민족원형을 일깨우는 담
론으로 형성되었다는 측면에서 의미를 지닌다.

  이렇게 문헌에 기록된 정재 혹은 탈춤에 대한 이론 정립은 다양한
시각에서 논의를 이루려 하였다. 그렇지만 민속춤에 대한 토대 연구
는 제대로 이루어지지 못하였다. 민속춤이 문헌으로 기록된 형태가
없는데다가 이런 춤들이 아직까지 보편성을 띠고 대중과 소통하지
못하였기 때문이다. 이는 한성준이 전통 춤을 무대공연예술로 정립
하고, '만들어진 전통'의 의미로 정리된 이후 서서히 담론화가 이루어
진다. 이는 한성준의 구술에 의한 기사인 「고전예술의 일대정화 세계
에 자랑할 우리춤 − 조선춤 이야기」(『조선일보』, 1939.11.8.~9.)에서 조
선 춤의 역사와 조선 춤의 전승 양상에 대한 논의가 이루어지며 미약
하게 토대가 구축되었다.

  먼저 그는 조선 춤이 어디서 어떻게 발생하여 전승하였고, 그 종류
가 얼마나 되는지 명확하지 않다고 밝힌다. 이러한 전제는 근원이
명확하지 않아 전통 춤에 대한 창작 행위가 자연스럽게 이루어질 수

있음을 밝힌 언술이다. 여기서 '왕꺼리', '대감놀이' 두 춤에 논의하는
데, 이 춤의 원류는 모두 왕의 완만한 몸짓에서 출발한 춤으로 궁중에
서 발생하여 무속으로 흐른 춤으로 보았다. 그런데 이것이 변용된
형식으로 무당에게 전해졌지만 자신은 고전에 충실하여 그에 걸맞은
형식과 장단을 찾아 창작하였음을 밝힌다. 이는 이러한 춤들이 존재
하였을 거라 있을 법한 이야기로 상정하고 기본적 모티브를 수용하
여 새로운 창작을 하였음을 밝힌 것으로 그 대표적인 창작무용이 '태
평무'였다.

근대에 접어들어 승무를 비롯한 몇몇 춤들은 지역별로 전승되며
어느 정도의 토대를 다지고 있었다. 그렇지만 민간에 전해지던 춤들
은 제한적인 양상을 띠었고, 아직까지 레퍼토리로 제대로 정립되지
못하였다. 이러한 양상 속에서 한성준은 여러 민간에 전승되던 춤들
과 전통에 연원을 둔 모티브들을 정리, 창작하여 집대성하였다. 이는
'조선 궁중에서 추던 춤과 민간에서 추던 춤만으로 한 40여 종인바
새로운 한성준 씨가 창작한 춤이 지금까지 100여 종'(『동아일보』, 1938.
1.19.)이란 말처럼 수많은 춤 중에서 보편성을 지니고 창작 가능한 전
통 춤을 응축하여 1938년 전조선향토예술대회에서 처음으로 민속춤
이 전면적으로 무대화된 것이다. 이때 정리한 춤들은 정형화되지 않
은 춤이었지만 문화원형에 바탕을 두어 새로운 가치를 만들어 대중
에게 전통의 새로운 인식을 이루게 만들었다.

그렇지만 전통에 대해서 한국인 스스로가 깊이 있게 배우거나 인
식하지 못함에 대해서는 아쉬워하였다. 이러한 내용은 그가 언술한
많은 글에서 공통적으로 발견되는 부분이다. 그는 외국 무용인이 자
신에게 춤을 배울 때 무용에 대한 연구와 집중도가 강한 것을 느낀

데 반해, 최승희나 조택원의 경우 습득 속도가 더디고, 그에게 여러 춤을 배웠지만 이에 대한 존경의 의미가 없는 등 전통 춤 전승을 조금은 회의적으로 바라보았기 때문이다. 이는 근대 무용인들이 전통에 대해 낮게 보는 인식이 자리하고 있음에 비롯되었다. 한성준이 전통 춤의 원형적 전승을 최승희에 의해 보편화되기를 바라지만 최승희는 전통 춤의 현대화에 주력한다며 서양인이 이해할 30여 춤을 창작하였다 조심스레 거절한 대화[12]도 이러한 맥락에서도 이해될 수 있는 부분이다. 이는 전통 춤의 전승이 원형(原型)에 바탕을 두어 이루어지느냐 아니면 현대적 감각을 통해 이루어지느냐 인식의 차이에서 나온 충돌로 이도 근대성의 발현이 어떠한 인식에서 출발하는 것인지 하나의 쟁점이 발생한 접점이다.

이렇게 전통 춤에 대한 정립은 문헌에 의한 방법론과 탈춤에 대한 연구가 부분적으로 이루어졌지만 민속에 바탕을 둔 춤에 대한 연구는 제대로 이루어지지는 못하였다. 이는 한성준을 통한 전통 춤의 무대화가 토대를 닦고, 정형화된 전통 춤의 전승이 이루어진 이후 본격화되기 시작한 것이다.

4. 결론

이상과 같이 이 연구에서는 한국 근대 무용 이론의 탄생과 사회적 담론의 형성 양상에 대하여 살펴보았다. 한국에서 무용 이론은 심층

---

[12] 「고전 '무용'과 '음악'을 부흥식히고저, 최승희·한성준 양거장 회견」, 『삼천리』 10:1, 1938. 1.

적이면서도 다변화되어 이루어지지는 못하였다. 이는 근대 무용이 공연으로 활성화되지 못하였고, 무용을 이론적으로 연구한 학자가 드문 데 기인한다. 이러한 측면은 리뷰 등의 무용 비평이 전문화되지 못하였던 점과도 비슷한 현상이었다.

이러한 조건에도 불구하고 무용을 통한 다양한 이론적 언술은 여러 시각에서 등장하였다. 이는 무용이 가지는 형식적 측면에 대한 개념화뿐만 아니라 무용의 사회적 역할에 대한 진보적인 사상이나 한국 춤의 보편성과 특수성의 문제 등 다양한 시각에서 이론 정립이 이루어졌다. 또한 전통 춤에 대한 재인식을 통해 한국 춤에 대한 사적 정리와 문헌고찰 등이 이루어졌고, 이것이 재현을 위한 토대로 작용하기도 하였다. 이렇게 근대 무용 이론은 창작을 위한 담론 형성의 근원이었고, 무용이 지니는 문화적, 사회적 가치를 일깨우는 계기가 되었다. 특히 이론의 정립 과정에서 무용의 본질적 내용과 더불어 한국이 처한 현실 속에서 시대정신을 고민하여 많은 담론이 형성되었다는 측면에서 의미가 있는 작업들이었다. 이는 무용이 가지는 사회적 참여와 그에 대한 방안 제시라는 점에서 가치가 있다.

근대 공간 속에서는 많은 무용 담론이 형성되었다. 이는 미적 근대성의 발현을 통해 이루어졌는데 동시대 리뷰 형식의 비평이나 해방 이후 본격적인 무용 공연과 이론적 정립을 통해서도 조성되었다. 연계성을 가지는 동시대 비평에 관한 연구와 해방 공간 무용 이론에 관한 살핌은 이 연구에서 다루지 못하고 다음 과제로 삼고자 한다.

한국 근대 무용 비평의 탄생

1. 서론

근대는 다양한 문화가 형성된 시기이다. 이는 근대적 사고와 행동의 핵심이 습관적으로 이야기되듯 '문화'의 개념 속에서 논의되고, 이것이 보편적 사회 시스템과 생산, 분배, 교환의 경제적 인지 시스템이 서로 영향을 주며 다양한 사상을 만들어냈기 때문이다.[1] 특히 한국에서는 주체적인 근대 의식과 서양 근대 문물의 이입이 충돌하면서 다양한 층위에서 새로운 담론이 형성되었다. 이는 동학농민운동에서 발생한 아래로부터 혁명 의식과 독립협회, 독립신문 등에서 이루어진 공론장의 등장 등 근대적 보편성이 여러 측면에서 싹트고 있었던 것이다.

이에 따라 자연스럽게 시민의 탄생을 가지고 왔고, 자아의 발견을 통해 사회 참여 의식이 조성되었다. 이러한 인식은 개인적 삶의 울타리를 넘어 자신의 생각과 정서를 타인과 공유하게 만들었으며,[2] 자아

---

[1] 레이먼드 윌리엄스, 박만준 역, 『문학과 문화이론』, 경문사, 2003, 12~13쪽.
[2] 송호근, 『인민의 탄생 – 공론장의 구조 변동』, 민음사, 2011, 40쪽.

와 자아의 소통을 통해 집단의식의 확장을 가지고 왔다. 이는 신문의 등장을 통해 언술 행위가 보편성을 띠게 되었고, 애국계몽기를 거치면서 사회참여 의지는 다양한 분야에서 분출되었다.

예술도 이 시기 여러 변화 양상이 드러났고, 무용도 근대적 구조에 의해 의식의 전환이 이루어졌다. 극장의 등장은 그 공간에 걸맞은 레퍼토리로 전통 춤의 정제가 이루어졌고, 관객은 수평적 관계 속에서 심미적 근대성을 공유하면서 개인적 사유를 펼치는 계기가 되었다. 이러한 구조 속에서 대중은 신문을 통해 다양한 언술로 작품을 해석하였고, 단순한 인상주의적 시각에서 출발하여 조금씩 전문적인 예술담론을 만들며 무용의 사회적 인식을 확장시켰다.

이 연구에서는 이렇게 무용이 근대 무용 담론을 형성하면서 어떠한 언술을 통해 심미적 근대성을 확보하는지를 살펴보고자 한다. 특히 공연에 대한 비평 혹은 리뷰를 통해 이러한 언술행위가 문화 재생산의 의미로 어떠한 패러다임을 만들고 있는지에 집중해 보도록 한다.

그동안 근대 무용 비평에 대한 연구는 간헐적으로 논의가 이루어졌다. 그런데 대부분 근대 무용 이론에 대해 개괄적으로 서술하거나 신무용 형성 과정의 여러 양상을 개념적 측면으로 연구하여 근대 무용 이론 정립에 토대를 마련해준 측면에서 의미가 있지만 공연에 대한 실제적 연구가 제대로 이루어지지 못한 아쉬움이 있었다.[3] 이에

---

3 박자은, 「20세기 전반 한국의 춤 문화와 비평」, 『한국무용연구』 28, 2010; 이진아, 「식민지조선의 신무용과 근대적 예술 개념의 수용」, 『사회와 역사』 112, 한국사회사학회, 2016; 이종숙, 「'무용(舞踊)', '신무용(新舞踊)' 용어의 수용과 정착 −『매일신보』, 『동아일보』, 『조선일보』 기사를 중심으로」, 『무용역사기록학』 46, 무용역사기록학회, 2017. 등은 이 연구를 위한 선험적 노작들이다.

이 연구에서는 무용 공연에 대한 소회를 적은 리뷰, 프리뷰 혹은 비평 등 다양한 언술 행위의 평문에 집중하여 살아있는 근대 문화의 제 양상을 살펴보고자 한다.

이 연구는 무용 공연과 관련된 언술을 개괄적으로 정리하여 흐름을 파악하고, 이에 나타난 사회적 의미를 살펴 근대 무용의 시대정신을 찾는 데 의미를 둔다. 특히 연구의 대상을 근대 신문으로 제한하여 살펴볼 것이다. 이는 신문이 담론장 형성의 가장 보편적 형태였고, 대중을 아우르는 포괄성과 동시성에 의한 파급력이 강하게 드러나는 기호이기에 신문에 집중하여 연구하도록 한다.

연구의 대상은 1883년 관보 형식으로 발행된 한성순보, 한국 최초의 민간지인 독립신문(1896년) 이후 1945년 8월 15일까지 발행된 현전하는 신문으로 하였다. 이는 지면, 영인본, 네이버 뉴스 라이브러리(https://newslibrary.naver.com), 조선 뉴스 라이브러리 100(https://newslibrary.chosun.com), 빅카인즈 고신문(https://www.bigkinds.or.kr/v2/news/oldNews.do) 등을 활용하여 살펴보았다.

또한 이 글에서는 '언술(言述)'과 '담론(談論)'을 분리된 개념을 말하고자 한다. 이 용어는 모두 discourse의 번역어로 함께 쓰일 수 있지만 언술은 서사성과 기술방법론까지 포괄되는 언표 행위로 이해될 수 있고, 담론은 특정 대상이나 집단에 대한 언표 행위의 집합체로 논의할 수 있을 것이다. 이어령은 언술에 대하여 담화 형식을 나타내는 수사학의 용어가 되기도 하고 또 언어학 용어가 되어 화법이나 두 개 이상의 문이 결합된 문 이상의 단위를 나타내는 뜻으로 쓰기도 한다고 말하였다.[4] 그런 의미에서 이 연구에서는 문자의 저술 행위를 언술로 보고, 이를 통한 나타나는 사회적 의미는 담론으로 나누어 기술하도록 한다.

2. 근대 무용 언술의 사료적 해석

근대 신문은 다양한 담론을 형성하는 공론장으로 의미를 지닌다. 이러한 인식은 독립신문(1896)의 발간 이후 두드러지게 나타났는데, 개화의식의 보편성과 사회참여 의식의 확대가 이 공간을 통해 이루어졌기 때문이다. 신문이 주체적 개인을 양산함과 동시에 문학을 포함한 언술 행위를 포괄하면서 다양한 가치를 공유하는 근대적 장치로 가장 큰 역할을 담당하게 된 것이다.

이는 여러 문화 현상과 예술적 행위에 대한 비평적 시각을 가진 글들이 서술되면서 미적 근대성을 확장시키는 계기로 작용하였다. 무용의 경우도 그러하다. 근대 극장의 등장으로 무용이 공연예술로 변용을 거듭하고, 이에 따라 생산, 수용, 소비의 문화구조 속에서 행위가 이루어졌고, 언론에서도 다양한 담론을 형성하면서 다양한 언술이 나타난다. 이는 기자들에 의한 사실 보도, 공연에 대한 프리뷰(preview), 리뷰(review), 무용인이나 무용계에 대한 단상(斷想) 형식의 글이 그러한 예다.

먼저 이 연구에서 대상이 될 수 있는 근대 신문에 나타난 기명의 비평적 형식 언술을 살펴보면 다음과 같다.

---

4 이어령, 『시 다시 읽기』, 문학과 사상사, 1995, 50쪽.

〈표 1〉 근대 무용 비평 목록

연도	집필자	제목	지면	기타
1927.10.28.	생生	최승희 양의 무용을 보고	동아일보	
1928.4.23.	망언자	배구자 양의 음악무용을 보고	중외일보	
1929.9.22, 34,25.	심훈	새로운 무용의 길로 −배구자 일회 공연을 보고	조선일보	
1930.2.5.	문외한	최승희의 제1회 공연, 인상에 남은 것들	동아일보	
1930.10.26.	Y.H	최승희 제2회 공연을 보고	동아일보	
1931.8.25.~27.	최승희	최근 감상 −제4회 신작 발표회를 중심으로	조선일보	
1933.2.4.,6,7, 9.~11,13.~15.	박철민	무용예술의 창조적 의의 −조택원 군 무용발표를 계기로	조선일보	
1935.1.1.	김관	악단과 무용계 회고	조선중앙일보	
1935.11.12.	함지	조택원무용공연회 인상기	조선일보	
1937.7.25.	김관	최근 무용계 만평	동아일보	
1937.9.7.	오병년	예원인 언파레드−발전기의 무용계	동아일보	
1937.9.8.	오병년	일가로 자기의 격조를 표현한 직감력 가진 조택원 씨	동아일보	예원인 언파레드 2
1937.9.9.	오병년	서양 무용에서 기교를 섭취한 방순균정한 최승희 씨	동아일보	예원인 언파레드 3
1937.9.10.	오병년	이지적으로 미를 구성하는 신흥무용가 박영인 씨	동아일보	예원인 언파레드 4
1937.9.11.	오병년	염려한 자태가 평범치 않는 대중적인 배구자 씨	동아일보	예원인 언파레드 5
1937.9.14.	오병년	아려하고 청초 예풍을 가진 이노센스한 박외선 씨	동아일보	예원인 언파레드 6
1937.9.15.	오병년	섬세 우아한 기교를 가진 수련기의 김민자 씨	동아일보	예원인 언파레드 7(完)
1938.11.22.	김파우	조 씨 무용공연을 보고	동아일보	
1938.12.1.~2.	정지용	무용인 조택원론	조선일보	생명의 분수 (12월 1일) 참신한 동양인 (12월 2일)

1939.3.14.	김재원	구주에서의 최승희 −백이의 공연의 성공을 보고	조선일보	
1941.5.11.	矢鍋永三郎	부여회상곡에 대하여	매일신보	
1942.2.11.,13.	최승희	나의 무용기 −동양무용 수립을 위해	매일신보	
1942.7.19.~20.	조택원	석정막 선생의 예술 −30주년 공연에 제하여	매일신보	
1943.1.7.	조택원	반성과 신출발 무용협회 결성의 제창	매일신보	
1944.3.26.	김정혁	조택원의 무용	매일신보	
1944.4.25.~26.	방인근	전승의 축원 −조용자무용발표회를 보고	매일신보	
1945.2.22.	김순해	조용자 양의 무용	매일신보	
1945.3.29.	김순해	진수방 양의 무용	매일신보	
1945.4.25.	하○	김미화무용 단평	매일신보	
1945.6.3.~5.	조택원	무용계 소감	매일신보	

근대 신문에 나타난 무용 공연에 대한 언술은 그리 많지 않다. 이
는 이 시기에 무용의 이론적 토대가 제대로 다져지지 못하였고, 전문
적인 비평가가 등장하지 못한 데 기인한다. 또한 아직까지 공연예술
로 다룰 수 있는 무용인이 제한적이어서 확장되지 못한 면모도 존재
하였다.

이는 연극과 비교에서 논의가 가능하다. 연극의 경우 이 시기 일본
유학파 출신의 문인들 중 극문학 전공자 들이 많아 이들을 통해 근대
연극에 대한 이론을 적립되었고, 이들이 실제 공연에 참여하고 비평
을 양산하다 보니 다양한 논의가 이루어졌다. 그렇지만 무용의 경우
는 이러한 층위가 제대로 생성되지 못하고 몇몇 창작자를 통해서 무
용의 실제만 이루어져 대중과 소통이 제한적일 수밖에 없었다. 또한

연극의 경우 신파극이나 신극 논쟁이나 이념에 따른 연극운동론, 대중극에 관한 논의, 극예술연구회의 전문극단으로 변용 양상 등 다양한 논의가 생성되었지만 무용의 경우 장르적 속성상 이데올로기 대립이 없어 쟁점화할 논의가 이루어지지 않았고, 집단적 행위로 이어지지 못하여 두드러지진 담론이 형성되지는 못하였다.

그럼에도 이 시기 무용은 배구자, 최승희, 조택원의 공연을 중심으로 대중에게 새로운 예술적 감각을 전해주면서 다양한 사회적 담론을 형성하였다는 점에서 의미가 있다. 이들의 공연에 대한 언술은 전문적인 것은 아니었지만 무용이 가지는 공연예술적 가치를 인식시켰고, 1930년대 중반 이후는 논의 가능한 인물군이 형성되어 거시적인 시각에서 조망이 이루어질 정도로 사회적 담론을 형성하였다. 또한 1940년대는 매일신보라는 제한된 지면에서만 언술이 나타나 프로파간다의 측면도 나타나지만 조용자, 김미화, 진수방 등의 신인이 등장하여 이들에게 대한 평이 이루어지며 다양한 담론이 조성되었다. 이는 해방공간 이후 연속성을 가지고 바라볼 수 부분으로 서서히 무용 비평과 이론을 통해 내실화가 다져진 시기로 바라볼 수 있다.

3. 근대 무용 언술의 흐름과 시대적 의미

1) 근대 초기 무용 담론의 형성

개항 이후 한국에서는 자생적 문화와 서양의 근대적 문물이 정반합을 이루면서 근대적 인식이 자연스럽게 형성되기 시작하였다. 이러한 과정 속에서 전통은 여러 탈바꿈을 거듭하는 혼란상을 겪게 된다. 이는 문화이식이 고도화될수록 반대로 문화 창조가 내부에서 성숙되고, 이식문화가 고유문화와 심각히 교섭 과정을 거치고, 고유문화가 이식된 문화를 섭취하는 과정으로 나타나기 때문이다.[5]

무용도 그러한 측면에서 논의가 가능하다. 한국 고유의 춤은 대중과 유리된 채 제한적인 형태로 전승되어 왔다. 그러다 보니 대중과의 소통 구조는 제한적이었고, 근대적 탈바꿈은 주체적으로 이루어지지 못하였다. 이는 극장이라는 근대 양식에 의해 형식의 변용이 이루어졌고, 대중의 기호에 따라 내용의 탈바꿈도 꾀하게 된 것이다. 이러한 변용 과정에서 정재는 검무, 항장무 등 대중의 흥미를 끌 수 있는 레퍼토리가 취사선택되어 연속성을 가졌고, 승무, 한량무와 같은 교방춤이나 민속춤은 확장성을 보이며 극장에 수용되어 근대적 변용이 이루어지고 있었던 것이다.[6]

이렇게 무대공연예술로 대중과 소통하기 시작하면서 무용은 단순한 예술 행위가 아닌 사회적 담론 속에서 논의가 이루어지기 시작하였다. 이는 무용이 제한적 형태에서 벗어나 공공의 담론장의 의미를 가지게 됨과 동시에 생산, 수용, 소비의 구조가 이루어지며 문화산업 구조로 나아가면서 이루어진 결과이다. 이러한 측면은 신문에 공연과 관련된 광고가 실리거나 공연과 관련된 기사 등의 언술 행위가 등장하면서 가시화된 면모이다. 이는 현전하는 공연 첫 광고인 1900년 『황성신문』에 실린 용산의 무동연희로 시작하여 다양한 형태로

---

5 임화, 임규찬·한진일 편, 『임화 신문학사』, 한길사, 1993, 381쪽.
6 김호연, 「한국 전통춤의 근대적 메타모포시스 연구」, 『무용역사기록학』 54, 무용역사기록학회, 2019, 120쪽.

확장되었고, 공연에 대한 간략한 소개에서 그치는 것이 아닌 이에 대한 가십의 기사들을 양산하면서 대중의 호기심을 자극하였다.

그 대표적인 예로 강선루 공연을 들 수 있다. 전통연희의 개량이란 이름으로 단성사에 이루어진 이 공연은 1912년 4월부터 5월까지 한 달여 펼쳐진 장기 프로젝트 공연이었다. 이 공연은 대부분의 전통공연이 일회성에 그친 데 반해 한 달여에 걸쳐 승무, 검무 등의 전통춤과 전기호접무 등의 창작춤 등 여러 레퍼토리를 교차적으로 보여주어 대중의 호기심을 자극하였다. 이에 이 공연에 대한 언술행위도 이루어져서 당시의 공연 분위기를 읽을 수 있다.

> 치련 화향 화봉의 뎐긔춤과 덤홍의 호졉무는 가히 관람쟈의 흥긔를 용동케 하야 만쟝이 박슈갈치할 쑌더러 이것은 죠션의 유리ᄒ던 가무음악이니 어듸까지 발달ᄒᆞ도록 찬셩ᄒᆞᄂᆞᆫ 바이로다. 그러ᄒᆞ나 악공의 츔쟝단이 넘오 느려셔 관람쟈의 지리ᄒᆞᆫ 생각을 발케ᄒᆞᆫ 즉 (중략) 문영갑 등의 날탕픠와 박츈지의 성주푸리이니 제셕타령이니 ᄒᆞᄂᆞᆫ 것은 제집 안ᄉ방에서 혼져라도 못홀 것이어늘…(『매일신보』, 1912.4.26.)

> 단셩샤의 구경ᄉ군이야말로 참 굉쟝ᄒᆞ더군. 롱션(弄仙)의 승진무와 ᄎ경(彩璟) 도화(桃花)의 승무는 한목 줄 밧긔 업고 금강산의 환등과 활동샤진도 볼말ᄒᆞ더구면. 활동샤진이 넘어 흐려셔 ᄌ미가 좀 젹은 모양이오. 뎐긔호졉무는 아즉 좀 스틀너셔(正評生)(『매일신보』, 1912.5.30.)

첫 번째 글은 '演藝界: 登降仙樓의 試一評'으로 기자가 쓴 글이다. 전체적으로 이 공연의 분위기를 살피면서 전기춤과 호접무가 관객의 호응을 높았음을 전하고 있다. 그런데 이 두 춤은 창작춤임에도 전통음악과 조화를 이루어 가능성을 엿보고 있음을 밝히면서도 악공의 반주가 느려 관객들이 지루함을 느낄 수 있다며 주관적 감상을 말하고 있다. 게다가 박춘재 등의 공연이 음담패설로 일관하여 주의할 필요가 있다고 논하는데, 이러한 측면은 사실 보도라는 기능보다는 극장이 가지는 공적 의미를 부각하여 쟁점화한 면모이다. 결국 박춘재 등의 공연은 폐지되어 강선루 공연이 가무악 중심으로 이루어지는데 이 기사도 여론 조성을 통한 공론화라는 점에서 근대적 의식을 읽을 수 있다.

두 번째 글은 '塗聽塗說'에 실린 것으로 짧지만 강선루 공연의 전체적인 분위기를 읽을 수 있는 글이다. 특히 이 글은 기자가 아닌 대중의 단상(斷想)이란 점에서 의미가 있는데 대중들이 서서히 공연에 대한 감상을 풀어놓음으로 자신의 체험을 표출하고자 하는 의식이 이루어지고 있음을 살필 수 있다.

이러한 공연에 대한 관심은 개인으로 관심이 옮겨지기도 하며, 예인들이 대중의 관심 대상으로 등장하면서 팬층이 형성되기도 하였다. 이러한 흐름을 읽고 이러한 관심을 부각시킨 대표적 기사로 「예단일백인」(『매일신보』, 1914.1.28.~6.11.)을 들 수 있다. 「예단일백인」은 당대 유명한 예인 백여 명을 소개한 글로 대중의 호기심을 충족시킴과 동시에 이들을 예인이란 범주로 논의하고자 하였다는 측면에서 주목할 필요가 있다.

그렇지만 이 시기 무용 비평이나 무용 이론 등을 비롯한 심미성을 가진 무용 언술은 제대로 드러나지 않았다. 이는 무대공연예술로 대중이 작품을 보고 심미적 가치를 기술할 만한 작품이 제대로 등장하지 못하였기 때문이다. 전통 춤의 경우 단순하게 극장의 이입에 머물고, 창작춤도 시대적 흐름에 조응하여 발전하지 못하는 등 새로운 감흥을 주지 못하여 이러한 문화 담론도 형성되지 못하였다.

이는 수요와 공급에 의한 기본 조건으로 제대로 된 평문은 결국 본격적인 무대공연예술의 의미를 지닌 무용 공연이 전개됨과 더불어 시작된다. 이러한 결과는 서양의 무용 문화가 이입되면서 자생적인 무용 담론을 형성하려는 노력이 이루어지는 1920년 중반 이후 나타난다. 이는 외래문화의 수용이 고유문화의 변용을 가속화하고 그것을 탈바꿈하는 과정에서 새로운 문화가 창조되는 형태였다.

2) 근대 무용 언술의 탄생

무대공연예술로 무용은 1920년대 중반부터 근대적 변용이 이루어졌다. 개화기부터 1920년대 중반까지 무대에서 이루어진 공연은 기생조합, 권번의 전통 춤 공연, 각종 학교 및 종교 사회 단체의 음악무용회 혹은 해삼위 동포학생과 같은 아마추어 공연이 주를 이루고 있었다. 그렇지만 1925년 즈음부터 일본 무용인들의 공연이 수용되면서 무대공연예술로 무용의 대중적 관심은 점차 보편성을 띠고, 이 시기부터 언론을 통한 무용 담론이 본격적으로 형성되기 시작하였다.

이러한 형태는 일본 신무용의 효시로 일컬어지는 후지마 시즈에 (藤間靜枝)의 공연(1925.11.7.~8., 경성공회당)이나 이시이 바쿠(石井漠) 의 1927년 공연 등에서 비롯되었다. 이는 공연 대부분이 신문사 후원으로 이루어져 해당 신문사에서 공연 전후 연속적으로 기사를 올리면서 사회적 담론을 만들었고, 이에 대중도 관심을 가지고 극장을 찾게 되는 구조가 조성된 것이었다.

특히 1927년 이시이 바쿠 공연은 일본으로 갔던 최승희가 무용단 단원으로 금의환향한 공연이란 측면에서 대중의 주목을 끌었다. 이에 이 공연과 관련된 기사가 연일 신문에서 올랐고, 이시이 바쿠의 공연이었지만 최승희에 초점을 맞추어지며 다양한 시각에서 기사가 게재되었다. 특히 주최한 매일신보에서는 "장엄, 우아한 육과 선의 율동, 석정 씨의 심각한 무용에 관중은 여광여취하였다. 재연된 최양의 소야곡"(『매일신보』, 1927.10.27.)이라는 표제에서 드러나듯 의미가 극대화된 내용을 담아 대중의 관심을 자극하였다.

이는 1926년 이시이 바쿠의 첫 공연과 대조적이었다. 이 공연은 이시이 바쿠의 한국 첫 공연이었지만 일본어 신문인 『경성일보』 주최였기에 대중적 반향은 제한적이었다.[7] 이는 공연에 대한 논의보다는 숙명고녀 출신 최승희가 이시이 바쿠를 따라간다는 상황이 대중적 관심을 끄는 데 머무르고 말았다. 그렇지만 1927년 공연은 매일신보 후원으로 이루어졌고, 최승희가 출연하였다는 점에서 관심을 불러 모아 사회적 담론이 형성된 모습으로 살필 수 있다.

이는 기자들의 글뿐만 아니라 대중인 생生의 "최승희 양의 무용을 보고"(『동아일보』, 1927.10.28.)라는 글이 신문에 게재되었는데, 대중이 쓴 근대공연에 대한 첫 리뷰라는 점에서 의미가 있다. 이 글은 "소문 듣던 바보다 더 사람으로 하여금 취케 하였다"라는 반응처럼 최승희 효과에 의한 입소문으로 무용 공연을 보게 되었다 언급하면서 간단하게 공연에 대한 감상을 서술한다. 여기서 공연 내용에 대한 언급은 짧지만 "유달리 아름다운 육체미를 가진 곡선과 곡선에서 흘러나오

---

7 이 공연이 대중과 소통이 제대로 이루어지지 못하였고, 한국 무용계에 큰 영향을 주지 않았음에도 그동안 이 공연을 이른바 신무용의 기점으로 생각하는 것이 하나의 고정 관념으로 자리 잡았다. 이러한 부분은 여러 측면에서 재고가 필요하며 자생적인 노력에 의한 한국 근대 무용의 개념 정립도 필요할 것이다.

는 리듬"이라고 서술하여 최승희 춤이 가지는 본질적 매력을 그대로
묘사하고 있다는 점에서 대중의 심미적 감각이 그대로 나타난 글로
가치를 지닌다. 이는 이제 대중이 나름의 심미적 비평의 기준과 개인
적 감상의 차원에서 글을 쓰고자 하는 욕구가 생기게 되었고, 이는
결국 담론을 형성할 만한 무용 공연을 통해 이루어지고 있는 순환적
모습이었다.

　이러한 담론 형성은 연속적으로 이어지는 근대 무용의 선도적 공
연에서도 그대로 반영되었다. 망언자의 "배구자 양의 음악무용을 보
고"(『중외일보』, 1928.4.23.)는 배구자의 무용음악발표회(1928.4.21., 경성
공회당)에 대한 리뷰이다. 이 공연은 제목처럼 음악과 무용이 어우러
진 공연이었지만 근대 무용의 효시라 평가할 수 있을 만큼 의미가
있다. 이는 이 공연에서 창작무용 〈아리랑〉과 발레 〈빈사의 백조〉
등 다양하고 새로운 무용이 대중과 소통하였다는 측면과 근대적 무
용 방법론을 표출하였다는 점에서 그러할 것이다. 이러한 인식은 당
대 대중도 그대로 느낀 부분이다. '망언자'란 필명을 가진 이도 이에
이 두 작품에 대해서 상찬을 한다.

　　사의 백조에 대해서 양도 자신 있는 듯하여 양은 이것으로서 무용으로
　의 가장 가치 많은 것을 보여주었다. (중략) 최후로 민요곡 아리랑을 자작
　한 것은 그 동기로부터 우리는 감사하고 싶다. 순진한 시골 처녀로 분장하
　여 '아리랑'의 기분을 무용으로 나타내었는데 그 얼마는 확실하게 성공하
　였다.(『중외일보』, 1928.4.23.)

　그는 이 공연에 대해 공연 전부가 별 무리가 없었지만 사람의 마음
을 심각하게 구하지 못한 점은 섭섭하다 하면서도 〈빈사의 백조〉와

〈아리랑〉에 대해서는 긍정적인 시각으로 바라보았다. 여기서 '아리랑의 기분'이란 영화 〈아리랑〉으로 재생산되어 민족을 결집시키는 기호로 자리 잡은 아리랑의 중의적 이미지가 몸짓을 통해 대중에게 그 느낌이 그대로 전달되었음에 기인할 것이다. 이는 극장에서 집단 무의식의 공유를 통해 민족의식을 일깨운 측면이 즉각적으로 다가왔음에 대한 논의이다. 또한 여기에 동시대 발레 레퍼토리의 수용을 통해 새로운 감각을 얻었다는 것도 긍정적 모습으로 공연을 바라보았다. 이는 발레라는 서양 무용이 배구자의 무용에 담겨졌다는 측면에서 낯설음과 새로운 미학적 인식을 전해주었다.

이는 배구자무용연구소의 제1회 공연(중앙관, 1929.9.11.~)을 보고 쓴 심훈의 "새로운 무용의 길로"(『조선일보』, 1929.9.22.~25.)에서 조금 더 확장된 언술로 배구자 나아가 한국 무용의 방향성을 논의하게 된다. 심훈은 소설가, 시인 등 창작활동으로도 이름 높았지만 영화감독이나 다양한 장르의 평론을 쓰는 등 전방위에 걸친 언술로 주목받던 인물이었다. 이 글은 앞서의 글이 대중이 쓴 글이었던 데 반해 문인이 쓴 무용 언술의 첫 번째라는 점에서 가치가 있다.

그는 먼저 "무용을 잘 알지 못하는 관객의 한 사람으로서 그 감상"을 적는다고 전제하였다. 이는 다양한 장르를 섭렵하고 문예이론에 능통한 심훈이었지만 무용에 대해서는 방외인으로 바라볼 수밖에 없음을 고백한 문장이다. 그러면서도 그는 두괄식으로 공연에서 느낀 점을 서두에서 논의하는데, "의상은 거칠지 않았지만 배경이 유동적 효과를 돕지 못하였고, 축음기 반주는 무용에서 금물"이라고 논하였다. 이러한 관점은 앞서 말한 '무용을 잘 알지 못한다'는 술회처럼 무용의 본질인 움직임이나 표현에 의한 분석이 아닌 작품을 구성하는 여러 요소를 종합적인 시각에서 우선 바라보고자 한 점에 기인한다.

그는 〈아리랑〉에 대해 "자아를 살려서 새로운 조선의 무용을 창작해 나아가려는 독창적 태도에 우리는 적지 않은 기대"를 갖게 한다고 말한다. 이는 "자아를 살리기 위하여서라도 순수한 조선의 무용을 창작해서 민중에게 보여줄 의무를 져야 할 것이다"라 언급하면서 고유성과 일상성을 가진 동시대 한국 춤을 기대하였다. 이러한 시각은 춤을 통해 근대성이 발현되어야 하며 이것이 예술의 궁극적 의미로 생각한 논의이다. 또한 전통 춤의 근대 변용이 제대로 이루어지지 못한 현실에서 문화의 원형을 부활시킨 고유성의 변용을 통해 대중에게 다가설 필요가 있음을 강조한 측면이기도 하다.

심훈이 가지는 원형의 해체와 근대적 변용은 카프의 일원으로 함께 하였고, 사상적으로도 공감대를 형성하고 있던 친우 김팔봉의 '대중소설론'과 궤를 같이하는 생각이다. 김팔봉은 「대중소설론」(『동아일보』, 1929.4.15.)에서 "대중소설이 향락적 요구만이 아닌 그들로 하여금 세계관의 현 단계에 주인공의 임무를 다하도록 끌어올리고 결정케 하는 작용"이 필요하며 "숙명적 정신의 참패를 보이고 동시에 새로운 힘찬 인생을 보일 것" 등을 강조하였다. 심훈은 이러한 프로문학 운동의 한 방향인 '대중문학론'처럼 무용에서도 대중에 쉽게 다가가지만 전형성을 확보하여 새로운 민족의식의 분출이 이루어지길 기대하였다. 이는 "괴로운 조선의 마음을 추어야 하고, 조선 사람의 애틋한 정서를 그 육체로써 표현하는 새로운 무용을 창작해야만 한다"라 결론을 맺는 것도 보편적 원형을 통한 동시대 대중성 확보라는 의미로 해석될 것이다.

이렇게 무용이 사회적 담론을 형성하면서 무용 언술은 서서히 증가하였다. 이는 대중성을 지닌 최승희의 공연에서도 리뷰가 이루어졌고,[8] 최승희의 「최근 감상 – 제4회 신작 발표회를 앞두고」(『조선일보』, 1931.8.25.~27.)에서는 최승희가 공연을 앞두고 프리뷰 형식으로 작품을 소개하는 등 대중과 소통하는 언술이 다양한 형식으로 등장하였다. 최승희가 이 글을 쓴 배경은 그동안의 작품 경향에서 벗어나 새로운 주제의식을 담고자 한 것을 대중에게 알리고자 한 점에서 비롯되었다. 그는 조선의 현실에 마주하며 대중의 가슴 속으로 가지 못함을 반성하며 사회의식을 담은 작품을 창작하고자 한다. 그래서 〈그들의 행진〉이나 〈흙을 그리워 하는 무리〉는 "내가 만든 것이 아니라 조선의 현실이 만들어내었다"고 말하며 사회주의적 리얼리즘의 의식을 담고자 하였다.

　이러한 진보적 인식은 박철민의 글에서도 나타난다. 박철민의 「무용예술의 창조적 의의 – 조택원 군 무용발표를 계기로」(『조선일보』, 1934.2.4.~15.)는 조택원의 제1회 무용발표회(경성공회당, 1934.1.27., 조선극장, 1934.1.28.)에 대해 평문으로 근대 무용 공연에 대한 리뷰로는 호흡이 가장 긴 글이며 이론적 토대를 가진 언술이라는 점에서 의미가 있다. 이 글은 9번에 걸쳐 연재되었는데, 반 정도는 조택원 공연에 대한 내용을 나머지 반은 무용 이론에 관한 글로 구성되어있다. 그는 조택원의 공연이 전반적으로 "유흥적 기분을 이탈하려는 진지성은 가상할 만하지만 천편일률적 고정적 유형을 보이며 사회적 성과를 거두지 못하였다"고 비판하였다. 그럼에도 대중의 관심을 끈 것은 공

8　문외한, "최승희의 제1회 공연, 인상에 남은 것들"(동아일보, 1930.2.5.), Y.H., "최승희 제2회 공연을 보고"(동아일보, 1930.10.26.) 등은 최승희의 공연을 보고 쓴 리뷰들이다.

리적 형태에서 의의가 있다며 여기서 무용이 가지는 사회적 의미를
찾으려 하였다.

그는 무용에 있어 "사회적 교화성과 민중 자신의 대중적 실천을
획득하는 생활무용예술의 현실적 유용성"(『조선일보』, 1934.2.11.)을 강
조하며 다음과 같은 논리를 펼친다.

> 조선의 현실적 민중을 대상으로 하는 한에 있어서 조선에서 연출되는
> 무용은 당연히 조선의 일반적 사회의 현실적 정세를 이데올로기로 한 사
> 실적 부용이어야 할 것이며 명일의 사회상태를 제시하여 계시하여 민중
> 의 사회생활상에 있어 가장 현실적 불리한 조건을 배제하기 위한 생활
> 수단의 원동력을 확대하고 강화함에 유효한 존재이어야 할 것이다.(『조
> 선일보』, 1934.2.15.)

무용의 사회적 공리성을 강조한 관점이다. 이는 다른 장르에 비해
사회적 담론이 제대로 형성되지 못한 무용 문화에 대한 아쉬움과 공
동체의식 속에 드러나는 본능과 일상이 결합된 작품을 기대하는 점
에서 나온 발상이다. 이는 민중의 현실과 감정이 부합되는 무용이
양산되기를 바라며 내용과 형식에서 일치를 이루는 창작방법론을 강
조한 측면이었다. 그렇지만 이러한 경향은 문예 전체가 그러하듯 카
프 해체 이후인 1930년대 중반 이후 두드러지게 드러나지 못하였고,
무용에서도 최승희가 전통 춤으로 경도된 이후 이러한 경향을 담아
내거나 이를 이론적으로 풀어낸 비평가도 존재하지 않았다.

이 시기는 선구적인 무용가 세 명의 공연이 이루어지면서 자생적
인 미의식을 가진 채 다양한 담론이 형성되었다는 측면에서 의미가
있다. 게다가 이 시기는 근대적 의식을 담은 무용을 통해 일상성의

확보와 고유성의 발현이라는 과제를 생각하며 사회적 담론을 만들었다는 점에서 주목할 수 있다.

3) 다양성을 통한 무용 담론의 확장

1930년대 중반 이후 무용 공연은 활성화되고, 논의 가능한 인물군이 형성되면서 이제는 단상에만 그치지 않고, 거시적 시각에서 무용계를 조망하는 비평적 에세이도 등장하였다. 이는 무용계 흐름에 대하여 정리하거나 동시대 무용인을 분석한 글에서 드러나는데 이를 통해 시대정신과 무용 담론을 함께 읽을 수 있다.

김관은 「최근 무용계 만평」(『동아일보』, 1937.7.25.)에서 최승희, 조택원, 박영인을 무용계의 3두(頭)로 지칭하며 이들을 중심으로 언술을 전개한다. 그는 "인기로 보면 최, 조, 박의 순이지만 예술가로 소질이나 무용의 무게로 본다면 박, 조, 최의 순"이란 주관적 기준을 두었다. 이는 최승희의 경우 조선 춤으로 성공을 거두었지만 전통 춤을 서양 춤으로 옮겨놓아 정신적인 창조가 없다고 박하게 보았고, 조택원은 상식적이지만 의미를 가지고 있으며, 박영인은 이지적인 경향을 걷는 '노이에 댄스'를 하는 인물이라는 측면에서 주목할 필요가 있다 본 것이다. 이런 측면은 최승희의 초기 활동이 동시대적 요소와 사회적 담론을 담으려 한 점에서 의미가 있지만 전통 춤을 수용한 행위를 퇴영적으로 본 것이며, 서양의 근대성을 전면에 수용한 박영인을 긍정적으로 바라본 것은 동시대 무용이 가지는 근대성과 무용이 가지는 사회적 담론의 표출에 강한 인식을 가진 점에서 의미를 더 두었던 것이다.

오병년의 「발전기의 무용계 — 예원인 언파레드」(『동아일보』, 1937.9.

7.~15.)는 조택원, 최승희, 박영인, 배구자, 박외선, 김민자 등 당대 가장 활발하게 활동하던 무용인을 분석한 글로 이 시기 무용계의 전반적인 경향을 조망할 수 있다. 여기서 '언파레드'란 '온 퍼레이드(on parade)'에서 나온 말로 공연을 마친 뒤 커튼콜 때 배우들이 무대에 쭉 늘어선 것처럼 나열된 예인 한 명 한 명을 분석한 언술을 말한 것이다. 이 글은 영화인, 음악인, 무용인 순으로 연재되었는데, 영화인은 영화감독 김유영, 음악인은 음악평론가 김관 그리고 무용인은 오병년에 의해 기술되었다.

그는 먼저 서론 형식의 글에서 한국 무용계의 기반이 그리 탄탄하지 못함에 대해 비판을 한다. 고전무용은 궁중무용 이외 기생에 의해 계승되고 있는 것에 불과하고, "양무라고 보아온 것의 대부분은 정통적인 고전 양무를 상(賞)한 것이 아니고 잡박(雜駁)으로 된 양무 시험관을 앞에 놓고 완상(玩賞)한 데 불과"(『동아일보』, 1937.8.28.)하다 말한다. 이는 전통 춤이 근대적 변용이 제대로 이루어지지 못하여 그 의미가 퇴색된 점과 서양의 근대 춤에 기반을 둔 형태가 동시대적으로 새로움을 주려하지만 뚜렷함이 없음을 토로한 측면이다. 게다가 최승희, 조택원, 박영인 그리고 배구자 정도가 논의가 가능하지만 이들이 대부분 타지에서 활동하는 점에서도 아쉬움을 드러낸다.

그러면서 그는 기법적 측면이 아닌 무용철학적 관점에서 무용인들을 분석하며 이들의 가치를 평가하고자 한다. 먼저 조택원에 대해서는 기초적 훈련에 있어 강인하고 섬세한 조직력을 가지고 있으며 솔직함이 장점으로 자기의 격조가 있다고 말한다. 이러한 점을 통해 그는 무용에 대한 개념을 다음과 같이 말하고 있다.

무용을 육체적으로나 정신적으로 감득하는 것이 무용 가운데서는 정참
(正參)이고 따라서 요구하는 예술적인 것에 합치되는 것이다. 생활과 유
리된 유희적인 화미(華美)한 기교를 파는 무용에는 생명의 약동이란 것은
없다. 몸(신체)을 아름답게 움직이는 흉내만이 아니고 그것이 예술화하는
능력에 가치가 잇는 것이다.(『동아일보』, 1937.9.8.)

무용은 육체와 정신이 바르게 이끌어지고 이것이 합을 이룰 때 예
술적인 결과가 나옴을 말하는 내용이다. 그러면서 일상성을 바탕으
로 아름다움만을 추구하는 것이 아닌 철학적 담론을 담아내는 것이
좋은 무용이라 바라보았다. 이러한 예로 오병년은 조택원의 〈만종〉
에 나타난 예술적 향수에서 나오는 감명, 〈승무의 인상〉에서 민족무
용의 형태를 흐트러트리지 않고 수용한 모습을 주목한다. 이는 조택
원의 무용이 단순하지만 생활 속에서 전형성을 확보하여 이미지화하
는 구성력이 대중과 소통을 이룬 점에서 높게 평가하였다.

이에 반해 오병년은 최승희의 대중성은 인정하면서도 그의 전통
춤에 대한 수용 양상은 비판적으로 바라보았다. 이는 최승희의 조선
무용은 창작적 태도나 연출에서 서양적이기에 민족무용의 입장으로
바라보기 힘들다는 관점이다. 이는 "조선 무용을 호소하는 직감적인
원인, 민족무용을 포괄하는 예술무용이 가지고 있는 약점"이라 보았
는데, 이런 측면은 전통성을 가지고 동시대성을 담고자 한 최승희의
무용관을 배타적으로 바라본 데 원인이 있다. 이는 원형은 본질 그대
로 가지고 가야한다는 관점에서 나온 입장으로 최승희의 춤이 서양
춤도 한국 춤도 아닌 어정쩡한 춤으로 인식한 것이다.

이러한 요소는 오히려 타자에게 한국 문화의 동시대적 원형을 발
견하는 요소로 작용하는데, 가와바타 야스나리가 "최승희는 조선 무

용을 그대로 춤추는 것이 아닌 옛날 것을 새롭게 하고, 약한 것을 강하게 하고 없어진 것을 다시 살려 창작하는 것이 그녀가 가지는 생명"[9]이란 말은 그러한 예증이다. 이러한 관점의 차이는 결국 최승희가 지향한 '한국 춤의 현대적 구현'이 어떠한 관점에서 수용되느냐의 차이에서 비롯된 면모다.

이에 반해 박영인에 대해서는 이지적 요소를 가지고 있는데, 현대예술의 공통적 현상을 구현한다는 점에서 주목할 인물로 바라보았다. 그는 박영인의 작품을 다분히 추상적이고, 신흥무용의 영향을 받은 작품이라 대중적이지 못하다 평가한다. 그러면서도 "빈약한 육체에서 흘러나오는 신경질적인 것이 있다 할망정 자기의 의도와 사상을 우리들에게 보여주는 점에서 다른 사람의 추종을 허치 않는 존재"(『동아일보』, 1937.9.10.)라며 상찬을 한다. 이러한 요소는 그가 전통을 배제하고 동시대성을 추구한다는 점에서 다른 이들과 변별적이었고 이런 부분은 로컬리티에서 벗어나 동시대성을 확보하고 있던 박영인에 대한 지식인들의 긍정적 시각이 작용한 측면이다.

이와 대조적으로 배구자에 대해서는 보드빌 댄스, 대중무용가로 평가하며 "무대 위에서 보이는 동작에 매우 아름다운 것이 있어 상찬할 수 있더라도 단지 그것에 끝이고 있을 뿐으로 하등 예술적 내용을 가진 무용"(『동아일보』, 1937.9.11.)이라며 낮게 평가하였다. 이는 배구자가 흥행적인 측면에 매몰되어 오락을 위한 오락으로 전락한 것에 원인을 두었다. 그러면서도 대중에 감흥을 주는 면모는 묵살될 요소는 아니라며 대중성에 대해서는 의미를 두고 바라보았다.

9　최승희, 『불꽃』, 자음과 모음, 2006, 107쪽.

이러한 논의는 외국에서 무용인들의 활동이 넓어지면서 더욱 많은 논의가 이루어졌다. 정지용의 「생명의 분수 – 무용인 조택원론」(『동아일보』, 1938.12.1.~2.)은 조택원의 파리귀국무용회(1938.12.24.~25.)에 대한 리뷰 형식의 글이다. 정지용은 조택원의 휘문고보 선배이며 〈가사호접〉이란 제목을 명명한 인물로 이 글에서는 애정 어린 시각이면서도 문학적 수사를 담은 문장으로 조택원의 무용 세계를 논한다. 전체적으로 이 글은 조택원 춤의 묘사가 극대화되어 있는데, 〈포엠〉에 대해서도 "손의 모안(募案)과 발의 회의(懷疑)로서 출발한 무용시 포엠은 필연적으로 동작의 요설과 도약의 난태가 용허할 수 없을 것이니"라며 조택원 춤의 절제성을 은유적으로 그려내었다.

그런데 그의 언술에서는 〈가사호접〉 등 전통에 바탕을 둔 2부보다는 1부에 대한 내용이 더 구체적이고, 많은 이야기를 담고 있다.

　　원근법과 구도와 종교적 생활감정 표현의 거장의 원화에다가 조선바지와 치마를 바꾸어 입히고 택원 독특의 무대적 유희정신으로 '밀레'를 하루 종일 끌고 다니고도 조금도 버릇이 없지 않았다. '피나레'에서는 원화를 그대로 고스란히 원작자에게 돌리고 말았으니 경건한 '밀레'의 '에스프리'를 조금도 손상치 않은 것은 택원의 웃음의 효용이었다. '웃음'은 그의 무용적 성격임에 틀림없으니 그는 가슴팍이 허리 어깨 손발로 모조리 미소한다. 그의 무용은 모든 근육세포가 율동적 통제에서 행하는 미소의 명창이다.(『동아일보』, 1938.12.1.)

　　가사호접 : '승무의 인상'으로부터 새로운 의도에 고심한 것을 볼 수 있다. 석정 대가의 영향을 부인하기 어려운 묵극(默劇) 주체하기 곤란한 장삼이 날리는 데서 살았다.(『동아일보』, 1938.12.1.)

두 번에 나누어 연재된 글에서 앞글은 1부에 대한 단상을 뒷글은 2부에 대한 리뷰를 적어놓은 형태이다. 그런데 2부, 전통 춤에 바탕을 둔 레퍼토리들은 한두 문장의 단문(短文)으로 정리한 데 반해, 창작무용에 대해서는 여러 담론을 풀어놓는다. 이는 전통 춤에 바탕을 둔 작품이 이미 여러 차례 공연된 것이라 새로운 감흥을 느낄 수 없었음에 기인한다. 이와 함께 정지용의 관심은 한국적 요소가 있으면서도 새로운 의미를 담아낸 작품에 더 큰 방점을 두었던 관점에서 이해할 수 있다. 이는 정지용의 초기 문학 세계가 모더니스트였음에 그 원인을 찾을 수 있다. 정지용 시의 특징은 고정된 한 대상, 한 사물의 세부 묘사인 일원적 공간성, 사회적 감정과 관념이 배제된 비정적(非情的) 사물 세계의 추구가 나타난다는 점이다.[10] 이러한 시각은 정지용에게 〈만종〉이 이미지즘적이면서도 감각적 인상이 배제된 솔직담백함이 드러난다는 점에서 매력적 요소로 다가왔던 것이다. 이런 측면은 조택원이 가진 고유성에 바탕을 둔 동시대성이 그대로 묘파된 모습으로 그의 정체성이 드러나면서도 그리 어렵지 않게 다가서는 전형성을 그대로 읽을 수 있다.

이러한 고유성과 동시대성에 대한 논의는 외국에서 이루어진 공연 리뷰에서도 나타난다. 이는 조택원, 최승희의 일본, 유럽 공연을 통해 적용되는데 여기서 비평자의 관점은 전체적인 작품에 대한 감상과 타지에서 느끼는 한국 춤의 특수성의 문제에 대한 언급으로 자연스럽게 이루어진다. 김파우는 1938년 11월 8일 조택원의 도쿄 히비야공회당 공연을 보고 쓴 「조씨 무용공연을 보고」(『동아일보』, 1938.11.22.)

---

10 문덕수, 『한국모더니즘시연구』, 시문학사, 1981, 331쪽.

에서 그가 유럽에서 서양 무용을 연구하였지만 오히려 탁마된 기법으로 조선의 풍부한 자연성이 좋은 의미로 재표현되었다 긍정적으로 바라보았다. 이 공연은 11월 24~25일 경성 부민관에서 이루어지는 레퍼토리와 비슷하게 구성되어 전통적 소재와 동시대적 작품이 혼합되어 있었는데, 특히 〈가사호접〉, 〈만종〉, 〈아리랑환상곡〉 등은 "우수한 민족 정조의 근대성이 심연히 융합된 일품"이라 높게 평가하였다. 김파우는 도쿄에서 조선예술좌를 이끌던 연극인으로 일본에서 느끼는 감정은 민족정서에 더욱 초점이 맞추어진 시각이라 할 수 있다.

   김재원의 「구주에서의 최승희 – 백이의 공연의 성공을 보고」(『조선일보』, 1939.3.14.)는 유럽 순회공연 중 최승희의 벨기에 공연에 대한 리뷰로 고고학자의 시각에서 기술되었다는 점에서 흥미롭다. 그는 이미 2년 전 최승희의 공연을 경성에서 보았는데, 최승희가 서양에서 성공하기는 쉽지 않을 것이라 느꼈다. 이는 서양인이 이해할 한국적인 것을 보여주어야 하는데 그의 작품에서는 한국적인 것이 명확하게 드러나지 못함에 아쉬움이 있었던 것이다. 그렇지만 벨기에 공연에서 현지인의 반향이 커 본인도 이것이 기우로 느껴졌다. 특히 〈보살의 춤〉, 〈초립동이춤〉 등이 갈채를 받으며 그 자리에 있던 김재원도 최승희를 통해 한국 문화의 고유성을 새롭게 인식하게 되었다.

   이는 음악에 대하여 이번 공연에서는 축음기를 사용하였는데 몇 명의 악사와 함께 생음악으로 공연이 이루어졌다면 더욱 효과적이었을 것이란 생각에까지 이르게 된다. 이러한 부분은 최승희도 고민한 문제[11]로 한국 문화의 본질적 원형 그대로가 오히려 이들에게 오

---

11 최승희는 유럽 미주 공연 뒤 "조선 춤의 반주에는 아무래도 가야금이나 대금이 효과적

히려 더욱 흡입력 있게 수용될 수 있으리란 측면에서 제언을 하게 된 것이다.

이렇게 당시 무용의 흐름을 조망한 언술을 살펴보면 최승희, 조택원, 박영인이 가장 대표적인 무용인으로 인식되고 있음을 알 수 있다. 박영인은 한국에서 공연이 한 번도 이루어지지 않았음에도 그의 활약은 언론을 통해 지속적으로 보도되었고, 지식인들을 통해 담론의 대상으로 부각되었다. 이런 부분은 무용의 본향인 유럽으로 가서 전통성보다는 동시대성에 바탕을 둔 그의 활약이 매력적으로 느껴졌음에 기인한다. 이와 함께 한국 춤의 정체성에 대한 고민도 함께 이루어졌는데 한국 춤의 원형적 요소가 어떠한 방식으로 나타나는가에 대한 부분으로 이는 한국 무용인들에게 항상 고민되는 문제로 다가왔다.

4) 국책에 따른 무용 언술의 시대성

1930년대는 최승희, 조택원, 박영인 등을 중심으로 다양한 무용의 사회적 담론이 형성되었다. 그렇지만 1930년대 후반부터 일제가 전시체제로 들어서면서 예술은 일원적인 통제에 놓이게 되며 획일성을 띠게 되었다. 특히 1940년 조선일보, 동아일보 등의 민간지가 폐간되면서 신문은 중앙지로 매일신보, 일본어 신문인 경성일보만 존재하였다. 이는 지면의 제한성과 더불어 총독부 기관지라는 특성상 일방향성의 논조의 글만이 이곳에 담아지게 되었다.

이더군요. 레코드도 써보았습니다만 아무래도 정말 사람이 나와서 연구하는 것만큼은 못해요"(조선일보, 1940.1.27.)라고 말하며 반주에 대한 아쉬움을 토로하였다.

이 시기 다양한 무용 언술이 나왔지만 관객의 입장이 아닌 공연 관계자의 프리뷰도 자주 등장하였다. 야나베 에이자부로(矢鍋永三郎)의 「부여회상곡에 대하야」(『매일신보』, 1941.5.11.), 최승희의 「나의 무용기 – 동양무용 수립을 위해」(『매일신보』, 1942.2.11.13.) 그리고 조택원의 「석정막 선생의 예술 – 30주년 공연에 제하여」(『매일신보』, 1942.7.19.~20.)가 그 대표적인 글들이다. 이전에도 최승희 등이 공연을 앞두고 스스로 자신의 작품을 소개하는 글이 있었지만 이 글들은 공연 관계자가 프로파간다 측면에서 쓴 글이라는 점에서 주의 깊게 바라볼 필요가 있다.

〈부여회상곡〉은 내선일체를 표방하며 국민총력조선연맹이 주최하고 총독부의 후원으로 이루어진 공연이었다. 이 공연에 대해서는 총독부 기관지인 『매일신보』에서도 꾸준히 관심을 가지고 보도가 이루어졌는데, 공연을 앞두고 국민총력조선연맹 문화부장인 야나베 에이자부로가 주관자의 입장에서 이 공연이 가지는 의의에 대하여 논의를 펼치기도 하였다.[12] 그는 "제재는 내선일체의 성역인 부여의 사실에서 얻어 현란한 무대 면을 현출하리라는 것으로 실로 기대가 크다"며 내선일체의 이념과 전시체제 속 예술과 오락의 기능성에 대한 언급을 늘어놓는다. 이는 일제가 엄혹한 시기 '명랑하고 건전한 문화'라는 이율배반적 논리를 예술에 심고자 한 측면이 국민무용극인 〈부여회상곡〉에 그대로 적용시키고자 한 면모였다. 이러한 측면은 작품의 호응에서도 효율성이 떨어졌고, 부여신궁이 구체화되지 못한 측면

---

12 이 글은 『문장』(1941.5.)에도 실렸고, 이를 축약하여 『삼천리』(1941.7.)에 일본어로 실리는 등 이 작품의 선전에 대하여 집중한 모습을 보여주었다.

에서 실패한 프로파간다로 받아들여질 수밖에 없다.[13]

최승희의 「나의 무용기 – 동양무용 수립을 위해」는 유럽 공연 이후 그의 무용철학에 대한 방향전환을 알리면서 무용철학을 다잡는 의미의 글이다. 최승희는 유럽 공연 이후 많은 깨달음을 얻는다. 1933년 〈에헤야 노아라〉를 통해 반향을 일으킨 이후 그가 집중한 것은 조선 무용의 현대화였다. 이는 조선적 정서에 바탕을 두어 원형을 극대화하면서도 동시대적 형식을 담아내어 대중과 호흡하고자 한 점에서 드러났다. 이러한 한국 문화원형의 동시대적 표출은 유럽과 미주에서 반향을 일으켰고, 여기서 그는 한국 문화의 특수성을 더욱 강조하게 되는 계기를 마련하게 되었다.

그렇지만 일본으로 돌아온 최승희는 조선의 춤뿐만 아니라 일본 전통 춤을 포함하여 아시아 무용을 하나로 아울러 이를 체계화시키고자 하였다. 그는 이 글에서 서양 무용에 맞설 수 있는 동양예술의 연구가 필요하다고 역설한다.

> 나도 압흐로는 고향인 조선의 무용만이 아니라 능악이나 구주 동북지방 류구 등의 향토무용으로부터 그러고 한 거름 더 나가서 만주 지나 태국 등의 무용을 연구하야 이러한 무용으로부터 가장 순수한 것을 뽑아 가지고 그 중에서 적당한 공통점을 재발견하야 그것을 순화 식히여 가장 새로운 일본적 또한 아세아적인 무용을 나의 육체를 가지고 창조하야 그것을 세계에 진출 식히는 것이 예술가로써의 일부분의 역할을 하는 것이라고 생각이 되는 동시에 이것이 내가 평상시에 가젓든 한 개의 커다란

---

13 김호연, 「일제강점 말기 무용 활동과 그 변화 양상」, 『무용역사기록학』 38, 무용역사기록학회, 2015, 85쪽.

염원이엿든것임니다.(『매일신보』, 1941.2.13.)

그가 서양에서 느낀 점은 오리엔탈리즘을 딛고 일어서려는 반발심이었다. 이는 그들이 인지하지 못하는 동양문화의 우월성을 보여 주려하는 자존심 때문이었다. 그래서 동양 무용을 제대로 배워 세계에 알리고자 싶은 순수한 마음의 발로라는 측면에서 구현된 것이다. 그럼에도 이 공연이 조선군보도부, 국민총력조선동맹, 기계화국방예회 조선본부 후원으로 이루진 공연이었다는 측면에서 언술을 떠나, 체제에 순응하여 프로파간다로 나아간 공연으로 해석이 가능하다.

조택원의 글도 스승인 이시이 바쿠의 공연(1942.7.21.~24.)에 대한 프리뷰 형식의 글이지만 내선일체에 앞장을 선 대표 조직인 경성 대화숙 주최, 조선군보도부 후원으로 이루어진 공연이란 점에서 프로파간다 성격이 강하게 나타난다. 이는 공연 내용은 차치하고 조선인, 만주인, 지나인 등의 제자를 특별히 아낀 측면에 대해 "선생이야말로 내선일체를 벌써부터 실행해온 분"이라든가, "대동아공영권의 건설에 있어 순일본적인 신문화의 수립이 급무에서 국보적인 존재"라는 표현 등은 이 공연이 순수한 형태라기보다는 후원자의 의도에 의해 이루어진 공연임을 밝히는 대목이다. 이시이 바쿠 무용단의 공연은 30여 지역에 이르는 전국 순회로 이루어졌고, 공연 내용에서 순수한 레퍼토리도 있었지만 애국시 낭독 등 무용이 하나의 도구로 쓰였다는 측면에서 프로파간다 형태로 의미를 둘 수 있다.

1940년대는 공연이 자유롭지 못한 시기였고, 신문도 경성에는 총독부 기관지인 '매일신보'와 '경성일보'만 남다 보니 그에 대한 언술이 제한되어 이루어질 수밖에 없었다. 그럼에도 공연에 대한 평론은 간헐적으로 지속되었다. 김정혁의 「조택원의 무용」(『매일신보』, 1944.3.
26.), 김순해(金珣海), 「조용자 양의 무용」(『매일신보』, 1945.2.22.), 김순
해, 「진수방 양의 무용」(『매일신보』, 1945.3.29.), 夏○, 「김미화 무용 단
평」(『매일신보』, 1945.4.25.), 조택원, 「무용계 소감」(『매일신보』, 1945.6.
3.~5.) 등이 그러한 글들이다. 그런데 이러한 글들이 시국의 관점에서
바라보는 것이 아닌 공연과 무용인에 대한 단상만을 적고 있다는 점
에서 오히려 특이점이라 할 수 있다. 소설가이며 조선문인보국회 소
설·희곡부회 상담역인 방인근의 「전승의 축원 - 조용자 무용발표회
를 보고」(『매일신보』, 1944.4.25.~26.)처럼 국책의 관점에서 쓰인 글도
존재하였지만, 조용자, 진수방, 김미화, 선방·삼화, 정인방 등 신진
안무가에 대해 공연 그 자체에 대한 애정을 가지는 글이 지속적으로
이루어졌다는 점은 흥미로운 부분이다. 이는 자유롭지 못한 시국에
무용 문화의 영속성을 유지하는 데 미약하나마 힘쓴 모습으로 바라
볼 수 있다.

4. 결론

이상과 같이 이 연구에서는 근대 무용에 관한 다양한 언술을 통해
근대 무용 담론이 가지는 의미와 시대정신을 찾고자 하였다. 무용은
근대 이후 공연예술로 대중과 소통하면서 다양한 형태의 무용 담론
을 형성하였다. 특히 리뷰나 비평 형식의 글을 통해 대중은 자신의
감상을 타자와 공유하고자 하였고 이러한 인식은 심미적 근대성을
확보하며 무용이 사회적 역할을 점진적으로 발전시키는 계기로 작용

하였다.

그럼에도 불구하고 근대 무용에서 혜안을 가진 비평은 전문적으로 나타나지는 못하였다. 이는 연극의 경우 유치진, 서항석 등 극예술연구회 출신들이 대부분 일본 대학의 영문과, 독문과, 노문과 출신들이 많아 서양 연극에 기반을 둔 연극이론에 대한 이론 정립과 비평이 자연스럽게 펼쳤던데 반해 무용은 이론과 실제가 철저하게 분리되어 이를 전문적으로 다룬 인물이 전무하였기 때문이다. 게다가 아직까지 무용 이론에 대한 기반이 취약하다보니 딜레탕트(dilettante)적이었다는 측면에서 아쉬움으로 남는다. 그럼에도 이들이 공유하고자 하는 내용은 시대정신을 바탕으로 근대성을 추구하며 이것이 대중에 어떻게 수용되고 있는가를 살폈다는 점에서 미약하나마 사회적 담론을 형성하고 있었다는 측면에서 주목할 수 있다.

무용 비평은 해방공간과 전후 전문성을 가진 인물들이 나타나며 무용 문화 발전에 도움을 주었다. 한국전쟁으로 불모지가 된 상황에서 무용 문화는 새롭게 형성되는 데 이들의 활동은 연구의 대상으로 추후 연구 과제로 삼고자 한다.

한국 근대 현대 무용 형성과 그 의미

1. 서론

한국에서 근대는 문제적 시공간으로 자리한다. 이는 이른바 '내재적 발전론'과 '식민지 근대화론'이 대립되며 근대적 발전의 주체를 어디에 두느냐에 따라 인식의 차이가 나타났기 때문이다. 이러한 쟁점에 대해 여러 논쟁이 발생하지만 그럼에도 불구하고 후자의 경우는 근대화를 단순하게 경제적 발전 양상, 특히 자본주의화에 따른 결과적 시각이라는 점에서 지엽적이라 할 수 있다. 이는 개항이라는 타율성에 의해 근대의 물꼬가 열렸지만 갑오개혁을 통해 근대의 제도적 장치가 마련되었고, 애국계몽기를 거치며 자아의 집단성이 이루어지는 등 자율적 근대화가 점진적이며 주체적으로 형성되었다는 점에서 절충적 인식이 필요하다.

이러한 자생적인 움직임과 더불어 서양에 근원을 둔 여러 근대 문화 담론이 들어오면서 갈등 양상은 급격하게 나타났고, 문화적 변용은 한국적 현실에 맞게 이루어졌다. 이즈음 서양문화의 유입과 새로운 문화 형성에 대해 신문학사를 정리한 임화는 '이식문화론'이란 화두를 던지면서 문화 변용 양상을 '이식된 문화가 고유의 문화와 심각히 교섭하는 과정이며, 고유의 문화가 이식된 문화를 섭취하는 과정'[1] 으로 설명하였다. 이는 근대 서양의 문예가 그 지역에 맞게 변용되었 고 한국[2]에서도 장르적 변용을 통해 미적 근대성을 만들어간 것이었 다. 이는 문학, 연극이 그러하듯 무용에서도 그대로 적용되었다. 무 용은 극장의 등장과 함께 전통 춤이 무대공연예술로 형식적 변화를 가지고 온 것과 동시에 서양에서 발원한 여러 춤들이 들어오면서 관 객과 소통하기에 이르렀다. 이는 이른바 '신무용'이란 이름으로 새로 운 형식이 나타나거나 현대무용의 여러 징후가 한국의 현실에 맞게 동시대적으로 수용되어 나타난 것이다.

　이 연구에서는 이러한 현대무용의 근대적 수용 양상에 집중하여 한국에서 현대무용의 맹아가 어떻게 싹터 발전 과정을 거치는지 여 러 징후에 대하여 살펴보고자 한다. 먼저 한국에서 현대무용의 근대 적 개념 정립 양상을 살피면서 동시대 현대무용에 대한 인식을 논의 하고, 현대무용의 실천적 행위가 이루어지는 최승희, 박영인 그리고 해방공간의 여러 활동을 통해 한국 현대무용의 미적 근대성 확립에 대하여 집중하도록 한다.

　한국 현대무용의 근대성에 관한 긴 호흡을 가진 연구는 두드러지 게 이루어지지 못하였다. 김운미는 이시이 바쿠의 표현주의 무용에 영향을 받은 최승희, 조택원의 초기 무용 속에서 포스트모더니즘 색 채를 바라보며 한국 무용의 서양 춤 수용 양상을 살폈고,[3] 김복희는

1　임화, 임규찬·한진일 편, 『임화 신문학사』, 한길사, 1993, 381쪽.
2　이 글에서는 근대 초기의 시공간을 한국이란 명칭으로 통일하기로 한다. 이는 일제강 점기 동안은 여러 담론이 형성되어 명칭에서 통일된 단어 선택이 어렵다는 점과 현재 와 영속성 속에서 '한국'이란 명칭이 가장 적합한 점에 기인한다.

현대무용 태동기(1905~1925), 현대무용 도입기(1926~1936), 한국적 현
대무용의 혼미기(1936~1945)로 나누어 한국 현대무용을 개설적으로
설명하였고,[4] 김현남은 한국 현대무용을 태동기(1905~1925), 도입기
(1926~1945), 혼미기(1945~1961), 모색기(1960년대), 발전기(1970년대), 현
대무용의 르네상스(1980년대)로 보면서 현대무용의 흐름을 개괄적으
로 정리하였다.[5] 또한 문애령은 표현주의 수용이라는 표제로 이시이
바쿠, 최승희, 조택원의 흐름 그리고 해방 전후 박외선, 김상규, 박영
인 등의 인물 중심으로 살피면서 미국 현대무용의 수용까지 연구히
였고,[6] 임지희·윤미라(2019)는 창작무용이라는 시각에서 한국 근대
무용의 여러 쟁점을 다루었다.[7]

　　이 시기에 대해 지속적인 연구가 이루어졌음에도 선행 연구의 아
쉬움은 이렇게 대부분 근대 무용창작의 현상만을 바라보며 개괄적으
로 사적 정리에 그친 점에 있다. 이와 함께 신무용과 현대무용을 같은
범위로 생각하거나 어떤 경우는 배구자, 조택원 등을 포함한 한국 근
대 무용 혹은 신무용 경향의 여러 창작 형태를 현대무용이라는 거시
적인 시각에서 연구하려 한 점에서는 부분적으로 문제점이 등장하였
다. 이는 근대성과 현대성을 같이 보려 한 점에서 발생한 문제이다.

3　　김운미, 「한국 근대 무용의 사회사적 연구 – 서구 사조의 수용을 중심으로」, 『한국무
　　　용연구』 12, 1995.

4　　김복희, 「광복 이전의 한국적 현대무용의 발전과정」, 『대한무용학회논문집』 19, 대한
　　　무용학회, 1996.

5　　김현남, 「한국 현대 무용의 시대적 흐름에 관한 연구」, 『한국체육학회지』 37:2, 1998.

6　　문애령, 「표현주의 현대무용의 한국 도입과정에 대한 고찰」, 『대한무용학회논문집』
　　　36, 대한무용학회, 2003.

7　　임지희·윤미라, 「한국창작무용사에 나타난 시기별 작품 표현에 관한 연구」, 『대한무
　　　용학회논문집』 77:4, 대한무용학회, 2019.

또한 당대 현대무용의 이론 정립에 대한 언술이 어떻게 등장하고 수용되었는지에 대한 언급은 제대로 이루어지지 못하였다. 이는 당대 창작뿐만 아니라 이론적으로도 현대무용에 대한 인식이 싹터 창작 행위와 함께 동시대적 수용이 나타남에도 이를 간과한 측면이 존재하였기 때문이다.

이에 이 연구에서는 한국 현대무용의 근대적 수용 양상을 살피면서 이 시기 미적 근대성이 어떻게 확립되는지에 집중해 보도록 한다. 이는 단순하게 창작무용 혹은 신무용의 개념이 아닌 현대무용의 동시대적 요소가 실제나 이론적으로 어떻게 체화되어 한국적 현대무용을 생성하는지 살펴볼 것이다. 또한 현대무용을 체화하여 창작과 언술에서 발현한 박영인, 문철민, 김막인을 살피면서 한국 현대무용의 정립 양상을 다양한 시각에서 정리해보고자 한다.

이 연구는 한국 현대무용 형성에 대한 담론을 전후, 1960년대 이후로 보는 시각에서 벗어나 근대 여러 징후 속에서 자생적 현대무용의 생성을 바라보는 시험적인 논의로 의미가 있을 것이다. 그동안의 관점은 1960년대 초반 일어난 여러 현상들에 집중하여 이 시기를 현대무용의 출현으로 바라보았다.[8] 이는 전문 교육과 미국 현대무용의 이입이라는 측면에서 보편성이나 확장성으로 가치가 있지만 이전의 여러 노력 속에서 근대 모더니티의 분출을 위한 토대가 이루어졌다는 측면에서 근대를 주의 깊게 바라볼 필요가 있다.

---

8   김경애·김채현·이종호, 『우리무용100년』, 현암사, 2001.

2. 한국 근대 현대 무용의 이론적 수용

현대무용은 발레에 대한 안티테제로 생성된 장르적 개념임과 동시에 동시대의 근대성을 함유한 무용이라는 측면에서 시대적 의미까지 포괄하는 용어이다. 이러한 양가적 의미를 가지는 현대무용은 절대적 지배의 고전주의적 사고방식에서 벗어나 자아에 대한 발견과 형식에서 자유로움을 통해 새로운 가치를 만들어냈다. 또한 현대무용은 형식의 변화에 따라 내용에서도 근대적 담론을 형성하면서 대중에게도 보편적 정서의 심미적 의미를 얻는 계기를 마련해주었다.

이러한 흐름은 이사도라 던컨(Isadora Duncan), 로이 풀러(Loie Fuller) 등의 미국인에 의해 주도되면서도 이들의 활동이 유럽에서 이루어졌고, 당대 유럽에서 발흥한 여러 문예사조와 조응하면서 분출되기 시작하였다. 이는 발레뤼스(Ballets Russes)에서 비롯된 고전 발레에 대한 현대적 해체와 함께 예술에서 여러 변혁의 물결이 근대적 인식을 만들며 사회적 분위기를 주도한 결과였다. 특히 이사도라 던컨은 무용가 이상의 사회적 담론을 형성하는데, 이는 던컨 춤의 주제가 '보편적인 정서, 반응 그리고 갈망으로 인간의 정상적인 움직임의 소재를 다루었다는 점[9]과 젠더의 관점에서 근대적 가치를 형성하였다는 면에서 의미가 배가되었다. 또한 독일 표현주의의 영향을 받은 루돌프 본 라반(Rudolf von Laban), 마리 비그만(Mary Wigman)을 통해서는 과학적 구성에 의한 무용법과 주관적 사고에 대한 주관적 표현이 담겨지면서 현대무용은 형식과 구조에서 변용을 이루며 장르적 의미를

---

9 수잔 오, 김채현 역, 『발레와 현대무용』, 시공사, 2004, 108쪽.

확보하여 갔다.

그렇다면 현대무용의 토대인 '모던(Modern)' 혹은 '현대성, 모더니 티(Modernity)'란 무엇인가? 푸코는 이를 '전통에 대한 결별, 새것에 대 한 감수성, 스쳐 지나가는 순간들에 대한 현기증과 같은 시간 불연속 성에 대한 의식'[10]이라 풀이하였다. 이는 '모더니티'라는 용어를 처음 쓴 샤를 보들레르(Charles Baudelaire)의 화두에 대한 재해석으로 전통 에 대한 해체와 동시대 사회적 현상을 새롭게 인식하고자 하는 철학 적 담론의 총합이라 할 수 있다. 이러한 결과는 '모더니티'가 전통에 서 새로운 것으로 변혁시키려는 계몽주의적 색채부터 자본주의적 근 대화까지 포괄하는 사회·문화적 현상의 총체성으로 인식되기에 이 른 것이다.

그런데 문제적 단어인 '모던'에 대한 한국적 수용 혹은 무용에서 인식은 여러 쟁점을 제공한다. 먼저 모던은 우리말로 '근대' 혹은 '현 대'로 번역된다. 이는 한국에 있어서 근대는 서양에 비해 늦게 발흥하 고 예술에 있어서도 여러 문예사조가 한꺼번에 들어오다 보니 근대 성과 현대성이 함께 공존한다는 측면에서 혼용되었기 때문이다. 게 다가 근대 혹은 현대를 시대적 개념으로 바라보느냐 시대정신을 담 은 철학적 개념으로 생각하느냐의 문제에 귀결되어 상황에 따라 다 른 해석을 낳은 것이다.

이는 다시 풀어 근대가 중세 이후라는 시대적 의미가 강한 데 반해 현대는 모더니티라는 담론적 의미를 수반함과 동시에 동시대성이란

---

10 미셸 푸코, 「계몽이란 무엇인가」, 김성기 외, 『모더니티란 무엇인가』, 민음사, 1994, 351쪽.

개념이 포괄되면서 통시적이면서도 공시적인 의미의 문화적 개념으로 논의되는 데 기인한다. 이는 장르적 개념으로 '근대 무용'이란 용어가 존재하지 않고 동시대적 의미이면서 하나의 장르적 개념이란 측면에서 '현대무용'이 통용되는 것도 이러한 논리에서 이루어진 결과이다.

그렇다면 한국 현대무용의 시원은 언제로 바라볼 수 있을까? 한국의 문예 대부분이 그러하듯 이 부분에 대해서 무 자르듯 이 작품, 이 시기라고 말하기에는 어려움이 따른다. 이는 서양에서 발생한 모더니티 혹은 현대무용의 여러 담론은 주체적인 변용이 아닌 한국의 자생문화와 충돌을 거치고, 그러한 충돌의 미시적 결과가 포자가 되어 여러 측면에서 번식되었기 때문이다. 그럼에도 불구하고 한국 근대 현대무용의 여러 맹아는 모더니티에 바탕을 둔 여러 담론이 전면적인 수용은 아니었지만 로컬리티적 측면에서 미적 근대성을 추구하였고 한국 무용의 새로운 기대지평을 생산하였다는 측면에서 찾을 수 있다.

이러한 관점에서 현대무용의 근대적 수용은 창작을 통해 먼저 미시적으로 이루어지는데, 이를 논의할 수 있는 대상으로 최승희, 박영인 그리고 해방공간의 여러 활동이 놓일 듯하다. 이들의 근대적 변용은 경계에서 여러 실험을 거듭하여 모더니티를 추구하고 있다는 점에서 주목이 되면서 여러 관점에서 조망할 수 있다. 먼저 최승희는 한국 무용에 새로운 변화를 주면서 이른바 '신무용'이란 이름으로 개념화되면서 그의 모더니티가 논의된다. '신무용(新舞踊)'은 독일의 'Neue Tanz'에 대한 일본어 번역어로 쓰인 데서 출발한다. 그렇지만 일본은 '신무용'을 구무용(舊舞踊)에 대한 안티테제로 받아들여 일본 전통무용에 대한 해체적 무용에 대한 용어로 사용하였다. 이는 가부키배우의 근대적 변용에 집중하는 용어로 후지카게 세이주(藤陰靜樹)가 중심이 된 후지카게카이(藤陰會)를 신무용의 효시로 바라보는 것도 그러한 측면이다.

그런데 한국에서 신무용이란 용어는 여러 맹점을 지닌다. 이는 신무용이 전통에 대한 안티테제라기보다는 새로운 형식의 춤으로 인식되면서도 현재는 전통의 변용이란 협의의 장르적 개념으로 사용되고 있기 때문이다.[11] 이는 신무용이란 용어의 개념이 이시이 바쿠의 공연에 대한 설명에서 나타났고, 최승희에도 그대로 무비판적으로 이어진 결과이다.

그렇지만 이시이 바쿠의 바탕은 일본 전통 춤에 대한 해체라기보다는 동시대적 현대무용의 수용이 중심을 이룬다. 이는 그에게 영향을 끼친 여러 인물군이나 작품의 성향에서 그대로 나타나는 부분으로 이시이 바쿠를 '일본 현대무용의 아버지'[12]라 정의를 내린 측면에서도 그러하다. 이런 이시이 바쿠의 현대무용의 토대는 영향관계에 놓이는 최승희에 있어서도 '신무용'이란 측면보다는 현대무용의 제요소가 체화되어 발현되었다는 측면에서 새로운 논의 전개가 필요할 것이다.

박영인의 경우는 당대 현대무용을 직접 수용한 유일한 인물로 의미가 있다. 그는 일본을 거쳐 유럽으로 진출하여 라반이나 비그만과 여러 영향 관계에서 현대무용을 동시대적으로 수용한 인물이다. 그럼

---

11 김호연, 『한국 근대무용사』, 민속원, 2016, 21쪽.
12 町田孝子, 『舞踊の歩み百年』, 櫻楓社, 1968, p.201.

에도 박영인의 춤이 한국에서 제대로 공연이 이루어지지 못하였다는 측면에서 그에 대한 언급은 제한적으로 나타났다. 이 부분에 대해서는 여러 쟁점이 있지만 그가 최승희, 조택원과 더불어 한국 춤을 확산시킨 인물로 당대 평가를 받은 점과 글로컬리즘을 바탕으로 실제와 이론을 동시대적으로 펼친 점에서 제대로 된 논의가 필요할 것이다.

　한국에서 현대무용에 대한 수용은 최승희나 박영인을 통해 미시적으로 수용되었고, 그 개념적 인식은 1940년대 즈음부터 본격적으로 이루어졌다. 이 시기는 서양에서도 현대무용에 대한 개념 정립과 이에 걸맞은 작품들이 분출되면서 현대무용이 장르적으로 정착된 모습으로 동시대 한국에서도 이에 대한 인식의 폭이 넓어진 것이었다.

　현대무용이란 용어는 음악평론가인 김관(金管)이 「현대무용소고」(『매일신보』, 1940.2.9.~10. 조간)에서 처음으로 사용하였다. 그는 무용이 발레에서 모더니즘으로 변화한 것은 니진스키의 영향이 컸고, 이사도라 던컨과 관계성에서 독일의 노이에 탄츠(Neue Tanz, 新興舞踊)가 새로운 무용 흐름으로 등장하였다고 정리하였다. 특히 마리 비그만은 이사도라 던컨과 대적할 정도로 공적이 있다고 말하며 신흥 무용의 중요성을 논의하는 과정에서 현대무용의 특징을 음악과 무용의 관계로 설명하였다.

　뷔그만은 음악과 무용의 관계를 새로히 재건한 무용가로서도 지목이 된다. 말하면 뷔그만은 기성 음악을 버리고 대고 씸발 공구 등 타악기에 의한 음과 피아노의 단순한 반주를 무용의 수반음악으로 선택한 것이다. 이미 작곡된 음악에 의거해서 무용을 창작하는 일은 완전한 만족을 갖지 못하는 것은 이미 맨드러진 악상과 무용이 평행적 발전을 할 때 기능적으로 오류를 범하기 때문이다. 뷔그만이 음악과 무용의 상관에 잇서 무용의 독립성을 확립한 것은 중대한 창안이였다.(『매일신보』, 1940.2.10.)

현대무용이 발레와 변별되는 가장 큰 특징은 억압된 것에 대한 탈출이다. 이는 근대의식, 즉 자아의 깨달음에서 출발한 주제의식과 이에 따른 기법이나 의상 등의 변혁에서 비롯된다. 음악도 이전 양식에서는 음악의 흐름에 따른 표현이 이미지로 나타났다면 현대무용으로 오면서 움직임에 따른 리듬적 표현이 중심을 이루어진다. 김관도 현대무용의 가장 큰 특징으로 현대무용의 자율성을 이해하며 무용에서 음악의 보완적 객체적 측면을 논한 것도 이 시기 이론적으로 어느 정도 현대무용에 대한 이해가 싹트고 있었음을 알 수 있다.

이와 함께 「현대의 무용 – 현대무용발달소사」(『매일신보』, 1940.2.9. 석간)가 같은 시기 게재되는데 현대무용은 발레에 반발하여 새로운 형식을 발산한 이사도라 던컨에서 출발하고 독일 신흥 무용, 디아길레프의 러시아 발레로 변화하는 과정이라 개략적으로 그 흐름을 정리하였다. 여기서 현대무용은 이사도라 던컨을 통해 발흥되었고, '보는 사람의 가슴 속에 생활에 대한 고도의 정서적 감정을 환기시킨다'라는 말처럼 발레를 관찰자의 입장에서 바라보는 기법의 경외와 괴리감에서 벗어나 일상성에서 관객과 공감대를 형성하는 것이 현대무용의 가장 중요한 요소라 파악하고 있다. 이렇게 이 두 글에서는 자율적인 자아의 분출과 대중과 소통 구조에서 장르적 확장성을 이루어진다는 점을 현대무용의 동시대적 특질로 바라보았다.

또한 문철민은 「현대무용」(『매일신보』, 1945.6.15.~18.)이라는 글에서 '한국에서 행해지는 무용을 발레 계통을 섭취한 것, 무용시를 표방한 것, 향토무용이나 그것을 표방한 것'으로 나누어 설명하였다. 그는 아직까지 한국에서 발레는 부족하고, 무용시는 제대로 된 방법론을 찾지 못하였고, 향토무용은 '크게 처음부터 그 길로 들어가 꼬박 배워나가는 편과 외국 무용에서 얻은 것을 기초로 하는 것'이 있지만 후자는 조선 무용도 서양 무용도 아닌 형태에 머물고 있다며 한국 무용계를 비판적인 시각에서 바라보았다.

이 글은 앞서 김관 등의 글이 서양에서 이루어지고 있는 현대무용의 흐름과 개념에 대한 개략적 서술에 그친 데 반해 여기서는 장르별 발생과 그 특징을 설명하고 한국에서 현실적 적용까지 설명한다는 점에서 변별적 특징을 드러낸다. 이는 단순하게 서양 무용의 이입 양상을 바라본 것이 아닌 무용의 동시대적(contemporary) 수용과 변용으로 바라본다는 점에서 관점의 유연성이 나타난다. 이러한 점은 이 글의 표제인 '현대무용'도 동시대적 무용을 포괄하는 개념으로 인식하여 이를 모던 발레, 현대무용, 한국 전통무용, 한국 창작무용으로 바라본 점에서도 그러하다.

3. 한국 현대 무용의 근대적 징후들

1) 최승희

최승희는 한국 근대 무용에서 문제적 논의를 가장 많이 생산한 인물이다. 이는 그가 한국 춤의 보편성과 특수성을 잘 드러내며 타자에게도 한국 무용의 상징성을 보여주었음에도 친일 논쟁이나 월북 이후 활동 등으로 여러 쟁점을 만들었기 때문이다. 먼저 최승희의 근대 활동에서 가장 두드러진 것은 한국 춤을 새로운 형식으로 표현하였

고, 이를 시대정신에 담아 대중과 소통하였다는 점에 있다. 이는 전통
춤을 현대적으로 재해석하여 새로운 질서를 만들어낸 이른바 '신무용'
의 시초라는 점에서 이해되는 부분이다. 이와 함께 최승희의 춤에서
는 근대성을 응축한 여러 담론이 나타난다는 점에서 그를 통해 한국
현대무용에 대한 맹아적 논의를 펼칠 수 있다.

이에 대한 논의는 먼저 그의 스승인 이시이 바쿠의 영향에서 출발
한다. 최승희는 1926년 3월 이시이 바쿠의 경성 공연 이후 그와 함께
일본으로 갔고, 3개월 뒤인 1926년 6월에 이시이 바쿠 · 이시이 고나
미(石井小浪) 무용시 제3회 신작 발표 공연에서는 〈성전의 춤〉, 〈방황
하는 혼의 무리〉, 〈그로테스크〉 등의 레퍼토리에 참여하는 등 춤에
입문한 지 얼마 안 되었지만 기대 이상의 활동을 펼친다. 그는 1년
뒤인 1927년 10월 이시이 바쿠 경성 공연에서도 중요 레퍼토리에 참
여하였는데 다음은 최승희가 공연한 작품들이다.

> 1. 무용(舞踊) 〈금어(金魚)〉 란케 곡에 의함. 최승희, 석정영자. 무용시
> 는 아니다. 한낮의 무용. 유영(遊泳)하는 금어군(金魚群)의 묘사(描寫).
> 5. 무도(舞蹈) 〈백귀야행(百鬼夜行)〉 에드워드 푸르스트 곡에 의함. 삼
> 본직(衫本直) 산야춘지(山野春枝) 최승희, 석정영자. 막왈(漠曰) 이것은
> 내가 말하는 무용이 아니고 무도이다.
> 8. 무용시 〈세레나 ─ 데〉 모스고스키 곡. 최승희
> 10. 무용시 〈그로테스크〉 에드와드 그리고 곡(석정소랑 振付) 최승희
> 석정영자 삼본직. 세익스피어의 멕베드에 나타나는 3인의 요괴. 피등의
> 특한 이상한 일면의 인상적인 것을 무용화한 것.
>
> (『매일신보』, 1927.10.25.)

이 공연은 14개의 레퍼토리가 펼쳐졌는데 그 중 최승희는 네 작품

에 참여한다. 여기서 주목할 수 있는 건 무용시로 지칭된 〈세레나데〉
와 〈그로테스크〉다. 〈세레나데〉는 최승희의 독무로 그의 무용에 대
한 감각적 움직임이 잘 표현되어 대중의 관심을 모았다. '유달리 아름
다운 육체미를 가진 곡선과 곡선에서 흘러나오는 리듬'(『동아일보』,
1927.10.28.)이란 리뷰대로 그의 움직임은 유려함을 보였고, 리듬과 동
작의 구성에서 조화로움이 그대로 관객에 전달되었다. 최승희에 대
한 이러한 인식은 '옥 같은 육선과 흐르는 듯한 율동'(『매일신보』, 1927.
10.30.)이라는 비슷한 관점으로도 표현되었는데 이는 그에게서 섹슈
얼리티가 드러나지만 노골적이지 않고, 몸의 움직임을 통해 '음악의
시각화'가 일어나는 등 그의 무용에서 미학적 측면이 강하게 드러나
고 있음을 알 수 있다.

　그가 공연한 〈세레나드〉에 대한 다음 글에서도 이러한 점이 그대
로 드러난다.

　　옛날 희랍의 신화시대에서나 볼 수 있는 해의 여신과도 같이 순진한
　　처녀의 곡선미적 나체를 화려한 무대 위에 나타내어 심각한 예술을 표현
　　하는 그 무용이야말로 관중의 심혈을 녹이지 않고는 마지 않을 것…(『매
　　일신보』, 1927.10.26.)

　최승희의 무용은 우아함과 아름다운 움직임 속에서 자유로움과 원
초적인 이미지가 가득하였다. 이러한 측면은 이사도라 덩컨이 유추
되는 모습이다. 이사도라 덩컨은 현대무용의 효시로 불리는데 총체
적으로 그의 작품에서 현대성을 가지기에는 불완전한 요소가 있지만
억압의 사슬을 깨고, 새로운 표현 방법을 창출하여 인간의 내면적 움
직임을 그대로 표현한 무용가란 점에서 현대무용에서 유의미한 인물

이다. 특히 그는 여성 해방이라는 담론을 담아내어 사회적 인식의 방향전환을 이루었는데, '미래의 무용가는 이지와 조화된 새로운 나체, 최고의 이성과 지혜가 가장 자유로운 육체에 깃들어 고대 그리스 여인보다 더 영광스러운 사람이 될 것이다.'[13]라는 이사도라 덩컨의 언급은 최승희에게도 그대로 적용될 문구다. 이는 최승희도 미적 근대성을 확립하며 자아의 표출이 자유로운 움직임과 리듬 속에서 그대로 드러났고, 이것이 대중과 소통하였다는 점에서 관객에게 새로운 인식을 전해주기에 충분하였다.

또한 공연 전체에서 주목을 끈 것은 표현주의적 색채를 지닌 작품들인데 이시이 바쿠의 〈수인(囚人)〉에 대해 '만장한 관객은 그가 포승에 얽히어 고민할 때에는 애를 부등부등 쓰다가 그가 돌연히 포승을 끊고 하늘을 우러러 쾌하게 손을 들 때에 숨소리가 커지는 등 석정 씨의 무용에 천여 명의 관중이 여광여취'(『매일신보』, 1027.10.27.)하였다는 말처럼 관객은 생경한 표현 방법이었지만 여기에 몰입하였다. 또한 〈그로테스크〉도 생경함을 지니지만 인간 내면의 부르짖음을 통해 강한 인상을 표출하여 관객과 소통하였다는 점에서 가치가 있을 텐데 특히 어린 최승희가 표현주의 방법과 그 철학적 의미를 체화하여 표현하였다는 점에서 현대무용의 여러 요소가 존재한 의미 있는 공연이었다.

이시이 바쿠는 짧은 시간이었음에도 일취월장한 최승희를 높이 평가하면서 앞으로 개성적인 춤이 창출되기를 바란다고 조언을 한다.

---

13 이시이 바쿠, 김채원 역, 『이시이 바쿠의 무용예술』, 민속원, 2011, 121쪽.

승희가 이만큼 된 것은 가르친 선생의 공로보다는 그 자신의 특징에 있는 것이올시다. 첫째 그는 무용이라는 게 전혀 선입관념이 없이 그야말로 순진한 마음으로 배우게 되었으므로 보통 댄스이니 무용이니 하는데 장난을 하여보다가 찾아온 사람같이 춤을 추는데 고치기 어려운 버릇이 없으며 다음은 그의 천성이 동무에게도지지 않으려는 성미가 굳세어서 자나 깨나 손 놀리는 연구 몸 놀리는 연구를 게을리 하지 않은 까닭이올시다. 그러나 무용은 남에게 배우기만해서는 아무데도 소용없습니다. 그야말로 일개 춤꾼에 지내지 못합니다. 석정막이가 추는 춤은 세계의 어디 가든지 석정이 이외에는 추지 못하는 바와 같이 불원한 장래에 조선의 마음을 실은 최승희의 춤이 창조되기를 기대합니다.(『매일신보』, 1927.10.30.)

이시이 바쿠는 최승희의 가장 큰 장점으로 무용에 대한 빠른 습득력과 연구에 매진하는 모습을 들었다. 게다가 최승희가 여러 레퍼토리의 경험을 통해 이시이 바쿠의 무용철학과 기법적 측면을 이해하고 있다는 점도 긍정적으로 생각하는 부분이었다. 그렇지만 이시이 바쿠는 어린 최승희에게 자신만의 춤이 표현되기를 기대하면서 '최승희의 춤'이란 여러 의미가 함유된 화두를 던진다. 이는 이시이 바쿠춤의 수용에 그치는 것이 아닌 동시대 무용의 여러 요소를 습득함과 동시에 한국적이면서 최승희만의 색깔로 표현해달라는 당부인 것이다. 여기서 '조선의 마음'이란 부분도 이미지적인 측면이나 전통에 대한 원형적 탐구도 포괄되겠지만 동시대적으로 원형과 전형의 만남 속에서 정체성 확립이라는 의미로 해석될 수 있는 부분이다.

이러한 실천은 이시이 바쿠에서 벗어나 처음으로 자신만의 색깔을 담은 1930년 2월 1일 경성공회당 최승희무용연구소 창작무용 제1회 공연에서 발견된다. 이때 공연된 중요 레퍼토리를 보면 〈인도인의

비애〉, 〈양기의 용자〉, 〈애수의 을녀〉, 〈해방을 구하는 사람〉 등으로
현대무용의 형식과 내용이 함유된 작품이 중심을 이루었고, 3월 31일
단성사 창작무용공연회에서도 〈야야〉, 〈농촌소녀의 춤〉, 〈밤이 밝기
전〉, 〈운명을 탄식하는 사람〉 등을 공연하며 전통성보다는 한국적
현실에 맞는 창작무용에 주력을 하였다. 이렇게 그가 무용에 담고자
한 것은 한국에 대한 사회적 담론으로 그는 이러한 현실적 문제를
표출하는 데 고심하면서 '그저 순수한 무용을 짓는 마음으로 또는 따
라가는 마음으로 만들었습디마는 그러한 도중에서 나는 좀 더-조선
의 현실적 사실-객관적 정세와 다닥드리게 되었습니다.'(『조선일보』,
1931.8.25.)라고 말하면서 리얼리즘을 통한 현실적 반영에 집중을 한
다. 이는 조금 더 현실적인 문제에 천착하면서 〈그들의 행진〉, 〈흙을
그리워하는 무리〉에서 그대로 나타나는데 무용을 통한 사회적 전형
성을 확보라는 측면에서 동시대에서 볼 수 없던 진보적인 무용의 형
태가 구현된 것이었다. 이는 현대무용이 지닌 자아의 표출을 넘어서
며 사회적 인식론까지 확보하고자 한 측면이었기에 의미가 있다.

　이러한 점은 안막과 관계성에서도 논의할 수 있다. 1931년 안막과
결혼한 최승희는 사회주의적 리얼리즘에 바탕을 둔 작품을 양산하는
데 이는 계몽주의적 측면에서 현실을 직시한 선각자 두 명이 민족의
식을 가지고, 반영론을 통해 사회에 대한 저항과 사회적 리얼리티의
객관적 표현으로 나아간 형태라 할 수 있다. 이러한 점이 민족의식을
고취하고 일제와 투쟁을 간접적으로 시사한 부분으로 해석되기도 하
는데,[14] 이러한 부분을 차치하고, 최승희가 이러한 담론을 1930년대

14 정병호, 『춤추는 최승희』, 뿌리깊은 나무, 1995, 69쪽.

작품에 담았다는 점은 무용을 통한 근대적 전형성의 표현이라는 측면에서도 진보적 면모를 지닌다.

그렇지만 최승희는 1933년 5월 일본 청년관에서 〈에헤야 노아라〉 공연에서 큰 반향을 일으키며 한국 전통 춤의 재해석에 관심을 기울이게 된다. 이는 최승희의 개성이 조선심의 외면적 발현에서 구현되고 성취되었음을 보여주는 면모이면서 이러한 부분이 전통적인 것에만 집착하는 것이 아닌 경계에서 동시대적 원형을 응축시키려 한 측면에서 나타난 결과이다. 이는 한성준이 '최승희의 놀나운 무용으로 하여금 조선 무용을 재인식하게 되엿으니 조선 무용을 계승하야 조선 무용을 영원히 살니도록 하여 달나'는 부탁에 최승희는 '조선 무용을 현대화 즉 말하면 서양 무용에서 조흔 것을 배워 서양사람도 이해할 수 있는 무용 30여 종을 창작하여 왓습니다'(『삼천리』 10:1, 1938.1.) 라는 말속에서 전통 지향성과 모더니티의 지향성이 충돌한 그 접점에서 그가 추구하고자 한 것은 글로컬리즘 측면에서 한국의 동시대 무용을 정립하려 한 점에서 정체성을 지닌다.

이렇게 최승희는 동시대 여러 담론을 섭렵하며 자신의 만의 색깔을 만들어내는데 주력하였다. 이는 굳이 장르적 개념의 현대무용의 수용을 떠나 미적 근대성의 모더니티 확장성을 통해 한국 무용의 새로운 가능성을 열었다는 점에서 의미가 있다.

2) 박영인

박영인은 한국 근대 무용사에서 문제적 인물 중 한 사람이다. 그는 일제강점기 현대무용을 이론적으로 공부하고 이를 체화하여 실제화한 드문 존재로 당대 최승희, 조택원과 같은 반열에서 논의된 무용인이다. 그럼에도 불구하고 그의 활동이 일본과 유럽에서만 이루어졌고, 친일이나 스파이 논란 혹은 스스로 한국인임을 부정하는 언술로 논쟁이 야기되어 그에 대한 본질적 논의는 제대로 이루어지지 못하였다.

평론가인 김관(金管)은 한국 무용계의 삼두(三頭) 무용가로 '최승희, 조택원, 박영인'을 꼽으면서도 '인기로 보면 최, 조, 박의 순이겠지만 예술가로서 질미(質美)나 무게로 친다면 박, 조, 최'(『동아일보』, 1937. 7. 25.)라 말할 정도로 박영인에 대해서 높이 평가하였다. 이러한 이유는 뚜렷한 정체성을 지닌 무용 세계를 보여줌과 동시에 현대무용의 본향인 유럽에 진출하여 활발한 활동을 펼침에 기인한다.

박영인은 1908년 울산시에서 태어나 일본 도쿄제국대학 문학부에 입학할 즈음인 1933년 일본청년관에서 첫 번째 무용발표회를 갖고 본격적인 무용 활동을 시작하였다. 그는 이시이바쿠무용연구소에서 잠시 무용을 익히기는 하였지만 거의 독학으로 무용을 익히고 공연을 행하는데 그의 첫 발표회는 '음악업시도 하는 무용이 새로 생겨, 동대(東大) 박영인 군의 체득한 것'(『동아일보』, 1933. 1. 18.)이란 기사로 한국에 소개될 정도로 주목을 끌었다. 여기서 '무음악무용'이란 말 그대로 음악 없이 인간의 심리적 상태를 몸으로만 표현한 형태로 무용 자체의 순수성을 강조한 마리 비그만에 의해 그 의미가 제대로 구현된 형식이다. 이는 '음악에 끌려가기 쉬운 관념에서 해방된, 무용을 무용으로서 순수하게 존재하게끔 하는 것'[15]이란 언술처럼 이전의 무용이 리듬에 따른 움직임에 집중하였다면 무음악무용은 내면화의 외

---

15 이시이 바쿠, 앞의 책, 134쪽.

적 표현을 통해 관객에게는 생경함과 소격 효과를 주면서 무용을 통한 새로운 인식의 확대를 이루어냈다. 박영인은 이러한 표현주의 무용 기법을 동시대적으로 수용하여 표출하였는데 이러한 의식은 이론적 토대에서 이해된 측면이지만 실제에서도 그러한 실험을 지속적으로 이루어졌다.

그는 1933~36년까지 지속적으로 공연을 갖는데, 〈창세기(創世記)〉, 〈방울을 훔치는 남자(鈴を盜む男)〉, 〈안정장치(安定裝置)〉, 〈그림자 없는 여인들(影のない女達)〉, 〈싸움(喧嘩)〉, 〈인간의 시(人間の詩)〉, 〈밤의 노래(夜の唄)〉, 〈가솔린(ガソリン)〉, 〈가을의 비가(秋の悲歌)〉, 〈점화(點火)〉, 〈교차점(交叉點)〉, 〈탈주자(脫走者)〉〈큐비즘(キュビスム) 등을 공연하였다. 이 작품들은 제목에서 드러나듯 모더니즘의 색채가 강한, 특히 표현주의적 성향이 극명하게 표출된 작품들로 현대의 여러 현상을 도시적 색채를 통해 이미지즘적으로 구현하면서도 시대가 요구하는 주제를 표현하여 사회적 담론을 담으려 하였다. 이러한 표현 방식은 조택원이 '그 사람은 어느 춤이나 자기 마음대로 형식을 창작하여 춥니다'(『동아일보』, 1937.7.2.)라고 박영인을 평가한 것처럼 내면에 대한 표상이 자율적 움직임을 통해 작품을 구성하는 것이 박영인의 특질이라 할 수 있다.

일본에서 활발히 활동하던 박영인은 〈무용과 생활〉(『동아일보』, 1936.4.10.~12.)을 통해 무용에 대한 새로운 철학적 인식을 한국에 전해주려 하였다. 그는 무용이 생활 속에 놓여있어야 하지만 그에 앞서 철학을 지닌 무용가의 창작활동이 진정한 무용이라 정의 내린다.

우리들의 생활에 위안을 줄 뿐 아니라 이것을 지도하는 힘을 가지지 않아서는 안 된다는 것이다. 이곳에 참된 창작무용의 사명이 생하는 것이다. 현금 문화보다 설사 반보라 할지라도 앞서 나아가지 않아서는 무용의 생명은 없다. 창작의 동기는 우리의 금일의 생활에서 구해야 할 것이지만 그것이 그저 평상한 생활의 모사가 아니라 무용가의 우월한 생활관, 세계관 위에서 이것이 새로 다시 편성되지 않으면 아니는 것이다.(『동아일보』, 1936.4.12.)

박영인은 기본적으로 무용은 생활의 표현이며 생활 속에 놓여있어야 함을 강조한다. 그렇지만 단순하게 모든 사람이 알 수 있는 춤이 대중적인 것이 아니라 관조할 수 있는 춤을 대중적 무용이라 말한다. 이러한 시각은 역사적 의미와 일상성을 묘파하여 그것이 대중에 수용되는 것을 무용의 본질로 인식하며 대중과 공유하고자 한 모습이다. 이는 현대무용이 드러내고자 한 사회적 재현과 인간 존재에 대한 표현 인식에 대한 그대로의 모습으로 이에 대해 오병년은 '씨의 이지적인 무용을 이해하는 것은 종래의 무용이란 개념만으로서는 도저히 불가능하다'며 '빈약한 육체에서 흘러나오는 신경질적인 것이 있다할망정 자기의 의도와 사상을 우리들에게 보여주는 점에서는 다른 사람의 추종을 허치 않는 존재라고 보지 않을 수 없다'[16]라고 평가하였다. 이러한 의식은 '현재에 대한 인간의 관계, 인간의 역사적 존재 양식, 자아를 자율적으로 주체로 구성하는 철학적 탐구'[17]라는 모더니티의 기본적 토대와 일치하는 것으로 계몽적 의식을 함유하면서도 예술로 모더니티의 확보, 즉 미적 근대성의 발현이라는 측면에서 그

---

16 오병년, 「이지적으로 미를 구성하는 신흥무용가 박영인씨」, 『동아일보』, 1937.9.10.
17 미셸 푸코, 앞의 책, 355~356쪽.

는 동시대적 담론을 형성하고 있었던 것이다.

박영인의 이러한 무용철학은 유럽으로 건너가면서 동시대적으로 현대무용을 수용하고 실제화하면서 확장성을 보인다. 그는 오스트리아 비엔나로 가서 비엔나무용학교 강사와 독일 베를린에서도 독일무용국립학교 강사로 취임하는 등 다양한 활동을 펼치게 되고, 특히 루돌프 본 라반과 마리 비그만의 영향을 받으며 현대무용에 대한 이해의 폭을 넓힌다.

여기서 박영인은 다양한 작품을 레퍼토리화하면서 실험적 행위를 이어가는데 그 가운데에서 최승희나 조택원이 그러하듯 한국적 제재를 담은 작품을 선보였다. 이는 처음 유럽에 간 1937년 5월 베를린 개인 발표회에서 〈승무〉, 〈농부의 춤〉 등을 공연하여 '독일 등의 공연에서 조선 무용의 우아함을 보였는데 이 표징적인 동양무용은 형식적으로 흘러버린 서구무용계에 큰 충동을 주었다'(『동아일보』, 1938.1.4.)라는 언급처럼 한국적 고유성을 드러내며 반향을 일으킨다. 자국 중심의 시각이기는 하지만 이 시기 최승희, 조택원, 박영인의 이러한 시도는 한국 문화의 특수성을 보여주며 유럽에 일정 부분 긍정적인 반응을 모았다. 그런데 이 시기 세 사람의 행보는 조금씩 다른 방향으로 전개되었다. 조택원은 유럽의 경험을 통해 한국 무용에 더 천착하여 〈학〉, 〈춘향조곡〉 등의 작품으로 이어졌고, 최승희는 전통 춤에 기반을 둔 현대적 해석으로 한국 문화의 보편성과 특수성을 확보하려 하였던 데 반해 박영인은 한국 춤의 고유성보다는 동시대 미적 근대성에 집중하려 한 것이다. 이는 마리 비그만 이후 드러난 실존적 가치로 자아의 분출이라는 근대성이 그에게도 그대로 적용되어 총체적 상황의 근본적 실체를 구현하려 하였는데 그는 작품 창작뿐만 아니라

무용 이론 정립에 힘을 쓰며 『예술무용의 연구(芸術舞踊の研究)』(1942)
등의 저술을 통해 구현한다.

이렇게 박영인의 활동은 형이상학적 내면 의식과 사회의 전형을
강조하는 담론을 통해 미적 근대성을 창출하였다는 점에서 의미가
있다.[18] 그의 실제 작품이 한국에서 구현된 점이 없다는 점에서 한계
가 있지만 언론을 통해 노출된 그의 활동 양상과 여러 언술을 통해
한국 현대무용 동시대적 투영이라는 측면에서 고구의 가치가 있다.

3) 해방공간 현대 무용의 활동 양상

1945년 8월 광복은 일제에 의해 자행된 정치적, 사회적 억압에서
벗어나 민족의 자율적 행동과 사고를 회복시키는 계기였다. 이러한
첫 집단적 움직임은 8월 15일 여운형을 중심으로 건국준비위원회가
결성되면서 조직화되었고, 이를 지지하는 여러 세력들이 모이면서 주
체적 체계를 갖추었다. 여기에 문화예술 조직인 조선문화건설중앙협
의회가 8월 18일 만들어졌고, 무용계도 이들과 뜻을 같이하며 1945년
9월 김민자, 진수방, 양선방, 장추화, 이석예, 김애성, 이정정, 정지수,
박용호, 한동인, 김해성, 정인방 등을 중심으로 조선무용건설본부가
구성되었다. 이들의 면면을 보면 변별적 무용 토대를 지닌 인물들로
이루어져 있으면서도 민족문화 건설이라는 공통적 의식을 가진 젊은
무용인들이 함께 하였다는 점에서 특징적이었다. 이들은 '협동체 조
직과 무용가의 공동행동, 민중에의 적극적 접근, 서양 무용의 견지로

---

18 김호연, 「현대무용가 박영인의 초기 활동 연구」, 『무용예술학연구』 52:1, 한국무용예
술학회, 2015, 12쪽.

부터의 조선 무용에의 접근'[19]이라는 모토를 드러내며 의욕을 보였지
만 영속적인 활동은 이루어지지 못하고 해체되었다.

　이후 1946년 조선무용예술협회가 만들어지는데 '배양토도 없고 조
직도 없는 조선의 무용계에 어린이와 같은 겸허한 정신에 돌아가 조
선의 민족무용을 현대인의 혈액으로 씻어 다시 꽃피게 한다'[20]는 목표
로 위원장 조택원, 부위원장 함귀봉 그리고 조선무용건설본부 출신들
을 중심으로 체계적인 조직을 구축하였다. 조선무용예술협회는 세부
조직으로 현대무용부, 발레부, 교육무용부, 이론부, 미술부 등을 두었
는데 특히 현대무용부는 수석위원에 최승희, 위원에 김민자, 진수방,
조용자, 김미화, 장추화, 이석예, 박용호, 김해성 등이 참여하는 등
가장 많은 인원으로 구성되었고, 활발하게 활동하던 중요 인물이 포
진되었다. 여기서 최승희를 현대무용부로 분류하였다는 점은 흥미로
운 대목이다. 이는 신무용이란 지엽적인 개념에서 벗어나 동시대 무
용에 대한 총체적 의미를 현대무용으로 아우른 것이며 위원으로 참
여한 인물도 다양한 창작활동을 펼치는 무용인들이 망라되어 현대무
용이 이전에 비해 개념화된 모습이었다.

　이들의 활동도 전면적으로 이루어지지 못하였다. 몇몇 공연에서
집단적 활동이 이루어졌지만 사회적 상황이 좌우 대립의 극단으로
치닫는 형국이었고, 이들이 좌익으로 인식되어 자유롭게 행동을 펼
치는데 한계가 있었다. 이후 무용인들은 이합집산하며 민족무용 문
화 건설을 위해 힘쓰다가 교육무용을 통한 새로운 조직체를 구성하

---

19 문철민, 「무용예술과 영혼의 연소 – 해방 후의 무용계를 회고하며」, 『백제』 2:2, 1947.
20 김경애 편, 『춤의 선구자 조택원』, 댄스포럼, 2006, 128쪽.

는 데 조선교육무용연구소가 그러한 예다. 조선교육무용연구소는 함
귀봉이 중심이 된 문교부 산하 단체로 전문적 무용 교육을 위한 교육
기관이었다. 이곳은 체계적인 교육 내용과 강사진들로 구성한 한국
무용 교육의 효시라는 점에서 의미가 있다. 그는 달크로즈의 교육무
용 방법론을 지향하면서 한국 무용의 방향성을 다음과 같이 제시하
였다.

> 근대무용예술의 근본정신과 그 입각점(立脚點)은 진보적 교육사조와
> 완전히 궤를 같이 하는 것이며 인간의 잠자는 혼을 일깨워 그 즐거움과
> 슬픔의 모든 감정을 그 육체를 통하야 표현하게 하고 또 그 결과에 있어서
> 민족의 육체를 아름답게 구제되고 강건하게 할것까지도 소기(所期)하는
> 던칸 이후의 현대무용의 길은 그대로 교육의 길이오 학교무용의 길이라
> 할 수 있다.(함귀봉, 「무용교육의 지향」, 『경향신문』, 1946. 12. 19.)

그는 인간의 내면적 세계를 몸짓으로 표현한다는 현대무용 지향점
이 속박에서 벗어나 민족문화를 건설하는 것과 궤를 같이 한다며 무
용이 단순한 율동이나 체육 교과의 일부가 아닌 독립 개념으로 교육
이 필요하다고 강조하였다. 이는 현대무용이 창조적 예술이라는 기
본적 인식에서의 출발임과 동시에 관찰이 아닌 리듬을 통한 집단적
자아의 발견이라는 측면에서 무용이 가지는 근대적 가치를 함께 공
유하고자 한 것이다. 이러한 측면은 함귀봉이 이끈 조선무용교육연
구소의 전문적 교과내용에서 실기에 현대무용 일반, 무용창작법 등을
포함시키고, 이론과 기타 수업으로 무용미학, 무용해부학, 예술정책
론 등까지 섭렵하는 등 동시대의 흐름에 대한 이해와 조직적이며 과
학적 방법론을 채택하여 교육하고 있다는 점에서 무용 교육이 현대

적 체제를 드러내고 있음을 보여준다.

이렇게 한국에서 현대무용에 대한 조응은 여러 조직 속에서 미시적으로 드러났다. 이와 함께 공연에서도 현대무용을 표방하는 공연이 등장하는데 이를 통해 당대 현대무용의 세태 양상을 발견할 수 있다.

> 무식한 마이크해설자는 이 작품을 가리켜 '던칸', '비그만', '그래임' 등의 테크닉을 모아 작품을 구성하고자 하는 의도에서 나온 것이라 하였으나 던칸의 테크닉이 여하한 것이었다는 것은 던칸 생존시의 몇 개의 관람기와 던칸 자신이 포즈하고 이르마 던칸이 해설한 던컨의 테크닉이라는 사진집만 보면 알수있을것이고 비그만 및 그레임 계통의 테크닉시스템은 현재 모연구소 한군데서만 실천되고 있는 것인데 그것은 명확히 송군의 테크닉과는 다른 것이다.[21]

일제강점 기간에 어렴풋하게 알던 이사도라 던컨이나 마리 비그만에 대해 실제 공연에서 그들이 언급되고, 논의가 이루어진 모습이다. 이 글은 송범의 공연에 대해 문철민이 쓴 리뷰로 전체적으로 기법적인 측면에서는 전도가 촉망되지만 현대무용의 본질적 사상이나 감정이 제대로 구현되지 못함을 꼬집은 글이다. 그러면서 본인이 전임강사로 참여하고 있는 조선교육무용연구소에서 이사도라 던컨이나 마리 비그만 등의 여러 현대무용의 방법론이 실천되고 있고 이들이 현대무용의 상징적 인식으로 받아들여지고 있음을 여기서 읽을 수 있다.

---

21 문철민, 「습작의 의미, 신인무용가 송범 군에게 주는 글」, 『경향신문』, 1947.11.23.

이러한 현대무용의 집단적 실천성은 해방공간을 지나 남북한에서 각각 정부가 들어서는 시기에도 이합집산을 이루며 산발적으로 이루어졌다. 1949년 5월 무용예술의 질적 향상과 쇄신을 꾀하고자 '현대무용가집단'이 조직되고, 함귀봉, 장추화, 김막인, 정인방, 한동인, 조용자 등 그동안 조직적 활동을 보이던 인물들이 다시 모였지만 두드러지진 못하였다. 이렇게 해방공간과 한국전쟁 이전 시기는 사회적 분위기와 맞물려 영속적인 무용 활동이 제대로 이루어지지 못하였고, 의욕을 앞세우며 다양한 시도만이 이루어진 시기였다.

그럼에도 이 시기는 무용에 대한 세계사적인 인식이 싹트면서 현대무용에 대한 여러 가능성도 열어 둔 시기인데 특히 이러한 흐름 속에 주목할 인물로 김막인(金漠人)을 들 수 있다. 김막인은 김해성(金海星)이라는 본명으로도 알려져 있는 무용수로 해방 이후 독특한 활동을 펼치며 독자적인 세계를 구축한 인물이다. 그는 일본에서 이시이 미도리(石井みどり)에게 현대무용을 배운 이후 해방공간에서 조선무용건설본부, 조선무용예술협회, 조선교육무용연구소 등을 통해 집단적 활동에 참여하였고, 다양한 장르의 안무에 참여하며 이름을 높였다.

김막인은 1947년 11월 27일부터 28일까지 국제극장에서 제1회 무용작품발표회를 갖으면서 본격적인 움직임을 보인다. 이 공연은 광고에서 '조선 현대무용계의 이채'라는 표현답게 기존의 현대무용과 다른 전위적 측면이 나타났고, 2회 공연을 앞두고는 칼멘다방에서 시인 윤곤강 등이 참여한 작품토론회를 여는 등 독특한 무용철학을 드러냈다. 이어 1948년 5월 7일 시공관에서 제2회 무용작품발표회를 갖는데, 송범 등이 참여한 이 공연에서는 무용시 〈이상〉(理想) 오경

(五景)과 군무 〈무궁동〉, 〈법을 굴리는 자〉, 〈나는 죽엄의 소리를 드 렀다〉, 〈서울1948년〉 등을 공연하는데 집단적인 힘찬 군무와 서사구 조의 파괴 등 아방가르드 요소를 그대로 드러내었다. 특히 그는 군무 가 현대무용에서 가지는 가장 큰 장점으로 바라보며 공연에서도 이 를 강조하였다.

그는 현대무용에서 군무는 발레의 앙상블과 다른 위대한 표현 능 력을 지니고 있다고 하며 현대무용에서 군무의 특질에 대하여 다음 과 같이 말하고 있다.

> 한 사람의 무용가가 독무를 가지고도 능히 여러 모로 표현을 충분히 발휘할 수 있으나 그러나 군무의 표현능력은 전혀 다른 능력에 있는 것이 다. 제일 먼저 군무의 표현능력에 단적인 요소는 양적 증대다. (중략) 2인 이 같은 형식으로 손을 들어 원을 만들었다 하면 그들의 원은 그 배를 가한 하나의 원이 되는 것이 아니고 어디까지나 2의 원으로서의 존재가 치를 그려지면서 중간에 '하나'라는 유기적인 리듬이 생기는 것이다. 성 악에 있어서는 2=2=4가 되는 것이겠지만 무용에 있어서는 2+2=X의 결과 가 된다.[22]

현대무용의 군무는 단순하게 똑같은 동작을 집단으로 추는 것에 그치는 것이 아니라 다른 호흡의 개성이 집단적 융합을 이루어 의미 를 배가 시키는 데 의미가 있다. 이는 역동적인 움직임 속에서 집단적 심리 묘사가 이루어지도 하며 이것이 극대화를 이루는 표현 방법으 로 효과를 가질 수 있다. 그래서 그는 군무가 양보다는 질적인 문제가

---

22 김막인, 「군무의 중요성」, 『예술평론』 1, 1948.10.

더 강하다며 '군무의 표현 능력은 Symmetry(동시성), Contrast(대조)의 효과를 가지고 오며 공간과 시간에 무용 구성상에 중요한 원리'라 말하는 등 현대무용의 기본적인 안무법에 대해 인식을 하고 있었다. 이는 무대공연예술로 무용이 구조적인 측면에서 이해의 폭이 넓어졌음을 말하는 대목이며 현대무용을 통해 코레오그래피, 즉 안무법이 형성되어가는 과정으로 살필 수 있다.

장추화의 공연에서도 현대무용의 미시적 수용이 그대로 드러난다. 장추화는 최승희의 제자로 전통 춤에 바탕을 두지만 창작무용을 통해 시대적 감각도 함께 공유한 인물이다. 그는 1947년 두 번째 무대에서 〈모던 댄스의 기본〉, 〈칠석날〉, 군무 〈새벽〉 등 다양한 레퍼토리를 펼치는데 군무 〈새벽〉은 '현대무용의 극치와 창작의 정예를 힘찬 집단적인 시스템'[23]이라는 평가처럼 현대무용으로 새로운 가능성을 열어준 공연으로 이해할 수 있으며 '모던 댄스의 기본'도 제목처럼 무용의 기본적 동작에 대한 구현이란 측면에서 현대무용 교육이 공연으로 실제화하고 있는 단면을 바라볼 수 있다.

이렇게 현대무용의 다양한 실험이 해방공간과 교착기에 집단적 혹은 각개로 이루어지고 있었으며 현대무용에 대한 이론적 토대를 통한 실제화가 함께 이루어진 점도 주목할 수 있을 것이다.

---

[23] 김막인, 「장추화 씨의 무용발표회를 보고」, 『민주일보』, 1948.10.7.

4. 결론

이 연구는 근대 한국의 현대무용 수용 양상을 살피고, 이러한 징후
가 어떻게 싹터 발전 과정을 거쳤는지에 집중한 것이다. 현대무용은
"Modern Dance"의 번역어로 발레에 대한 안티테제로 생성된 장르적
개념임과 동시에 동시대 근대성을 지닌 무용이라는 시대적 의미까지
함유하고 있다. 한국에서는 자생적 근대의식과 서양에서 들어온 근
대적 사상이 정반합을 이루며 심미적 근대성이 창출되었다. 무용에
서도 근대 시기 동시대적 흐름에 따른 여러 이론적 담론의 수용을
통해 현대무용에 대한 개념 정립이 서서히 이루어졌다.

이와 함께 무용창작에서도 현대무용의 한국적 내재화가 조금씩 형
성되는데, 최승희, 박영인 그리고 해방공간의 몇몇 무용수들을 통해
서 근대성에 바탕을 둔 작품들이 만들어진다. 이것이 전면적인 현대
무용의 수용은 아니었지만 동시대 현대무용의 변용과 미적 근대성의
지역적 창조 행위라는 측면에서 의미가 있다.

또한 박영인, 문철민, 김막인 등을 통해 이루어진 현대무용에 대한
여러 언술은 이론적으로도 개념적인 정립이 이루어지고 있음을 살필
수 있다. 이들은 동시대적으로 현대무용을 인식하여 창작 행위로 이
어지거나 리뷰를 통해 창작자들에게 자극을 주었다는 점에서 주목할
수 있다.

이 시기 여러 현대무용의 창작과 이론에 관한 담론이 등장함에도
그동안 한국 현대무용에 대한 인식과 그 출발은 전후(戰後)에 이루어
진 현대무용의 여러 이입과 교육에서 그 기원을 찾으려 하였다. 이는
1960년 초반에 일어났던 여러 징후, 특히 미국 현대무용의 이입에 초

점을 맞추어 이 시기를 한국 현대무용의 출발로 바라보고자 하였다. 물론 이러한 이입이 제대로 된 교육 속에서 이루어진 체화된 수용이라는 측면에서 가치가 있지만 근대에 이루어진 자생적 문화와 모더니티의 충돌 속에서 미적 근대성을 추구한 여러 징후는 한국 현대무용의 맹아로 의미가 높을 것이다. 이는 자율적인 근대성의 도전을 통한 주체적인 미적 근대성의 확보와 동시대 무용의 정립이었다는 측면에서 의미가 있으며 기법적 측면의 수용이 아닌 담론적 측면으로 현대무용의 들머리라는 점에서 논의가 제대로 이루어질 필요가 있을 것이다.

이와 함께 앞으로 한국 현대무용의 본질적 정립을 위해 근대 현대무용과 신무용, 혹은 컨템포러리 무용 등의 개념적 정립이 이루어져야 할 것이다. 이는 현대무용의 정체성 확립과 더불어 한국 현대무용의 자생적 담론의 추출이라는 측면에서 가치가 있는 연구 과제일 것이다.

근대 한국 발레의 생성과 그 흐름

1. 서론

이 연구는 근대 한국[1]에서 발레의 수용 양상과 그 인식 과정을 살피는 데 초점을 맞춘 글이다. 개항 이후 한국에서는 그동안 접하지 못한 다양한 문화와 문명이 물밀듯이 밀려 들어왔다. 이는 전통적 인식과 근대적 사고가 충돌하며 새로운 가치를 만들어내며 근대적 변용을 이루었고 동시대적 감각을 고양하며 세계사적 질서에 편입하려 노력하였다. 특히 한국에 없던 여러 문예 장르가 수용되면서 민중은 인식의 전환과 확장성을 가지고 오며 미적 근대성을 새롭게 인식할 수 있었다.

발레도 서양에서 발흥한 양식이지만 자생적 노력과 여러 실험을 통해 정체성을 확보하여 한국 예술사나 무용 교육의 발전에 크게 기여하였고, 무대공연예술로 보편적 대중성을 띠면서 대중과 호흡하는

---

[1] 근대 초기는 조선, 대한제국, 일제강점기 등의 시기였기에 하나로 아우를 수 있는 단어는 명확하지 않다. 그렇지만 이 글에서는 '한국'이라는 용어를 통칭하여 사용하고자 한다. 이는 이 글에서 다루고자 하는 개항으로부터 한국전쟁 이전까지의 시기적 구분의 영속성과 현재적 문제 인식을 강조하기 위한 시각에 바탕을 두는 것이다.

등 유의미한 여러 흔적을 남겼다. 특히 근대 초기부터 해방공간까지
는 한국 발레의 배아기로 현재 한국 발레를 배태한 인큐베이터와 같
은 시기였다. 이 시기에는 본격적인 발레 활동은 이루어지지 못하였
지만 여러 맹아가 있고 여러 노력이 이루어져 해방 이후 한국 발레가
거듭나는 문턱이라는 측면에서 주목할 수 있을 것이다.

그렇기에 이 시기는 여러 보이는 보이지 않은 노력에 의해 현재
한국 발레의 의미망을 통시적인 측면에서 발견할 수 있으며 한국 발
레사의 출발이란 측면에서 고구의 가치가 충분히 있을 것이다. 이에
이 연구에서는 근대 한국 발레의 여러 징후를 살피고, 발레에 대한
인식의 의미체계를 살펴보고자 한다. 근대 초기 발레에 대한 흐름은
조동화와 안제승의 글에서 개괄적으로 정리되었다. 조동화는 발레의
부분적 수용 양상을 살피면서 1928년 10월 후지타 시게루(藤田繁), 사
카이 지요코(堺千代子)의 공연을 발레의 첫 손님이라 말하였고, 해방
공간 서울발레단 한동인의 업적은 특기할 사항으로 긍정적인 시각에
서 평가하였다.[2] 또한 안제승은 서양 춤의 여러 유입 과정에서 발레를
검토하고, 서울발레단에 대해서는 전반적인 수준은 미흡하였지만 개
성과 성격을 간직하며 공동의 이익, 목적, 행동지침이 함께 어우러진
예로 그들을 평가하였다.[3] 김경희는 한국전쟁 이전까지 한국 발레의
발전과 그 흐름에 대하여 논의한 글을 발표하였다.[4] 특히 일제강점기
여러 노력들이 있었고, 서울발레단의 공연을 한국 발레 원년으로 기

2 조동화, 「무용개관」, 한국문화예술진흥원 편, 『문예총감』, 한국문화예술진흥원, 1976.
3 안제승, 「한국무용사」, 『한국 연극 · 무용 · 영화사』, 대한민국예술원, 1985.
4 김경희, 「한국전쟁 이전까지의 한국 발레의 발전과 그 현황에 관한 논문」, 『대한무용
   학회논문집』 25, 대한무용학회, 1999.

록할 수 있다고 평가하였다.

또한 한국 발레의 흐름을 다양한 시각에서 검토하였는데,[5] 이 연구에서는 이러한 선행 연구를 비판적으로 수용하면서 근대 한국 발레의 미시적 수용 양상과 발레문화에 대한 인식 과정을 검토해보고자 한다. 이에 그동안의 개괄적 정리에서 벗어나 발레의 여러 변용적 실험 양상을 찾아보고 대중이 어떠한 인식 과정을 거쳐 발레를 이해하는지 중요한 문턱이 되는 활동을 중심으로 풀어보고자 한다.

이 연구에서 1900년대 초부터 1950년 한국전쟁 이전으로 제한하여 살펴보도록 한다. 이는 이즈음부터 타자를 통해 발레 대한 인식이 조금씩 싹텄고 발레의 여러 파편이 수용되고 있었기 때문이다. 또한 해방 공간에서는 집단적인 형태로 발레가 여러 실험을 거쳐 어렴풋하나마 자리를 잡았고, 가능성을 보여준 시기로 획정 지어 논의할 수 있다. 이 연구는 한국 발레의 과거와 현재, 미래를 바라보는 계기로 한국 발레의 가치체계를 생각하는 토대로 의미가 있을 것이다.

2. 근대 발레에 대한 인식과 그 수용의 모습

근대 한국은 개항을 중심으로 자생적인 진보적 담론과 외국에서 들어온 새로운 문화의 수용 속에서 변화를 겪는다. 이러한 문화적

---

5 문애령, 「한국에서의 발레 도입과 정착 과정」, 『발레연구논문집』 24, 한국발레연구학회, 2010; 이성희, 「한국 근대발레 발전양상과 임성남의 작품세계에 나타난 민족사상」, 성균관대 대학원 동양철학과 박사학위논문, 2009.

충돌은 전통문화의 흐름과 서양 근대문화의 두 물 줄기가 합쳐 거세
게 소용돌이를 치다가 결국 자국 민족의 시각에서 소화한 근대 문화
의 물길을 만드는 공간으로 나타나기 시작하였다.[6]

근대 한국 무용도 이러한 관점이 그대로 적용된다. 한국 전통무용
은 극장의 등장으로 공연예술에 맞게 변용되고, 한성준 등에 의해 한
국 문화의 DNA가 정제되었다면, 서양 춤의 유입은 즐기는 춤임과
동시에 보는 무용으로 새로운 무용 문화를 만드는 데 기여하였다.
근대 들머리에 새로운 춤의 유입은 도무회, 무도회 등이 서양 춤을
의미하는 용어로 언론에 사용되면서 대중에 수용되었다. 원래 도무
(蹈舞), 무도(舞蹈)라는 말은 예부터 환흔도무(歡炘蹈舞), 영가무도(詠歌
舞蹈)라는 말에서처럼 단순하게 춤추는 행위에 대한 추상적 개념이었
다면 이 두 단어가 회(會)라는 단어와 결합되어 서양사교춤을 의미하
는 단어로 규정되었고, 서양 춤뿐만 아니라 춤을 지칭하는 일반명사
로 쓰이게 되었다.[7]

이와 함께 대표적인 서양 춤 양식인 발레도 근대 이후 조금씩 대중
에 유입되는데 실제 공연보다는 언론을 통한 기호, 이미지와 기사를
통해 대중에 수용되었다. 발레가 한국 대중에 처음 언급된 것은 1914
년 3월 14일 『매일신보』에 실린 「무대상미인(舞臺上美人)」에서 발레
복을 입고 춤을 추는 아델네이드라는 무용수의 기사를 통해서이다.
'뉴욕에서 올린 이 무대는 큰 평판거리였다'라 이야기하며 새로운 공

6 윤홍로, 「개화기 신구문학론의 대립과 그 변모」, 윤홍로 편, 『20세기 한국 소설 연구』,
   국학자료원, 2002, 6쪽.
7 김호연, 「도무, 무도 그리고 대중공연예술 속 무용읽기」, 『댄스포럼』, 2014.10.

연 형태였음을 알리고 있다. 그렇지만 이 기사에서는 '뉴욕엇던무답장(紐育某舞踏場)에서 한바탕의 춤'이라 하여 발레에 대한 인식은 전혀 없었고 단순하게 '춤'이라 표기하고 있다.[8]

조금 더 구체적인 기사는 안나 파블로바(Anna Pavlova)의 소개에서 나타났다. 사진과 간단한 설명으로 되어 있는 이 기사에서 '무도의 기술은 자리로 로세아가 세계에 엇듬인대, 현대에 뎨일가는 무도가 파블노 부인이 영국에서 크게 흥힝중'이라는 내용으로 안나 파블로바를 소개하고 있다.[9] 여기서도 한국에서 아직까지 발레가 춤의 형식으로 인식이 없었기에 서양 춤을 뭉뚱그려 말할 때 쓰였던 무도라는 명칭이 사용되었고, 이 글을 쓴 기자조차도 안나 파블로바에 대한 지식이 얕았기에 가십(gossip) 정도로 서술하였다. 이러한 모습은 예술이론에 대한 개념 정립이 안 된 상태였기에 발레를 장르로 이해하였다기보다는 서양 춤이라는 큰 범주 안에서 단순하게 인식했던 예이다.

이후 서양 무용수들이 한국에서 공연을 가짐으로 인해 발레가 조금씩 대중에게 인식되기 시작하였다. 이는 한국 근대 발레에 직간접적으로 영향을 준 엘리아나 파블로바(Elianna Pavlova)의 공연이 하나의 계기가 되었다. 그의 공연은 매일신보, 경성일보, 서울프레스 연합 주최로 희락관에서 1931년 7월 4일부터 5일까지 이틀에 걸쳐 공연되었는데 여기서는 〈빈사의 백조〉와 〈할렘의 궁전〉 등을 중심으로 다

---

8 여기서 '무답장'이라 표기하였다. 당시에는 서양 춤을 통칭하는 용어로 도무, 무도가 있었는데, 이도 '춤추다'의 추상적 의미에서 서양 춤이 들어옴으로 일반명사화되어 사용되었다. 무답이란 말도 예부터 쓰이던 말이었는데 무도와 함께 1920년대 혼용되어 나타났다. 『매일신보』, 1914.3.14.

9 『동아일보』, 1920.6.7.

양한 무대가 펼쳐진다. 엘레아나 파블로바는 일본 발레의 어머니로
불리는 인물로 일본에서 최초로 발레교실을 만들었고, 엘리아나발레
단을 조직하여 일본 및 만주, 대만, 한국 등에서 다양한 공연 활동을
펼친 발레리나 겸 교육자이다. 특히 〈빈사의 백조〉는 안나 파블로바
의 포킨 안무 형식이 아닌 엘리나 파블로바 자신만의 독특한 안무로
일본 발레 공연계에 새로움을 가져다 준 인물로 평가받는다.[10]

그런데 기사에서도 아직까지 〈빈사의 백조〉와 〈할렘의 궁전〉 등
에 대해 이름 높은 '고전적 무용'이란 용어를 사용하여 발레라는 명칭
은 전면적으로 등장하지는 않았다. 게다가 고전적 무용이란 용어도
단순한 추상적인 개념으로 나타났고, 엘레아나 파블로바의 공연에서
'재즈무용과 에로무용이 관객에게 큰 호응을 얻을 것이다'라고 말하고
있다.[11] 이러한 시각은 당시 공연예술을 바라보는 시각 그대로이다.

1920년 초기 무대공연계에는 신파적 요소가 가득한 대중극이 한
시대를 풍미하더니 1920년대 후반 들어서는 가정비극류에 머물던 형
식에서 벗어나 다양한 방법이 모색되는 분위기였다. 특히 공연 레퍼
토리는 하루에 희극, 비극, 희가극이 한꺼번에 무대화되었는데, 희가
극이라는 새로운 양식은 관객의 흥미를 끌기에 충분한 요소를 지니
며 인기를 끌고 있었다. 그도 그럴 것이 이는 가벼운 노래가 중심이
된 레뷰(revue) 형식의 공연으로 노래, 춤, 연극이 어우러지며 관객을
호응을 얻으며 자극하고 있었기 때문이다. 이러한 형식이 인기를 얻

---

10 渡邊眞弓,『日本のバレの三人パヴロワ』, 新國立劇場運營財團情報センター, 2013, p.66.
11 "瀕死의 白鳥 하레무의 宮殿 등의 일흠놉흔 **고전적 무용**은 말할 것도 업고 靑春의
    깃븜 海邊 넌센스 등의 가지가지「짜스」와「에로」의 무용은 반다시 만장의 관중은
    열광케하고야말 것으로 벌서부터 白熱的인긔를 엇고잇는데…"(『매일신보』, 1931.7.5.)

자 더 퇴폐적인 측면으로 발전되어 나아가자 이러한 공연에 대해 안함광은 '에로 그로 넌센스 레뷰 등의 퇴폐적 기분으로 반영되는 몰락하는 사회층 또는 저급한 펜들에 의하여 절대의 지지를 받는가 싶습니다.'라며 비판적 시각까지 나오는 형국이었다.[12] 그럼에도 이 당시의 모던에 향취된 사회적 분위기와 함께 재즈, 에로 등 1930년대의 사회적 키워드는 대중문화의 속성으로 드러났고, 이러한 시각은 엘리아나 파블로바의 기사에서도 그대로 반영된 면모라 할 수 있다.

이후 엘리아나 파블로바는 1939년 5월 6~7일 이틀간 부민관에서 공연을 갖는다. 이 공연에서는 조택원이 찬조 출연하기도 하였는데, 몇 년이 지났음에도 불구하고 파블로바에 대한 시각 혹은 발레에 대한 이해는 그리 크게 변하지 않았다.[13]

이렇게 한국 근대 초기인 일제강점기에는 발레에 대한 명확한 인식이나 개념 정립은 제대로 이루어지지 못하였다. 엘리아나 파블로바의 공연에서도 단순하게 '고전적인 무용 혹은 정통적이다'라는 표현에서 드러나듯 장르에 대한 인식보다는 현대적인 춤과 반대의 개념 정도로 이해한 것이다. 이는 비평이나 무용 이론 정립에서도 그대로 나타나는 현상이었다. 발레가 제대로 인식되기 이전에 오히려 현대무용에 대한 이론적 정립과 인식이 시작되었고, 이런 차원에서 발레는 비교대상으로 자리하였다.

---

12 안함광, 「산(生)현실에서 출발하자」, 『예술』 1, 1935.1.

13 "〈파블로舞踊에 조택원 助演〉 제정시대부터 로서아무용의 정통적인 전승자인 엘리아나 파블로바 무용회는 東劇事業部의 招請을 받아 …… 파女史는 일즉이 로서아제정시대에 페토보그라-드제정무용학교를 졸업하고 十七歲에 이미 名譽잇는 帝室按舞員으로 惟○된 천재라 특히 舞臺上의 實際的 經驗이 만흔만큼 그 테크닉은 …… 權威잇는 批評家들의 통일된 의견이다."(『동아일보』, 1939.5.6.)

박영인의 글과 그에 대한 평가에서도 그러하다. 박영인은 일제강점기 조택원, 최승희와 함께 외국에서 주목받은 몇 안 되는 무용수 중 한 사람이다. 그는 일본 도쿄대학에서 미술사학을 전공하고, 이시이바쿠무용연구소를 거쳐, 독일, 오스트리아 등지에서 발레, 현대무용을 배우며 활동하는 등 무용 이론을 실제 공연에서 펼친 이론과 실제가 겸비된 대표적인 인물로 평가받을 수 있다. 그는 「무용과 생활」이란 글에서 무용의 역사를 간략히 정리하면서 서양의 발레를 언급하는데 프랑스의 루이왕조의 귀족취미에서 나온 예술로 말하고 있다.[14] 그러면서 조선에서도 가장 아름다운 무용이 궁중무용이라 이야기를 꺼내며 현대예술은 자본주의적 색깔이 강하기에 비판의 대상으로 삼으며 발레와 현대무용을 비교예술 차원에서 논하고 있다. 현대무용가였던 그가 현대무용에 비판적이며 오히려 고전 발레나 한국 전통무용에 의미를 두는 것은 미학적 측면이나 아우라(Aura)를 간직한 예술 본질에 대한 인식에서 비롯되었다 할 수 있다.

그럼에도 불구하고 발레와 현대무용에 대한 비교 차원의 시각은 박영인의 무용 세계를 설명하는 글에서 다시 드러나고 있다. 오병년은 박영인의 예술 세계를 언급하며 '화려한 것을 유일한 생명으로 하는 발레'라는 표현을 쓰며 단순하면서 인상적인 시각에서 발레를 논의하고 있다.[15] 그가 제대로 발레를 보았는지 혹은 박영인의 무용을 보고 깊이 있게 연구하였는지 의문이지만 박영인 무용의 기준으로 혹은 그 대척점에서 발레를 언급하였다.

---

14 박영인, 「무용과 생활」, 『동아일보』, 1936.4.10.
15 오병년, 「이지적으로 미를 구성하는 신흥무용가 박영인씨」, 『동아일보』, 1937.9.10.

또한 김관도 최승희, 조택원, 박영인 등 당대 최고의 무용수를 언급하면서 박영인은 이지적 경향의 노이에 탄츠(Neue Tanz)라 칭하면서 그의 춤 세계를 논한다. 이 과정에서 당대 발레에 대한 이해가 그대로 표출되는데 앞서 오병년이 말한 화려함이란 단어와 함께 동선이 크다는 의미로 발레를 설명하고 있다.

> 쉽게 말하면 普通생각하기를 舞踊이라할것같으면 가로 뛰고 세로 뛰고 하는 運動量이 많흔 것으로 아는 觀念이 깊이 박혀 잇는것이나 決코 그러한 「꽃의 妖精」이라든가 「사랑의 圓舞曲」이라든가하는 華麗한것만이 무용은 아니다. 발레와 近代舞踊을 識別判斷해야만 될 일이다.[16]

앞서와 같이 박영인을 고전무용과 현대무용을 구분 짓는 하나의 기준점으로 판단하며 그의 무용 세계인 추상적이며 표현주의적 성향과 대비하여 발레를 상징적으로 표현하고 있다. 그럼에도 불구하고 이러한 시각은 당시 발레 공연이 제대로 이루어지지 못하였고, 박영인의 공연이 한국에서 한 번도 노출되지 않은 상태의 시각이기에 단편적인 인상에 불과할 듯하다. 이러한 면모는 근대 서양문화를 받아들이는 속도는 빠른 데 비해 여러 문예사조가 뒤섞여 오는 과정에서 비롯된 결과였다. 딛고 일어선 고전주의보다는 현대문예가 대중에게 동시대적 의미로 쉽게 받아들여져 현대무용, 혹은 모든 것이 뒤섞인 신무용이 한국 무용의 중심으로 다가선 것도 이러한 반증이라 할 수 있다.

---

16 김관, 「최근무용계만평」, 『동아일보』, 1937. 7. 25.

이렇게 발레라는 단어는 아이러니하게 현대무용가인 박영인에 의해 많이 언급되었다. 게다가 박영인은 독일 유학 시절 보드뷔젤무용학교에서 노이에 탄츠와 발레를 연구하며 발레 공연에 참여하였고,[17] 헝가리 왕실오페라극장 발레부에 들어가는 등 발레와 인연을 계속 맺음으로 인해 부분적으로 언론에 언급되어 국내에서 발레에 대한 사고의 폭은 이렇게 다른 계기로 노출되고 있었다.

이에 반해 신무용의 대표적 인물 조택원은 발레의 실천적 필요성과 시대적 관심을 가진 인물로 논할 수 있다. 그는 1924년 1월 22일 토월회 제3회 공연 무용가극 〈사람의 죽음〉에서 코팍 춤을 추어 대중의 관심을 끈 이후 일본 이시이바쿠무용연구소에서 무용을 정식으로 배우고, 1933년 제1회 무용발표회에서 〈승무의 인상〉(후에 〈가사호접〉으로 개칭)을 공연하는 등 한국 무용의 선구적 업적을 남긴 인물로 평가받는다. 활발한 활동을 펼치던 그는 1937년 프랑스로 새로운 무용을 공부하기 위해 떠나는데, 더 넓은 세계의 동경과 이시이 바쿠에게 느낀 막연한 한계가 하나의 원인으로 작용하였다.[18] 그런 프랑스의 경험을 통해 조택원은 새로운 춤에 대한 수용과 앞으로 작품 활동에 대한 여러 방향성을 잡아 나갔다. 그런 가운데 그가 먼저 고민한 것은 전통 속에서 한국적인 것을 찾아야겠다는 생각과 그 방법론으로 발레에 대한 수용이라는 문제였다.

　　各國이 자신의 風俗慣習에 따라 각자의 角度로 나가이 할터인데 이에

17『동아일보』, 1938.4.20.

18 조택원,『가사호접』, 서문당, 1973, 56쪽.

는 새로운 형식만을 模倣하지 말고 고전의 … (중략) 무용에 있어서는
신흥무용에 이르기전에 **발레**를 공부해야 할 것입니다. 우리도 우리의 特
有한 전통을 잊지말고 좀 더 이를 硏究하는 일면 서양무용을 가미하여
새로운 시대의 예술을 창조하지 안흐면 안될것입니다.[19]

그는 새로운 문물이 가득한 유럽에서 새로움보다는 전통을 새삼
생각하게 되었다. 이는 그동안 서양의 문물을 받아들이는 과정에서
형식만 수용하고, 이를 무비판적으로 체득한 한계점에서 비롯되었다.
이는 서양 예술이 단순하게 기법적인 측면만이 아닌 사상적 토대의
중요성도 현지에서 느끼게 된 것이다. 그래서 그는 서양의 사상적,
철학적, 과학적 사상에 바탕에 둔 춤과 한국적 소재가 결합된다면 이
상적인 작품이 될 수 있을 것이라 생각하였다. 게다가 그러한 방법론
으로 현대무용보다 발레에서 그 진보적인 모티프를 찾았다는 건 그
가 형식과 내용적인 측면에서 한국적인 소재와 발레 기법과 스토리
전개를 통한 무대구성이 가장 이상적인 형태였음을 체득한 것이다.
　또한 조택원은 외국에서 느낀 한국 문화의 보편성과 특수성 문제
를 강조하며 한국 무용과 발레의 접합을 논하였다. 그는 동양과 서양
의 무용역사를 비교하며 동양무용은 일본의 춤처럼 이데아보다는 몸
의 변화를 보여주는 민속적인 춤과 중국과 한국의 무용처럼 이데아
를 가지고 자연스러운 춤으로 나누어 설명하였다. 그런데 발레는 후
자와 그 맥을 같이하고 있지만 서양 예술 무용은 극도로 발전하여
이데아보다는 형식미가 강조되어 감을 아쉬움으로 보았다.[20] 그는 이

19 『동아일보』, 1938.11.18.
20 『동아일보』, 1939.1.13.

러한 가운데 새로운 소재 속에서 무용의 보편성과 세계적 자기 존재를 얻을 수 있음을 강조하는데 이러한 생각은 결국 〈학〉, 〈부여회상곡〉과 같은 한국적 소재에 바탕을 둔 발레 공연으로 실천되었음을 알 수 있다.

이렇게 한국 근대 초기, 여러 흐름 속에서 발레에 대한 정립이나 인식은 부분적으로만 나타나고 있었다. 그래서 발레에 의미는 명확하거나 대중들이 알 수 있는 예시 등을 통해 구체화되지는 못하였다. 이는 먼저 근대 한국에 있어 제대로 교육을 받은 걸출한 발레 무용수가 없었음에 기인한다. 신무용이라는 범주 안에서 많은 무용에 대한 담론이 있어왔지만 발레에 대한 논의가 제대로 이루어지지 못한 것은 발레문화 담론을 담아낼 기호가 없는데다 그 메타언어(Metalanguage)를 이어줄 발신자(addresser)와 수신자(adressee)의 관계가 제대로 이루어지지 못함에 있다.

이와 같이 근대 초기에는 대중에게 발레는 아직 대상으로서 인식되지 못하고, 추상적인 개념 혹은 이분법적 논리에 의한 대상으로 수용되었다. 그렇지만 발레는 많은 이들에게 매력적인 방법론으로 다가와 실천적인 노력이 함께 이루어지기 시작하였다.

3. 발레 양식의 수용과 한국적 표현의 실제

한국 근대 초기, 발레는 대중에게 강인한 인식을 심지는 못하였다. 그럼에도 불구하고 발레는 몇몇 무용인들에게 의해 실험적으로 무대에서 구현되었고, 대중 확산을 위한 토대를 조금씩 마련하였다.

배구자는 1928년 4월 21일 장곡천공회당에서 '배구자음악무용회' 를 개최하면서 발레 레퍼토리 하나를 선보였다. 이 무대는 개인적 사정으로 2년 여 침묵을 지켰던 배구자가 미국 유학을 앞두고 고별무 대 형식을 띤 것으로 음악무용회라는 명칭답게 그의 모든 면을 보여 준 공연이었다. 무용 〈유모레스크〉, 〈집시〉, 독창 〈어이하리〉와 특 히 무용 〈아리랑〉은 그의 춤의 세계를 집약적으로 보여줌으로써 배 구자의 인기를 다시금 확인하는 순간이었다.[21] 게다가 이 공연을 주 목할 수 있는 점은 마지막 레퍼토리가 〈사의 백조〉라는 점이다.

안나 파블로바의 대표적인 레퍼토리이며 엘리아나 파블로바에 의 해 일본 대중에게 잘 알려진 〈빈사의 백조〉가 배구자에 의해 무대화 된 것은 일본에서 많은 무용을 접한 영향 관계에서 비롯된다. 〈빈사 의 백조〉는 1905년 까미유 생상스(Camille Saint-Sans)의 〈동물의 사육 제〉에서 미하엘 포킨(Michel Fokine) 안무, 안나 파블로바에 의해 처음 선보인 솔로 작품이다. 이 작품은 안나 파블로바를 전 세계 최고의 발레리나로 각인시킨 작품으로 이러한 흐름은 일본에도 그대로 전해 졌다. 1916년 마린스키극장의 엘레나 스미르노바(Elena Smirnova)가 도쿄제국극장에서 처음 선보인 이래 엘리아나 파블로바, 안나 파블로 바로 이어지는 무대에서 〈빈사의 백조〉는 관객들의 사랑을 받는 레 퍼토리로 정착되었고, 엘리아나 파블로바의 일본 내 활동 및 존재감 으로 인해 배가되었다. 이러한 분위기는 동시대 일본에 있던 배구자

---

21 배구자는 이 공연 이후 여러 가지 이유로 미국 유학길에 오르지 않는다. 또한 이 공연 은 다양한 레퍼토리 그리고 기존의 춤과 다른 새로운 양식이 드러나기에 신무용의 출발로 많이 이들이 논의하고 있다. 그렇지만 이 이야기는 여기서 다룰 논제가 아니기 에 논외로 한다.

에게 매력적으로 다가왔고, 이를 레퍼토리로 포함시키게 된 것이다. 공연 마지막 작품으로 선택한 이유도 〈빈사의 백조〉가 지니는 예술성과 대중성을 함께 생각하며 그의 무용 세계를 보여줄 수 있는 상징적인 작품으로 선택한 것이다.

또한 덴카쓰일좌(天勝一座)의 활동 속에서 발레의 부분적 수용도 원인으로 작용하였다. 배구자는 1913년 일본에 건너가 쇼쿄쿠사이덴카쓰(松旭齊天勝)를 사사하며 총체적 대중예술인으로 걸음을 걸었다. 여기서 그는 무용뿐만 아니라 마술, 연기, 음악 등 다양한 대중적 레퍼토리를 수용하였고, 각종 공연을 통해 무용을 몸으로 체득하였다. 그러다가 16세에 샌프란시스코 박람회에 덴카쓰일좌의 인원으로 참가하는데 여기서 안나 파블로바를 조우하게 된다.[22] 이것이 직접 만남이었는지는 명확하지 않지만 발레를 동시대적으로 수용하는 계기가 되었고 〈빈사의 백조〉를 습득하는 바탕이 되었다.

이러한 경험에서 발레를 자연스럽게 수용하였고, 이후 배구자무용연구소를 만들어 제자를 양성할 때도 하나의 교육 방법론으로 활용하였다. 배구자는 연구생 12명을 중심으로 기본 무용을 연습하는 가운데 그들이 연습한 무용은 수십 가지라 말하였는데 발레가 중심에 있었음은 조선일보 및 매일신보에 배구자무용연구소 제1회 공연을 알리는 사진 보도에서 그대로 드러난다. 배구자의 동생인 배용자(배한라)가 발레복과 토슈즈를 신은 이 상징적인 사진은 발레가 무용 교육으로 수용되었음을 그리고 실제 공연에서 부분 접목되었음을 보여주는 예라 할 것이다.

---

22 배한라, 「언니 裵龜子」, 『춤』 17, 1977.7., 77쪽.

이후 1929년 9월에 있은 배구자무용연구소의 첫 공연에서도 이는 그대로 나타났다. 이날 펼쳐진 레퍼토리 가운데 발레도 선보여 관객의 큰 호응을 얻었는데, 소설가 심훈은 이 공연을 보고, 창작무용에 대해 높이 평가하면서도, 발레 등 다양한 장르의 춤에 대한 노력에 좋은 인상을 받았고,[23] 조동화는 '배구자는 발레의 분홍신을 신고 나와 관중을 사로잡았다'거나, 박진은 '나는 무대 뒤에 가서 그가 신은 자세히 보았다. 코가 길고 딱딱한 것인데 그때는 참 배구자는 보통이 아니구나 하고 생각했다.'[24]라고 말하며 발레 레퍼토리가 부분적이었지만 대중에게는 신선한 충격으로 다가왔음을 알 수 있다. 이렇게 배구자에 의해 부분적이지만 실제 공연과 무용 교육으로 발레는 새로운 무용 문화 발전을 위한 바탕으로 작용하였고, 조금 더 넓은 의미의 본질적 접근으로 확대되기 시작하였다.

이후 발레는 소품이 아닌 무용극의 형태로도 변용되어 나타나는데 이는 조택원에 의해 이루어진다. 1937년 프랑스에서 다양한 서양 무용을 접한 조택원은 한국적 소재와 발레의 접근을 꾀하며 이를 실천하는 노력을 기울이게 되는데 그 시도는 〈학〉을 통해 이루어진다. 조택원은 안나 파블로바의 〈빈사의 백조〉의 영향과 프랑스의 세계적 무용가이며 안무가였던 세르쥬 리파르(Serge Lifar)가 춤추는 것을 보고 학무의 발레화 모티프를 얻는다.[25] 서양발레가 〈백조의 호수〉나 〈빈사의 백조〉처럼 백조를 알레고리(allegory)화 하여 형이상학적 추

23 沈熏, 「새로운 舞踊의 길로(1) – 裵龜子 一回 公演을 보고」, 『조선일보』, 1929.9.22.
24 조동화, 「무용개관」, 한국문화예술진흥원 편, 『문예총감』, 한국문화예술진흥원, 1976, 478쪽.
25 『동아일보』, 1938.12.13.

상의 세계를 보여준다면 그는 '학'을 통해 동양 미학을 상징화적으로 보여줄 수 있는 가능성과 이를 무용극으로 표현할 수 있는 자신감이 타지에서 강하게 느끼게 된 것이다.

또한 이러한 계기는 그의 춤을 통해 한국미에 대한 프랑스 비평가의 호평을 듣고, 한국 문화 원형에 대한 재인식에서 비롯되었다. 그래서 '신무용을 하는 것이 얼마나 값없는 일'[26]인지 또한 한국 문화가 얼마나 아름다운지 스스로 느끼며 한국적 소재에 바탕을 둔 발레 작품을 구현한다. 먼저 그는 〈학〉을 작품으로 만들면서 신경 쓴 부분은 세 가지였는데, 작품의 원형적 모티프와 이야기 구성, 그리고 음악이었다. 원형에 대한 문제는 한성준에 학무(鶴舞)에 의탁한 부분이 많다. 학무는 '한성준씨의 제일 능란하고도 고상한 춤'[27]이란 말처럼 한성준을 대표하는 춤으로 그를 사사한 조택원의 입장에서 이 학무는 근원적 모티프로 작용하게 되었고, 지근거리에서 도움을 받을 수 있었다. 연출은 무라야마 도모요시(村山知義), 작곡에 다카기 도로쿠(高木東六)가 참여하는데 무라야마 도모요시는 일본 진보적 연극운동을 펼친 인물로 장혁주 원작의 〈춘향전〉의 연출을 맡는 등 지한파 중한 사람이었다. 다카기 도로쿠도 제국음학학교 교수로 재직하며 오페라 〈춘향〉의 작곡을 통해 알려진 인물로 한국을 어느 정도 이해할 수 예술인들로 구성되어 이상적인 모습을 보이고 있었다.

이렇게 기획된 〈학〉은 언론에서 그랜드 발레라는 명칭으로 기사

---

26 『조선일보』, 1938.9.8.
27 한국 전통 무용의 여러 레퍼토리를 정리한 고전무용대회에서는 14개의 춤이 소개되었다. 그 중 한성준이 직접 춘 춤은 학무와 及第舞 두 가지였다. 『조선일보』, 1938.6.19.

화하였다. 이러한 명칭은 언론에서 이름 지었다기보다는 조택원이
이 작품에 대한 규정에서 비롯되었을 것이다. 4막으로 구성된 무용극
으로 동양적인 발레로 시도된 작품이었기 때문이다.

그렇지만 1941년 1월 11~13일까지 도쿄 히비야공회당에서 공연된
〈학〉은 큰 호응을 얻지 못하였다. 새로운 의도와 규모 등에서는 의욕
이 넘쳤지만 완성도에서는 부족한 면이 드러났기 때문이다. 이에 대
해 그는 내용에 있어 한국적인 표현이 제대로 이루어지지 못한 한계
를 그 원인으로 찾고 있었다. 특히 음악 부분에서 실패의 원인을 들면
서 일본인 작곡가에 의한 작품이다 보니 굿거리장단, 염불, 타령의
리듬을 제대로 표현하지 못하여 불안전한 작품이 되었다라고 작품의
문제를 스스로 인정하였다.[28] 그렇지만 이 작품의 한계는 음악에서도
찾을 수 있겠지만 그의 작품의 접근 방법에서도 그대로 드러난다 할
수 있다.

> 서양의 무용, 발레는 내가 그처럼 가까이 그리고 그처럼 자세히 그리고
> 그처럼 여러 차례 들여다본 그들의 미술이나 음악과 마찬가지로 놀랍고
> 훌륭하고 신기하고 감탄하지 않을 수가 없었다. 그러나 나는 결국, 그것이
> 내 몸에 붙어주지를 않음을 발견하였다. 어딘가 마치 빌어 입은 옷처럼
> 안주할 수 없음을 깨닫는 것이었다. 가령 서양의 대가들의 무용조곡을
> 듣고 있어도 물론 춤의 충동, 춤의 감각은 일어나지만 우리의 굿거리,
> 진양조 따위를 들었을 때처럼, 산속에서 핏속에서, 혼속에서, 온몸에서
> 어쩔 수 없이 용솟음치며 우러나오는 그 충동은 느낄 수가 없다.[29]

---

28 조택원, 앞의 책, 177쪽.

29 위의 책, 137~138쪽.

그는 한국 전통 무용과 발레, 두 가지 장르의 통섭이 아니라 한국의 춤과 정신 안에 발레 형식미의 부분적 차용이란 측면이 앞섰다. 그러다 보니 발레에 대한 표상적 모습만을 차용하였고, 극적 요소 없이 전달된 스토리와 음악 부분에서의 괴리감으로 인해 대중에게도 본인 스스로에게도 만족스러운 작품이 되지 못한 것이다. 오히려 같이 공연된 조곡(組曲) 〈춘향〉이 호응을 얻은 것도 이야기와 한국적 표현 방식으로 인해 일본 대중들의 호응을 얻은 것도 배경에 놓인다 할 것이다.

그는 〈학〉 공연 실패 이후 한국으로 돌아와 우연찮은 기회에 새로운 작품을 만들게 되는데 〈부여회상곡〉이 그것이다. 〈부여회상곡〉은 총독부에서 내선일체를 지향하려는 의도에 만들어진 프로파간다 작품이다. 그럼에도 불구하고 조택원은 이 작품을 한국적 소재에 대서사 구조를 통해 그랜드 발레를 구현하려 노력하였기에 총독부의 의도대로와는 또 다른 방향으로 무용의 완성도를 높여가고 있었다. 그래서 〈부여회상곡〉은 무용가 25명, 합창단 40명, 관현악단 45명 등 130여 명에 이르는 대규모의 형태로 대중의 주목을 받게 되었다.

총독부의 후원을 통해 만들어진 이 작품은 총독부 기관지인 매일신보에서 대대적인 홍보를 하게 된다. 그런데 이 무용에 대해 무용시, 무용곡, 무용극, 국민무용, 무대시 등 개념 규정 없이 다양한 시각에서 혼재되어 나타났다. 이는 구조적으로는 연극적 요소가 강하게 드러난 무용, 혹은 서정적 색채가 강하게 드러나는 무용, 혹은 음악극적 요소가 강한 총체극적 요소 무용 등의 시각에서 제각각 규정짓고 있는 것이다.[30] 주목할 점은 이 작품에 대해 '조선에서 처음인 그랜드 발레의 실험'라는 언론의 보도가 함께한다는 점이다.

第三部는 全部十三曲으로된『그랜드·바레－』『扶餘回想曲』이엿섯다. 이三部는 形式에잇서 조선서처음되는『그랜드·바레－』로 첫試驗이며 짜라서 時代와史實史跡 衣裳의考證等과 作曲 按舞等 全部創作으로되어잇서 노피評價할 수 있다.[31]

〈부여회상곡〉이 친일무용이었는지 문제를 차치하고 이 작품이 발레였는가에 대해서는 앞서 〈학〉에서 논의된 쟁점이 다시 등장 한다. 그렇다면 한국적 소재에 조택원이 지속적으로 차용하려 한 발레 형식은 무엇이었을까? 아무래도 발레의 기법보다는 이야기 구조와 극적 구성에 바탕을 두는 무용이라는 인식이 놓인다. 이는 결국 무용극이란 범주에서 논의할 수 있을 것이다. 이러한 시각은 발레에 대한 당시 보편적인 관점과 그리 다르지 않다. 근대에 만들어진 신어사전 혹은 외래어사전에서 발레를 찾아보면 이 부분을 쉽게 이해할 수 있다.

바렛－(佛) 舞踊劇, 그저 劇的 構成과 테마가 있는 것. (「신어사전」, 『신인문학』 2:5, 1935.7)

바(발)레－(ballet) (1) 所作狂言, 手踊 (2) 舞踏, 踊 (이종극 편, 『모던조선외래어사전』, 1936)

무용극 1. 舞踊劇(춤출)(쮤) (연극) A ballet performance. (게일, 『한영대자전』, 1931)

당시의 인식이나 조택원이 이해한 부분도 발레는 무용극이고 그리

30 김호연, 「정치적 격변과 한국 근현대 무용의 상관관계 연구」, 『무용예술학연구』 50:2, 한국무용예술학회, 2014.

31 『매일신보』, 1941.5.14.

고 무용극이 발레라는 정의의 명제였다. 이는 발레를 글로 습득하는 대중이나 반대로 조택원의 경우처럼 눈으로 익힌 경우에서 쉽게 이해될 수 있는 부분이다. 그렇지만 발화 내용의 의미 구조가 단편적이며 함축적인 의미로만 전달될 때의 한계로 다가왔기에 대중에게는 발레의 미학적 의미는 묻힌 채 나타나게 된 것이다.

〈학〉과 〈부여회상곡〉이 보편적인 발레 형식을 지니고 있는지 혹은 본격적인 창작 발레였는지에 대해서는 그리 긍정적 인식을 주지 못한 것이 사실이다. 발레의 표피적 접목이었지만 그 형식이나 기법이 제대로 수용되지 못하였기 때문이다. 그래서 조택원에 있어서는 한국 창작무용의 개척자로 무용 속 한국 문화원형을 제대로 분출한 무용인으로 의미가 훨씬 더 강하게 뇌리에 남는다.

이렇게 일제강점기 발레의 실제적 모습은 선구자들이 추구한 무용의 일부분으로 차용되어 나타났다. 이는 일제강점기에 제대로 발레 교육을 받은 무용인이 생성되지 못한 현실적 문제가 가장 앞선다. 이러한 문제는 결국 일본에서 발레를 전문으로 배운 무용인이 등장하는 해방공간 이후에 부족하지만 다양한 활동을 하면서 해소되는 부분일 것이다.

4. 한국 발레의 본격적 올림과 대중성의 확대 양상

1945년 8월 15일, 일본의 패망으로 인해 한민족은 자주적 민족국가 건설이라는 과제가 갑작스럽게 주어졌다. 이는 강대국의 힘의 논리에 의한 것이었기에 뚜렷한 준비 없이 해방이 주어졌음을 의미하는 것이다. 그럼에도 불구하고 여러 정치 세력에 의해 새로운 국가 건설의 대책은 서서히 마련되기 시작하였다. 좌우익 세력이 망라된 건국준비위원회는 여운형을 중심으로 1945년 8월 15일 재빠르게 결성되더니, 좌익세력을 중심으로 조선인민공화국(1945.9.6.)으로 발전적 해체를 하며 범국가 조직으로 나아갔다.

그렇지만 미군정이 선포(1945.9.7.)되면서 좌익세력의 활동에 제동이 걸렸고 반대쪽에 놓여있던 우익세력인 이승만 중심의 독립촉성중앙협의회와 송진우, 김성수를 중심으로 한 한국민주당이 결성되고, 김구 중심의 임시정부 세력들이 국내로 들어오면서 자주적 민족국가 건설은 정치적 색깔에 의해 좌우되는 혼란 양상으로 치닫고 있었다.

문화계도 마찬가지였다. 이는 한국 사회에게 주어진 민족문화 건설이라는 현실적 과제로 인해 여러 세력들이 조직화하면서 힘의 논리에 의해 움직이기 시작한 것이었다. 먼저 건국준비위원회와 뜻을 같이하며 조선문화건설중앙협의회(1945.8.18.)는 모든 문화계를 아우르며 세력화하였고, 무용계에서도 조선무용건설본부(이하 무건)가 1945년 9월 김민자, 진수방, 양선방, 장추화, 이석예, 김애성, 이정정, 정지수, 박용호, 한동인, 김해성, 정인방 등의 젊은 무용인들이 중심을 이루며 사회 전면에 나서게 되었다.[32] 특징적인 것은 이즈음 모든 문화조직이 그러하듯 젊은 무용가들이 새로운 무용 문화 건설의 선봉에 섰다는 점이다. 특히 무건을 주도한 중심인물이 발레 관련 인사들이 많았다는 점은 더욱 주목할 수 있다. 진수방, 장추화, 이석예, 정지수, 한동인 등이 그러한 인물들로 지지기반이 없던 발레인들에게

---

32 조선통신사, 『조선연감1947』, 조선통신사, 1946, 303쪽.

이런 조직적 연대의식은 발레의 터전을 마련하고 세력화할 수 있는 계기로 작용하였기에 무건에 적극적으로 참여하였음을 알 수 있다. 결국 아직까지 한국에서 인식이 약한 발레의 기반을 확보하기 위해서는 조직에 의한 결합 그리고 발레의 대중성 확보라는 현실적인 문제가 생각되었고, 이러한 진보적인 조직을 결성하는 데 중심을 이룬 것이다.

그렇지만 이들의 활동은 그리 활발하게 진행되지 못하였다. 이는 무용계에만 국한된 문제는 아니었다. 사상적 토대였던 조선문학본부의 발전적 해체 등을 통해 좌익세력이 분열되었고, 다시 조선문화단체총연맹(1946.2.24.)으로 합쳐지는 혼란 상황에서 무건도 조선무용예술협회로 재결합되는 수순을 거치게 되었다. 여기서 특징적인 점은 친일적 행위에도 불구하고 조택원이 위원장으로 추대되어 상징적인 인물로 등장하였다는 점과 조직이 세분되어 발레부,[33] 현대무용부, 교육무용부, 미술부 등 실질적인 형태를 갖춘 점을 들 수 있다.

조선무용예술협회 창립 공연은 1946년 8월 5일부터 3일간 국도극장에서 펼쳐졌다. 여기서 위원장인 조택원의 〈만종〉, 부위원장인 함귀봉의 〈산에 즐거움〉 등을 비롯하여 15개의 레퍼토리가 대중들에 선보였다. 여기서 발레인들이 중심이 된 공연은 한동인의 〈비단거미〉, 진수방의 〈아리랑회상곡〉, 정지수의 〈화랑〉 그리고 〈원무곡〉 등 이었다. 〈원무곡〉은 정지수, 한동인, 조연희, 김이원, 이향희, 허문향, 김령, 류성희가 참여했는데 특징적인 것은 팸플릿에 참여 무용인

---

33 조선무용예술협회의 발레부에는 수석위원 정지수, 위원 조익환, 한동인, 진수방 등 무건의 인물들이 그대로 자리를 하였다.

들과 함께 '서울무용원'이란 이름이 기록되어 있는 점이다. 이는 이후 한동인이 이끈 서울발레단의 전신 형식이었으며 이러한 모습은 한동 인을 중심으로 발레인들이 하나의 결집체를 만들어 자생적인 한국 발레의 기틀이 하나하나 마련하는 모습이었다.

그렇지만 조선무용예술협회도 이 공연 이후 각개로 흩어졌다. 이 조직체는 함귀봉 중심의 조선교육무용연구소로 많은 인원이 옮겨 가 면서 무용 교육과 공연 활동으로 이어지는데 이 시기를 중심으로 장 르 별로 방향성을 잡아 나아가는 분기점이라고 할 수 있다.

이렇게 지근거리에서 조선교육무용연구소를 돕기도 하였지만 발 레는 실질적인 공연 위주의 형태로 결집하기 시작하였다. 1946년 한 동인을 중심으로 정지수, 장추화 등이 결성한 서울발레단이 그 대표 적인 예로 이는 이 땅에 제대로 된 발레의 첫걸음으로 의미가 있다. 이들의 활동은 당시 다른 무용단에 비해서 조직적이었고, 전문성을 띠고 있었는데, 그렇기에 그 중심에 있던 한동인은 무용은 물론이거 니와 장치, 무대, 팸플릿의 편집에 이르기까지 본격적인 발레의 주창 자로서, 무용 기업화를 시도한 예술인으로 평가할 수 있다.[34]

이들은 먼저 한국인무용연구소 상급생 중심으로 발레단을 조직하 였고, 1948년 현재 남성 무용수 4명, 여성 무용수 8명 그리고 연구생 무용학도들로 구성되어 있었다.[35] 이들을 중심으로 한 창단공연으로 는 〈공기의 정〉(라 실피드, La Sylphide)을 무대에 올리면서 본격적인

---

34 조동화, 앞의 글, 486~487쪽.

35 한동인, 「바레-란 어떠한 예술인가」, 『예술조선』 2, 1948, 대한민국예술원 편, 『한국 예술총집』 연극편 2, 대한민국예술원, 1990, 564쪽.

활동을 시작하였다. 〈라 실피드〉는 낭만주의 시적 이미지를 구체화하기 위해 태어난 무용수를 위하여 표현되어 완벽한 승리의 그 순간이라 이야기될 정도로 낭만주의 발레의 정점인 작품이다.[36] 이러한 낭만주의 최고의 작품을 서울발레단이 첫 작품으로 올린 의미는 무엇일까? 먼저 대중성의 문제를 중심으로 생각해 볼 수 있다. 이들에게 있어 아직까지 장막 발레를 올릴 수 있는 기반은 부족하였다. 그렇지만 발레의 진수를 보여줄 수 있는 레퍼토리를 고민하였을 것이고, 로맨틱 튀튀와 토슈즈의 기교를 살린 〈라 실피드〉는 대중에게 발레의 아름다움을 보여줄 가장 적합한 레퍼토리로 수용된 것이다.

그들의 두 번째 공연은 1947년 서울 부민관에서 열리는데, 이 공연은 당시 사회 전 분야를 정리하여 기록한 『조선년감』에 〈건설무용제〉, 〈정인방무용회〉, 〈조택원 도미공연〉, 〈진수방 창작공연〉과 함께 주목할 무용 공연으로 소개되었다. 그 레퍼토리를 보면 〈사신과 소녀〉, 〈민족의 피〉, 〈장렬〉 등 창작 발레 중심으로 이루고 있는데, 발레가 지닌 고정관념인 낭만성과 환상성에서 벗어나 사회적 전형성을 발레를 통해 구현할 수 있다는 점에서 주목할 수 있는 공연이었다.

> 총체적으로 테크닉의 끊임없는 錬磨에는 感歎하였다. 弟子들의 進步도 눈에 띄었다. 「死神과 少女」(한동인 김영양)에 있어서 그 테크닉의 絢爛함과 表現의 묘는 놀라웠다. 특히 상대역인 김영양의 發展은 값비사게 사야한다.
>
> 군무에 있어서도 많은 發展이 보이였으나 아직 몇사람의 未熟한 점이 있었다는 것은 유감이었다. 「민족의 피」, 「葬列」등의 착상은 매우 조왔으

---

36 조앤 카스, 김말복 옮김, 『역사 속의 춤』, 이화여대출판부, 1998, 150쪽.

나 그 내면 파악에는 모순이 있었다.

　그리고 끝으로 동공연에 있어서 관현악이란 산음樂을 쓴 것은 意義가 깊었으나 반주는 잘살리지는 못하였다.[37]

두 번째 공연은 사회적 관심에 대한 발레의 반영이었지만 이것이 제대로 표현되기에는 부족한 면이 많았다. 사회적 관심에 대한 의도는 돋보였지만 예술적 토대가 제대로 마련되지 않은 상태에서 사상이 앞서 예술의 의미가 반감될 수 있음을 여실히 보여주는 모습이었다. 그럼에도 이 공연에서는 단원들의 발진과 관현악의 도입 등이 진일보된 면모라 평가받으며 발레단으로 내실을 기한 측면에서는 긍정적이었다.

1948년 세 번째 공연에서는 〈호두까기 인형〉, 〈블루렛〉, 〈인어〉 등의 다채로운 색깔의 레퍼토리에 도전하더니 이후 1949년 네 번째 공연의 〈꿩〉은 한국적 소재를 바탕으로 창작 대본, 창작 음악으로 꾸미는 등 더욱 진일보된 형태로 나아가고 있었다. 또한 〈장미의 정〉(Le Spectre de la Rose)을 함께 공연함으로써 창작과 클래식 발레의 도전을 통해 대중에게 새로운 가치를 여는 지평을 열어주었다. 마지막 공연이 되어버린 5회 공연은 1950년 6월 24일부터 26일까지로 이 공연에서는 안데르센 동화 〈인어공주〉를 무대화하였는데, 대중에게 잘 알려진 이야기를 통해 발레의 대중화를 꾀했다는 측면에서 의미를 둘 수 있다.[38]

---

37 조선통신사, 『조선연감1948』, 조선통신사, 1947, 384쪽.
38 성기숙, 「해방공간(1945~1950), 한국 춤의 전개와 역사적 의의」, 『무용예술학연구』 13, 한국무용예술학회, 2004, 125쪽.

이렇듯 서울발레단의 공연은 레퍼토리 선정에 있어서 매회 주제가 있는, 의미 있는 공연을 선보였다는 점은 주목할 만하다. 〈공기의 정〉, 〈호두까기 인형〉, 〈장미의 정〉 등 유명한 고전발레에서부터 제2회 공연처럼 사회성 짙은 주제, 그리고 창작 발레까지 1년 주기의 공연이 계획에 의해 준비되고 전문화된 공연이었다는 점에서 큰 성과라 할 수 있다.

이러한 활발한 활동에도 불구하고 한동인은 한국 무용이 처한 현실적 문제, 내적 토대와 관련된 고민에 대하여 몇 개의 글을 통해 그 속내를 털어놓았다. 해방공간의 한국 무용은 모방기를 지나 창조기의 시작이라 진단하며 한국 무용의 발전을 위해 몇 가지 제언을 펼치는데 ①국·공립의 무용학교의 창립 필요 ②국립극장, 극장 부속의 무용단 설립 ③무용콩쿠르에 대한 문제 ④각 학교의 무용 교육방침 ⑤무용가들의 처신 문제 등이 그것이다.[39] 이 문제는 한국 무용계에 대한 이야기이지만 발레를 대입해도 그대로 이해할 수 있는 쟁점이다. 기반이 없는 현실에서 발레가 빠른 시간 발전을 할 수 있는 방법은 엘리트 교육을 통한 인재 양성을 우선으로 생각할 수 있는 부분이다. 게다가 발레는 대중화가 이루어지지 못하다 보니 흥행적인 면에서는 다른 장르에 비해 장점을 찾기 힘들다. 그렇기에 안정적인 공간이 이들에게 필요하였고, 또한 당시 지속적으로 추진되던 국립극장 설립운동과 더불어 국립무용단 설립 등이 발레인들이 선결해야 될 문제로 인식된 것이다.

---

39 한동인, 「朝鮮舞踊의 發展을 꾀하며」, 『예술조선』 3, 1948.4, 대한민국예술원 편, 『한국예술총집』 연극편 2, 대한민국예술원, 1990, 566~567쪽.

조익환은 이러한 문제를 좀 더 세밀하게 발레의 시각에서 다시 정
리하여 이야기하였다. 여기서 이야기한 문제는 발레 발전을 위한 가
장 시급한 과제임과 동시에 거시적으로 전반적인 무용계의 문제가
내포되어 있다.

> 本來 바레-는 우리 風土에서 자라난 植物과 달러 特別한 溫床이 必要
> 한 것이다. 그 溫床이라 함은 즉 舞踊學校와 國立劇場일 것이다. 바레-
> 는 劇場舞踊이니만치 또 舞踊劇을 意味하는 만치 「안나 파브로바」라 하
> 드라도 혼자추면 劇場的인 效果를 낼 수 있는 것이고 더구나 舞踊劇을
> 上演하려면 音樂, 美術, 照明等의 姉妹藝術의 協力을 얻어야 하고 特히
> 대악단의 演奏가 있어야 完全한 바레-的 인 雰圍氣를 자아낼수가 있는
> 것이다. 그러므로 國立劇場과 附屬舞踊學校의 必要性을 이에 強調하는
> 同時에 兩者없이 바레-의 健全한 發展을 보기 어려울 것이며 더구나 우
> 리의 民族바레-의 창설은 바라기 어려운 것이다.[40]

이 글은 당시 발레인이 집단적으로 고민한 문제의 정리이며 앞서
한동인의 생각과 그 맥을 같이한다. 여기서는 국립극장과 무용학교
라는 온상이 필요함을 강조하는데, 무용극이라는 발레의 속성으로 인
해 협업 체제, 즉 음악, 미술, 장치 특히 음악이 오케스트라와 함께
이루어져야 됨을 강조하는 점은 현실적 문제를 토로한 것이다. 이는
그동안 해방공간 서울발레단이 지속적인 활동을 펼쳤지만 장막 공연
으로 나아가지 못한 한계, 그리고 발전적인 방향으로 한국 발레가 나
아가기 위한 충언으로 인식할 수 있을 것이다.

---

40 조익환, 「바레-藝術展望」, 『京鄕新聞』, 1949.9.24.

이러한 거시적인 생각과 함께 대중에게 미시적으로 발레의 현실적 문제에 대한 고민도 함께 이루어지는데 한동인의 「바레ー란 어떠한 예술인가」가 그러한 글이다. 여기서는 발레의 개념 정립, 역사, 한국의 현실에 대해 일목요연하게 정리하여 대중에게 쉽게 발레를 이해시키고 있다.

「바레ー」란 十四世紀부터 繼承되여오는 「바레ー」獨特한 「텍닉」으로 構成되는 「舞踊劇」을 말하는 것이다. 「바레ー」란 舞踊劇인 까닭에 「演劇」과 同一하게 發端 發展 解決의 三部로 되여있다. 그러나 「演劇」이나 「오페라」는 臺詞와 歌詞로 劇의 內容을 表現하게 되나 「바레ー」에서는 絶對로 臺詞나 歌詞를 通하여 表現하는 것이 아니요 默劇的 演技와 舞踊 그 自體로 劇의 內容을 表現하는 까닭에 「오페라」나 「演劇」 以上의 힘과 演技가 必要함은 말할 것도 없다.

더구나 「바레ー」는 音樂, 美術, 文學, 舞踊의 綜合藝術인 까닭에 姉妹藝術의 協力이 絶對的인 것은 딴 藝術에서는 보기 드문 현상이다.

그리고 「바레ー」가 舞踊中 가장 組織的이요 集團的이요 舞踊의 最高線이라는 것은 音樂에 獨奏가 있고 三重奏 五重奏 그리고 집단적인 「심포닉ー」가 있는 것과 마찬가지다.[41]

한동인은 발레를 14세기에 발생하여 묵시적 연기와 무용 등의 특수한 테크닉을 지닌 무용극으로 정의하였다. 몇몇 사람들이 그동안 발레에 대한 정의를 내려왔지만 대중이 알기 쉽게 명제화하여 보여준 설명이다. 게다가 집단, 조직 종합예술이란 키워드로 발레를 풀어

---

41 한동인, 앞의 책, 560쪽.

내고, 이를 발레의 역사에 적용시켜 이해의 폭을 넓히고 있다.

또한 한동인은 그동안 대중이 가져온 발레의 고정 관념을 몇 가지 화두를 통해 새롭게 이해시키고 있다. 먼저 '요정의 주제만을 다루는 것이 발레'라는 생각에 대한 부분이다. 이는 고전 발레의 낭만성과 환상성이라는 부분이 당시 강렬하게 대중들에게 인식된 면모에서 비롯될 것이다. 이는 앞서 그들이 올린 〈공기의 정(라 실피드)〉에 대한 대중의 시선에서도 한몫하였다. 그렇지만 그는 서울발레단의 두 번째 공연에서 추었던 〈민족의 피〉, 혁명투사의 영전에 바치는 〈장렬〉을 예로 들며 현실적인 조선의 모든 것을 표현하고 있다고 설명하고 있다. 이러한 문제는 발레가 단순하게 고전에 바탕을 둔 낭만성만을 추구하는 것이 아닌 사회적 관심에서 동떨어지지 않고 어떤 주제도 표현할 수 있음을 말한 것이다.

또한 특수한 테크닉 만을 추구하는 것이 발레가 아니냐는 생각에 대해서도 테크닉이 없는 무용은 없으며 이러한 테크닉도 몇 세기를 정제되어 온 미적 요소의 조각이라 설명하여 발레의 특수성에 대한 문제를 언급하였다. 그러면서 그는 척박한 현실 속에서 서울발레단의 원대한 책임과 포부를 말하면서 중요한 문제를 언급하는데, '일반이 보고 이해할 수 있는 작품이래야 작품의 가치가 있는 것'[42]이라는 화두가 그것이다. 그가 추구하고자 한 것은 결국 일반 대중을 위한 발레임을 강조하고 있는 것으로 무용계의 영원한 화두 중 하나인 무용의 대중성의 문제를 해방공간에도 고민한 흔적을 엿볼 수 있다. 이렇게 한국 발레의 보편성과 특수성의 문제는 고스란히 한동인 그

---

42 위의 책, 563쪽.

리고 서울발레단이 짊어질 숙제였다.

그렇지만 이러한 근대 발레 확산의 제 양상과 그 인식 수용 과정은 한국전쟁을 중심으로 한풀 꺾이는 모습을 드러낸다. 한국전쟁 전후 많은 발레인들이 납북되거나 월북을 통해 북한 무용의 한 축을 담당하기 때문이다. 결국 한국 발레의 확대와 대중적 인식 확산은 앞서 한동인이 이야기한 몇 가지 제언이 어느 정도 충족되는 한국전쟁 이후 제대로 발레 교육을 받은 선각자들의 노력 그리고 국립극장, 국립발레단의 생성으로 많은 부분이 해소되었다.

5. 결론

이 연구는 한국 근대 시기 발레에 대한 인식, 그리고 그 수용 양상을 중심으로 살펴본 글이다. 한국 대중에 처음으로 발레가 인식된 것은 언론매체를 통해서이다. 1914년 『매일신보』에 발레복을 입고 춤을 추는 아델네이드라는 인물의 사진과 1920년 안나 파블로바의 소개에서 그 이미지를 찾을 수 있는데 아직까지 발레에 대한 인식이 뚜렷하지 않았기에 발레는 대중에게 서양 춤의 큰 범주 안으로 이해되었다. 그러다가 엘리아나 파블로바의 1931년 경성 공연에서 한국 대중에게 수용되었지만 언론에서는 단순하게 '고전적 무용 혹은 정통적이다'라는 용어를 사용하였고, 현대무용에 대한 대립적 용어로 객체적 측면이 강하였다.

이는 현대무용가 박영인의 글과 그를 소개하는 글에서도 드러나는데 '발레는 화려한 것을 생명으로 하는 예술'이란 표현도 어찌 보면 발레를 실제적으로 경험하였다기보다는 추상적인 개념이며 인상적인 시각에서 바라본 면모라 할 수 있다. 그래서 근대 초기 여러 흐름 속에서 발레에 대한 이론 정립이나 인식은 부분적으로 나타나고 있었는데, 가장 큰 이유는 근대 한국에 제대로 된 발레 무용수가 없었기에 발레에 대한 담론 형성이 제대로 이루어지지 못한 것이다.

그럼에도 몇몇 무용인에 의해 실험적으로 무대에서 구현되는데, 배구자의 첫 공연에서 〈빈사의 백조〉를 레퍼토리로 수용하여 발레의 희미한 흔적을 찾아볼 수 있다. 또한 그는 배구자무용연구소에서 실제 공연과 무용 교육에서 발레를 부분적으로 수용하여 새로운 무용 문화 발전을 위한 방법론으로 활용하였다.

조택원은 프랑스에서의 여러 경험을 바탕으로 〈학〉, 〈부여회상곡〉을 통해 그랜드 발레라는 명칭으로 한국적 소재와 발레의 접목을 꾀하였다. 그는 한국의 춤과 발레 형식미의 차용을 통해 한국적 발레의 완성을 추구하였으나 발레의 기법보다는 이야기 구조와 극적 구성에 바탕을 두는 무용극이라는 범주에서만 논의할 수 있을 부분이다.

한국 발레는 해방공간을 통해 본격적인 발디딤이 시작되는데, 이러한 모습은 여러 조직을 통해 이루어진다. 새로운 문화건설을 꿈꾸며 결성된 조선무용건설본부는 젊은 무용인 중심으로 세력화하는데 여기에는 국내 지지기반이 약한 발레인들이 중심에 서는 계기였다. 이러한 조직적 연대의식은 발레가 분배와 임무 그리고 집단적 응집력이 하나의 바탕이 되기에 자연스럽게 나타났고, 자생적인 한국 발레의 기틀이 하나하나 마련해 나아가는 모습이었다.

이후 한동인이 중심이 된 서울발레단의 노력은 한국 발레의 방향성을 그대로 제시한 행보들이었다. 그들은 첫무대 〈공기의 정〉으로 시작하여, 〈호두까기 인형〉, 〈장미의 정〉 등의 고전발레는 물론이거니와 〈민족의 피〉, 〈장렬〉과 같은 사회의식에 바탕을 둔 발레 그리고 〈꿩〉과 같은 창작 발레나 〈인어〉의 경우처럼 대중화를 꿈꾼 레퍼토리까지 매회 준비하며 전문화된 공연을 통해 대중과 함께 호흡하고 있었다.

그럼에도 한국전쟁과 함께 이를 전후로 많은 발레인들이 납북, 월북을 통해 북한 무용의 한 축을 담당하면서 한국 발레 발전 양상도 잠시 멈춤의 상태에 빠지게 된다. 결국 본격적인 한국 발레의 큰 기틀은 한국전쟁 이후 제대로 발아하였는데 이러한 이 시기의 배아(胚芽)가 큰 바탕이 되었음은 부인할 수 없는 사실이다.

이러한 역사적 흐름 속에서 여기서 다루지 못한 중요한 쟁점인 일본 발레의 영향 관계 등은 추후의 연구대상으로 삼을 것이다. 이와 함께 이 연구에서 다룬 담론이 한국 발레의 정신사적 의미 체계를 고구하고 한국 발레의 보편성과 특수성을 살피는 씨앗이 되기를 기대해 본다.

배구자를 통해 본
근대 한국 무용의 변용과 창조

1. 서론

배구자(裵龜子)는 한국 근대 예술사에서 독특한 의미를 지니는 인물 중 한 명이다. 그는 먼저 일본의 기예가인 쇼쿄쿠사이 덴카쓰(松旭齊天勝)에게 기예(마술)와 음악, 무용 등을 사사하고, 덴카쓰좌(天勝一座, 이하 덴카쓰)의 일원으로 한국과 일본에서 다양한 공연을 펼쳐 대중적 예술인으로 이름을 높였다. 그러다가 그는 1928년 개인발표회를 통해 창작무용 〈아리랑〉, 발레 〈빈사의 백조〉 등을 선보이며 전통성과 동시대성을 함께 담아낸 주체적인 공연을 펼쳐 한국 근대 무용의 효시로 인식되었다. 이후 배구자악극단을 만들어 무용과 악극 등의 다양한 공연 형태를 통해 이 땅은 물론이거니와 일본에서도 공연을 펼치며 한국 문화의 확산과 생산성을 보여주었고, 연극 전용극장인 동양극장을 만들어 한국 근대 대중문화의 토대를 마련한 인물로도 기억될 수 있다.

이렇게 그는 동시대 근대 공연 양식을 체화하고, 한국적 현실에 맞게 변용시켜 한국 근대 무대공연예술의 선구자로 연구의 가치가 있다. 이는 무대공연예술의 기반이 제대로 구축되지 않은 현실에서 무용, 레뷰, 발레, 악극 등의 발현은 그를 통해 이루어지며 대중과 소통하였다는 측면에서 주의 깊게 살펴볼 필요가 있다.

　그동안 배구자에 대한 연구는 다양한 시각에서 이루어졌다. 유민영이 공연예술사적 측면에서 배구자의 선구적 업적을 밝힌 이후 그에 대한 연구는 다양한 관점에서 연구가 진행되었다.[1] 이와 함께 전은자·이재연의 「신무용 기점에서 본 배구자 연구」, 이대범의 「배구자연구 － 배구자악극단의 악극활동을 중심으로」와 김남석의 「배구자악극단의 레퍼토리와 공연 방식에 대한 연구」 그리고 김호연의 『한국근대무용사』 등도 배구자 연구와 관련된 노작들이다.[2]

　이 연구에서는 그동안 선험적 연구를 비판적으로 수용하면서 배구자의 서양 춤 수용을 통해 나타난 장르적 파생 양상을 총합적인 측면에 초점을 맞추어 근대 공연양식이 어떻게 한국적 현실에 맞게 변용되는지를 살펴보고자 한다. 먼저 그가 처음 몸담은 덴카쓰에서 수용된 다양한 장르 체험이 어떠한 재생산을 거치는지 고구해보도록 한다. 또한 1928년 배구자의 개인 첫 무대 이후 창작춤이 어떠한 담론을 담아내며 무대에서 펼치는지에 대해 집중해보고자 한다. 배구자가 지향한 무용 세계는 조선 춤에 근간을 두고 서양식 기법을 도입하여 동시대 한국적 춤 형식을 정립하는 것이었다. 이에 그는 한국의

1　유민영, 『우리시대연극운동사』, 단국대출판부, 1990.

2　전은자·이재연, 「신무용 기점에서 본 배구자 연구」, 『대한무용학회논문집』 45, 대한무용학회, 2005; 이대범, 「배구자연구 － 배구자악극단의 악극활동을 중심으로」, 『어문연구』 36:1, 한국어문교육연구회, 2008; 김남석, 「배구자악극단의 레퍼토리와 공연 방식에 대한 연구」, 『한국연극학』 55, 한국연극학회, 2015; 김호연, 『한국근대무용사』, 민속원, 2016.

문화전통에 근대적 양식을 도입하는데 중점을 두었는데 〈아리랑〉은 그 대표적인 모습이었고, 민요 등 전통문화를 바탕으로 이를 무용극으로 풀어내려 한 모습도 그러한 예일 것이다. 또한 개인 발표에서 공연된 〈빈사의 백조〉를 통해 서양 고전 예술 양식인 발레가 어떻게 한국에 수용되는지도 연구 대상이다.

　또한 배구자가 첫 공연 이후 악극단을 조직하여 다양한 장르의 통섭을 통해 레뷰, 무용, 악극 등을 공연하는데, 이러한 공연에서 어떠한 담론을 담아 관객에게 수용되는지도 연구의 대상으로 한다. 배구자의 공연에 대해 '여취여꿩케 할 것이며 생활에 쪼들린 이들로서도 이러한 도취의 밤이 얼마나 위안이 될 것인지 실로 흥미 있는 개최[3]라는 문구에서도 드러나듯 대중은 그의 공연을 통해 잠시나마 시대고를 잊고 있었는데 이는 대중문화의 형성이라는 측면에서 의미가 있다. 이는 배구자의 공연 레퍼토리의 의미체계 분석을 통해 그 담론이 무엇인지 초점을 맞춰 고구할 것이다.

　이 연구는 그동안 배구자의 외연적 토대에 집중한 관점에서 벗어나 내적 검토 속에서 통합적 양태를 살펴 그의 예술세계와 근대적 양식의 수용과 변용 양상을 함께 고민하는 계기가 될 것이다. 이는 배구자가 동시대 서양의 여러 예술 장르를 수용하여 이를 체화한 뒤 한국적 현실에 맞게 변용한 인물로 의미가 크기 때문이다.

3　『조선일보』, 1930.11.4.

2. 배구자의 서양 춤 수용과 메타모포시스의 실제

1) 덴카쓰를 통한 다양한 공연양식의 수용

배구자에 대한 평가는 대부분 부정적인 고정관념에서 출발한다. 이러한 생각은 당대나 후대에 이르기까지 관념처럼 잔존하는 부분이다. 이는 1930년대 중요 무용가에 대해 연재를 한 오병년의 글에서도 잘 나타난다. 그는 배구자에 대해 "결코 순수한 창작무용가(예술무용가)가 아니고 − 최근 씨 자신은 '신무용'이란 말을 쓰고 있으나 기실은 일반이 '댄스'라고 부르는 소위 '보드빌 댄서'에 속할 사람이다."[4]라며 무용수로 대우하는 것은 웃음거리 밖에 되지 않는다 말한다. 단정적으로 배구자는 무용가가 아니라는 평가이다. 이는 오병년이 배구자는 무용가가 아니라고 말한 근거로 최승희와 비교하며 예술적 내용을 담아내지 못하고, 오락적인 흥미를 유발하는 예술이라는 생각에서 비롯되었다. 그가 배구자를 '보드빌 댄서'라 지칭한 것도 많은 것을 함의하여 단정적 용어로 규정지은 것이다.

이러한 관념은 먼저 배구자가 처음 예술을 접하는 토대에서 작용한다. 그가 예술에 관심을 가지게 된 것은 덴카쓰로부터 출발한다. 덴카쓰와 배구자의 인연은 1915년 덴카쓰의 공진회 공연을 보고 감흥을 받아 그의 고모인 배정자의 부탁으로 이곳에 들어가게 되면서부터 시작되었다.[5] 이 단체를 이끈 쇼쿄쿠사이 덴카쓰는 곡예, 무용, 연극, 레뷰 등 다양한 장르를 섭렵한 대중예술인으로 일본에서 인기

---

4   오병년, 「염려한 자태가 평범치 않는 대중적인 배귀자씨」, 『동아일보』, 1937.9.11.
5   「奇術의 裵龜子」, 『매일신보』, 1918.5.26.

가 높았고, 이미 1911년 덕수궁 중화전에서 고종 환갑기념 공연을 펼칠 정도로 한국에서도 관심을 불러 모으고 있었다. 이후 덴카쓰는 1915년 경성에서 열린 시정오주년 조선물산공진회 공연에 참여하여 대중과 소통을 하는데 여기서도 커다란 반응을 얻었다. 이 공연은 열흘 정도 벌어졌는데 마술응용무용극으로 불리던 〈살로메〉와 우의무 그리고 희극 〈포서(捕鼠)〉 등을 중요 레퍼토리로 삼으면서 대중공연에 대한 토대가 없는 이 땅에 새로운 볼거리를 주었다.

> 공진회연예관에 출연중인 텬승의 긔슐응용 「싸로메」 연극은 대단흔 호평을 밧아 십일일밤도 비가오는중에 만원이 되얏더라 이호평의 「사로메」는 십스일까지에 맛치고 십오일부터 다시 텬승과밋일힝의 뎨일잘하는 우의무 「羽衣舞」와 희극을 홀터이라는디 이 우의무는 여러가지 광션을 리용하야 보기에 대단화려흔것이라하고 또텬승의 「싸로메」도 잦나기전에 한번 보아야만홀것이더라.[6]

덴카쓰의 이 공연은 한국에 새로운 감흥을 전해주기에 충분하였다. 아직까지 한국에서는 무대공연예술이 정제되어 있지 않고, 다양한 공연 형태가 없는 상황에서 기예에 바탕을 둔 이들의 공연은 관객을 끌어 모으기에 충분하였다. 이들의 공연은 일회 평균 관객이 1,000여 명에 이를 정도로 가장 인기가 높은 공연이었는데 같은 시기 공연된 것이 기생조합의 전통연희였다는 점에서도 변별성을 지닌다. 다수의 관객은 이 공연을 즐겼는데 특히 수용자에서 생산적 참여를 가지고 온 것이 배구자였고, 이 공연을 계기로 덴카쓰에 들어가 다양한

---

6 「싸로메는 십사일까지」, 『매일신보』, 1915.10.13.

기예와 가무를 익히게 되었다.

배구자는 1918년 경성 덴카쓰 공연을 통해 국내에 첫 선을 보이는데 〈평화의 신과 천사〉,〈소공자〉,〈꿈과 호접〉 등의 작품에 참여하며 덴카쓰의 상징적 존재가 주목을 받았다. 여기서 그가 참여한 작품은 마술적 요소가 들어간 작품이라기보다는 대부분 극형식의 작품들로 연기와 춤 등을 통해 그의 실력을 발휘하였다. 그렇지만 이러한 형식의 공연예술은 그를 통해 한국에서 확대되지 못하였다. 기예, 마술과 연극 혹은 무용이 결합된 형태는 덴카쓰만의 독특한 무대공연 모습이었고, 덴가츠에서 활약하던 배구자도 이러한 공연형식을 스스로 무대화한다는 것에 회의적이었기 때문이다. 그는 덴카쓰 탈퇴 이후 다시 무대에 서지 않느냐는 질문에 '아직 그럴 생각은 없고 나간다면 마기술(魔奇術) 같은 것은 절대로 하지 않고 예술적 무대에 나가겠다.'[7]라고 밝혔다. 이러한 생각은 마술을 바탕으로 하는 공연형식의 한계점과 배구자의 관심이 무용과 음악이 어우러진 극형식이란 점에서 비롯된 모습이었다.

이러한 배경에는 배구자가 덴카쓰에 소속되어 있으면서도 미국 장기 공연의 경험 그리고 일본 근대 무용가와 교류 등이 존재하였다. 그는 1924년 덴카쓰의 미국 장기 공연에 참여하였고 이와 함께 미국의 다양한 공연을 접하면서 동시대적 흐름을 읽을 수 있었다. 그는 '서양 무용이나 극이 훌륭하지만 구경하고 별로 신통한 것을 못 보았다[8]고 말하면서 한국 특유한 전통적 예술을 찾아 연구해야겠다는 생

---

7   「一時所聞높든 女性의 最近消息. 二」,『조선일보』, 1928.1.3.

8   「裵龜子의 舞踊殿堂, 新堂里文化村의 舞踊研究所 訪問記」,『삼천리』 2, 1929.9.1., 44쪽.

각을 가지게 된다. 이러한 인식은 장르에 대한 가치판단을 떠나 미국
에서 다양한 장르를 체험하게 되어 예술에 대한 새로운 가치관이 형
성되었고, 문화정체성에 대한 인식을 다지는 계기가 되는 시간이었
다. 이러한 모습은 최승희가 이시이 바쿠(石井漠)의 영향을 받아 현대
무용으로 입문한 뒤 한국 전통 춤을 새롭게 인식하여 구성하고 해외
공연에서 이를 중요 레퍼토리로 삼아 문화원형을 재편성한 것과 같
은 맥락에서 이해될 수 있는 부분이다.

　또한 그는 덴카쓰의 여러 작품에 출연하며 다양한 안무자들을 만
나 무용을 익히는데 다카타 마사오(高田雅夫)와 이시이 바쿠를 언급
하며 다카타 마사오가 좀 더 밝고 자유로운 분위기였기에 좋다고 언
급하였다.[9] 이는 이시이 바쿠가 현대무용에 기반을 둔 서양 춤의 양
상이라면 다카타 마사오는 음악극 형식을 추구하였다는데 이러한 배
구자의 개인적 취향이 결국 앞으로 작품을 만드는 토대로 자리함을
알 수 있다. 이와 함께 덴카쓰는 기예를 떠나 미국 버라이어티쇼 수
용의 첫 번째 모습이면서 이후 일본 대중문화를 이끄는 아사쿠사 오
페라 탄생의 출발이라는 점[10]에서 배구자는 환경적으로 대중 취향의
공연으로 나갈 수밖에 없었다. 그런 의미에서 그의 출발이 덴카쓰였
다는 점에서 제한적이지만 다양한 동시대 경험을 통해 새로운 장르
확산으로 이어진다는 측면에서 배구자의 이 시기를 주목할 필요가
있다.

9　위의 글, 44~ 45쪽.
10　오자와 요시오, 명진숙·이혜정 옮김, 『일본현대연극사』, 연극과 인간, 2013, 28쪽.

2) 1928년 배구자 음악무용회를 통한 근대 담론의 발현

고덴카쓰(小天勝, 작은 덴카쓰)로까지 불리던 배구자는 1926년 덴카 쓰의 평양 공연 중에 갑작스럽게 탈퇴를 한다. 이는 신문 사회면에도 대서특필될 정도로 이슈가 되었지만 연애나 재산 관계라는 추측이 나왔을 뿐 정확한 원인은 밝혀지지 않았다.[11] 이후 대중은 배구자의 행보에 대해 많은 관심을 보였음에도 그는 간헐적으로 무대에 설 뿐 오랜 침묵을 지키며 평범한 삶을 살고 있었다. 그러던 그가 대중과 오랜만에 소통한 것은 1928년 배구자음악무용회를 통해서였다.

배구자는 이 시기 미국에 가서 무대공연예술을 공부하고자 하는 생각을 가지고 있었다. 이는 덴카쓰 시절 미국에서 짧은 체험에 대한 아쉬움과 본격적으로 예술을 익히고자 한 생각에서 비롯되었다. 그 런데 그는 음악 서적을 발행하던 백장미사 이철의 삼고초려로 무용 음악회라는 이름으로 무대에 오랜만에 선다. 백장미사 주최로 장곡 천공회당에서 열린 공연 레퍼토리를 보면 다음과 같다.

제1부 1. 무용 '유모레스크' 배귀자양 2. 바이얼린 독주 '그 나라에서' 휴 쓰씨 3. 무용 '집시댄스' 배귀자양 4. 피아노 독주 소나타36 스 투데니씨 5. 엘토 독창 '어이하리'(백장미 제1집에서) 배귀자양
제2부 6. 일본용(踊) '앵(櫻)·앵(櫻) 배귀자양 7. 바이올린 독주 (1) '애 (愛)의 노래', (2) '간단한 고백' 안병소(安炳昭)군 8. 무용 '셀리 (수부水夫) 배귀자양 9. 저중음低中音 독창 '정야靜夜' '스투데 니'씨 10. 무용 인형 배귀자양
제3부 11. 무용 '아리랑'(조선노래를 무용화한 것) 자작 자연 배귀자양

---

11 「구자의 탈주는 연애와 재산관계」, 『매일신보』, 1926.6.7.

12. 바이올린 독주 (1) 야(夜)의 노래 (2) '항가리안 댄스' 휴—
쓰씨 13. 무용 '사死의 백조' 배귀자양[12]

공연 내용을 보면 배구자의 무용과 노래 그리고 찬조출연자의 연
주로 구성되어 있음을 알 수 있다. 이러한 점은 백장미사 주최였기에
음악 중심으로 기획된 결과로 함께 무대를 꾸민 인물들이 다 바이올
린, 피아노, 독창 등 음악으로만 이루어졌고, 배구자가 노래를 부른
'어이하리' 한 곡도 백장미사의 홍보를 위한 측면까지 의도된 모습이
다. 그렇지만 여기서 주목할 수 있는 것은 음악과 함께 7개의 무용작
품을 선보인다는 점이다. 배구자는 그동안 덴카쓰에 몸담으며 연극
이나 노래를 하였지만 전면적으로 무대에서 무용을 선보인 적은 드
물었다. 대부분 레뷰 등에서 부분적 역할을 맡을 뿐이었는데 이 무대
는 그가 그동안 쌓은 무용을 독무 형태로 선보여 올곧이 배구자의
무용 세계를 펼쳤다는 점에서 새로운 담론을 던졌다. 또한 7개의 춤
내용이 전부 달랐다는 점도 흥미로운데 서양 춤, 일본 춤을 비롯해
다양한 레퍼토리로 구성하여 그동안 체화된 근대의 여러 춤 양식이
이 무대를 통해 이루어진다는 측면에서도 주목할 수 있다.

무용에서 가장 의미 있는 작품은 아무래도 창작춤 〈아리랑〉이다.
〈아리랑〉은 민요 아리랑을 음악으로 표현한 작품으로 '움물가으로
동백기름 바른 머리에 물동이 이고 고요히 거러 나아와 나무가지에
걸린 반달을 처다보든 그 신비성을 띈 아리랑'[13]이란 묘사처럼 향토성

---

12 「태서의 명곡과 '아리랑'의 무용화, 만도가 기대하는 배양의 묘기」, 『중외일보』,
1928.4.20.
13 草兵丁, 「街頭의 藝術家」, 『삼천리』 11, 1931.1, 57쪽.

이 짙게 묻어나는 춤이다. 여기서 민요를 통한 창작이라는 점이 주목되는데 민요는 민중의 노래로 머물지 않고 민족의 노래라는 새로운 구실을 하여 민요의 교류와 변모가 촉진되어 시대적인 각성을 함께 나타내는 공동의 자리를 마련하게 한다.[14] 그런 민요는 근대에 들어오면서 지역을 중심으로 구전되던 한계에서 벗어나 문자 혹은 음표로 기록되고, 여러 매체에 의해 만들어진 전통으로 민족의식을 불러일으키는 기호로 작용을 하였다. 이러한 흐름은 민요시 운동이나 신민요로도 재생산되었고, 민중문화의 가장 대표적인 장르로 거듭난 예에서도 드러난다.

이러한 의식을 더욱 강하게 각인시킨 것은 1926년 나운규의 영화 〈아리랑〉이었고, 이 작품은 배구자의 창작무용이 나오게 되는 모티브로 작용하였다. 나운규의 〈아리랑〉은 일제강점기 민족영화라 일컬어지는 대표적 작품으로 '민족의 애환을 은유적으로 다루면서 대중이 좋아하는 통속적인 요소를 담고 있는 점에서 성공의 원인'[15]이 있었다. 이는 나운규가 의도하건 의도하지 않건 이 영화에 조선의 민중적 토대가 담겨 있었고, 임화가 말한 '단순한 조선의 人象, 風景, 風俗 이상의 것을 맛보는 만족'[16]을 주었기에 대중에게도 통속적 요소가 많음에도 불구하고 의미가 확대되어 수용되었다. 이러한 기저에는 아리랑 소리는 피식민지 언어로 된 피식민지 민족국가라는 상상의 공동체를 대표하는 의사소통어로서의 노래가 되었고, 이러한 결정적 계

---

14 조동일, 『한국문학통사』 4(제3판), 지식산업사, 1994, 60쪽.
15 이효인·정종화·한상언, 『한국근대영화사』, 돌베개, 2019, 115쪽.
16 林和, 「조선영화발달소사」, 『삼천리』 13:6, 1941.6, 201쪽.

기로 나운규의 〈아리랑〉에 의해 심금을 울리는 민족의 노래로 자리 잡은 것이다.[17] 이러한 과정은 대중적 매체인 영화를 통해 민중의 심 정적인 결집을 이루고, 민요, 텍스트, 영화 다시 입에서 입으로 불리 는 구술로 회귀를 보이며 민족원형을 일깨우는 상징적 기호로 확대 재생산되었다.

배구자의 〈아리랑〉도 이러한 바탕에서 출발한다. 이 작품도 아리 랑이 가지는 민중적이며 집단무의식 속 민족 원형의 요소에 동시대 시대정신과 전통적 요소가 가미되었고, 이것을 감정에 담아 극적으로 표현하며 카타르시스를 주기에 충분한 요소를 보여주었다. 이 공연에 대한 리뷰에서도 '아리랑을 자작한 것은 그 동기부터 우리는 감사하고 싶다. 아리랑의 기분을 무용으로 나타내었는데 그 얼마는 확실히 성 공하였다.'[18]라는 말에서 아리랑이 가지는 민족의식의 자연스러운 발 로 그리고 관객과 소통 구조 속에서 무용이 가지는 새로운 근대적 소통의 의미를 확보한 것이다. 이렇게 이 작품은 자아 각성이 집단적 으로 공유되며 민족의식이 분출되었고, 근대적 공연양식을 통해 창작 되었다는 측면에서 한국 근대 무용의 첫 출발로 의미를 지닌다. 이는 일본인 이시이 바쿠의 공연을 한국 신무용의 기점으로 삼는 무비판적 고정관념은 탈피해야 된다는 논의와도 함께 고구되는 부분이다.[19]

---

17 이용식, 「만들어진 전통 – 일제강점기간 〈아리랑〉의 근대화, 민족화, 유행화 과정」, 『동양음악』 27, 서울대 동양음악연구소, 2005, 151쪽.

18 妄言者, 「裵龜子孃의 音樂舞踊을 보고」, 『중외일보』, 1928.4.23.

19 그동안 조동화, 안제승 등에 의해 한국 신무용의 출발은 이시이 바쿠의 1926년 경성공 회당 공연으로 상정하였다. 그렇지만 이 부분에 대해서는 새로운 인식이 필요하다. 이 부분에 대해서 김호연은 『한국근대무용사』(민속원, 2016)에서 배구자의 이 공연을 근대 무용의 시작으로 삼고, 이어지는 최승희, 조택원의 공연도 하나의 한국 근대 무용

이 공연에서 또 주목되는 것 중 하나는 발레의 수용이다. 이 공연의 마지막을 장식한 레퍼토리는 '사(死)의 백조'이다. 이는 러시아의 발레리나 안나 파블로바(Anna Pavlova)의 대표작 〈빈사의 백조〉를 무대화한 것으로 동시대 가장 대표적인 발레 레퍼토리로 인식되던 작품을 한국에서 처음 선보인 형태이다. 이즈음 발레는 유럽의 여러 지역을 중심으로 발전하다가 지역의 한계에서 벗어나며 확대를 거듭하던 시기였다. 이는 러시아 출신들로 이루어진 발레뤼스(Ballets Russes)가 러시아에서 유럽, 미국 등으로 진출 범위를 넓히면서 나타난 결과였다. 이들의 확장성은 단순하게 지역을 넘어서는 것은 물론이거니와 근대성을 지향하여 고전 발레의 틀을 깨뜨림과 동시에 발레 대중화를 이루었다는 측면에서 의미가 있는데 이 중심에 안나 파블로바가 자리한다.

러시아황실발레단에서 활동하던 안나 파블로바는 1905년 미하일 포킨이 안무한 〈빈사의 백조〉로 그 명성의 빛이 더욱 발하였다. 이 작품은 '양팔은 유려하지만 날개가 꺾인 양 허리나 등을 깊이 구부리면서 그녀는 푸앵트로 바닥을 스쳐가거나 아라베스크로 스텝을 밟는 등 죽음에 대한 서정적 투영'[20]을 보인 독무 소품으로 안나 파블로바가 1909년 발레뤼스에 합류하면서 세계적으로 더욱 알려졌고, 이 작품으로 그는 발레의 대명사로 자리매김하였다. 안나 파블로바는 세계 공연을 꾸준히 진행하던 중 일본에서도 1922년 9월 7주간에 걸쳐 공연을 하였는데 여러 레퍼토리 중 〈빈사의 백조〉는 단연 관객들에게 많은 사랑을 받았다. 이 공연에 대해서 많은 예술인들이 리뷰를

의 들머리로 생각하여 그동안의 시각을 탈피하였다.

20 제니퍼 호먼스, 정은지 옮김, 『아폴로의 천사들 – 발레의 역사』, 까치, 2014, 357쪽.

썼는데 무대미술가이며 연출가 그리고 작곡가인 사이토 가조(齋藤佳三)는 '빈사의 백조는 역시 경이로웠고, 파블로바의 무용이 감탄을 일으키는 것은 심장이 뛸 때와 정지 때 악센트의 절묘함과 그의 아름다운 자태에 있다'[21]라고 극찬을 할 정도로 일본 관객을 압도하였다. 이러한 감흥은 파생되어 많은 무용인에게도 영향을 주는데 배구자에게도 직간접적 관계에 놓여있었고 개인 공연에서 마지막을 장식할 정도로 비중 있게 생각한 것이다.

〈빈사의 백조〉는 〈아리랑〉과 함께 가장 호평을 받은 작품이다. '슺흐로한 「死의 白鳥」는 양도 자신잇는 바 인듯하다. 양은 이것으로서 무용으로의 가장 가치 많흔 것을 보이어 주엇다.'[22]라는 언급처럼 배구자 스스로도 몰입하였고, 관객들도 이러한 감정을 그대로 느낄 수 있었다. 아직 한국에서 발레에 대한 인식, 안나 파블로바, 빈사의 백조에 대한 이해가 뚜렷하지 않은 상황이었음에도 불구하고 '빈사의 백조'가 갖는 감정의 호흡과 배구자의 연기력이 결합되어 충분한 감흥을 전해주었다. 심훈이 1929년 배구자무용연구소 제1회 공연의 리뷰에서 '빈사의 백조는 조그만 동무새들을 모아 죽지 떨어진 날개를 펴보려고 무진 애를 썼고 그 가느다란 다리를 일어설 수 있게 무대를 만든 것이 배구자'[23]란 비유처럼 빈사의 백조에 체화된 이미지였다.

그런데 그가 발레나 이 작품을 제대로 습득한 흔적은 찾기 어렵다. 배한라는 배구자에 대해 '16세 때 언니는 미국 쌘푸랜시스코의 만국

---

21 渡邊眞弓, 『日本のバレエ 三人のパブロワ』, 新國立劇場運營財團 情報センタ, 2013, p.42.

22 「배구자양의 음악무용을 보고」, 『중외일보』, 1928.4.23.

23 沈薰, 「새로운 舞踊의 길로(一) - 裵龜子 一回公演을 보고」, 『조선일보』, 1929.9.22.

박람회에 출연한 덴가쯔 일좌를 따라 그곳에 갔을 때 뉴우욕서 안나 파블로바를 만났다. 그녀나 덴가쯔사의 특별한 청으로 이 일좌에게 발레를 연습시켜 주었다. 언니의 발레와의 정식 만남은 이때였다'[24]라고 밝혔다. 그렇지만 이 부분은 몇 가지 검증이 필요하다. 16세쯤 미국에 간 것이라면 1924년 덴카쓰의 미국 공연을 말함일 텐데 샌프란시스코 만국박람회는 1915년에 열렸기에 시간의 간극이 있으며 안나 파블로바를 만나 발레를 처음 배웠다는 부분도 명확한 근거가 없기에 관계성은 명확하지 않다. 배구자의 회고담에서 영향을 받은 여러 무용인에 대해 언급을 하지만 안나 파블로바의 이름이 발견되지 않는 측면에서도 영향 관계는 미미함을 알 수 있다. 그럼에도 배구자가 〈빈사의 백조〉를 마지막 레퍼토리로 공연한 것은 대중에게 감흥을 전해줄 수 있는 점과 소품으로 공연할 수 있는 최적의 작품으로 효율적인 선정이었다.

그럼에도 이를 전면적인 한국 발레의 수용과정이라고 보기에는 무리가 따른다. 발레의 수용이 〈빈사의 백조〉와 배구자에 머물렀고 이후 재생산되지 못하였기 때문이다. 또한 이는 동시대 대중적 레퍼토리 수용이었고, 발레의 장르적 수용이나 집단화된 전문적 형태는 아니었다는 점도 기인한다.

3) 전통의 새로운 질서를 통한 배구자악극단의 활동

1928년 음악무용회가 큰 반향을 일으키자 배구자는 미국 유학을 접고 새로운 모색을 하게 된다. 그는 배구자무용연구소를 열고 어린

---

24 배한라, 「언니 배구자」, 『춤』 17, 춤, 1977.7., 77쪽.

제자를 양성하는데 덴카쓰나 앞선 개인 공연과 다른 새로운 방법을 통해서였다. 우선 그는 기예를 배제하고, 무용과 음악에 집중하였다. 조직의 이름이 배구자무용연구소라는 점에서 무용에 중점을 두면서도 음악을 함께 습득하여 총체적인 공연예술을 지향하였다. 이러한 시도는 이미 고모인 배정자에 의해 그를 중심으로 가극단을 만들고자 하는 계획이 어린 시절 있었고,[25] 그가 줄곧 추구하고자 한 것이 레뷰 형식의 악극이었기에 내재되어 있던 서양 춤의 한국적 수용은 이 연구소를 통해 이루려 한 것이다.

먼저 그가 지향한 바는 서양 춤의 수용을 통한 내재적 탈바꿈이었다. 이러한 생각은 일본에서 일본 춤의 근대적 변용을 이루었던 일본의 후지카게 세이주(藤蔭靜樹)[26]를 하나의 전범(典範)으로 생각하며 출발하고자 하였다.

> 저는 日本의 藤間靜江이가 고유의 日本舞踊에다가 西洋딴스를 가미하여 새로운 춤을 지어내지 안엇서요. 그 모양으로 저도 조선춤에다가 洋式을 조곰 끼어너허서 빗잇든 그 조선예술을 시대적으로 부흥식히고 십담니다. 러치 안으면야 불이야 불이야 춤공부가 무에 임니까. 그래서 저는 처음으로 「念佛」을 무용화해보려고 생각하는 중이람니다. 우리 민요에 웨요 念佛曲이란 것이 잇지 안어요. 바로 이거야요.(하며 山念佛曲을 축음기에 너허 튼다.) 이것을 제목을 「祈禱」 혹은 「沈默」이라고 곤치어서

25 『매일신보』, 1921.6.2.
26 후지카게 세이주(藤蔭靜樹)의 본명은 우치다 야이(內田八重)이고, 후지마 시즈에(藤間靜枝), 후지카게 시즈에(藤蔭靜枝), 신토모에야 야에지(新巴屋八重次), 우치다 시즈에(內田靜江) 등으로 불렸다. 1925년 한국공연 때 『매일신보』에서는 등간정지(藤間靜枝)로 표기하였다. 그런데 배구자는 藤間靜江이라는 명칭으로 불렸지만 흔히 불리지 않는 명칭이다.

새 무용을 하나 만들어 보려고 하는데요. 그러나 의상이 문제야요. 조선 치마는 춤옷으로는 너무 단조하고 그러고 순색인 것이 덜 조와요[27]

후지카게 세이주는 일본 근대 무용사에서 신무용운동을 이끈 대표적인 인물이다. 그가 중심이던 후지카게류(藤蔭流)는 신무용운동을 통해 구극을 변혁시키며 새로운 공간 속에서 새로운 의식을 담아낸 예술형식을 추구하고자 하였다. 이러한 배경에는 쓰보우치 쇼요(坪內逍遙)가 놓인다. 그가 저술한 『신악극론』(1904)에서 제창한 새로운 문명과 문화의 도입을 통한 근대 예술의 발흥은 일본 근대 예술의 사상적 토대가 되었고, 무용(舞踊)이란 단어도 여기서 출발하는 등 이 책을 통해 근대적 장르의 변화는 급격하게 이루어진다. 이러한 배경에서 후지카게 세이주가 실험한 일본 전통무용과 근대적 장치의 정반합은 근대적 형식과 내용의 변화로 나타났고, 무대공연예술도 이에 걸맞은 레퍼토리를 출현시켰다. 그래서 그는 여성이라는 한계가 있었음에도 스스로 해결할 때까지 많은 것을 실험하였다는 점에서 일본 신무용운동의 선구로 일컬어진다.[28]

그는 1925년 한국에서 공연하면서도 이러한 의식을 전해주는데 '고전무용과 민요, 동요, 서양 댄스 등을 모두 동일한 무대예술로 음악과 혼연히 융합하여 어떠한 사람도 흉내를 내지 못한 독특한 무용'[29]이라는 문구처럼 일본 전통에 기반을 두면서도 다양한 내용을 담아 공연을 펼쳤다. 이렇게 장르적 융합을 실험하여 무대화하려 한

---

27 「裵龜子의 舞踊殿堂, 新堂理文化村의 舞踊硏究所 訪問記」, 『삼천리』 2, 1929.9.1., 44쪽.
28 西形節子, 『近代日本舞踊史 ‒ 1900s~1980s』, 演劇出版社, 2006, p.64.
29 『매일신보』, 1925.10.28.

점에서 두 사람은 비슷한 점이 있었지만 배구자와 후지카게 세이주
는 근본적인 토대가 달랐다. 일본의 경우 안티테제로 구극을 두고
이를 개량하고자 하였다면 한국에서는 변혁할 대상인 구극이나 구무
용이 무대공연예술로 제대로 형성이 이루어지지 못하였기에 배구자
는 개량보다는 동시대 형식, 즉 음악이나 소재의 변용을 통해 새로운
가치를 만들고자 하였다.

　먼저 배구자가 주체로 삼은 것은 '민요'였다. 이는 개인 공연에서
〈아리랑〉을 창작한 것도 그러한 배경에 놓이고, 배구자무용연구소의
첫 공연에서도 민요를 바탕으로 한 레퍼토리에 중심을 둔 것도 같은
맥락이다. 심훈의 리뷰에서도 민요를 소재로 한 작품이 무대에서 강
한 인상을 주었음을 알 수 있다.

> 　그中에도 〈水의 精〉, 〈아리랑〉(昨年에 公會堂에서 본바) 가튼것은 鄕
> 土의 色調가 濃厚한 作品이라 하겟는데 〈水의 精〉의 淸淨典雅함과 〈아리
> 랑〉의 純眞한 處女心의 發表를 보아 압흐로 硏鑽을 거듭할 餘地를 보여서
> 그대로 버려두기에는 앗가운 作品이라 하겠다. 엇잿든 外國사람의 것을
> 盲目的으로 흉내 내어서 것탈만을 뒤집어 쓸려고들지를 안코 변변치 못
> 하나마 한가지라도 自我를 살려서 새로운 朝鮮의 舞踊을 創作해 나아가
> 려는 獨創的 態度에 우리는 적지 안흔 期待를 부치는 것이다. (중략) 朝鮮
> 에서 舞踊家라고 宣傳된 몃몃사람들 가운데에 才質과 體貌가 아울러 조
> 선의 새로운 鄕土的인 舞踊을 創作해배고 자신이 스테－지에서서 發表하
> 기에 適當한사람은 아즉까지는 裵孃 한사람뿐일가한다.[30]

---

30 『조선일보』, 1929.9.23.

배구자의 창작무용은 향토성에 바탕을 두면서도 민족적 정조가 강한 정체성을 내포하고 있었다. 이는 민요를 한국의 원형 요소 중 무용으로 풀어낼 수 있는 가장 적합한 것으로 인지하고, 〈아리랑〉을 통해 이것을 실천한 것이다. 이러한 실제는 민요가 가지는 정서적이고 기층의 감정이 투영된 집단의식과 합치되었고, 서정적 감동의 서사구조로 이어지며 배가 된 것이다. 이러한 세계는 외국 문물의 어설픈 수용보다는 고유성을 찾아 보여주어야 한다는 심훈의 이야기처럼 당대 '문화적 민족주의론'의 지향점과 배구자의 무용철학이 궤를 함께한다. 민족의식의 분출은 '동아일보' 등 여러 집단을 통해 1920년대부터 이루어졌는데 이러한 민족의식의 투영은 배구자가 의도적인 것이 아니었더라도 내재된 의식 속에서 담론화된 결과였다.

또한 심훈이 '조선의 새로운 향토적인 무용을 창작하는' 사람으로 배구자가 유일하다 말한 것처럼 예술을 예술 그 자체로 보기보다는 사회적 맥락에서 해석하는 당대 시각도 읽을 수 있다. 이러한 관점은 심훈 스스로 영화를 통해 자유적 민족주의 혹은 소설 〈상록수〉를 통해 통속적 민족주의적 관점의 실현이 배구자를 통해서 동질 의식을 느껴 상찬한 리뷰를 쓴 것이었다.

이러한 배구자의 전통적 모티브를 통한 춤 형식의 실험은 민요에 그치지 않고, 전통 춤으로까지 확대되었다. 그는 이전까지 한국 무용의 전통적 기반이 미약하다고 인식하고 있었으나 이러한 생각을 버림과 동시에 소재적 측면에서는 많은 가능성이 있음을 새롭게 이해하였다.

그럿컷만 우리의 무용은 왜 찬란하게 빗이 나지를 못합니까? 무엇째문

에 우리들은 우리의 훌륭한 춤을 가지고 잇스면서도 밤낫남의 나라의 춤
만 충성을 하야 그것을 배호지 못하야 애를 씁니까? (중략) 우리는 어듸까
지 우리의 고유한 춤을 연구해서 조선에 확호한 舞踊道를 수립하는 것이
우선 急先務가 안일싸?라고요 그래서 나는 금년부터는 특히 우리의 자랑
인 朝鮮民謠를 작고 舞踊化하야 舞臺에 올리는 동시에 우리의 조상이 남
겨준 劍舞 僧舞가튼 것을 리용하야 歌舞劇 가튼데에도 손을 대여볼가합
니다.[31]

민요를 통한 한국 춤의 창작이 민요가 가지는 정서적 측면에 대한
표현이었다면 그는 여기서 더 나아가 전통 춤을 모티브로 하여 가극
으로 발전시키고자 하였다. 1931년 배구자무용연구소에서 혁신공연
(단성사, 1931.1.23.~27.)이라는 이름으로 조선 민요를 무용화한 20여
작품과 가무극으로 〈복수의 검〉(2막), 〈파계〉(1막)를 공연한 것은 그
러한 예다. 여기서 가무극 두 작품은 이 공연에서 중심으로 놓이는데
전통 춤인 '승무'와 '검무'의 전승이나 재창작이 아닌 무용극 형태로
담아낸 점에서 의미가 있다. 〈파계〉는 극작가인 이서구의 첫 희곡으
로『신민』 64호(1931년 1월)에 발표되었고, 1935년『삼천리』에 '각 극
단 상연 명작 희곡으로 소개될 정도로 공연사적으로도 가치가 있는
데, 가무극이라는 명칭답게 연극과 무용, 음악이 결합된 형태를 띤
극이었다. 이 작품에서는 배구자 특유의 창작방법론인 전통에 대한
전면적 수용이라기보다는 새로운 양식을 통한 메타모포시스의 모습
을 보여주며 새로운 형식의 장르적 파생을 보여주고 있다. 이는 당시
그들이 실험하고자 한 측면에서도 그대로 나타난다.

---

31 「朝鮮舞踊의 舞踊化 特色發揮에 全力」, 『매일신보』, 1931.1.9.

원시적에 각갑다 하리만치 粗放 蕪雜한 嫌이 잇든 僧舞 春鶯舞 등 전통
적 무용이 崔承喜 裵龜子 등 신진무용가의 손에 刺戟된 바 잇서 차츰
「템포」가 빠르고 색채 복잡한 예술로 化하여가는 도중에 잇스며 또 그리
하는 한편 西洋 及 日本에서 다소 技藝를 닥고 잇든 前記 閨秀 舞踊家가
舞踊硏究所를 각자 설치하고 후진을 양성하고 잇는 중임으로 조선에 근
대무용이 참말로 생길 것은 금후 몇 해 동안에 잇다할 것이다.[32]

1930년의 무용계를 정리한 글로 배구자, 최승희와 전통 춤 혹은
무용계의 현재적 모습을 어렴풋하게 읽을 수 있다. 1930년 1월이란
시점은 한국에서 최승희의 개인 첫 공연이 이루어진 시기이고, 배구
자는 이미 배구자무용연구소의 첫 공연 뒤였지만 아직 전통의 동시
대적 해석은 제대로 진행되지 않은 상황이었다. 그렇지만 '전통적 무
용이 최승희 배구자의 손에 자극되어 템포 빠르고 색채 복잡한 예술
로 변한다'는 말처럼 상호텍스트성을 통해 탈바꿈을 이루고 있었다.
특히 배구자는 전통 춤의 기법적인 측면을 수용하기보다는 서사구조
에 맞게 원형을 해체하였는데 〈파계〉도 전통의 변용이지만 승무의
기법적인 수용 양상은 전면적이지 않고, 상징적인 측면에서 이미지로
나타냄으로 한국적 현실에 맞는 장르적 파생을 이루고 있었던 것이
다. 이는 '조선 승무의 유래를 조차 가무극화 한 파계[33]라는 언급처럼
승무의 유래에 대한 스토리텔링으로 이루어진 창작무용극이다. 또한
이 작품은 음악 구성도 전통음악 대신 서양식 음률로 구성하여 동시

32 「장래십년에 자랄 생명 언론계 교육계 등」, 『삼천리』 4, 1930.1.11., 7쪽.
33 「求景거리 百貨店 二十三日團成社 배구자예술연구소 공연 初有의 大歌舞劇」, 『매일신
   보』, 1931.1.22.

대적이면서도 향토성을 띤 글로컬리즘적 창작 행위가 드러났다. 이러한 부분은 동시대의 보편성과 한국 문화가 가지는 고유성의 문턱에서 형식적 구조를 형성하고 대중성을 획득하였던 것이다. 이는 배구자가 단순하게 서양의 예술 양식을 수용하여 변용하기보다는 체화하여 메타모포시스, 즉 탈바꿈하여 새로운 장르적 질서를 확립하였다는 점에서 공과가 있다.

이렇게 배구자는 근대적 장르를 수용하면서도 한국적 정체성을 드러내는 작품에 중점을 두었다. 이러한 흐름은 1930년대 국내 활동과 함께 일본에서 다양한 공연을 하면서 그대로 유지하거나 강조된다. 배구자악극단은 1932년 일본 최대의 연예기획회사인 요시모토흥행회사(吉本興行會社)의 전속 계약을 맺고 교토와 오사카에서 공연이 펼치는데 무용과 음악과 연극이 결합된 다양한 공연을 지속하였다. 이때 펼친 레퍼토리를 보면 '조선 민요 무용', '조선 동요 무용', '조선 표현의 신무용', '서양 무용' 그리고 스케치 등이었다.[34]

> 민요 아리랑은 그 사람들 귀에 멜로듸가 애연스럽고 자미잇게 들린다고 하야 공연을 마치고 나면 반다시 류행이 되는 것을 봅니다. 그러고 동요 박꼿 아가씨와 양산도, 도라지타령과 잔도토리와 타령 등 곡조에 맛추어 추는 춤은 조선의 정조일 뜻한 새맛시 드러난다고 하야 새것을 조와하는 절믄 사람들 사이에서는 매우 환영을 합니다.[35]

이들의 공연에서 한국적인 것이 전부는 아니었다. 이들은 레뷰를

---

34 「대판공연기」, 『삼천리』 4:10, 1932.10., 66쪽.
35 위의 글, 66쪽.

중심으로 다양한 레퍼토리를 무대화하는데, 1934년 오사카 공연을 보면 '무용 답푸, 청춘, 봄이 왔다 봄이 왔다, 샤인, 나는 明朗하다, 어머니와 사랑, 나는 청춘, 민요 방아타령, 아리랑, 桔梗꽃, 白衣의 哀愁, 독창, 무용 월광을 속하야, 오리엔탈, 촌극 金色夜叉, 동화극 人形의 祭, 무대연주, 민요 춘향무' 등으로 다양함이 엿보인다.[36] 여기서 내용을 보면 한국의 색채를 띤 레퍼토리도 있지만 '오리엔탈', '金色夜叉'와 같이 한국적인 것에서 벗어난 작품들도 존재하였다. 그럼에도 불구하고 이들이 정체성을 드러내며 일본에 거주하는 한국인에게나 일본인에게 두드러지게 각인시킨 것은 한국적인 레퍼토리였다. 이러한 측면은 요시모토흥업의 배구자 소개 홍보책자에서 '조선 민요가 다수를 차지하면서 버라이어티를 중심으로 하지만, 조선의 슬픈 이야기 등을 쇼 형식으로 보여주어 인기가 높다[37]라는 문구처럼 한국 문화의 특수성이 타자에게 상징적으로 드러난 것이다. 이와 동시에 재일한국인에게는 통속적이지만 집단무의식의 퇴영적 카타르시스를 느끼는 존재로 자리하였다.

　나는 최근 동경에서 처음으로 배구자악극의 무용을 구경하엿는데 그 粗朴한 춤을 통하여 배구자 여사는 훌륭히 한 개의 사명을 다하고 있는 것을 굳세게 느끼었다. 그것은 다름이 아니라 아무 기쁨이라는 것을 가지지 못한 이곳에 살고 있는 조선인들에게 큰 위안을 주고 있는 까닭이었다. 조선옷을 입고 무대에 나온다. 그리고 감명 깊은 멜로디의 음악(그것이 자스, 빤드에 의하야 연주되는 것쯤은 조금도 이곳에서 문제가 아니다)으

---

36 『조선일보』, 1934.8.13.
37 宋安鍾, 『在日音樂の100年』, 靑土社, 2009, p.76에서 재인용.

로 아름답게 춤춘다. 그것이 생활에 피로한 사람들에게 얼마나한 위안을
주고 자기들의 아름다움을 무대에서 발견한 우리 조선사람들에게 얼마나
큰 기쁨을 주었을지 알 수가 없다. 배구자씨는 이것으로만도 좋다고 생각
한다.[38]

현대무용가 박영인은 배구자의 작품에 대해 조선인들에게 큰 위안
을 주고, 무대 위 무용수들에게도 기쁨을 주었을 것이라 상호텍스트
적 관점에서 말한다. 이러한 점은 조선옷을 입고, 재즈음악에 맞춘
춤이었지만 소통을 통한 집단 황홀경으로 이끄는 힘을 배구자가 가
지는 매력으로 바라본 것이다. 배구자의 예술세계는 통속성의 기능
적 측면에서 퇴영적 슬픔과 흥취를 통해 잠깐의 현실 탈피를 가지고
온다는 측면에서 오락적 요소가 가득하다. 심오한 작품 세계를 보인
박영인의 시각에서도 순수와 대중문화의 경계가 아닌 무대예술의 소
통과 사회적 의미를 배구자에게서 읽고 있었던 것이다. 배구자에 대
해 보드빌댄서라 낮게 평가한 오병년도 '일본에서 유일한 조선인의
오락물로 귀중한 역할을 하고, 비속하다고 묵살할 모습은 아니며 무
대에 가까이 앉은 조선 늙은 어머니들이 눈물을 짓는다는 말은 배구
자는 공로가 큰 것이 있을 것이다'[39]라는 말은 그가 당대에 다양성과
고유성을 지니며 대중성을 유지한 무용가로 가치가 있음을 인정한
언술이다. 그래서 배구자는 '레뷰와 조선 춤의 혼재와 길항'[40]의 측면
에서도 바라볼 수 있지만 초지일관 한국 양식의 실험과 향토성을 추

---

38 박영인, 「무용과 생활」, 『동아일보』, 1936. 4. 10.
39 오병년, 앞의 글.
40 김남석, 앞의 논문, 27쪽.

구한 예술인으로 한국 근대 예술사에서 독보적인 존재로 기억할 수 있다.

3. 결론

배구자는 한국 근대 무용사에서 여러 담론을 만들어 낸 무용가 중 한 사람이다. 근대 초기 제대로 된 창작무용이 없는 상황에서 1928년 4월 21일 경성공회당의 배구자 첫 개인 무대 레퍼토리 〈아리랑〉은 근대 창작무용의 첫 번째 시도라는 점에서 의미가 크다. 이는 형식에 있어 서양의 양식을 수용하면서도 내용에 있어 문화원형적 전형성이 함유되었다는 점에서 그러할 것이다. 또한 그가 추었던 〈빈사의 백조〉는 한국 발레의 희미한 첫 흔적이라는 점으로 의미가 있다. 이후 그는 배구자악극단을 중심으로 다양한 레퍼토리를 통해 대중과 가장 가깝게 소통한 무용가라는 측면에서 근대 무용의 상징적 존재로 자리한다.

배구자가 행한 공연의 제 양상을 통해서는 배구자의 무용철학을 파악할 수 있다. 그는 덴카쓰 시절 다양한 경험을 통해 근대적 장르의 경향과 동시대적 대중의 취향을 읽었다. 이는 그가 무용, 연극, 음악 등이 결합된 탈장르적 종합예술 형식인 악극을 지향하는 계기로 작용하였다. 그러면서 이러한 형식에 담고자 한 내용은 철저하게 통속적이면서도 민속적인 요소가 결합된 대중 취향의 담론을 담고 있다. 그가 가장 먼저 생각한 것은 앞서의 양식과 내용을 함께 아우를 수 있는 민요를 바탕으로 한 무용을 선보이는 것이었고, 이것이 〈아리랑)을 비롯한 여러 창작무용으로 승화되었다. 이러한 측면은 승무와 검무 등을 모티브로 하여 스토리텔링한 무용극의 창작으로까지 확장하였고, 다양한 레뷰 속에서도 중심으로 자리하며 관객과 소통하였다. 이러한 담론은 자연스럽게 당대 민족의식의 자연스러운 소통구조를 이루었고, 동시대 시대정신의 구현으로 나가기도 하였다.

배구자는 서양의 여러 춤 양식을 그대로 이입하기보다는 한국적 현실에 맞게 탈바꿈시키고 대중과 소통에 중점을 두고자 하였다. 예술텍스트의 의미는 소통과정에서 비로소 생산되며 텍스트와 관객의 상호 작용의 산물로 내중의 관점에 따라 활성화되는 주관성을 띠는 것이다. 그런 의미에서 배구자는 민족정체성의 내재적 발현과 통속적 모티브를 통한 대중 소통 구조의 확립 등을 이룬 예술가라는 측면에서 점에서 의미가 있다.

한국 현대 무용의 이방인, 박영인

1. 서론

현대무용가 박영인(朴永仁, 1908~2007)은 한국 무용의 흐름에서 이질적이며 방외인에 놓여있는 인물이다. 이는 울산 출신인 그가 세계 각국에서 다양한 창작무용과 저술 그리고 무용 교육을 펼쳤음에도 그의 활동이 이 땅에서 제대로 이루어지지 못하였기 때문이다. 게다가 여러 연유로 그가 스스로 긍정하지 않은 자세로 인해 그의 활동은 일본 무용사의 일부로 인식되는 형국이었다.

그럼에도 불구하고 그는 근대 한국 무용의 흐름의 중요한 축으로 평가받을 수 있으며 그에 대한 인식도 새롭게 다가갈 필요가 있다. 그는 먼저 일제강점기 현대무용을 대중에게 알린 첫 번째 인물로 의미가 있다. 서양의 고전 무용에 대한 인식이 제대로 이루어지지 못한 채 '신무용'이란 근대 무용의 혼용된 양식이 들어 온 현실에서 그의 활동 양상은 동시대적(contemporary)으로 현대무용에 대한 제대로 된 발신자(發信者, addresser) 역할을 담당하였다는 점에서 의미가 있다. 이는 일제강점기 그의 활동을 보도한 기사나 그에 대한 평론 혹은 그가 쓴 글에 나타나는 여러 담론 속에 찾을 수 있는 부분이다.

또한 박영인은 일제강점기 최승희, 조택원 등과 더불어 활발한 해외 활동을 통해 대중에게 민족 자긍심을 주는 매개체로 작용하였던 점에서 주목할 수 있다. 특히 그는 서양 무용의 간접적 수용이 아닌 서양 무용의 본고장인 유럽에 진출하여 현대무용을 익히고 공연하였다는 점에서 앞서 두 사람과는 변별성을 둘 수 있다. 그런 의미에서 박영인은 현대무용가로 유럽에서 제대로 평가받은 첫 번째 한국 태생의 무용인이라는 점에서도 무용사적 의미가 있다.

그렇지만 그동안 박영인에 대한 연구는 그리 활발하게 진행되지 못하였다. 앞서 이야기한 대로 그의 창작 활동은 당대 한국에서 제대로 이루어지지 못하였고, 광복 이후에도 일본에서 활동하며 한국 무용계와 거리를 두었기 때문이다. 이에 박영인에 대한 연구는 심층적으로 이루어지지 못하였고, 근대 무용의 흐름을 조망한 글에서 간략하게 언급되는 정도였다.[1]

조동화는 박영인을 최승희, 조택원처럼 신무용에서 좌절 전향하지 않고 끝까지 이것을 파고든 학구파 무용가로 언급하였다. 또한 도쿄제국대학을 나온 지성의 무용가란 점에서 그의 출현은 아카데미즘과 거리가 멀었던 무용에 유대선(紐帶線)을 연결시켰고, 춤의 사회적 위치를 높이는 데 이바지한 인물로 평가하였다.[2] 또한 조원경은 박영인의 활동을 문헌 중심으로 소개하면서 그의 학력과 경력을 도외시하

---

1 박영인에 대해 간략하게 언급한 글은 김경애 외 2인, 『우리무용100년』, 현암사, 2001; 문애령, 「표현주의 현대무용의 한국 도입과정에 대한 고찰」, 『대한무용학회논문집』 36, 2003 그리고 몇 편의 석사학위논문 등에 불과하며 과문한 탓이겠지만 박영인을 표제로 한 논저는 쉽게 찾을 수 없다.
2 조동화, 「現代舞踊」, 『韓國現代文化史大系』, 고대민족문화연구소출판부, 1975, 621~622쪽.

더라도 그의 고도의 무용 이론과 무용 평론은 이를 초월하였으며 춤추는 창작무용가란 점에서도 높이 평가하였다.[3]

일본 근대 무용에서 그에 대한 평가도 영속적으로 나타나지 못하고 1930년대와 1950년대 활동을 중심으로 이색적인 무용가이며 안무가, 이론가로 전후 일본 현대무용을 이끈 대표적인 인물로 의미를 두었다.[4] 이는 그의 일본 내 창작활동이 이 시기에 집중되어 나타났고 이후 무용 교육에 중점을 두거나 외국 활동의 기간이 훨씬 더 길게 나타난 것에서 비롯되었다.

이 연구에서는 이러한 선행 연구를 비판적으로 수용하며 일제강점기 문헌을 바탕으로 박영인의 초기 활동 양상을 고구해 보고자 한다. 특히 이 연구에서는 그가 이 땅의 대중에 어떠한 표상으로 나타나는지 그리고 그 스스로가 무용 이론가로 현대무용을 어떻게 대중에게 전달하는지 근대 현대무용의 인식 과정을 중심으로 살펴보고자 한다.[5] 이를 위해 자료는 당시 언론에 비추어진 그에 대한 시각과 언론에 기고한 무용론 등을 중심으로 할 것이다. 물론 그에 대한 활동이나 그와 관련된 글 중 일본에서 발표된 것들 다수를 차지하지만 이 연구에서 이 부분은 논외로 하기로 한다.

또한 이 논문에서는 그의 이름을 구니 마사미가 아닌 박영인으로

---

3 조원경, 『舞踊藝術』, 해문사, 1967, 191쪽.
4 町田孝子, 『舞踊の歩み百年』, 櫻楓社, 1968, p.557·p.676.
5 그동안 근대 한국 현대 무용에 대한 연구는 넓게 이루어지지는 못하였다. 김주희·정의숙, 「한국 현대무용 토착화과정에서 박외선의 역할」, 『무용예술학연구』 40:1, 2013에서 박외선의 활동에 대한 연구 등이 부분적으로 이루어졌고, 근대성을 다룬 연구에서도 박선욱, 「해방이전 한국춤의 근대적 성격 연구」, 『무용예술학연구』 2, 1998에서처럼 최승희, 조택원 등의 신무용에 집중되어 왔다.

지칭한다. 그가 박영인이란 이름으로 스스로 활동한 것은 동아일보
에 연재한 「무용과 생활」이 유일하며 국내에서 쓴 글들도 방정미(邦
正美 일본식 독음 구니 마사미)로 표기하고 있다. 그럼에도 이 연구에서
는 일제강점기 한국에서 바라본 그의 모습이기에 박영인이란 이름으
로 통칭하도록 한다. 이 시기 언론에서 그에 대해 방정미가 아닌 박영
인으로 표기한 것도 이러한 지칭의 바탕에 놓인다. 이에 이 연구는
근대 초기 현대무용의 선구자였던 박영인의 활동 양상을 일제강점기
인 1945년까지를 중심으로 논의를 전개하고자 한다.

2. 박영인의 무용 활동 궤적

박영인은 1908년 경상남도 울산에서 태어났다. 그동안 그의 출생
에 대한 기록은 명확하지 않았다. 처음으로 그의 활동을 소개한 1933
년 『동아일보』 기사에서는 부산 태생으로 알렸으며 이후 『매일신보』
에서는 울산 출신으로 기록하였고 이후에도 그의 태생이 어디인지
뚜렷하게 정리되지는 못하였다. 이러한 부분은 그의 행적을 기록한
취재 기사에서 많은 부분 해소되었다. 그의 동생인 박영철을 통해
그의 출생지가 울산시 중구 학산동 122번지로 언급되었기 때문이다.[6]
이는 1943년 7월 20일 『매일신보』에 「맹방총후에 활약 독일 잇는 반
도동포들」에서 독일에서 활동하는 조선인의 명단을 나열하며 '朴永仁

---

6 서대현, 「쿠니마사미 박영인의 예술과 인생 (3) 박영인은 울산사람이다」, 『경상일보』,
   2006.5.24.

(蔚山) 舞踊家'라는 기록에서도 확인할 수 있는 부분이다.

박영인은 울산에서 어린 시절을 보낸 뒤 부산중학을 다닌다. 이는 동아일보 울산지국에서 개최한 재외울산유학생 초대회에 참여한 명단(『동아일보』, 1925.8.31.)에서 그를 발견할 수 있는데 이를 통해 그가 울산 출신이었고 부산에서 중학을 다닌 성장 기록을 알 수 있다. 이후 그는 일본 마쓰에(松江)고등학교[7]를 거쳐 도쿄제국대학 문학부 미학과에 입학하는데 본격적인 무용 활동은 여기서 이루어진다. 그렇지만 그의 무용에 대한 관심과 바탕은 이미 이전부터 시작되어 나타났다.

    박군은 조선 부산태생으로 부산중학시대부터 英人 선교사에게 무용의 기본을 배웠답니다. 그리고 일본 송강고등학교시대에는 무용에 대하여 독학연구를 하고 재작년에 동경제대에 입학한 후 그는 석정막 연구소에서 연구도 하였으며 미국인 흐들푸, 에풀씨에게 다시 순정무용을 배우게 된 후부터는 소학교 같은데서 실험무대를 삼아 자기의 이론을 실시하여 보기도 하였답니다. 실시하여 이렇게 고심한 결과 무음악 순정무용론은 훌륭하게 무대위에 구체화되었다는데 이것을 일반 사회에 발표시키겠다는 후원자들의 열성 아래 18일 밤에는 일본청년회관에서 신작 발표회를 개최하게까지 되었답니다.[8]

그가 첫 무용발표회를 갖기까지 대강의 이력이다. 그는 부산중학

---

7 마쓰에(松江)고등학교는 지금의 시마네대학(島根大學) 전신(前身)이다. 또한 박영인은 이 시기 『문교의 조선(文敎の朝鮮)』에 「國語敎育と普通學校敎員の發音問題」(1931.1)를 발표하기도 하였다.

8 『동아일보』, 1933.1.18.

시절 영국인 선교사에게 무용을 배우고 처음 무용에 관심을 가지게 되었다. 이후 그는 도쿄대학에서 이론적 예술 공부를 하면서 이시이 바쿠무용연구소에서 6개월여 춤을 배우며 본격적인 무용에 입문을 한다. 이 부분에 대해서 조택원은 자신이 무용을 가르쳤는데, 그 후에 박영인 스스로 이론 방면을 연구하며 실천하였지만 미숙한 점이 많았다고 평가하였다.[9] 그렇지만 박영인의 춤과 이시이 바쿠 혹은 조택원과 영향 관계는 그리 커 보이지 않는다. 당시 한국에서는 이시이 바쿠와 사제 관계가 한국 신무용의 토대로 인식되어 언론에서 서술되지만 그의 일본 내 진체적인 활동으로 보았을 때 영향 관계는 미미하다 할 수 있다. 이는 조택원이 '그 사람은 어느 춤이나 자기 마음대로 형식을 창작하여 춥니다'(『동아일보』, 1937.7.2.)라는 언급에서 박영인이 추구한 무용과 이시이 바쿠 혹은 조택원이 추구한 신무용 사이에서 괴리감이 있었음을 발견할 수 있다. 이는 박영인의 무용 세계가 조금 더 모던 댄스에 경도되어 있었고, 이러한 모습이 현대무용 이론을 통한 실천 양상으로 나타났기 때문이다. 또한 이시이 바쿠의 경우는 무용에서 음악의 비중이 컸던 데 반해 그의 춤은 '무음악무용'이라는 새로운 춤을 실험하였기에 어찌 보면 이시이 바쿠와 대칭적 관계에서 논의될 수 있다.

이후 그는 도쿄대학을 졸업하고, 구니마사미무용연구소를 만들었고, 신협극단연구소 강사를 거치며 일본에서 활발한 활동을 펼쳐나간다. 이 당시 그는 '무음악무용(無音樂舞踊)'처럼 일본에서도 좀처럼 드문 특이한 예술세계를 보이며 크게 주목을 받기 시작하였다. 그의

---

9 『동아일보』, 1937.7.2.

초기 창작 활동을 보면 다음과 같다.

〈표 1〉 1933~1936년 박영인의 일본 내 공연 목록[10]

공연 날짜	제목	장소	내용
1933.1.8	구니 마사미(邦正美) 제1회 무음악(無音樂)무용발표회	일본청년관	
1933.11.28	구니 마사미(邦正美) 신작 무용발표회	인수강당 (仁壽講堂)	창세기(創世記), 방울을 훔치는 남자(鈴を盜む男), 안정장치(安定裝置), 그림자 없는 여인들(影のない女達) 등
1934.5.10	구니 마사미(邦正美) 무용 단공연	일본청년관	싸움(喧譁), 인간의 시(人間の詩), 밤의 노래(夜の唄), 가솔린(ガソリン) 등
1934.11.14	구니 마사미(邦正美) 신작 무용발표회	비행관 (飛行館)	가을의 비가(秋の悲歌), 점화(点火), 교차점(交叉点) 등
1936.1.17	구니 마사미(邦正美) 신작 발표회 무용공연	군인회관	점화(点火), 탈주자(脫走者), 큐비즘(キュービズム) 등

초기 활동은 제목 등에서 드러나듯 모더니즘에 바탕을 둔 추상적이며 상징적인 작품들로 가득하다. 이는 그가 치기 어리지만 가장 실험적인 작품을 추구한 시기로 그가 배운 미학(美學), 즉 독일철학과 당대 독일과 세계를 풍미한 표현주의와 브레히트의 서사극이론 등의 영향 관계에서 논의할 수 있다. 그래서 그의 이러한 초기 활동은 일본에서도 동양적 정서에 서양 무용의 접목이라는 유니크한 모습으로 평가를 받았다.[11] 박영인은 이 시기 창작활동과 더불어 일본에서 신

---

10 日本洋舞史研究會, 『日本洋舞史年表 I』, 日本藝術文化振興會, 2009에서 발췌 정리.
11 吉田悠樹彦, 「邦正美を偲んで」, 『Corpus』 6, 2009, p.22.

문이나 잡지 등의 기고를 통해 그의 무용 이론의 확립과 힘을 쓴다. 또한 이즈음 『동아일보』에 「무용과 생활」(1936.4.10.~12.)과 『음악평론』에 「예술무용의 대중성」(1936.4.), 「조선무용계에 기(寄)함」(1936.5.) 등을 통해 무용의 이론에 대한 여러 이야기를 논하며 한국에서도 그의 입지를 다져나가기도 하였다.

이후 그는 오스트리아 빈무용학교 강사로 초빙되었고, 독일 베를린을 중심으로 유럽에서 활발한 움직임을 보인다. 1937년 5월 베를린에서 개인 발표회를 열기도 하였는데, 〈승무〉, 〈농부의 춤〉 등을 통해 큰 호평을 얻으며 서서히 유럽에서 그의 존재를 알리기 시작하였다. 이후 독일국립무용학교를 졸업한 박영인은 베를린, 함부르크 등지에서 공연된 발레공연과 이탈리아에서 신작발표회를 갖고, 헝가리 부다페스트 오페라극장 발레부에 들어가 발레 공부를 하였다. 또한 1938년 독일무용학교 강사에 취임하여 아시아무용학과를 신설하여 맡는 등 동양인으로 드물게 유럽 무용의 중심에서 역동적인 활동을 펼친다.

그렇지만 세계 제2차 대전의 중심인 독일에 머물면서 시대적 상황에서 자유로울 수 없었고 게다가 동맹국이었던 독일과 일본의 관계로 인해 일부분 전쟁에 직접 참여하는 모습을 보였다. 그는 동맹통신 베를린 특파원의 일원으로 전쟁 상황을 전하였는데, 『매일신보』에서는 그의 이름을 구니 마사미(邦正美 舊名 朴永仁)라 지칭하여 그의 활동 상황을 보도하였다.[12]

그는 베를린 함락 이후 한국으로 돌아와 고국의 땅에서 해방을 맞

---

12 『매일신보』, 1945.5.30.

았다. 그러면서 그는 울산과 서울을 오가며 무용인들과 한국에 현대 무용을 보급하고자 노력을 기울였지만 '우리나라 사람들이 정장을 갖추어 입고 공연장을 찾아올 정도의 수준이 되지 않는 한 한국 무대에서 활동할 수는 없다.'라는 생각을 표출하며 일본에 건너갔다고 그의 동생은 회고하였다.[13]

그렇지만 이 부분에 대해 조원경은 너무나도 이름난 친일(親日) 전력 때문에 그가 다시 일본으로 돌아갔으며 윤고종도 그의 행동이 일본인 그 자체의 모습 그대로였다며 박영인의 태도를 비판적인 시각에서 평가하였다.[14] 이는 독일에서 통신사 베를린 주재 통신원으로 철저하게 일제에 협력한 모습에 기인할 것이다.

여기에는 여러 가지 복잡한 의미가 내포되어 있을 것이다. 먼저 그에게 고국, '조선'[15]은 태어난 모국이지만 청년기부터 일본에서 지냈고, 유럽에서의 활발한 활동으로 인해 그 의미가 그리 깊지 않았다. 이는 그가 일제강점기 공식석상에서 '조선이 고향이라는 느낌은 없었고 일본어를 자유자재로 구사하며 조선어를 잊은 것에 대해 죄책감이나 미안한 마음이 없었다'[16]는 언급처럼 그에게 있어 모국은 강한 뿌리가 아니었음을 보여주는 것이다.

---

13 서대현, 앞의 글.

14 조원경, 앞의 책; 윤고종, 「어떤 무용가 - 박영인의 이야기」, 『춤』 2007.5.

15 박영인이 고국에서 보냈던 시기는 태어나 일본으로 유학가기 전까지 20여 년 안팎의 기간이다. 이 기간은 일제강점기로 박영인에게 한국이란 단어보다는 조선이란 단어가 모국의 의미가 강할 수도 있다. 이는 자이니치(在日, ざいにち)들이 고민하는 디아스포라의 문제와도 연결될 수 있다. 그렇기에 이 글에서는 한국이란 단어와 조선이란 단어가 혼용되어 사용하도록 한다.

16 윤고종, 앞의 글, 107~108쪽.

또한 그는 창씨개명이 강요되기 이전에 자발적으로 구니 마사미(邦正美)란 이름으로 활동을 하였다. 이는 일상의 바탕이며 무용 활동의 출발이 일본이었기에 그의 입장에서는 이러한 모습은 자연스럽게 나타난 모습이었다. 아무래도 이는 그의 특이한 내면세계와 세계관에서 비롯되었는데 1950년대 미국에서 활동을 하며 그가 말년에 일본에서도 소재 확인조차 안 된 미지의 인물로 비추어진 것도 독특한 코즈모폴리턴(cosmopolitan)의 인생관에서 나온 부분이다.

이는 박영인의 무용 바탕이 현대무용이란 점에서도 연원이 될 수 있다. 조택원, 최승희, 배구자 등이 일본과 여러 영향 관계가 있었음에도 불구하고 그 근원적 시원(始原)이 한국미, 한국 문화원형에 바탕에 두어 창작활동을 펼쳤다면 그는 철저하게 현대무용과 서양철학에서 출발하기에 내용보다는 형식미를 강조하였다. 이는 그가 루돌프 라반(Rudolf von Laban), 마리 비그만(Karoline Sophie Marie Wiegmann)의 영향을 받은 공간 구성 안무법이나 즉흥과 창작의 방법론에서 비롯된 영향 관계뿐만 아니라 이미 자유로운 영혼으로 활동한 초기 창작에서도 엿볼 수 있다.

일본으로 돌아간 이후 박영인은 공연 그리고 연구소, 교육 활동에 열정을 쏟는다. 특히 이즈음은 노이에 탄츠(Neue Tanz)에서 모던 댄스로 변용되는 시공간으로 그는 『예술무용의 연구(藝術舞踊の硏究)』(富山房, 1942) 이후 『무용개설(舞踊槪說)』(神田新燈社, 1948), 『창작무용(創作舞踊)』(鹿鳴出版社, 1949), 『교육무용이념과 방법론(敎育舞踊理念と方法論)』(万有社, 1950) 등을 통해 현대무용의 이론적 정립에 역점을 두었다. 또한 1948년 일본에서 올려진 오페라 〈춘향〉의 안무를 맡는 등 다양한 활동을 시작하며 전후 일본 현대무용의 새바람을 불러일으키기도 하였다.

그가 가장 왕성한 활동을 보인 시기는 1950년대부터로 이 시기는 일본에서 다양한 무용 활동을 펼침과 함께 브라질, 아르헨티나 그리고 1964년부터 미국에 머물며 풀러턴대학(California State University, Fullerton) 무용학부장을 역임하는 등 활동 범위는 더욱 넓어져 갔다. 이후 일본, 유럽, 미국을 아우르는 세계인으로 활동을 하다 2007년 백수(白壽)인 99살에 생을 마감한다.

시간이 지난 뒤 한국에서는 박영인에 대해서 한국인인가라는 정체성의 질문을 던지곤 하였다. 『교육무용원론』(1973), 『무용창작과 연출』(1987), 『무용미학』(1989) 등의 번역서를 통해 한국 무용 이론 정립에 어느 정도 도움을 주었음에도 그가 한국에 뿌리를 두었다는 점을 인식하지 못하는 경우가 있거나 혹은 박영인이 구니 마사미인가라는 원론적인 질문까지 나오기도 하였다. 이렇게 그는 한국 태생이라는 긍정적 태도가 전혀 없었다. 이는 스스로가 가나가와 현(神奈川縣)에 있는 쇼난(湘南) 해안에서 태어났다라고 기술하는 등 어린 시절 조선에 대한 언급은 전혀 나타나지 않았기 때문이다.[17] 게다가 '1992년 1월호 『춤』지를 그에게 보냈는데, 받지 않겠다는 거절의 메모와 함께 책이 반송된 일'[18]은 침묵이 아닌 강한 부정 속에 여러 의미가 내재되어 있다 할 수 있다. 이는 그가 단순하게 세계인의 활동 속에서 고국에 대한 그리움이 옅어진 점도 있을 수 있지만 모국에 대한 상처가

---

[17] 그는 책의 자서(自序)에서 쇼난 해안에서 태어났다 기술하였다. 또한 이러한 여러 바탕에서 온라인 백과사전인 위키피디아에서도 그를 가나가와현 출신으로 밝히고 있다. 邦正美, 김정희 역, 『무용창작과 연출』, 학문사, 1987, 3쪽.

[18] 在美朴永仁(邦正美)氏, 춤誌 贈呈本 받기를 거절, 되돌려 보내, 『춤』, 1992.2, 139쪽.

보이지 않은 곳에 있었음을 보여주는 모습이다.

3. 언론 속에 나타난 일제강점기 박영인의 표상

박영인의 공연은 한 번도 일제강점기나 그 이후에도 이 땅에서 이루어지지 않았다. 그럼에도 불구하고 그의 무용 활동은 일제강점기 언론을 통해 지속적으로 소개되었다. 이는 박영인이 그동안의 춤과는 다른 새로운 무용을 대중에게 전해주었다는 점과 일본, 유럽에 진출하여 그들과 어깨를 견주며 다채로운 활동을 하여 한민족의 자긍심을 불러일으킨 점에서 비롯되었다.

1933년 1월 박영인은 일본청년관에서 신작 발표회를 갖는다. 이 무대는 대중과 만나는 그의 첫무대였는데, 아사히신문(1933.1.12.)에서 '불황인 이 시기에 이 공연으로부터 서막이 열렸다'고 그의 데뷔무대를 언급할 정도로 일본에서도 주목하였다. 이 공연은 국내에서도 관심을 갖고 언론에 보도 되는데「음악 없이도 하는 무용이 새로 생겨 동대 박영인 군의 체득한 것」(『동아일보』, 1933.1.18.)이라는 표제의 기사였다. 제목에서처럼 음악 없이 춤을 춘다는 것은 지금까지 대중이 가지고 있는 무용의 인식과는 다른 면모였다. 이러한 무음악, 순정무용론은 그가 지향하는 바였는데, 이론과 형식에 우선을 둔 그의 무용 세계는 그것을 수용하지 못한 대중에게는 그 상황만으로도 흥미를 끌기에 충분한 모습이었고, 여기서 근대 한국 현대무용에 대한 희미한 흔적이 박영인으로부터 처음 발견되고 있다.

또한 또 다른 개념이 박영인에게 포괄되어 인식되었는데 도쿄대

(東京大)라는 기호이다. 일본 최고의 대학생이 무용을 한다는 것은 그 당시 조금은 생경한 모습이었다. 그의 첫 실험무대는 도쿄대학 29번 강의실에서 춤춘 〈우수의 광상곡〉이었다. 이에 '천황기관설'을 제창한 법학자 미노베 다쓰키치(美濃部達吉)가 '동경제국대학 학생이 춤을 추다니 그것도 헌법강의실에서…'[19]라고 박영인을 혼냈다 하는데 이는 도쿄대에 대한 자긍심과 함께 무용에 대한 당시 인식이 중첩되어 나타난 면모였다. 그만큼 그의 이력이나 그에 따른 행동 양상은 일본 무용계에서도 독특하였고, 그래서 '이지적이다, 이색적이다, 특이하다'라는 키워드가 그에게 붙여진 것도 그러한 이유이다.

그렇지만 조선에서 이것은 그를 표상하는 하나의 이미지로 인식되면서 이론과 실제를 함께하는 독특한 무용수라는 측면으로 기호화되기 시작하였다. 「동대 미학과 출신의 세계적 무용가 박영인 군」(『매일신보』, 1937.5.8.)이라는 표제에서처럼 인텔리겐차(intelligentsia)가 현대무용을 한다는 점은 일제강점기 가장 독특하며 이지적인 면모의 무용수로 대중에게 전달되었던 것이다. 이는 이론으로 무용을 익히고, 이후 이를 몸으로 표현한 점에서 당시 최승희, 조택원, 배구자 등과는 더욱 두드러지게 변별되어 인식된 것이었다.

이러한 모습은 일본에서 벗어나 유럽 진출의 상황에서도 그대로 이어졌다. 특히 그는 해외 공연의 형태가 아닌 직접 유럽에서 공부하고 체류하며 공연 활동을 펼쳤기에 그에 대한 기대감은 더욱 높았다. 그래서 박영인은 조선을 세계 속에 빛낸 하나의 상징적 인물로 비추어지면서 자주 언급되었다. 1938년 신년 초에도 해외 진출한 무용가

---

19 邦正美, 앞의 책, 3쪽.

들을 소개하면서, 가장 첫머리에 박영인이 언급되었다. 그만큼 그의 활동이 국내에서 이루어지지는 못하였음에도 박영인에 대한 기대감이나 조선을 빛낸 자긍심 등은 어느 무용가보다 앞서있었음을 보여주는 증거이다.

> 동경제대 미학과 출신인 만큼 '신무용에 있어서는 이론이 있어야 한다'고 제창하여 몸소 이론 있는 무용을 창작 발표하고 있는 만큼 방금 도구 중에 연마하는 '테크닉'과 씨의 '이데아'가 심연히 일치될 때에 우리는 혹은 명실공히 세계적이 이지적 무용가를 가지게 될는지 모른다.(중략) 즉 테크닉의 미완성을 겸손한 태도로 자인(自認)하던 박씨는 불요의 노력에 의하여 완성된 자신을 만들고 말 것이라 우리는 씨가 마스터한 노이엔 댄스(신흥무용의 정수(精髓)-모방이 아니라)를 무용에 있어서의 세련된 지성을 볼 수 있을 것이다.[20]

최승희, 조택원이 일본을 통해 무용을 익히고 활동하여 단편적인 모습으로 비추어진 데 반해 박영인은 유럽에 머물며 체계적인 교육을 받고, 본고장인 유럽 무대에서 현대무용을 하였기에 진정성에서 높은 평가를 받을 수 있었다. 게다가 일제강점기 이데아를 논의할 만한 무용 공연 내용이 부족하였다는 점에서 박영인에 대한 막연한 기대치는 높았다. 이렇게 유럽에서 현대무용을 추었다는 점은 더욱 긍정적인 의미로 받아들여지면서 조선인에게 자긍심을 심어주기에 충분한 기호로 작용하였다.

---

20 「무용가의 해외진출 박영인, 최승희, 조택원 3씨 독, 영, 불의 무대에」, 『東亞日報』, 1938.1.3.

그런 의미에서 그를 소개하는 글들은 박영인의 상징적 키워드임과 함께 현대무용의 관통하는 보편적 담론으로도 나타났다. 당대 유명 예술인을 연속적으로 알리는 「예원인 언파레이드 무용인」에서 조택원, 최승희, 배구자, 박외선, 김민자와 함께 그는 조선을 대표하는 무용인으로 자리하는데, 여기서 이지적 미를 구성하는 신흥무용가로 소개되었다.

> (중략)씨의 작품 '1930년대', '인간의 시'等 題가 표시하는바와 같이 그의 무용구성이 이지적인 것은 두말할 것이 없으나 다분히 추상적인 표현을 가진 것이 있다. 물론 씨의 이지적인 요소는 현대의 모든 예술에 공통된 현상인 점에서 설명 될 것이므로 즉 화려한 것을 유일한 생명으로 하는 발레와 현대무용과 사이에는 큰 차이를 두지 않고는 이해할 수 없다. 다시 말하면 씨의 이지적인 무용을 이해하는 것은 종래의 무용이란 개념 만으로서는 도저히 불가능하게 된다.[21]

그의 작품 설명 속에서는 추상적이라는 표현과 이지적이란 현대무용을 관통하는 두 가지 담론이 함께 나타나고 있다. 이러한 요소는 현대무용이 한국 관객에게 제대로 전달되지 못하였기에 대중적이지 못한 선입견을 줄 수 있는 부분이었다. 그럼에도 이 땅에 딛고 일어설 서양 고전무용의 바탕이 없기에 그의 작품은 실험성을 지니지만 그동안의 무용과 달리 사회적 의미를 전달한다는 측면에서 긍정적인 측면으로 기대지평을 지속해서 열어놓고 있었다.

이와 함께 그에게 잠재된 담론은 장르를 초월하여 실험한 무용인

---

21 오병년, 「이지적으로 미를 구성하는 신흥무용가 박영인 씨」, 『東亞日報』, 1937.9.10.

이라는 점이었다. 그는 발레, 현대무용, 한국 무용의 여러 장르가 혼재된 춤 세계를 보여주었다. 그의 춤 세계는 서양 무용을 배우며 발레에 대한 기본적 연구와 인식으로부터 출발하였다. 그가 유럽으로 진출한 뒤 그의 여정 속에서 나타난 기관들이 대부분 발레와 관련되었다는 점은 이를 증명한다. 그에게 있어 발레는 기법을 익히기 위한 하나의 방법론이었고, 독일무용학교에서 루돌프 라반의 영향을 받아 현대무용의 기본을 익힌 것은 그의 무용철학을 검증받음과 함께 뒤엉켜있던 무용 이론을 정리할 수 있는 기회가 되었다.

그렇지만 박영인의 한국 무용에 대한 이해나 실험은 제대로 이루어지지 못하였다. 1937년 〈승무〉와 〈농부춤〉을 추었지만 그가 추구한 이데아 속의 한국 문화는 단순하고 피상적인 면에 그쳤기에 더 이상 발전적으로 이어지지는 못하였다. 그의 전체적인 창작 활동에서 한국 춤을 추었다는 것은 독특한 일이지만, 그 스스로의 이해나 관심은 그리 크지 않았기에 지속되지 못하고, 더 이상 구현되지 못한 것이다. 이는 세계사적 조류에서 모티프에서 전형성의 확보에 치중하였고, 문화원형에 탐구에는 관심을 두지 않은 면모에 원인이 있을 것이다.

이러한 점은 조택원과 비교되는 측면이다. 유럽 경험을 통해 조택원은 서양적 양식을 조선의 이야기로 풀어내려 하였다면 박영인은 한국 무용을 서양화하려 한 점 혹은 현대사회의 전형성에 치중한 점이 그러하다. 이는 그들의 출발과 바탕을 어디에 두었고 이들이 지향하는 점이 어디인가의 다름에서 변별되었다. 이는 조택원이 박영인의 말을 인용하며 자신의 조선 무용에 대한 정체성을 풀어놓는 글에서도 그대로 드러난다.

무용가 박영인 씨는 최근 '나의 회의(懷疑)'라는 일문에서 다음과 같은 말을 하였습니다.

"일본인(또는 조선인 趙)이 피아노를 탄주하고 오페라를 노래하고 발레를 춤추는 것을 서양인 일반은 조소하고 있다. 서양의 식자는 이를 유감이라고 이구동성으로 말해왔다. 그러나 우리는 그 충고에 대하여 도리어 반감까지 품어왔다. (중략) 우리가 과학에 있어서 스포츠에 있어서 서양을 배워가지고 도리어 서양 것보다 좋은 것을 내게 된 것같이 다른 문화예술에서도 그렇게 되리라고 믿어왔다. 그러나 과연 우리는 서양의 예술을 배워 서양인에게 떨어질 수 있을 것일까. 대체 그렇게 될 성질의 것일까"

이것은 서양에 한번 다녀온 사람이면 누구나 한번 생각게 되는 문제입니다. (중략) 여기에서 자연 우리는 자기의 피를 생각하게 되고 자기의 전통으로 돌아가게 되는 것입니다. 즉 서양 것은 모방에 불과할 때라도 자기의 전통의 것은 거의 피 속에 이미 그의 요소가 있는 것입니다. 그러므로 조선 것만은 제아무리 서양의 재인이라도 우리를 따를 수는 없을 것입니다.[22]

동년배였던 박영인(1908년생)과 조택원(1907년생) 두 사람은 창작 활동이나 무용관에서 대척점에 놓여있었다. 조택원이 여러 사회 활동을 펼치다 이시이 바쿠를 사사하고, 조선의 춤에 눈을 뜨며 문화전통을 이어갔던 데 반해 박영인은 도쿄대학에서 예술이론의 토대를 마련하면서 무용은 독학을 하다시피 하다가 유럽에서 정통적인 서양무용을 배우는 등의 행보는 그들의 무용 세계가 다르게 전개될 바탕이었다. 그렇기에 두 사람이 서양문화의 수용에 대한 시각은 전혀

22 「조선무용의 새 진로 – 나는 어째서 조선무용을 추는가 무용수 조씨의 포부」, 『동아일보』, 1938.11.23.

다르게 나타났는데, 서양문화를 어떻게 변용시키느냐의 질문에서 드러나게 되었다. 이에 대해 박영인은 인간 본연의 문제, 즉 형이상학적 이데아의 추구라는 보편성의 문제에 귀결하게 된 것이고, 조택원은 세계사적 흐름 속에서 한국 문화의 특수성에 주목하게 된 것이다. 조택원의 이러한 생각은 그대로 실행에 옮겨져 승무에 바탕을 둔 〈가사호접〉을 발표하였고, 한국적 소재를 모티프로 서양식 양식에 맞춘 그랜드 발레 〈학〉을 무대화하는 모습과 같이 한국 문화의 특수성에 집중하게 되는 것이다. 이에 반해 박영인은 유럽에서 발레와 루돌프 라반의 영향으로 현대무용을 배우며 보편적인 일상성을 작품에 담아내며 현시대의 사회적 이야기를 표출하려 한 것도 이들의 무용관, 가치관의 차이에서 비롯되었다.

4. 박영인의 초기 무용관

박영인은 무용 이론을 토대로 이를 실제적으로 구현한 인물로 평가받는다. 이는 그가 일본 도쿄대학 미학과를 졸업하고, 유럽의 전문적인 무용 기관에서 제대로 교육을 받은 여정에 바탕을 둘 수 있다. 이러한 바탕에서 그는 다양한 창작 활동과 더불어 다채로운 무용 이론서를 저술하였다. 그의 초기 무용 연구 저술을 보면 독일에서 활동한 즈음에 발표한『예술무용의 연구(藝術舞踊の研究)』(富山房, 1942)를 비롯하여 일본에 돌아와 쓴『무용개설(舞踊槪說)』(神田新燈社, 1948),『창작무용(創作舞踊)』(鹿鳴出版社, 1949) 등이 있는데, 개론적 성격이지만 단순한 설명이 아닌 박영인의 무용관이 짙게 스며든 내용을 보여주었다. 여기서 그는 무용의 역사적 전개는 물론이거니와 음악반주, 즉흥 창작, 공간형성법 등을 비롯한 창작무용 교육 방법론 그리고 기록법까지 그가 유럽에서 배운 무용 교육 방법론과 경험을 통한 창작 이론까지 적재적소에 풀어놓고 있다.

이러한 저술 형태는 무용 활동의 초기에도 이루어졌는데 일제강점기 이 땅에도 몇 편의 글을 서술하여 무용 이론 정립의 방향성을 제시하였다. 이러한 글들은 일반론이었지만 당시 무용 문화가 척박한 조선의 현실에 맞게 서술하면서도 현대무용의 보편성과 특수성의 문제를 함께 보여주었다.

먼저 1936년 4월 10일부터 12일까지 『동아일보』에 3회에 걸쳐 연재된 「무용과 생활」을 보면 기본적인 그의 무용관을 이해할 수 있다. 그는 우선 생활과 떨어진 무용은 무의미한 것으로 춤추는 것은 생활의 표현이라 말하였다. 그러면서 참된 무용이란 관능을 초월하는 것으로, 아름다운 육체의 여성이 맵시 있고 간드러진 몸을 움직이는 것은 보는 이에게 아름다울 수 있지만 스텝의 무의미한 결합, 정감을 일으키지 못하는 이러한 춤은 쾌락에 불과하다고 보았다.[23] 또한 지금까지 무용은 예(藝)에 머물러 창작이 그 속에 갇혀있었다면 이제는 인류의 물질생활과 정신생활을 첨예하게 해부하여 보여주어야 하는 것을 현대무용의 책무로 제시하였다. 이는 무용이 단순하게 즐거움을 주는 것이 아닌 니체가 이야기한 '무용은 기본적으로 윤리적 형이상학적 상태를 상징화하는 인간의 활동이라는 점'에 그 의미를 같이하는 부분이다.[24] 이는 결국 경험을 초월한 것에 관한 지식의 표현을

---

23 『동아일보』, 1936.4.11.

통해 그 실체가 구현되는 것이 현대무용이라는 의미로 귀결된다 할
수 있다.

이러한 문제를 박영인은 현대무용의 지향하는 바임과 동시에 관객
이 어떻게 현대무용을 수용하느냐의 화두로 던졌다.

> 이웃에 사는 복동이나 을순 건너편에 사는 이서방이나 김서방에게까지
> 잘 알 수 있는 그러한 무용만이 대중적이라고 할 수 있는 것이라면 나의
> 하는 무용은 대중적이 아니라는 것은 명백한 일이다. 즉 하등의 예비지식
> 도 그것에 대한 치아도 없이 이것을 충분히 관조할 수 있는 것만이 대중적
> 무용이라고 부를 수 있는 것이 아닌가 하고 나는 생각한다.[25]

그는 모두가 즐길 수 있는 흥미 위주의 무용이 아닌 '관조'할 수
있는 무용이 오히려 '대중적'이라 말하고 있다. 그렇다면 그가 말하
는 대중의 개념은 무엇인가? 여기서 대중은 소비 사회의 대중(Mass)
이 아닌 민중(Popular culture)에 더 가까운 개념임을 알 수 있다. 이는
보편성을 띤 집단이 아닌 사회적 경험을 공유한 공동체의 의미로 대
중을 정의하고 있는 것이다. 또한 여기서 이야기하는 관조라는 말은
형이상적 체험과 추상성 지향의 합일에서 나타나는 바라봄을 의미
한다. 이러한 인식은 관조자, 수용자의 시각으로 대상을 객관적으로
바라보는 것이 아닌 주관적 표현에 대한 주관적 평가, 즉 표현주의
적 시각을 의미한다 할 것이다. 이는 "그들은 막연히 보는(sehen) 것
이 아니라 성찰(anschauen)하며, 묘사하는(schildern) 것이 아니라 체험

---

24 M. 쉬츠-존스틴, 장정윤 역, 『무용철학』, 교학연구사, 1992, 14쪽.
25 『동아일보』, 1936.4.12.

(erleben)하며, 재현(wiedergeben)하지 않고 형성(gestalten)하며 취하지 (nehmen) 않고 구한다(suchen)는 표현주의 예술가의 활동 영역인 비전(Vision)"에 맞닿아 있는 모습인 것이다.[26]

그런데 이러한 표현주의에 대한 인식은 그가 독일에 가기 전 머리로 익혔던 모습이었다. 이 점은 한마디로 이데아만 앞섰던 시기였을 텐데 그러다 보니 추상적인 의미 전달이 중심을 이루어 실제적인 모습으로 구체화되지는 못한 한계가 나타난 것이었다.

그는 현대무용의 대중성 문제를 논하는 또 다른 글에서 무용의 형태를 세 가지로 나누어 이야기하였다. 그 첫째는 일반적으로 이야기하는 보드빌 댄스, 두 번째가 극장무용으로 발레, 그리고 무용회(콘서트 댄스)에서 추어지는 창작무용 등이 그것이다.[27] 특히 여기서 그가 초점을 맞추는 것은 창작무용으로 이것이 난해하다는 이유로 대중적이지 못하다는 논리는 성립할 수 있다는 것이었다. 그러면서 발레처럼 움직임이 많거나 아름다움의 추구만이 예술이 아님을 직시하며 이지적인 무용을 현대무용의 지향점으로 이야기한다.

> 우리들의 무용의 창작은 우선은 모틔-부를 포착해서 내용을 정형(整形)하고 그것을 표현하는데 필요한 충분한 포름(形式)기교를 새로히 연구하는 것이다. 우리의 무용발전을 위하야는 아카데미즘에서 고고(孤高)를 자랑할 것은 결코 아니고 소위 대중적이라는 용어가 무용의(舞用意)로서 사용됨으로서 새로운 이지적 무용의 난해를 운운하는 것은 소지(笑止)의 일에 지나지 안는다.[28]

---

26 박찬기, 『독일문학사』, 일지사, 1976, 434쪽.

27 邦正美, 「藝術舞踊의 大衆性」, 『음악평론』 1, 1936.4., 9쪽.

그의 말속에는 무용 창작의 기본원리가 압축적인 문장으로 정리되어 있다. 무용은 모티프를 포착하고, 주제 결정을 통해 서사적 구조를 만들고, 그것은 몸으로 표현하는데 이를 새로운 형식에 담아낸다는 것이다. 아주 당연하지만 무용 창작을 위한 기본적인 원리가 고스란히 드러났는데, 여기서 한 가지 더 강조한 것은 이지적 무용이다. 결국 그가 강조한 것은 대중이 작품을 바라보며 카타르시스가 아닌 현실을 관조하는 수용 양상을 지향한 것으로 이는 그의 창작에 고스란히 드러나는 부분이다. 새로운 무용 방법론을 통한 '낯설게 하기'(Defamiliarization) 혹은 '소외효과'(alienation effect)를 줌으로써 관객을 일깨우는 것이 그가 지향하는 대중화로 인식한 것이다. 익숙한 것을 뒤틀어 낯설게 만들거나 인간 군상들의 상징적 표현 등을 통해 감정이입을 거부하는 것은 결국 형이상학적 상징화를 통해 구현할 수 있음인데 그는 이를 대중화라는 표현으로 해석하고 강조한 것이다.

이러한 무용론의 서술을 통한 개념 정립 과정에서 일제강점기에 한국 무용에 대한 애정을 드러낸 유일한 글인 「조선무용계에 기(寄)함」을 발표하여 조선 무용에 관심을 드러내기도 하였다. 여기서 박영인은 조택원과 배구자를 만날 때마다 서울 소식을 빼놓지 않고 들으면서 어떻게 하든지 무슨 일이든 조력하겠다고 배구자와 약속하였다며 이 글을 통해 조선 무용계에 제언을 한다.

세계를 통하여 무용예술은 일대 비약의 과정에 있다고 하는 말은 그만큼 무용예술은 미완성이고 여러 가지 문제를 품고 있음이다. 조선에는

---

28 위의 글, 10쪽.

일찍부터 이시이 바쿠(石井漠)씨가 새로운 무용을 소개하고 있지마는, 그
것은 정통적인 무용이 아니었던 것만은 대단히 섭섭하게 하는 바이다.
조선의 무용계가 앞으로 큰 발전을 수행하려면은 좀 더 넓은 시야의 무용
이론 그것이 필요하다. 모든 유파가 찬연히 발흥하여야 할 것이다.[29]

먼저 그는 이시이 바쿠의 춤이 '정통적이지 않다'라는 표현을 쓰고
있다. 이는 박영인의 시각에서 이시이 바쿠의 춤, 이른바 신무용이
본질이 불분명하고 새로울 것이 없다는 생각에서 비롯되었을 것이다.
이는 이시이 바쿠의 춤이 그가 앞서 정의한 무용 형태인 대중적 무용,
공연예술로 고전 발레에서 벗어나 있고 그가 생각하는 창작무용과는
거리가 있었기 때문이다. 그러다 보니 서양의 여러 무용 이론에 대한
수용을 절실하게 느꼈고 그에게는 가장 우선시되는 과제로 인식된
것이었다. 그렇다고 그가 서양적인 것에만 치중한 것은 아니다. 그는
조선 고전무용의 여러 유산을 계승하여 문화의 보편성과 특수성을
통해 새로운 전형성을 확보하자는 모범답안으로 제시하고 있다. 이
는 현대사회의 전형성 확보와 한국 문화전통의 원형질의 결합이 조
선 무용이 나아갈 방향이라 스스로도 인지하였던 문제였던 것이다.
　이와 같이 그는 몇 편의 글을 통해 그의 무용관을 펼쳐 보였다.
이 글들은 짧은 글이지만 그의 무용관을 압축적으로 나타난다. 그래
서 그가 썼던 이러한 글들은 뒤에 쓴 저술들의 모티프가 되어 발전되
어 나아갔다. 예를 들어『무용개설』에서 현대무용에 대해 '관능을 즐
기는 것보다 일보비약(一步飛躍)하여 형이상학적 미의 생활을 이루는

---

29 邦正美, 「朝鮮舞踊界에 寄함」, 『音樂評論』 2, 1936.5.

것이 현대 창작무용의 목표다[30]라는 정의도 앞서 논의된 문제에 대한 상징적 정의이다. 이렇듯 이 시기는 그의 무용 이론 정립을 위한 실험적 바탕이었고, 이후 독일 유학을 통한 창작 경험 등은 무용창작을 위한 토대였음을 찾을 수 있다.

5. 결론

이 연구는 일제강점기 현대무용가 박영인의 활동 양상과 무용관 그리고 언론에 비추어진 그의 표상을 살핀 것이다. 그는 한국에서 태어났지만 일제강점기에 일본에서 공부하였고, 독일을 중심으로 활동하며 유럽에서 다양한 현대무용의 흐름을 접하고 이를 창작, 이론, 교육에 접목시킨 독특한 세계관을 보여준 현대무용가이다.

특히 1930년대 한국에 현대무용의 여러 희미한 흔적을 안겨주면서 그의 활동은 주목을 받기 시작하였다. 그를 통해 현대무용의 여러 담론이 대중에게 인식되기 시작하였고, 유럽에서 현대무용을 공부하고 펼쳐 보임으로 인해 당대 민족자긍심을 불러일으키는 표상으로 작용하였다.

그의 무용관은 모두가 즐길 수 있는 흥미의 무용이 아닌 관조할 수 있는 무용이 대중적이라는 시각을 가지고 있다. 이는 작품을 바라봄이 형이상적 체험과 추상성의 합일을 통해 나타나는 것으로 이는

---

30 "現代舞踊 官能をたのしむことより一步飛躍して, 形而上學的美の生活をなすというのが現代の創作舞踊の目標である" 邦正美, 『舞踊槪説』, 京都學校舞踊研究會, 1948, 146쪽.

현실을 냉철하게 관조하고 작품의 낯설음을 통해 관객의 비판적인 수용 양상을 지향하고 있었던 것이다.

그런 그는 문화원형의 수직적 질서보다는 사회의 전형을 강조하는 수평적 질서 속에서 작품의 소재를 찾으려 하였고, 이는 세계주의자적(cosmopolitan) 가치관으로 작품이나 이론 속에서 구현되고 있었다. 그가 문화의 특수성 문제보다는 보편성의 문제, 전형성의 문제에 귀착한 결과이다.

그의 초기 활동은 한국에 제대로 형상화되지 못한 점에서 아쉬움으로 남는 부분이다. 당대 언론에서 그에 대한 기대가 컸음에도 그의 활동은 당대에도 그 이후에도 이루어지지 못한 점은 지금까지 한국 무용의 흐름 속에서 제대로 다루지 않은 원인이 되었다. 그럼에도 불구하고 그의 활동은 현대무용의 작은 이론적 토대의 마련과 넓은 시각에서 한국 현대무용 들머리의 한 부분으로 의미를 부여할 수 있다. 이는 그의 창작과 이론적 활동을 통해 당대 한국 무용의 다양성이 처음으로 열렸기 때문이다.

이 글은 그가 저술한 많은 저서들이나 교육 방법론, 그리고 일본에서 창작활동 양상보다는 일제강점기 그가 썼던 자료들이나 언론에 비친 표상 그리고 이를 통해 현대무용이 어떻게 대중에 수용되었는가를 살펴본 글이다. 박영인 혹은 구니 마사미(邦正美)의 무용 이론 분석이나 그의 창작활동에 대한 연구는 추후의 연구대상으로 삼고자 한다. 또한 이 연구에서 다룬 담론이 한국 현대무용의 정신사적 의미를 새롭게 살피는 계기가 되기를 기대해 본다.

자료를 통한 근대 무용가의 재인식

1. 서론

르네 웰렉(René Wellek)과 오스틴 웨렌(Austin Warren)이 쓴 『문학의 이론(Theory of Literature)』(1966)에서는 문학사 서술에 대한 어려움을 토로하고 있다.[1] 이는 역사와 문학이 각각 가지는 변별적 특성에서 비롯될 텐데 역사가 사실에 근거를 두면서 정치적 사회적 담론에 대한 집단 기술에 바탕을 둔다면 문학은 개성적 자아의 분출 그리고 있을 법한 이야기를 통한 서술 구조라는 대칭적 입장을 가지기 때문이다. 이러한 인식은 결국 이 두 가지 요소를 함유하는 기술이 가능할 것인지, 이는 문학적 개성들이 시대정신에 맞게 추려지고 이를 객관적 관점에서 집단화하여 하나의 흐름으로 정리한다는 것이 가능한 것인지 고민에서 비롯된 문제로 작용한다. 이러한 화두는 역으로 개

---

[1] Is it possible to write literary history, that is, to write that which will be both literary and a history? Most historian of literature, it must be admitted, are either social histories, or histories of thought as illustrated in literature, or impressions and judgements on specific works arranged in more or less chronological order. René Wellek, Austin Warren, *Theory of Literature*, Penguin Books, 1966, p.252.

성적 언술 행위에 대한 시대정신을 집합적으로 정리하여 과거를 반추하면서 역사적 맥락에서 어떠한 흐름으로 전개되었고, 지배소에 의해 어떠한 사회적 담론을 형성하였는지 살펴보는 것은 유의미한 작업이라 말하고자 함을 읽어낼 수도 있다.

이렇게 문학의 역사 서술에 난제가 존재하는데 공연예술, 특히 무용은 역사적 정리에서 많은 어려움이 따른다. 문학은 기록을 통해 텍스트를 해석하여 거시적 흐름을 파악하는데 어렵지 않은 데 반해 무용은 몸의 움직임이 중심이기에 이를 정리할 수 있는 과거 자료에 대한 해석이 용이하지 않기 때문이다. 그렇다고 무용사 기술이 불가능하고 이러한 기술이 의미 없는 것은 아니다. 이는 여러 문헌과 도상, 몸의 움직임을 기록한 무보 그리고 구전심수처럼 몸으로 계승된 여러 기억이 바탕이 되어 원형의 전형적 기호 속에서 체계화할 수 있을 것이다. 이에 무용사의 서술은 기본적으로 방대한 무용 문화에 대한 객관화임과 동시에 과거와 현재를 잇는 아카이브의 최적화된 집적물이며 시대정신의 흐름을 관념적으로 기록한다는 점에서 의미가 크다. 게다가 무용은 시대를 달리하면서 유동적 변화 양상을 겪으며 변용하기에 고정되어 있는 시각이 아닌 새로운 시각에서 해석이 가능하며 관점을 달리하여 새로운 가치의 무용사 기술도 이루어질 수 있을 것이다.

이러한 인식을 바탕으로 그동안 한국 무용사 서술은 다양한 관점에서 이루어졌다. 그렇지만 대부분의 무용사 기술은 개괄적인 통사 의미의 연대기적 서술이나 장르적 개념 정리 수준에 머문 감이 없지 않다. 게다가 한국 무용의 변용과 새로운 개념의 정립 양상이 가장 급격하게 이루어진 근대 이후 사적 고찰에 대해서는 선험적 기술이 이루어진 이래 새로운 인식을 통한 한국 근대 무용사의 재정립은 치열하게 이루어지지는 못하였다. 근대 무용에 집중하여 긴 호흡으로 서술된 글로는 조동화의 「현대무용」(1975)과 안제승의 『한국신무용사』(1984) 그리고 『우리 무용 100년』(2001) 등을 들 수 있다. 이들 저술은 선구적 무용사 기술이라는 점 그리고 체험적 측면과 인상주의적 관점을 함유하여 후학들에 사적 인식을 위한 바탕을 마련해주는 장단점이 있다.

이 연구에서는 이러한 선행 연구를 비판적으로 수용하며 새로운 근대 무용사 서술을 위한 몇 가지 연구 방법론에 대해 살펴보고, 일제 강점기를 중심으로 활발한 활동을 펼친 무용가들의 개량적 자료를 중심으로 이들의 궤적에 대하여 논의해 보도록 한다. 우선 무용사 기술의 기본적 토대라 할 수 있는 역사주의 비평의 시각에서 근대 무용 자료의 여러 양태에 대하여 살펴볼 것이다. 또한 역사주의 비평이 간과할 수 있는 텍스트의 내적 검토를 통해 새로운 무용사 서술을 위한 몇 가지 쟁점 사항에 대하여 논의한다.

이와 함께 일제강점기 『조선일보』, 『동아일보』, 『매일신보』에 나타난 무용 관련 기사를 분석하여 근대 무용의 토대가 어떻게 마련되는지 개량적 자료를 관념적으로 분석하여 논의를 전개해 보도록 한다. 특히 근대 무용의 대표적인 인물인 최승희, 배구자, 조택원, 박영인을 중심으로 이들의 활동이 어떻게 언론에서 노출되었고, 시대정신을 구현하고 있는지 개량적 통계지수와 그 의미 해석을 통해 현상과 담론에 대하여 살펴보도록 한다.

2. 한국 근대 무용사 기술의 토대와 그 방법론

1) 역사주의 비평에 바탕을 둔 방법론의 실제

예술의 사적 고찰에서 기본적 바탕은 역사주의 비평에서 출발한다. 역사주의 비평은 전거가 확실한 자료를 골라 실증과 분석을 통해서 작품의 가치를 규명하는 비평의 한 양식으로 한 작품을 역사적 사건으로 취급하고 그 역사적인 증거를 이용하여 연구하는 방법이다.[2] 이는 작품이나 예술가의 미학적 측면이나 내적 구조보다는 사회적 현상과 시대정신에 집중하여 분석하는 방식을 말한다. 이러한 비평 방식은 19세기 생트 뵈브(Charles Augustin Sainte Beuve)와 이뽈릿 테느(Hippolyte Adolphe Taine)에 의해 이론적으로 확립되었는데, 테느는 이러한 비평의 기준으로 인종, 환경, 시대를 들어 작가의 정신세계를 박물학과 같이 체계화시키려는 자연과학적 방법론을 기저에 놓았다. 이는 자료 연구에 초점을 맞추거나 예술 외적인 역사적 측면에 치중한 감이 없지 않지만 여러 현상에 대한 역사의 재구성으로 인해 새로운 담론을 창출한다는 점에서 의미 있는 작업이다.

이러한 역사주의 비평에서 기본적으로 고려할 사항은 원전 비평(Textual Criticism)이다. 문헌학(Philology)으로 상징되는 이 방법론은 자료의 발굴, 수집, 정리, 해석을 통해 이를 분석하고, 통시적으로 그 의미를 찾는 방식이다. 이를 위해서는 1차 사료에 대한 고증 그리고 '학문적 결벽성'이 절대적으로 필요한데 수집할 수 있는 모든 자료를 확보하고 이에 대한 올바른 해석 그리고 부족한 자료를 보충할 수

---

2 김우종, 김혜니, 『비평문학론』, 범우사, 1984, 292쪽.

있는 2차 자료에 대한 수용과 검토가 뒤따른다.

그렇지만 연구의 토대가 축적될수록 연구자들은 1차 자료에 대한 검토보다는 2차 자료에서 연구의 출발점을 찾거나 의존하는 경우가 늘어 모순과 오류를 답습하는 경우가 종종 나타난다. 특히 그동안 근대 무용사에서도 이러한 문제점은 부분적으로 발견되었다. 조동화는 한국 근대 무용의 시대구분을 ①무도기(1905~1926), ②신무용기(1926~1928), ③무용기(1929), ④조선 무용기(1930~1945), ⑤한국 무용기(1945~)로 나누어 기술하였다.[3] 여기서 무도기를 1905년으로 나눈 것은 『대한매일신보』의 기사를 근거로 한다.

> 蹈舞宴會 본月六日에 청公使曾廣銓氏가 蹈舞會를 該公舘내에 開催ᄒ고 내外國紳士를 宴待ᄒ기 爲ᄒ야 청帖을 發送ᄒ얏더라(『대한매일신보』, 1905년 11월 3일)

여기서 도무는 청의 공사관에서 베푼 연회로 서양 사교춤을 춘 것을 의미하며 이것이 이 땅에 국적이 낯선 용어의 등장, 다른 춤의 출발로 규정짓는다. 그리고 몇 년이 지난 후 다시 무도(舞蹈)라는 용어가 등장하였는데 그 근거로 1909년 5월 22일 기사라 말한다.[4] 이후 무도는 서양 춤뿐만 아니라 춤을 지칭하는 일반명사가 되었고, 이러한 흐름은 1926년까지 지속되었다는 것이다.

---

3 조동화, 「현대무용」, 김종길 외, 『한국현대문화사대계』 1, 고대민족문화연구소출판부, 1975.

4 "셔洋人의 **舞蹈**法은 宴樂에나 醉興時에 男女勿論 발노 ᄒ고 東洋人은 以手ᄒ니 何其相反如此ᄒ가 兩法參用ᄒᄌ커던 蹈ᄒᆯ 者ᄂᆫ 以足하고 舞ᄒᆯ 者ᄂᆫ 以手ᄒᆯ 事"(『대한매일신보』, 1909.5.22.)

그런데 여기서 문헌을 통해 몇 가지 관점을 달리하여 볼 문제가 등장한다. 먼저 '도무'라는 단어가 낯선 용어의 출현인가라는 점이다. 도무라는 말은 이미 쓰여 온 용어이다. 고문헌에서 환흔도무(歡欣蹈舞)라는 용어가 나타나고, 당대 신문에서도 '小學校學徒들은 會同作隊ᄒ야 歌樂으로 慶祝ᄒ고 負商들은 胡笛과 小鈸로 街路에 蹈舞ᄒ야 慶祝을 盡ᄒ더라'(『황성신문』, 1899.8.31.), '胡笛을 吹ᄒ며 缶와 小鈸와 鉦을 打하면셔 얼시구 졀시구 지ᄒᄌ 됴흘시고 ᄒ며 蹈舞ᄒᄂᆫ 故로'(『대한매일신보』, 1906.8.31.)에서처럼 '춤추다'라는 의미로 쓰여 왔기 때문이다. 이는 일반적 의미였던 도무가 사교춤을 의미하는 고유명사로 변하였고, 다시 무도로 넘어가는 시기를 거쳐 춤을 통칭하는 단어로 변용되는 과정으로 설명하는 것이 설득력이 있을 것이다.

또한 도무가 기사로 쓰인 이후 몇 년 후에 무도라는 단어가 쓰였다는 서술도 제대로 된 문헌 고증이라고 볼 수 없다. 이는 1914년 11월 3일 『대한매일신보』에 도무라는 단어가 쓰인 같은 날 『황성신문』에 무도회라는 단어가 쓰였기 때문이다.

淸公使 曾廣銓氏가 本月十一日 該舘內에 舞蹈會를 設ᄒ다고 各公使와 各部大臣을 請邀하얏더라'(『황성신문』, 1905.11.3.)

무도라는 용어도 1904년 5월 16일 『황성신문』 광고 '忠南公州下台里 詠歌舞蹈學習'에서 드러나듯 이미 쓰여 온 단어였지만 1905년 즈음부터 서양 춤의 협의로 고정화되었고, '도무회'에서처럼 시공간의 개념을 포괄하며 사용되었다. 이런 무도와 도무라는 단어는 단순하게 낯선 용어의 등장이나 국적이 다른 춤이 이 땅에 상륙한 의미를 넘어서는 복합적이며 파생적인 의미를 가진다는 점에서 문헌 고증을 통해 새로운 해석과 서술 방법이 필요하다.

이러한 문헌고증의 오류에 대한 답습은 1차 자료의 종합적 수집 문제뿐만 아니라 원자료의 잘못에서도 드러날 수 있는 부분이다. 그 대표적인 예가 '자서전'이다. 자서전은 개인의 체험적 삶이 1인칭의 시각에서 서술되는 글이다. 여기에는 연대기적 서술성이 나타나기에 한 인물에 대한 역사를 바라볼 수 있는 장점이 있지만 본인 자신이 서술하기에 허구적 자아의 서사로 인해 미화되거나 사실이 아닌 핍진성에 바탕을 눈 감성에 치중한 글이다. 그럼에도 불구하고 자서전은 사료적 가치가 떨어지지만 사료에서 드러나지 못한 여러 감정선을 드러내기에 놓칠 수 없는 자료 중 하나이다.

그런데 문학적 표현을 떠나 전기적 서술에서 오류가 발생한다면 이는 문제로 등장한다. 조택원의 『가사호접』(1973)도 철저한 검증이 필요한 책이다. 『가사호접』은 조택원의 근대 무용 체험담을 서술한 책으로 무용사의 이면을 바라볼 수 있는 자료이다. 여기서 그는 일본 이시이 바쿠 문하에서 무용을 익히다 귀국하여 첫 공연을 1933년 2월 이시이 에이코(石井榮子)와 함께하는데, 〈승무의 인상〉 등 12곡을 공회당에서 추었다고 회고하였다.[5] 그렇지만 조택원의 첫 공연은 1934년 1월 27일 조선극장에서 펼쳤다고 문헌에 기록되어 있다(『동아일보』, 1934.1.23.). 이때 선보인 레퍼토리도 〈화려한 왈츠〉, 〈작렬하는 사색〉, 〈사의 유혹〉, 〈어떤 동체의 매혹〉, 〈우울〉 등으로 구성되어 있는데 레퍼토리나 박철민의 글(『조선일보』, 1934.2.4.~14, 「무용예술의 창조적 의

---

5 조택원, 『가사호접』, 서문당, 1973, 51~52쪽.

의 - 조택원군 무용발표를 계기로」)에서 드러나듯 그의 초기 활동은 이시이 바쿠의 영향과 무음악 무용 등을 비롯한 현대무용에 입각했음을 살펴볼 수 있으며 아직까지 승무의 변용이나 한국적 정서는 제대로 드러내지 못하고 있었다. 그렇지만 몇몇 문헌에서는 이러한 자서전에 바탕을 두어 기술하다 보니 오류를 범하고 있는 것이다.

이렇게 실증적인 방법론에서는 정확한 사료에 대한 이해 그리고 학문적 결벽증을 통한 철저한 검증은 절대적으로 필요하다. 이는 역사, 기록이라는 기본적 맥락에서 생각할 문제이며 파생 연구의 토대를 위한 부분에서도 고민할 문제이다.

2) 텍스트 분석에 따른 무용사 기술의 한 양태

역사주의 비평에 기반을 둔 연구방법론 혹은 문예사 기술 방식은 역사의식, 시대정신의 산물에 초점을 맞추고 실증적인 사료에 바탕을 둔다. 그러다 보니 작품 분석이나 소통 구조에 대해서는 소홀히 다루는 면이 없지 않다. 그렇다고 내적 구조에 대한 축적된 연구가 이루어지지 않은 채 문예사 기술은 없을 것이다. 문헌학은 문예학으로 이해될 만큼 사회학, 의미론, 형태심리학, 미학, 심리분석학 혹은 예술철학에 의존하게 되는 새로운 목표설정을 통해 그 새로운 기초 확립을 시도하고 있기 때문이다.[6] 이는 예술의 자율성에 기초한 연구들에 의해 역사주의 관점에서 벗어난 문예사는 항상 새로운 시각에서 기술될 수 있음을 말해주는 것이다.

근대 무용사에서도 이러한 부분에 대해 여러 가지 쟁점 사항이 놓

---

6 H. R. 야우스, 장영태 역, 『도전으로서의 문학사』, 문학과 지성사, 1983, 38쪽.

인다. 우선 근대 무용에 대한 개념 정립과 근대 무용의 기점을 언제로 보느냐의 문제 등은 이러한 점을 고민하며 논의할 수 있는 사안이다. 한국 근대 무용의 단초는 대개 1926년 3월 21일 이시이 바쿠(石井漢)의 경성공회당 공연을 바라본다. 〈수인〉 등의 레퍼토리로 선보인 이 무대에 대해 안제승은 '종전까지의 무용관을 벗어나 이와는 전혀 몰교섭(沒交涉)한 새로운 춤을 통해 눈을 뜨게 한 예술무용으로 무용문화사적 의미'[7]를 지닌다고 말하였고, 조동화도 신무용의 용어와 더불어 그 실체를 가지고 왔는데, 본격적인 무대무용이었을 뿐만 아니라 기존의 우리 춤과 다른 템포와 다양하고 변화를 보여준 무대였기에 근대 무용의 세례라 평가하였다.[8]

그럼에도 불구하고 이시이 바쿠의 1926년 공연이 한국 근대 무용 혹은 신무용의 출발이라는 점에서는 논쟁을 제공한다. 우선 한국인이 아닌 일본인의 공연이 한국 근대 무용의 출발이라는 점을 생각할 수 있다. 이에 대해 선행 연구는 일제강점의 상황이며 일본인이라는 점에서는 아쉽지만 무대예술로 가치와 작품이 주고자 하는 서사구조도 자아의 발현이라는 측면에서 의미를 두었다. 또한 최승희가 이 공연을 보고 이시이 바쿠의 제자가 되어 한국 근대 무용의 변화시키는 계기라는 점에서도 주목한 점도 그러하다.[9]

이러한 문제는 이 공연에 대한 여러 의미구조, 즉 로만 야콥슨 (Roman Jakobson)이 언급한 '발신인-문맥, 메시지, 접촉, 약호-수신

---

7 안제승, 『한국신무용사』, 승리문화사, 1984, 13쪽.

8 조동화, 앞의 글, 600쪽.

9 안제승, 앞의 책, 14쪽; 조동화, 앞의 글, 600쪽.

인'의 관계에서 소통구조를 만들어 새로운 담론 혹은 언술을 형성하는가의 문제에 대해 살펴볼 필요가 있다. 이시이 바쿠의 공연은 한국에 '신무용'(新舞踊)을 전해주었다. 여기서 신(新)이란 용어는 새로운 무용이란 의미를 지니면서 구(舊)무용, 전통무용에 대한 안티테제의 개념도 포괄한다. 이는 그가 습득한 독일의 노이에 탄츠(Neue Tanz)의 영향과 가부키 등 전통무용을 딛고 일어서려는 일본 신무용 운동의 연장선에서 논의될 수 있다. 그렇지만 한국에서는 이러한 면모보다는 포괄적인 새로운 공연으로 관객에게 수용되었다. '아! 예술의 심오함이여! 육체미의 멋있음이여!(중략) 몸부림치다가 해방된 기쁨에 떠는 준열하면서도 조소적(彫塑的)인 표현이 생명창조의 고동을 일깨워주는 수인(囚人)'[10]이라는 공연 단상에서 드러나듯 지시대상이 의미하는 표면적인 감정선을 수용하였던 것이다. 이는 '〈등산〉, 〈수인〉을 보고 동양인으로서의 공감과 나라 잃은 약소민족으로 사상적 공명 같은 것을 느꼈다'[11]는 확대 해석도 그러한 대표적인 모습이다.

이는 포스트(post)라는 개념과 같은 선상에서 논의한다면 더욱 쉽게 이해될 수 있다. Post-structuralism(후기구조주의), Postcolonialism(탈식민주의)라고 했을 때 post의 의미는 그 이후에 혹은 후기라는 의미가 내포되지만 탈(脫) 그 대상에서 벗어난다는 의미가 함께 공유된다. 이는 신(新)이라는 말도 그러하다. 이 말 속에는 안티테제와 시대정신이 함께 공유되거나 분리되어야 할 텐데 이시이 바쿠의 공연에서 대중과 소통의 측면에서 그러한 점을 찾기란 쉽지 않다.

---

10 안제승, 앞의 책, 14쪽.
11 위의 책, 15쪽.

이러한 이시이 바쿠의 공연에 대해 가장 두드러진 수용을 보인 인물은 최승희이다. 최승희는 이 공연을 계기로 이시이 바쿠 문하로 들어가 춤을 배우게 되고, 이후 한국 근대 무용의 중심으로 거듭나게 되는 것이다. 이는 발신인이 수신인에게 전달한 메시지가 지시대상에게 전달되고 의사소통을 통해 새로운 의미를 창출하는 계기로 마련되는데 이러한 영향 관계는 상호텍스트성 혹은 대화주의로 설명될 수 있다. 상호텍스트성(Intertextuality) 혹은 대화주의(Dialogism)는 문화적 실천에 의해 생길 수 있는 모든 열려진 가능성을 의미하는 것으로 한 텍스트를 둘러싼 모든 얼개를 말하며 언술의 확산 유포 과정과 그 안에서 발견되는 영향력 등이 포함된다.[12]

그런데 이러한 체계가 일대일의 관계 속에서 최승희라는 인물을 만들어내고 후에 최승희에 의해 다중의미를 만들어내며 재생산되었는가라는 점은 의문이다. 이는 최승희가 이전에 춤을 추고 이 공연을 통해 새로운 변화 양상을 겪은 것이 아닌 단순 사숙 관계의 계기였다는 점에서 이 공연만으로 의미를 두는 것은 무리가 따르는 부분이다. 물론 이 공연을 통해 최승희가 일본으로 가서 새로운 무용을 접하고 이후 한국 근대 무용을 이끌지만 이 공연만으로 대중적 파생력 혹은 집단적 변화 양상의 소통 구조를 이루었다고 보기에는 어려움이 존재한다.

게다가 이 공연은 경성일보(京城日報)의 후원으로 열린 공연이다. 경성일보는 총독부 기관지이지만 일본어로 발행된 신문이다. 그러다

---

12 로버트 스탬, 「바흐친과 대중문화비평」, 여홍상 엮음, 『바흐친과 문화이론』, 문학과 지성사, 1995, 329쪽.

보니 이 공연에 대한 홍보는 다방면으로 이루어지지 못하였고, 대중적 파급력도 미약하였다. 이는 이 공연이 발신자와 수신자의 담론형성이 집단화, 체계화되지 못하여 한국 사회에 큰 영향력이 없었음을 상징하는 부분인 것이다.

이와 함께 신무용과 근대 무용을 동일한 것으로 인식하는 의식에서도 논점이 생기는데 신무용이 시대적 개념이냐 장르적 개념으로 바라보는가의 문제와 함께 논의할 부분이다. 이는 미시적인 현상들을 거시적인 담론으로 논하는 무용사 서술에서는 더욱 그러하다. 근대 무용이라고 논의했을 때 근대정신을 구현하고 이러한 모습이 정반합을 통해 집단적인 변화 양상의 수용 구조를 만들어낸다는 점에 기초한다면 이시이 바쿠의 공연이 이에 걸맞은 공연이었는가에 대해서는 세심한 논증이 필요한 것이다.

그런 의미에서 1928년 경성공회당에서 열린 배구자의 첫 개인 무대는 또 다른 논쟁거리를 제공한다. 이 공연은 독창과 유모레스크 음악에 맞춘 서양 춤, 발레 〈빈사의 백조〉 그리고 창작무용 〈아리랑〉 등 선보인 무대였다. 특히 배구자의 〈아리랑〉은 형식에서나 내용에서 근대적 양식과 정신을 담아내려 하였다는 점에서 근대성을 확보할 수 있다. 이는 단순 영향 관계가 아닌 수용미학(Rezeptionsästhetik, Reception theory)을 통해 생산성의 문제로 근대를 바라본 시각에 놓일 수 있다. 결국 무용에 있어 근대의 논점은 근대의식의 발현과 그에 대한 소통 구조가 이루어졌을 때 근대 무용이라는 이름으로 자리매김할 수 있을 것이다.

이렇게 실증주의적 사료의 분석과 검증에 바탕을 두어 관념을 개념화한다는 일은 쉬운 일은 아니다. 그럼에도 불구하고 기본적 토대

인식이 혁명적으로 변화하지 않겠지만 관점과 방법론을 달리한다면 새로운 시각의 무용사 기술이 나타날 것이며 시대를 달리하여 무용사의 기존 텍스트를 해체하여 새로운 질서를 만들 수 있을 것이다.

3. 근대 무용 자료의 아카이브 그리고 이에 대한 해석

한국 근대 무용의 흐름을 살펴보면 개화기를 중심으로 한 '근대 이행기', 1920년대 후반부터 1945년 8월 15일까지의 '일제강점기', '해방공간과 교착기, 한국전쟁'으로 이어지는 '격변기' 그리고 새로운 움직임이 싹트는 '전후 시기'로 나눌 수 있다. 특히 일제강점기는 근대 무용의 출발로 주의 깊게 살펴볼 시공간이다. 그렇지만 이 시기는 근대 무용의 여러 맹아가 싹트지만 몇몇 선지자를 중심으로 근대 무용이 움직이는 시기이다.

이는 개량적 통계에서도 그대로 나타나는데 이 장에서는 근대 신문 자료에 나타난 근대 무용인의 궤적을 통해 한국 근대 무용의 여러 의미망을 살펴보고자 한다. 우선 근대 무용 자료 분석을 위해 『조선일보』(1920.3.5.~1940.8.10.), 『동아일보』(1920.4.1.~1940.8.10.), 『매일신보』(1910.8.29.~1945.8.15.)를 대상으로 하였다. 이 세 신문은 당대 가장 영향력 있는 언론 매체였고, 일제강점기 지속적으로 발간되었기에 영속성과 중요도에서 적합한 자료이다. 그런데 『조선일보』와 『동아일보』는 1940년 폐간되어 1940년 8월부터 1945년 8월 15일까지는 『매일신보』 자료에 의존하였다. 총독부 기관지인 『매일신보』 기사에만 이 시기를 살펴본다는 한계점이 있지만 사상적 편린이나 시대정신을

파악하는 것이 아닌 데이터베이스를 통한 분석이란 점에서 그대로
수용하였다.

이러한 자료를 수집하기 위해 온라인에서는 역사정보통합시스템,
한국언론재단, 네이버 뉴스라이브러리, 조선일보, 동아일보 등의 사
이트와 오프라인에서는 영인본을 참고하여 자료를 수집하였다. 먼저
근대 무용인을 검색하여 나온 대상 중 노출 빈도가 가장 많은 4명의
무용인 최승희, 조택원, 배구자, 박영인을 연구대상으로 삼았다. 이는
기사 색인뿐만 아니라 내용 색인을 통해서도 추출한 결과이다. 또한
이렇게 수집한 자료를 데이터베이스화 하여 개량화한 기본 자료와
텍스트를 구조화하였고, 이러한 자료들의 여러 의미망을 분석하여 데
이터가 지니는 사회적 관계성도 분석하였다.

근대 신문에서 추출된 최승희, 조택원, 배구자, 박영인 관련 기사
는 1,150건이었다. 이를 연도별, 신문사별로 정리하면 다음과 같다.

〈표 1〉 근대 무용가 4인의 노출 빈도

	최승희, 배구자, 조택원, 박영인			
	조선일보	동아일보	매일신보	계
1918			5	5
1919				
1920				
1921		1	5	6
1922				
1923			1	1
1924		2		2
1925		8		8
1926	6	7	22	35

1927	5	4	26	35
1928	9	5	18	32
1929	30	20	7	57
1930	33	33	26	92
1931	27	74	33	134
1932	20	18	15	53
1933	3	2	4	9
1934	12	21	18	51
1935	7	43	18	68
1936	4	61	29	94
1937	27	63	37	127
1938	26	95	25	146
1939	18	41	17	76
1940	8	16	14	38
1941			32	32
1942			22	22
1943			11	11
1944			9	9
1945			7	7
	235	514	401	1,150

이 네 사람과 관련된 1,000건이 넘는 기사에서 최승희는 586건으로 세 사람에 비해 월등하게 앞선 수치를 보였고, 시기별로도 부침 없이 꾸준하게 언론에서 관심을 가졌음을 볼 수 있다. 이에 비해 배구자는 초기 활동에 집중되어 나타났고, 1935년 이후의 기사 내용은 대부분 무용이란 관련어보다는 동양극장과 배구자악극단이란 단어에서 그의 이름이 연관성을 가지고 있었다. 조택원의 경우 이시이 바쿠 문하로 들어가는 시기 이후 지속적으로 활동을 벌이다가 1938년 유럽으로 외유를 떠나는 시기 가장 언론에서 주목하였고, 이후에도 꾸

준한 활동으로 인해 지속적인 기사가 나타났다. 박영인은 국내에서
활동이 없었기에 기사는 그리 많지 않았지만 밀도 있는 기사를 통해
국내에 그를 알리고 있었다.

이들에 대한 기사가 가장 많이 노출된 시기는 1938년(146건), 1931
년(134건), 1937년(127건), 1936년(94건)이었다. 특히 1936년부터 1938
년에 걸친 시기에 367건에 걸친 4명의 기사가 실려 이 시기가 근대
무용 성장기임을 알 수 있다. 이는 태평양전쟁(1941~1945)이 일어나
기 전 전시체제가 극렬하게 나타나는 이전 상황이기에 가능한 양상
이었다.

또한 네 명의 무용가에 대하여 가장 많이 게재한 신문은 동아일보,
매일신보, 조선일보의 순이었다. 동아일보의 경우 베를린올림픽 일
장기 말소 사건으로 인한 정간 기간(1936.8.29.~1937.6.2.)과 강제 폐간
된 1940년 8월 10일 이후 광복까지 신문이 발행되지 않았음에도 불구
하고 빈도가 높게 나타났는데, 동아일보가 다른 언론에 비해 문화에
대한 관심도가 높았음에 기인한다. 일제강점기 동아일보는 민족주의,
민주주의, 문화주의의 3대 사시를 내걸고 문화 전반에 걸쳐 지속적인
사업을 펼치는데 1920년대 후반부터 각 지역의 설화, 민요 공모 사업
이나 1925년 신춘문예 사업 등을 비롯한 전방위에 걸친 문화 활동으
로 당대 가장 영향력 있는 신문으로 자리매김하고 있었다. 게다가
무용 등 공연활동을 적극적으로 지원하는데, 지방 순회공연 후원 등
으로 다른 신문에 비해 그 빈도수가 높게 나타났다.

〈표 2〉 일제강점기 언론에 나타난 최승희 기사 빈도

최승희			
	조선일보	동아일보	매일신보	계
1926			5	5
1927	5	4	25	34
1928	4	2	11	17
1929	7	6	3	16
1930	20	28	22	70
1931	26	59	24	109
1932	18	14	14	46
1933	3	1		4
1934	1	4	10	15
1935	4	9	11	24
1936	3	14	11	28
1937	25	30	28	83
1938	8	25	10	43
1939	15	12	8	35
1940	6	5	9	20
1941			15	15
1942			14	14
1943			2	2
1944			6	6
1945				
	145	213	228	586

앞서 언급하였듯이 최승희는 일제강점기 언론에서 가장 빈도수가 높은 무용인이었다. 이시이 바쿠와 만남으로부터 일제강점 말기 관제화의 중심에 놓이는 활동까지 다방면에 걸쳐 노출되었다. 그에 대한 첫 기사는 「무용예술가의 눈에 씌운 최승희양 석정씨 남매의 뎨자가 되야 시의 나라로 첫발을 내노아」(『매일신보』, 1926.3.26.)이다. 이는

그녀가 이시이 바쿠의 공연에 감흥을 받아 그에게 춤을 배우기 위해 일본으로 간다는 내용으로 최승희가 춤에 입문하는 계기적 사건을 다룬 기사이다. 이러한 관심은 그녀가 일본으로 간 지 3개월 만인 1926년 6월 20일 도쿄 방락좌(邦樂座)에서 〈방황하는 혼의 무리〉, 〈그로테스크〉, 〈습작〉 등의 공연활동으로 이어졌고 언론에서도 관심을 지속적으로 드러냈다(무용계의 새꽃 최양 첫출연 동경방락좌에서, 『매일신보』, 1926.6.19.).

최승희에 관한 기사는 1931년과 1937년에 양산되는데, 1931년은 국내에서만 오롯이 활동한 시기로 전국 순회공연에 대한 관련 기사 그리고 광고 등에서 나온 결과였고, 1937년은 그의 활동보다는 기획 연재기사에서 언급된 경우가 많았고, 영화 〈대금강산보〉 촬영에 따른 관심이 그대로 반영된 결과였다. 이후 그녀에 대한 기사는 해외 공연에 대한 활동으로 이어지다가 1941년 이후 매일신보에 비추어진 최승희에 대한 모습은 「현지각부대위문 – 고왕주석영전에 바치는 신작도 공연 – 최승희여사의 대륙공연행각」(『매일신보』, 1944.12.5.)에서처럼 체제에 순응하는 당대 예술인의 한 양태를 보여주고 있다.

배구자는 한국 근대 무용의 흐름에서 문제적 인물이다. 그의 1928년 무용독창회가 한국 근대 공연예술에서는 여러 가지 담론을 안고 있고, 창작무용 〈아리랑〉이 근대 창작무용의 첫 시도로 인식됨에도 불구하고 그의 활동이 무용에 전념한 것이 아니었고, 대중지향적 무대를 구성한 점 그리고 후세의 영향 관계가 미미하여 제대로 된 평가를 받지 못하였다. 이는 그의 당대 활동 양상에서 그대로 드러난다. 배구자와 관련된 세 신문의 기사는 총 182건이다. 이를 다시 제목과 내용에서 가장 높은 관련 검색어를 추출해보면 다음과 같다.

〈표 3〉 배구자 기사 관련 주요 검색어

주요단어	빈도수
천승	30
동양극장	24
배구자 일행	34
배구자악극단	21
배구자예술연구소	14
배구자무용연구소	12

배구자 기사의 제목과 내용에서 높은 빈도를 보인 단어는 '천승', '동양극장', '배구자 일행', '배구자악극단', '배구자예술연구소', '배구자 무용연구소' 등이었다. 천승은 일본의 기예가인 쇼쿄쿠사이 덴카쓰 (松旭齊天勝, 이하 천승)를 지칭하는 말로 그녀는 배구자의 스승이었는 데 이러한 사제 관계는 배구자의 예술적 지향성을 결정짓는 계기였 고, 배구자를 평가하는 잣대가 되었다. 배구자에 대한 첫 기사는「천 승의 제자된 배구자, 경성와서 첫 무대를 치르기로 하였더라」(『매일신 보』, 1918.5.14.)이다. 천승은 이미 1911년 덕수궁 중화전에서 고종 육 순연에서 공연한 이래 1915년 조선물산공진회 행사에서는 다양한 레 퍼토리로 큰 반향을 일으켜 대중에게 인지도가 높은 인물이다. 이러 한 천승이 이끄는 단체에 조선의 소녀가 있다는 점은 화젯거리가 되 었고, 이후 천승의 수양딸이라 일컬어지는 등 그녀의 활동은 대중에 게 큰 관심을 불러일으켰다. 이러한 출발은 최승희와 조택원이 이시 이 바쿠라는 사제 관계에서 그들이 근대 무용에 전념하여 순수예술 로 평가받았다면 배구자는 천승과 영향 관계에서 대중공연예술을 지 향하게 되어 이들에 비해 낮은 평가를 받은 원인이 되었다. 이는 그녀

가 이후 대중예술 전문단체인 배구자악극단을 통해 활발한 활동을 펼침으로 인해 무용인으로 평가받기보다는 대중예술인으로 인식되었다.

또한 배구자는 그의 남편인 홍순언과 함께 동양극장으로 새움으로 예술 활동과 별개로 동양극장의 주인으로 주목을 받고 간헐적인 활동으로 언론에 노출되었지만 일제강점기 그의 이름은 1939년 동양극장의 폐쇄와 동시에 사라지고 만다.

조택원은 한국 근대 무용의 흐름에서 남자 무용수로는 독보적인 존재였고, 이와 함께 인지도나 공연에 있어 가장 활발히 움직인 인물이다. 그의 첫 출발은 연극 단체인 '토월회'로 출발한다. 그는 1921년 러시아 해삼위 동포학생 공연단의 공연을 보고 감명을 받아 단체의 중심이던 박세믄과 교류를 하며 러시아 춤을 익히게 되었고, 1926년 2월 토월회의 〈사랑과 죽음〉에서 코팍춤을 추어 대중에게 알려졌다. 이후 그는 제물포청년회 강연회에서 춤을 추는데, '무도곡의 바요린 합주가 잇섯고, 내리교회 코러스대의 밧나리가 잇섯고 조택원씨의 싀쌕쌴스가 잇서 장내의 쓸튼공귀를 서늘케하야 드뒤여 연앵코를 받았다'(『동아일보』, 1924.7.11.)라는 기사에서처럼 코박춤의 대명사로 처음 인식되었다.

그가 세 신문에서 가장 많이 노출된 시기는 1938년으로 83건이었다. 이 시기는 그가 프랑스 파리로 외유를 떠나 활동하다가, 귀국한 시기로 해외에 조선을 알린 상징적 인물로 다루어졌다. 이후 그는 1941년부터 1945년까지 전시체제가 군건해진 시기에도 지속적인 활동을 펼쳤는데 이는 매일신보의 기록을 통해 알 수 있다. 이 시기 그에 대한 기사는 1941년 〈부여회상곡〉 등의 공연으로부터 1945년 조택원무용단의 만주에 있던 일본군 위문 공연까지 체제 순응의 여러 활동의 흔적을 기록하고 있는 것이다.

조택원은 다양한 인물과 교류를 하는데 그와 연결된 관계 인물도를 살펴보면 이시이 바쿠, 최승희, 박영인, 김민자, 배구자, 한성준 등이 놓인다. 다음은 3개 신문 조택원 기사에 노출된 관련 인물 빈도수로 여기에서도 근대 무용의 다양한 의미체계를 살펴볼 수 있다.

〈표 4〉 조택원 기사 관련 인물관계 빈도수

	이시이 바쿠	최승희	박영인	배구자	김민자	한성준
조택원	33	40	17	6	22	4

조택원의 본격적인 무용 활동은 이시이 바쿠를 사사한 것에서 시작한다. 이후 이시이 바쿠와 관계는 「석정막선생의 예술 삼십주년공연에 제하야」(『매일신보』, 1942.7.19.~20.)라는 조택원이 쓴 글 등에서 나타나듯 지속적으로 이어졌다. 최승희와 박영인과 관계는 직접적인 관련성에서 출발한다. 세 사람 모두 이시이바쿠무용연구소에서 무용을 배운 관계가 그러하다. 그렇지만 이들을 언론에서 다룬 것은 직접적 관련성도 있지만 「무용가의 해외진출, 박영인, 최승희, 조택원 삼씨 독, 영, 불의 무대에」(『동아일보』, 1938.1.3.)에서처럼 단순비교 된 경우가 많이 나타난다. 이러한 경우는 교류가 없던 배구자의 경우도 마찬가지이다.

김민자의 경우는 이시이바쿠무용연구소 출신이라는 공통점이 존재하고, 최승희 문하에 있었다는 점에서 관련성이 있지만 조택원의 공연 파트너라는 점에서 직접적 연관성이 크다. 프랑스 외유 후 1938

년 공연 이후 김민자는 조택원과 함께하는데 〈시골처녀〉, 〈검무의 인상〉 등의 공연에서 주목받는 신인으로 등장하였다. 또한 조택원과 한성준은 조택원이 무용극 〈학〉을 만들면서 한성준에게 배웠다는 관계성에서 드러나듯 한국 무용의 창작 과정에서 전통 전승의 한 양태로 살펴볼 수 있는 모습이다(『동아일보』, 1938.12.13.).

그런데 이 시기 개량적 통계에만 의존할 수 없는 인물로 박영인을 주목할 필요가 있다. 박영인은 여러 가지 면에서 근대 무용사에서 영향력이나 인지도에서 비중이 높은 인물로 단박에 말하기는 어렵다. 그는 일제강점기 한국에서 공연을 한 번도 한 기록이 없기에 세 신문에서 언급이 43번에 불과하다. 이는 그동안의 무용사에서도 그대로 반영되었는데 안제승의 『한국신무용사』에서는 1926년부터 1945년 8월까지를 신무용사의 요람기라 칭하고, 최승희, 조택원 두 인물에만 집중하여 서술하여 그에 대한 언급은 없다. 조동화도 한국 근대 무용의 세 번째 시기를 조선 무용기(1930~1945)라고 하면서 거기에 짧게 박영인을 언급하고 있다. 그는 '동경제대를 나온 지성의 무용가라는 사실이 중요하며 아카데미즘과 거리가 있던 무용계에 사회적 위치를 높이는데 이바지한 인물'로 평가한다.[13] 또한 『우리 무용 100년』(2001)에서도 신무용 시대의 중심을 최승희와 조택원으로 보고, 신진 신무용가들 중 한사람으로 박영인을 개략적으로 다루었고, 『한국춤통사』(2014)에서도 미미하게 다루는 등 근대 무용사에서 그는 그동안 세심하게 다루어지지 않았다.

그렇지만 근대 무용계에서 박영인은 최승희, 조택원, 배구자와 함

---

13 조동화, 앞의 글, 622쪽.

께 여러 근대 담론을 형성하였다는 점에서 의미가 있다. 이는 '최승희, 조택원, 박영인 삼두무용가라 칭하고 인기에 있어서는 최, 조, 박의 순이고, 예술가로서 질미나 무게감에서는 박, 조, 최 순이다'(『동아일보』, 1937.7.25.)라는 언급이나 '무용가로서 일가를 이루고 있는 사람으론 최승희, 조택원, 박영인 등 3씨와 다른 진로를 밟고 있는 배구자씨 네 사람 밖에 없고 신인으론 김민자, 박외선, 신효범, 강덕자 등제씨를 들 수 있다'(『동아일보』, 1937.9.7.)는 평가에서처럼 눈으로 보이지 않는 사회적 영향관계가 박영인에게 존재하였다.

그는 1930년대 현대무용의 여러 희미한 흔적을 주었고, 유럽에서현대무용을 습득하고 공연을 펼쳐 보임으로 기존의 다른 질서를 무용계에 전해주어 대중에게는 민족의 자긍심을 불러일으키는 매개로새롭게 평가할 수 있다.[14] 이는 그가 개량적 수치를 떠나 당대 한국무용에 새로운 인식을 보여줄 인물로 볼 수 있으며 속인주의의 측면에서도 한국 근대 무용사에서 제대로 편입되어야 될 인물인 것이다. 이는 최승희나 조택원의 해외 활동이 공연이나 외유에 머문 데 반해박영인의 활동은 유럽에서 서양 춤을 익히고 공연하였고, 독일무용학교 강사 등으로 교육에 담당한 점 등에서 변별성을 가지기에 한국근대 무용의 서술은 그를 통해 새로움을 얻을 수 있을 것이다.

이렇게 최승희, 배구자, 조택원, 박영인 네 사람은 한국 근대 무용에서 중추적 역할을 담당하였고, 문화사 측면에서도 다양한 담론을양산하였다. 이러한 흐름은 해방공간과 교착기 그리고 한국전쟁으로

---

14 김호연, 「현대무용가 박영인의 초기 활동 연구」, 『무용예술학연구』 52:1, 무용역사기록학회, 2015, 7쪽.

이어지며 단절되었지만 근대정신의 맹아를 이들에게서 찾을 수 있다
는 점에서는 높이 평가할 대목이다.

4. 결론

이 연구에서는 근대 무용사 서술을 위해 바탕이 될 방법론으로 역
사주의 비평과 내재적 분석 방법을 제시하였고, 일제강점기 여러 문
헌에 나타난 한국 근대 무용의 개량적 자료를 무용가 중심으로 살펴
보았다. 원전비평에서는 자료(text)의 발굴, 수집, 정리, 해독을 통해
사료를 분석하고 그 사실에 대한 시대정신으로 찾아 새로운 질서를
만들어내는 방식이 기본적으로 요구된다. 또한 내적 검토에서도 어
떤 관점에서 바라보느냐에 따라 무용사 기술이 달라지듯 시대정신과
담론 형성의 냉철한 해석이 필수불가결한 존재로 적용되어야 한다.
이를 위해서 연구자에게는 학문적 결벽성 그리고 냉철한 이해력이
항상 요구되는 것이다.

이 연구에서는 한국 근대 무용사 서술의 토대가 되는 여러 자료를
추출하고 이를 해석하여 현상을 분석하였다. 먼저 근대 무용 자료
해석을 위한 바탕으로 조선일보, 동아일보, 매일신보를 대상으로 빈
도수가 높은 대표적인 무용인 최승희, 조택원, 배구자, 박영인을 통해
한국 근대 무용의 궤적을 살펴보았다.

우선 이들에게 추출된 자료는 1,000건이 넘었다. 이 중 최승희가
586건으로 세 사람의 검색 사항보다 많은 수치를 나타냈다. 최승희는
근대 무용인의 아이콘으로 꾸준한 활동을 보였고, 언론에서도 주목하

였다. 그의 활동은 무용뿐만 아니라 영화나 광고 등 다양하게 노출되어 그가 지니는 상징성을 확인할 수 있다. 배구자는 1928년 첫 개인 발표회가 한국 근대 무용의 들머리로 평가받지만 당대의 시각은 대중예술인이라는 시각이 지배적이었다. 이는 그의 스승이었던 천승과 관계, 그가 세운 동양극장과 그곳에서 펼친 대중예술의 관계 속에서 논의될 수 있다.

조택원은 한국 근대 무용에서 논의될 수 있는 몇 안 되는 남성 무용수라는 상징성과 더불어 전통 창작의 무대화 등을 비롯한 다양한 시도를 통해 한국 근대 무용사에서 중요한 의미를 지니는 인물이다. 그는 일제강점기 꾸준한 활동을 펼치는데 특히 많은 무용인들과 교류하여 다양한 담론을 형성하였다. 박영인은 그동안 한국 근대무용에서 소홀히 다루어진 인물이다. 이는 그의 활동이 국내에서 한 번도 이루어지지 못하고, 해방 이후 그의 활동 내용은 일본 무용사에 편입되었기 때문이다. 그렇지만 그는 한국인으로 유럽에 처음으로 진출하여 서양 무용을 직접 익히고, 여러 공연을 통해 다양성을 확보하였다는 측면에서 한국 근대무용사에서 논의의 대상이 될 수 있다. 또한 당대의 시각에서 그는 외국에 진출하여 서양인들과 겨룬 무용인으로 민족 자긍심을 불러일으킨 기호였다는 점에서도 수치적 자료를 떠나 새롭게 바라볼 수 있다.

이러한 여러 개량적 자료의 정리는 한국 근대무용사 서술의 근원적 토대이다. 이러한 작업은 한국 무용의 과거와 현재 그리고 미래를 바라보는 동인으로 작용하는 한 방법이다. 이는 결국 한국 무용의 DNA, 그 문화원형을 찾고, 그 보편성과 특수성을 찾아 한국 무용의 가치를 드높이는 데 자그마한 바탕이 될 수 있을 것이다.

한국 근대 문예에 나타난 민족담론의 형성

1. 서론

역사에서 만약이란 가정이 없지만 현재를 살아가는 인물들이 과거에 태어났다면 어떠한 선택을 하였을지 상상해보곤 한다. 특히 일제강점기 그 엄혹한 시절 자신은 어떠한 위치에서 살았을지 상상을 하고 순국선열들과 같이 생각과 행동을 하지 못하였으리라 반성을 할 것이다. 그런 의미에서 이 시기 민족운동을 펼친 인물들의 행적은 항상 기억할 일이며 현재 대한민국을 일으킨 초석으로 의미를 둘 수 있다.

그런데 이 시기는 일제강점이란 사회적 상황과 함께 근대라는 시공간이 맞물려 더욱 문제적 담론을 양산한다. 이는 전근대에서 근대로 이행하는 경계에서 갑오경장처럼 위에서의 개혁과 동학농민운동과 같은 아래로부터 혁명이 교차하여 자생적 근대의식이 싹텄지만 외세 열강에 의해 물리적으로 문명과 문화가 이입되면서 자생적 노력이 주체가 되지 못하였기 때문이다. 그럼에도 불구하고 이때 나타난 근대적 변용 양상은 세계정세에 뒤늦게 편입됨에 대한 깨달음과 함께 유구하게 내려온 한국 역사 속에서 고유성을 발견하면서 근대

국가로 나아가는 동력으로 작용하였다.

이러한 불씨는 3·1운동을 통해 응집되었으며 지식인뿐만 아니라 민중도 동참을 하면서 민족에 대한 인식이 배태되어 시민 공동체를 형성되기에 이르렀다. 이는 3·1독립선언서에서 "민족의 항구여일한 자유발전을 위하여 차를 주장함이며"라 밝혔고, 공약 3장에서도 "금일 오인의 차거는 정의, 인도, 생존, 존영을 위하는 민족적 요구"라 하여 한민족의 의지를 강력하게 표현하고자 하였다.

이렇게 3·1운동은 향후 민족독립운동의 발판이 되었고, 여러 집단적 행위 속에서 다양한 층위에 걸친 민족담론 형성의 토대가 되었다. 이를 계기로 개성을 가진 문예활동에서도 민족 의식을 가지고 다양한 방법론을 통해 새로운 패러다임을 형성하고 있었다. 특히 많은 선각자들은 사회적 현상 속에서 민족의식을 담아내었고, 실천적 행위까지로 이어졌는데 이 연구에서는 안확, 윤백남, 심훈 이 세 인물을 통해 일제강점기 문예활동을 통한 다양한 민족담론의 정립 양상을 살펴보기로 한다.

안확은 『조선문학사』, 『조선문명사』 등의 저서를 통해 민족의식을 담론화하였으며, 윤백남은 야담운동을 통해 민족문화의 대중적 확산을 꾀하였고, 심훈은 소설, 시, 영화에 걸쳐 다양한 방법을 통해 민족의식을 드러내는 등 다각적 시각에서 민족담론을 새롭게 정립하였다. 이렇게 이들은 그 분야에서 개성을 드러낸 선각자라는 측면에서 주목할 수 있으며 다양한 범주를 통해 이에 맞는 실천적 의지를 드러낸 인물들이라는 공통점이 나타나 함께 논의가 가능할 것이다.

그동안 이들에 대한 개별 선행 연구는 다양한 시각에서 이루어졌다. 안확에 대한 연구는 '국학'이라는 인식을 바탕에 두어 계몽적 민

족담론에 집중하였고, 윤백남에 관한 연구는 그의 야담운동에 나타
난 근대성을 살피는 데 노력하였으며, 심훈에 관한 연구는 영화소설
이나 실제적 영화 활동 등에서 이루어진 민족의식을 찾는 데 의미를
두었다.[1]

그런데 연구자는 산발적으로 나타난 세 사람의 민족담론 지향에서
공통점을 추출하여 당대 선각자들이 추구하고자 한 대중지향의 민족
의식을 살펴보고자 한다. 이는 당대 문예를 통해 어떠한 미적 근대성
이 추구되는지 다양한 장르를 통한 언술 속에서 살펴볼 것이다. 특히
이들이 지향한 바가 유연한 자유주의적 민족의식이라는 점에 초점을
맞추어 대중적 민족담론의 다양한 인식에 대하여 고구하도록 한다.

이 연구에서는 한 인물의 사상과 행동에 대해 깊이 있게 파고들기
보다는 그의 삶을 통해 드러난 민족의식의 연결고리를 찾아 소개하
고, 이것이 어떠한 의미체계를 가지는지에 초점을 맞추어 진행하고자
한다. 이는 결국 이 세 사람을 통해 교집합과 합집합을 찾아 민족의식
의 고유성을 찾는 계기로 의미가 있을 것이다.

---

1   이행훈, 「안확의 '조선' 연구와 문명의 발견」, 『한국철학논집』 52, 한국철학사연구회,
    2017; 김현양, 「안확의 '조선민족담론'과 상호중심주의 - 『조선문학사』와 『조선문명
    사』를 중심으로」, 『민족문학사연구』 64, 민족문학사연구소, 2017; 이동월, 「윤백남의
    야담활동 연구」, 『대동한문학』 27, 대동한문학회, 2007; 배선애, 「근대적 공연예술로
    서의 야담대회」, 『한국극예술연구』 42, 한국극예술학회, 2013; 조혜정, 「심훈의 영화
    적 지향성과 현실인식 연구 - 〈탈춤〉, 〈먼동이 틀 때〉, 〈상록수〉를 중심으로」, 『영화
    연구』 31, 한국영화학회, 2007; 주인, 『영화소설 정립을 위한 일고 - 심훈의 「탈춤」과
    영화 평론을 중심으로」, 『어문연구』 34:2, 한국어문교육연구회, 2006 등은 이 연구를
    위한 선험적 노작들이다.

2. 민족의식의 발현에 대한 세 가지 방식

1) 안확을 통한 민족문화 고유성에 대한 자각

한국문학을 전공한 이들에게 자산(自山) 안확(安廓, 1886~1946)은 그리 낯선 인물은 아니다. 그는 근대 이후 체계적 기술 방법론을 갖춘 첫 문학사인 『조선문학사』(1922)와 시조에 대한 이론서 『시조시학』(1940) 등을 비롯하여 국문학 연구의 선험적 지평을 연 인물로 기억할 수 있기 때문이다. 또한 『조선문법』(1917), 『조선무사영웅전』(1919), 『조선문명사』(1923)와 「조선의 미술」, 「조선음악의 연구」에 이르는 다양한 사적(史的) 고찰과 전방위에 걸친 이론서는 그의 박물학적 관심을 그대로 보여주며 한국학의 선각자로 인식할 수 있다.

그런데 그의 이러한 역사적 서술은 단순한 편년체의 기술이 아닌 여러 담론을 내포하여 의미체계를 형성한다는 점에서 주의 깊게 바라볼 필요가 있다. 이는 '자각론', '개조론'이라는 시대적 요구의 철학적 화두를 담으면서 '국학(國學)'이라는 거시적 담론을 통해 연구된 것들로 당대 민족의식을 고취시키는 데 기여한 점에서 의미가 있다.

안확은 1886년 서울에서 태어나 어린 시절 소학교에 입학하여 신학문을 접하였고, 이후 1910년 즈음에는 마산으로 내려가 창신학교 교사를 지내기도 하였다. 1914년 일본으로 건너간 안확은 니혼(日本) 대학 정치과를 다녔는데 그가 '국학'에 눈뜨기 시작한 것은 이 시기이다. 그는 유학시절 『학지광』에 글을 게재하면서 조선적인 것이 무엇인지에 대한 고민하였고, 「조선의 미술」, 「조선의 문학」, 「조선어 가치」(1915) 등 민족문화의 고유한 가치와 관련된 글을 정리하면서 조선 문화의 사적 정립에 매진하였다.

그는 1916년 마산으로 다시 돌아와 조선국권회복단 마산지부장을 맡으며 독립운동을 위한 실천적 노력을 기울이며 만세운동을 주도하였다. 이 시기 그에 대한 활동은 청년독립단 대표로 도쿄에 갔다가 다시 한국으로 들어오면서 본격화되어 독립운동을 극렬하게 펼치다가 함안, 창원에서 교육에 종사하는 등 "안확씨의 긔민한 모험 활동"[2]이란 기사처럼 동분서주하며 활발하게 움직이고 있었다.

이후 안확은 서울에 와서 조선청년회연합회에서 활동하고, 『신천지사』 편집을 맡기 시작하는데 이 시기 이후로 그의 저술 활동이 본격화되기 시작하였다. 그런데 그는 이미 일제의 요시찰인물로 주목의 대상이었는데 이는 사찰 기록인 『왜정시대인물사료』에도 그대로 나타난다. 그의 경력 및 활동 내용을 보면 다음과 같다.

> 1920년 12월 : 朝鮮靑年聯合會 교무부 주임이 되어 동회 기관잡지 「我聲」 편집에 노력
> 1921년 4월 : 조선청년연합회 간부 사이에 세력 싸움이 있었던 결과, 그 직책을 물러남
> 1922년 11월 : 新天地 발행인 白大鎭이 筆禍 事件으로 수감되자 그 후임자로서 新天地社에 입사하는 한편 자택에서 소설을 저술함
> 1925년 10월 : 일찍이 東京에서 조선으로 돌아오는 길에 행방을 감춘 적이 있음. 東京에 체재 중 동지에게 조선독립의 필요를 호소하고, 그 실행 방법으로, 국외에서 활동을 피하고 오히려 일본 내지에 머물러 내외 사정을 정탐하고 내외 동지와 연락을 유지하여 구주전란이 끝난 후 일을 일으키면 赤手空拳 능히 목적을 달성할 수 있다고 吹聽한 적이 있음. 또한 安重根을 숭배하여 항상 동인의 사진을 품고 있음

---

2 『신한민보』, 1919.7.8.

계통 소속단체 : 新天地社 系統으로 해외 불령선인과 관련이 있음[3]

이 시기 안확에 대한 일제의 감시는 만세운동 이후 이루어진 조선청년회연합회 간부와 잡지사 편집 관련을 비롯한 그의 행위 모두에 집중되어 있었다. 이는 그의 활동이 국내뿐만 아니라 일본에서도 조선독립을 위한 실행 방법을 꾀하는 적극적인 모습에서 비롯되었다. 게다가 인물평 외모에서 "배일사상을 가지고, 민족의식을 고취하다"라는 말에서 드러나듯 그의 행동은 하나하나 일제에게 위험한 존재로 기억되고 있었다.

이러한 실천적 행위와 더불어 그는 조선 문화에 대한 사적 정리를 시도하는데『조선문학사』(한일서점, 1922)는 그 첫 번째 시도였다. 이 책은 단순하게 문학의 흐름을 정리하기보다는 "문학사는 일반 역사, 더욱 인문사(人文史)의 중요한 일부로 볼 뿐만 아니라 뒤집어 제종(諸種) 역사를 다 해명할 것"[4]이라 하여 한국 문화 개념을 정리함과 동시에 사상사로 의미까지 내포하며 기술되었다. 그러면서도 그는 앞으로 한국 문학이 나아갈 방향으로 동서양의 사상을 수용하는 가운데 한국 문화의 특징을 드높이면서 동시에 민족의 특수한 사상으로 세계를 동화시켜야 할 것이라는 절충적인 민족의식을 가지고 있었다. 이는 조선 민족성의 재현에서 제시된 특수성이 대외적으로는 차별화의 논리로 대내적으로는 동일화의 논리로 작동한 측면으로도 이해될 수 있다.[5]

---

3 국사편찬위원회 한국근현대인물사료, 『왜정시대인물사료』
   (http://db.history.go.kr/item/level.do?itemId=im, 2020.2.27. 검색)

4 안자산, 최원식 역, 『조선문학사』, 을유문화사, 1984, 18쪽.

그는 이 책의 부편으로 「조선인의 민족성」을 저술하여 실었다. 그는 앞서 '개조론' 등에서 '반도성'과 '감상성'을 개조하여야 할 민족성의 약점을 이야기하였지만 이 글에서는 조선인의 민족성 중 장점 7가지에 집중하였다. 이는 ①조선숭배(祖先崇拜), ②조직적 정신, ③예절, ④순후(淳厚), 다정(多情), ⑤평화 낙천(樂天) ⑥실제주의(實際主義), ⑦인도(人道) 정의(正義)를 들고 있다.

이 중에서 그가 첫 번째로 든 것은 조선숭배이다. 이는 종(倧)사상, 종교적 신화라는 측면으로 풀이하며 이러한 배경은 상고신인(上古神人)으로 비롯되었고, 천지인(天地人)이라는 단군신화 모티브를 통해 구현되었음을 밝히고 있다. 이러한 인식은 민족의 우수성을 강조하기보다는 그것이 글로컬리즘의 관점에서 유연한 민족기질을 통해 민족문화의 고유성에 대하여 논의를 한 모습이었다.

> 상고의 신의 종류는 무수하나 신들 사이의 쟁탈과 분요가 있음을 전한 것은 없으며 사후 세계의 어떠함을 말하지 않고 현세의 즐거움을 구할 뿐이요, 하늘과 땅의 신을 살피고 조종(祖宗)의 영혼을 경배함에도 오직 농사와 화(禍)나 현재 이 몸에 해가 미치지 않음을 구할 뿐이니 고로 상대 인심은 순후온화하였는지라. 우리 선조의 이 평화주의는 오늘까지 유전되어 우리 마음속에 심각하였으니 '싸움은 말리고 흥정은 붙이라'는 속담이 그것을 말해주느니라[6]

안확의 논의는 앞서 「조선의 민속성」에서 기술한 7가지 정신이 한

---

5 이행훈, 앞의 논문, 226쪽.
6 안자산, 앞의 책, 25쪽.

문단으로 정리되어 나타나는데 이러한 언술은 능동적이면서도 고유성과 보편성이 절충되어 민족의식이 일어났음을 밝히고 있다. 이는 중국 문물과 사상을 유연하게 수입하여 고유한 문화와 정신을 발달시켜 문화원형적 측면으로 발현시킴을 말하고 있는 것이다. 이는 협화(協和)란 말로 표현되는데 이러한 측면은 통섭, 융복합이란 용어의 본질적 동일성을 갖는 담론이다.

이러한 인식은 「조선미술사요」(『조선일보』, 1940.5.1.~6.11.)에서 그대로 적용된다. 그는 선사시대부터 조선시대까지 미술사를 개략적으로 정리하면서 조선 고대사는 중국과 달리 부락 자치제로 자유적, 진화적, 귀납적으로 내려와 조선(祖先) 숭배심이 그 근본에 놓인다고 말한다. 조선 숭배에 대한 생각은 안확의 한국 문화의 사상적 토대이면서 그는 여기에 사상의 통합적 담론 함께 수용하여 수직적 수평적 질서의 접점에서 한국 문화의 고유성을 논의하려 한다.

> 우리 祖先은 그들 외래족에 대하여 강경히 격퇴도 하며 일방으로 그 치하에 복속시키기도 하매 이 剛柔兼全의 활동력은 스스로 性情을 단련시키는 동시에 미적 심정의 창조력이 높아가게 하였고 외래종이 이주함과 더불어 齎來한 특색의 문화는 우리 고유문화에 의하여 포용되어 크게 확충되었던 것이다.[7]

안확은 조선 숭배를 우선에 두지만 민족문화의 우월성을 먼저 논하기보다는 유연하게 외래문화의 장단점을 파악하고, 이것을 수용한

---

7 안확, 『조선미술사요』, 토지, 2019, 5쪽.

통합정신에 더 큰 방점을 두고 한국 문화를 논하려 하였다. 이러한 점은 정반합의 갈등적 요소에서 포용을 두어 수용하면서 근본적으로 자생 문화의 시대정신에 따른 변용에 큰 가치를 둔 것이다. 이는 신채호가 말한 "아와 비아의 투쟁"의 논리에서 주체적이지만 대화적이며 상호보완적인 측면에서 시대정신을 논의하려 한 시각이다. 이를 확대하여 안확의 조선민족담론을 탈식민의 방법으로 바라본 측면[8]도 있지만 이러한 점을 차치하고, 안확은 민족담론을 종사상으로 보면서도 민족우월적 국수주의에 매몰되지 않고, 포용적 측면에서 문화의 변용 양상을 살피려 한 측면에서 의미가 있다.

이처럼 안확은 다양한 저술을 통해 그의 민족담론을 펼치는데 종사상을 중심으로 수직적 질서의 민족의식의 발견과 동시에 우리 민족에 흐르는 문화원형과 수평적 통합 속에서 민족문화의 고유성과 보편성의 가치를 제고(提高)한 인물로 기억될 수 있다. 또한 그의 다양한 장르를 통한 일관된 민족의식은 한국 문화의 보편성과 고유성의 발견을 통한 원형 탐구라는 측면에서 의미를 가진다.

2) 윤백남의 야담운동을 통한 민족의식의 대중수용

윤백남(1888~1954)은 근대 문학 예술의 다양한 분야에서 이론과 실천의 일가를 이룬 선구자 중 한 명이다. 그는 경성학당 중학부를 마치고 일본으로 건너가 도쿄관립고등상업학교에 진학을 하는데 처음 그가 관심을 둔 것은 정치사회였지만 "연극에 미친 시기"[9]라는 표현처

---

8   김현양, 앞의 논문, 174쪽.
9   윤백남, 「조선연극운동의 이십년을 회고하며」, 『극예술』 1, 극예술연구회, 1934.4.

럼 이 시기 연극에 심취하여 방향 전환을 이룬다. 그는 귀국 후 제대로 된 연극이 없는 현실에 근대적 연극담론을 심고자 1912년 조일재와 함께 극단 문수성을 조직하여 〈불여귀〉를 비롯한 다수의 작품을 공연하였다. 이후 그는 이기세와 함께 '예성좌'를 조직하고, 매일신보 기자로 활동을 펼치다가 희곡 〈국경〉(『태서문예신보』, 1918.12.)과 〈운명〉을 창작하는 등 근대 연극의 중심인물로 자리하였다. 또한 그의 활동은 연극에만 머물지 않고, 장르를 넓혀 영화로도 진출하는데 한국 최초의 극영화라 일컬어지는 〈월하의 맹서〉(1923), 〈운영전〉의 감독과 각본을 맡았고, 백남프로덕션을 만들어 〈심청전〉 등의 영화를 제작하며 근대 한국영화의 토대를 마련하는데 일조하였다. 이러한 활동과 더불어 윤백남은 1928년 이후 또 다른 분야로도 활동을 넓히는데, 소설 〈신역 수호지〉(『동아일보』, 1928.5.1.~1930.1.10.)를 시작으로 〈대도전(大盜傳)〉(『동아일보』, 1930.1.16.~1931.7.13.), 〈흑두건〉(『동아일보』, 1934.6.10.~1935.2.16.) 등 신문 연재소설 집필에 매진하고, 야담류 소설을 창작하는 등 대중작가로 인지도를 높였다. 이러한 전방위적 행보 가운데 주목할 수 있는 것은 야담운동이다. 윤백남은 1928년 조선야담사 야담대회에 연사로 참여한 이후 야담대회 순회공연, JODK라디오방송 야담 연사 그리고 1934년 『월간야담』과 『조선야담전집』을 간행하는 등 적극적으로 야담운동을 펼치며 새로운 흐름을 만들어냈다.

원래 야담은 민간의 구술적 이야기 형태가 조선 후기 현실을 반영하여 하나의 서사문학으로 성립되었는데 문자로 기록되어 표면화된 것은 17세기 유몽인의 『어우야담』을 통해서였고, 이후 소설적 서술로 구조화되어 한문단편이란 이름으로 규정되기도 하였다. 그렇지만 야담은 민간에게 구전되던 설화적 모티프들이 결합되어 생성된 것이기에 문자로 정착된 뒤에도 여전히 유동문학적·적층문학적 본질적 성격을 가지고 있었다.[10] 이는 야담이 가지는 기본적 성격인 '있을 법한 이야기'에 바탕을 두면서 구술을 통한 소통 요소가 강하게 드러나기에 문자에만 머문 것이 아닌 이야기꾼과 같은 전신자(傳信者)를 통해 다양한 계층으로 수용되는 과정을 거치게 된다. 이러한 전승양상을 통해 야담은 근대에 들어오면서 야담대회라는 형식을 통해 구술성의 회복을 가지고 왔고, 집단적으로 향유할 수 있는 공연예술의 형태로 변용되어 새로운 양식을 만들어낸 것이다.

근대 야담운동은 1927년 김진구가 중심이 된 조선야담사를 통해 이루어졌다. 김진구는 야담이 예전에 있었지만 "조선에 새로 나온 민중예술이오 민중오락물"[11]이라고 말하였고, 중국, 일본과 비교하며 그들과 달리 우리의 것은 '조선적 정신'을 집어넣어 조선화시킨 것이라 강조하면서 "입으로 붓으로=壇上으로 紙上으로=이 두 가지로써 운동의 방식을 취한다"고 말하였다.[12] 그래서 문자와 구술을 공유하면서도 민족정신에 바탕을 둔 고유성을 강조한 근대적 예술 행위를 지향하였다. 이와 함께 이면적으로는 역사를 통해 민중계몽의 의지에 초점을 맞추어 대중과 소통하는 데 중점을 두고자 하였다.

윤백남이 야담운동에 처음 참여한 것은 1928년 조선야담사 창립 1주년 기념 공연에서였다. 여기서 그는 당의 전기소설(傳奇小說) 〈두

---

10 조희웅, 『야담문학연구의 현단계』, 보고사, 2001, 11쪽.
11 김진구, 「야담의 출현 필연성 一」, 『동아일보』, 1928.2.1.
12 김진구, 「야담의 출현 필연성 四」, 『동아일보』, 1928.2.5.

자춘전〉에 바탕을 둔 〈두자춘과 금항아리〉를 발표하였다. 이 시기는 윤백남이 〈신역수호지〉(『동아일보』, 1928.5.1.~1930.1.10.)를 연재하던 때로 야담과 역사소설에 대한 관심이 증폭되어 창작에 이르게 되었는데 〈임진난시의 통쾌기담, 기우노옹〉(『별건곤』 22, 1929.8.), 〈왕소군〉(『여성시대』, 1930), 〈편싸흠, 조선의 정월노리〉(『별건곤』 26, 1930.4.), 〈이조 연산군 괴사, 백연당의 사〉(『삼천리』 5, 1930.4.)와 같은 야담류 소설도 이즈음 함께 이루어졌다. 이와 함께 윤백남은 JODK라디오 방송에서 〈왕소군〉, 〈기수노옹〉 등의 작품을 이야기하며 야담을 통한 대중적 소통을 본격화하였다.

그는 1931년 동아일보의 후원으로 야담 순회공연을 갖는다. 이 시기 그는 〈대도전〉, 〈탐기루만화〉, 〈대도전 후편〉, 〈해조곡〉을 동아일보에 연재하며 인기를 얻고 있었는데 윤백남의 대중성과 동아일보 전국망을 통해 조직적인 공연 형태가 이루어진 것이었다. 이러한 순회공연에 대해 윤백남은 「남조선야담 순방엽신」(『동아일보』, 1931.5.9.~6.22, 전17회)을 통해 야담대회에 대한 분위기를 전하였다.

윤백남은 야담대회에서 두서너 시간 동안 혼자서 야담을 이야기하였다. 이러한 야담대회의 분위기는 "청중을 노코 울렷다 울켯다하는 재조를 자유자재로 부려 여러분을 개미허리도 맨들고 논물도 흘리게 할 것"[13], "청중은 숨소리를 죽이고 정숙히 드르면서 다만 잇다금식 우숨소리가 장내를 진동할 뿐"[14], "청중은 처음으로 듣는 야담이라 극도로 긴장한 가운데 숨조차 죽여가며 조용히 듣는 중 가다가 폭소성

---

13 「습률대회에 이채를 띠울 윤백남씨 야담」, 『동아일보』, 1935.9.28.
14 「독자위안야담회 야담회 성황」, 『동아일보』, 1934.4.23.

이 장내를 진동하는"[15]이란 표현처럼 전혀 지루하지 않고, 흥미와 새로운 감흥을 주었음을 알 수 있다.

이는 윤백남의 역사와 야담에 대한 폭넓은 이해와 무대공연에 대한 경험 등에서 비롯되었다. 그는 일본과 중국의 여러 공연을 접하면서 민족성에 부합하는 예술에 대하여 고민을 함과 함께 이러한 요소가 어떻게 대중과 호흡할 것인지에 대한 고민을 하였다. 여기서 그는 연극, 영화 등에서 익힌 기승전결의 구조를 야담에서 그대로 이입시켰고 그의 배우 기질은 그대로 투영되었다.

윤백남 야담의 특징은 구연에 있어서 판소리 완창을 구성하던 소리꾼처럼 완급조절을 하며 전체적인 이야기 구조를 끌고 가는 힘이 있었고, 단순한 역사에 대한 인식의 전달이 아닌 재미를 통해 이를 이해시키고자 하였다. 그래서 윤백남은 '처음 듣는 야담'을 어떻게 관객에게 전달할 것이며 어떠한 내용을 담아낼 것인가에 많은 고민을 하였고, 특유의 드라마틱한 구성력을 통해 관객을 사로잡았던 것이다.

윤백남의 야담에 대한 생각은 「야담과 계몽」(『啓明』 23, 1932)에서 언급되는데, 야담은 한 개의 새로운 화술이요 또 교화적으로 선전적으로 계몽적으로 막대한 능력이 있다고 바라보았다. 이는 야담이 가지는 공연예술의 소통구조와 근대적 담론장의 형성에 대해 언급한 내용에서 나타난다. 그는 야담을 "새로운 화술"이란 용어를 쓰며 이미 야담이 소설의 형식이나 이야기꾼들의 전승 양상에서 존재하였지만 근대로 들어오며 극장과 대중의 형성을 통해 하나의 소통구조가

---

15 「본보독자위안 야담회 성황」, 『동아일보』, 1934.4.23.

이루어진 것에 대해 언급하였다.

이와 함께 윤백남은 근대 민족의식을 전파할 가장 효율적인 장치로 야담대회를 생각하였고, 이러한 방법은 직접적이기에 파급력도 강하게 있음에 주목하였다.

서적이나 신문잡지 그 중에도 신문은 일종의 보도기관에 불과한 현상이 되고 잡지는 흥미 중심의 저널리즘 밖에 아무것도 거기에서 구할 수 없는 현상에 있어서는 더구나 그것이나마 일부의 유산계급 또는 인텔리 계급 외에는 읽는 기회도 없지마는 야담은 一夜에 수백 수천의 사람에게 직접 감흥과 지식과 흥분을 줄 수 있는 것이라고 본다.[16]

근대적 장치인 언론을 통한 언술의 방식은 보편성을 띠며 불특정 다수에 다가갈 수 있는 파급력이 있었다. 그렇지만 언론 매체는 한국 근대라는 시공간에서는 전국적으로 보편성을 띠며 전파되기에는 부족함이 있었다. 이런 부분에 대해서 윤백남은 야담대회가 전국성을 띠며 수백, 수천 대중과 극장이란 공간 안에서 실시간으로 소통 구조가 빠르게 이루어지기에 계몽적 시각에서 가치가 있음을 느낀 것이다. 이에 그는 야담순회 공연을 통해 관객과 소통하고자 하였고, 대도시보다는 지역을 돌며 이러한 소통을 이루려 하였다.

그런데 야담 강연은 여러 어려움이 존재한다. 공연장에서 혼자, 그것도 두세 시간을 이야기로 푼다는 점에서 그러하다. 윤백남은 10인의 문인은 얻기 쉽지만 1인의 야담연사를 얻기는 힘들다 말하며 훌륭한 야담 연사의 조건으로 "1. 전문적으로 또는 상식적으로 해박

---

16 윤백남, 「야담과 계몽」, 『계명』 23, 1932, 13쪽.

한 학식이 있을 것, 2. 상당한 성량과 건강이 있어야 할 것, 3. 교묘한 화술이 있어야 할 것"[17]을 내세웠다. 이는 어찌 보면 자찬을 한 모습일 수 있는데 다양한 역사소설의 저술과 공연예술에 대한 이해가 야담 강연에서 중요한 요소임을 강조한 부분이다. 이에 사담(史談)은 역사를 이야기하는 데 그치지만 강화(講話)는 유머, 위트 도화적(道話的) 비유 등 다양한 기법이 들어가기에 오히려 야담 그 자체보다 어렵다 말한 것이다.

여기에 윤백남은 역사적 사실을 전달하면서도 대중적 즐거움을 주는 문제를 가장 중요한 요소로 인식하였다. 이는 남녀노소 계급, 지역, 학식을 떠나 보편적 즐거움을 주기 위해서는 "포퓰라性"[18]을 지녀야 하였기 때문이다. 그래서 대중성을 통한 계몽에 무게를 두었는데 이는 그가 이야기한 야담의 레퍼토리에서도 나타난다. 윤백남이 야담대회에서 구연한 레퍼토리를 보면 〈연산조 비화〉, 〈세조일사〉, 〈세조와 단종〉, 〈인조반정과 강항〉, 〈이장곤의 반생〉 등 제목에서부터 인식되듯 역사적 갈등이 극대화된 인물로 갈등적 요소가 기본적으로 내재된 극적인물이란 공통점을 지닌다. 이는 윤백남 구연이 "드라마틱한게 특장"[19]이란 표현처럼 이야기 구조와 그의 연극적 표현에서 합을 이루며 극대화되었고, 관객도 작품 내용이 의도하는 바에 대한 의미론적 해석을 이루며 심미적 인식과 역사적 담론에 대한 이해를 함께 공유한 것이다.

---

17 위의 글, 13쪽.
18 위의 글, 14쪽.
19 안테나생, 「라디오는 누가 제일 잘하나」, 『조광』, 1936.1, 276쪽.

이렇게 윤백남은 대중적 계몽인 측면에서 야담이 민족담론을 공유한 유효한 기재로 생각하였고, 야담대회 그리고 역사소설, 야담의 출판을 통해 실천적인 노력을 펼친 것이다. 윤백남의 야담을 통한 확장성은 언론에 힙 입은 바 크다. 이는 윤백남의 소설이 동아일보에 인기리에 연재되었고, 이러한 인기에 힘입어 펼쳐진 야담대회도 동아일보 전국 지국의 후원으로 이루어진 결과였다. 이는 공연예술을 통한 민중교화와 민족 정체성을 찾는 문화사업의 미시적 방편으로 이해할 수 있을 것이다. 또한 라디오 방송을 통한 야담 구연도 이러한 실천적 창구로 수용되었다. 윤백남은 JODK 방송국에 재직하며 다양한 프로그램에 참여하는데, 그는 라디오의 기능에 대하여 학교 교육에서 못한 "思想風敎의 순화, 情操陶冶, 지식의 함양"[20]을 강조하면서 지식의 보편적 향상을 꾀하는데 이러한 실천적 양상을 야담 구연을 통해서 이루려 한 것이었다.

이렇게 윤백남은 여러 장르적 소통을 통해 문화원형의 여러 담론을 대중과 소통하고자 하였다. 특히 "민족성에서 우러나오는 예술을 북돋는데 힘써서 비로소 우리의 것 우리의 예술을 완성하기를 기할 것"[21]이란 말처럼 민족문화의 여러 요소에서 모티브를 발견하고 이를 소통할 수 있는 가장 효율적인 장치로 문학과 공연의 경계에 있는 야담대회를 선택하게 된 것이었다. 이는 계몽적 시각에서 출발한 것이지만 가장 흡입력 있게 대중에 수용되었고, 소설 창작이나 다양한 장르에서 시도가 모두 이러한 의식에서 비롯된 면모였다.

---

20 윤백남, 「신세대의 음파신문 라디오의 사회적 역할」, 『신동아』 3:3, 1933.3.
21 윤백남, 「민족성과 연극에 취하여」, 『시대일보』, 1924.4.24.

3) 자유주의적 민족주의 지향자, 심훈

심훈(1901~1936)은 우리에게 소설 〈상록수〉 혹은 시 〈그날의 오면〉의 저자로 잘 알려져 있다. 이 두 작품은 일제강점기 민족의식을 드러낸 대표적 작품으로 대중에 인식된다. 이는 〈상록수〉 속에 시대정신을 담은 민족계몽의식이 대중에 밀착되어 나타났고, 〈그날의 오면〉의 "종로의 인경(人磬)을 머리로 들이받아 울리오리다 두개골(頭蓋骨)은 깨어져 산산조각이 나도 기뻐서 죽사오매 오히려 무슨 한(恨)이 남으오리까"와 같이 대중이 표현할 수 없는 속내를 시원하게 분출하였음에 원인이 있다.[22] 그렇지만 그의 이러한 정신은 문필 활동뿐만 아니라 실천적 행동이 함께 이루어졌고, 소설이나 시에만 그친 것이 아니라 예술 전반에 걸친 넓게 펼쳐져 있다는 점에서 의미를 지닌다.

먼저 심훈은 1919년 경성고보를 다니던 19살 청년시절 3·1운동에 참여하였고, 이에 옥고를 치른다. 이때 그는 당당하게 만세운동에 참여하였음을 밝히고, 2개월여 고초를 겪는다. 그는 그의 행동에 대해서 당당함과 3·1운동이 정당한 민족적 행위임을 강조하며 이를 기록으로 남긴다.

> 어머님! 어머님께서는 조금도 저를 위하여 근심치 마십시오. 지금 조선에는 우리 어머님 같으신 어머니가 몇천분이요 또 몇만분이이나 계시지 않습니까? 그리고 어머니께서도 이 땅에 이슬을 받고 자라나신 공덕 많고 소중한 따님의 한 분이시고 저는 어머님보다도 더 크신 어머님을 위하여 한 몸을 바치려는 영광스러운 이 땅의 사나이외다.[23]

---

22 〈그날이 오면〉은 그의 사후인 1949년 출간된 시집 『그날이 오면』에 실린 시이다. 그렇지만 이 시는 1930년에 쓰인 것으로 검열에 의해 당시에는 발표되지 못하였다.

3·1운동 이후 그가 쓴 일기 속에는 3·1운동 참여에 대한 자긍심과 함께 3·1운동에 투영된 집단적 민족의식이 함께 드러나 있다. "어머니보다도 더 크신 어머님"이라 하여 조국에 대한 의식과 함께 "어머니 같으신 다른 어머니"라 하여 공동체 의식을 함유하며 3·1운동의 의의에 대하여 논의하고 있는 것이다. 이러한 그때 체험은 소설 〈찬미가에 싸인 영혼〉(『신청년』 3, 1920)을 통해서도 드러나는데 이는 그의 첫 소설로 "종일 들어앉아 찬미가에 싸인 원혼이라하고 작년에 감옥 안에서 천도교대교구장(서울)이 돌아갈 때와 그의 시체를 보고 그 감상을 쓴 것이다."[24]라 하여 어린 청년의 눈으로 바라본 3·1운동이 진솔한 표현으로 기록되어 있다.

이후 그는 1923년까지 중국에 가서 항저우 저장대학에 입학하여 활동을 하지만 뚜렷한 족적을 남기기보다는 이동녕, 이시영, 이화영, 박헌영 등과 교류하면서 다양한 사상을 습득하는 시기였다. 이러한 사상적 교류의 바탕은 망명 뒤 1924년 동아일보 기자로 활동함과 동시에 소설을 연재하면서 동시대적 의미를 파악하며 분출하기 시작하였다.

그러면서 심훈은 저술 활동과 더불어 장르적 확산을 이루는데 영화 작업이 그러한 예다. 그는 1926년 영화소설 〈탈춤〉을 저술하고, 1927년에는 〈먼동이 틀 때〉를 창작하고 감독을 맡는다. 이미 영화 〈장한몽〉의 이수일 역을 대역하는 등 영화배우로 참여하여 그의 영화 참여가 낯선 것은 아니었지만 이러한 활동은 일제강점기 소설과

---

23 심훈, 『심훈전집』 1, 탐구당, 1966, 20~21쪽.
24 심훈, 『심훈전집』 3, 탐구당, 1966, 604쪽.

영화를 넘나드는 드문 행위이면서 상호텍스트성을 통한 측면에서도 새로운 담론을 형성한다.

〈탈춤〉은 영화소설이란 이름으로 동아일보에 1926년 11월 9일부터 12월 16일까지 34회 연재된 소설이다. 특징적인 것은 대부분의 연재소설에서 삽화가 들어가는 데 반해 이 소설에서는 영화소설이란 표제답게 실연사진이 들어가 있다는 점이다. 이러한 점은 독자에게 영화적 상상력을 발휘할 수 있게 호기심을 유발함이 가장 큰 매력으로 다가왔다. 이와 동시에 그는 읽히기 위한 영화소설의 의미보다는 영화를 위한 기초 작업의 형태에서 기획하여 영화를 위한 바탕을 마련한 측면에서 의미를 두었다.

영화소설 〈탈춤〉에서 의미하는 탈춤은 전통예능을 말하는 것이 아닌 페르소나의 개념으로 이해할 수 있다. 그러면서도 이 작품이 지향하는 바는 "그 탈을 한 껍데기라도 더 두껍게 쓰는 자는 배가 더 불러오고 그 가면을 벗으려고 애를 쓰는 자는 점점 등허리가 시려올 뿐이다. 그리하여 모든 인간은 온갖 모양의 탈을 쓰고 계속하여 춤을 추고 있다"[25]라는 권력에 대한 억압과 폭력성에 대한 비판적 의식이 짙게 묻어 있다. 이는 현실적 상황 묘사를 통하면서도 신파적 구성 속에서 계급적 갈등 양상을 드러내고자 한 대중지향의 사실주의로 귀착된 면모이다.

〈탈춤〉은 시나리오로 변용되어 영화화하고자 하였지만 제작되지는 못하였다. 그럼에도 이 작품은 영화소설의 첫 시도라는 점에서 하나의 자극제가 되었고 이후 매일신보(江戸―泳生, 〈森林에 囁言〉), 중

---

25 심훈, 〈탈춤〉 1, 『동아일보』, 1926.11.9.

외일보(이종명, 〈유랑〉) 등에서 영화소설에 나오는 등 문화적 현상을 이끄는 기폭제로 작용하였다.

또한 〈먼동이 틀 때〉는 계림영화협회 조일재가 제작을 하고, 강홍식, 신일선, 나운규 등이 출연한 영화로 어떤 전과자의 구구한 운명과 그의 환경의 해부를 다룬 것으로 신문기사인 '어둠에서 어둠'을 모티브로 삼아 만든 작품이었다.[26] 이 작품은 한 전과자가 10여년 만에 출옥하여 아내와 만나지만 살인자가 되어 감옥으로 다시 간다는 내용을 담고 있다. 단순한 스토리라인이지만 이 작품에서는 비극적 결말을 맺으면서도 현실에 안주하지 않고, 미래에 대한 도전도 담아내려 한다. 이는 광진을 통하여 그려지는 어둡고 절망적인 상황과 그러한 상황을 넘어 민족적 상황을 극복하려는 심훈의 사상을 담아내고 있는 것이다.[27]

그런 측면에서 이 작품은 사실주의적 자연주의를 담아내고 있다. 환경결정론에 의한 인간관계를 그려내고 있고, 사회의 추악성을 드러내고 있기 때문이다. 그렇지만 결론에서 신파적 요소를 가미하여 대중과 소통을 꾀하며 퇴영성을 전해준다. 이에 한설야와 임화는 이 작품에 대해 프롤레타리아적 관점이나 소시민적 의식의 결여를 두고 장문에 걸쳐 비판적 시각으로 일관한 글을 연재하였다. 한설야는 영화에서 현실적이면서 사회적 관점에서 만들어야 하지만 "사랑이란 인생문제의 어떠한 것인가 생각하지 않고, 야릇한 간드러진 것만 보이려는 이경손, 나운규, 심훈은 날탕패에 지나지 않는다"[28]라 바라보

---

26 『중외일보』, 1927.8.13.
27 이영일, 『한국영화전사』, 소도, 2004, 118쪽.

며 그들의 영화가 통속적이라 비난하였고, 임화는 만년설의 글을 옹호하면서 "우리 영화는 무엇보다도 부르주아적 영화의 객관적이고 정확한 비판이 요구된다"[29]고 말하며 심훈의 영화에서는 이러한 부분의 결여와 더불어 카프와 관련된 사상적 논쟁까지 제기하는 등 그의 영화에 나타난 부르주아적 성향에 대하여 강도 높게 비판을 하였다.

이들의 글에 대해 심훈은 "프롤레타리아의 영화가 아니면 안 될 것이며 사회구성의 진정한 자태를 볼 줄 알고 가장 합리적인 이론으로 내 눈으로 보아도 눈도 코도 없는 〈먼동이 틀 때〉는 내 손으로 죽여버린지 이미 오래인 것이다."[30]라며 비판에 대하여 부분적 수용을 보인다. 그렇지만 여기서 심훈은 당대 조선의 현실에 대하여 논하면서 자본주의의 미국이 아니며 마르크스를 내세우는 것도 의미가 없을 말하며 영화 장르의 속성으로 대중성을 강조한다.

가정에서 위안을 받지 못하고 사회에서 자미 있는 일이라고는 구경도 못하며 술집밖에 오락기관이라고는 하나도 없는 이 땅에서 생활에 들볶이는 일그러진 영혼들에게는 이 움직이는 사진의 그림자밖에 없는 것이다.
오락과 위안! 헐벗고 굶주리는 백성일수록 오락을 갈구하고 고민과 억울에 부대끼는 민중이기 때문에 위자(慰藉) 문제를 무시하고 등한치 못하는 것이다. 그러므로 어느 시기까지는 한 가지 주의의 선전도구로 이용할 공상으로 버리고 온전히 대중의 위로품으로써 영화의 제작가치를 삼자는 말이다.[31]

---

28 만년설, 「영화예술에 대한 관견」 8, 『중외일보』, 1928.7.9.
29 임화, 「조선 영화가 가진 반동적 소시민성의 말살」 8, 『중외일보』, 1928.8.4.
30 심훈, 「우리 민중은 어떠한 영화를 요구하는가? – 를 논하여 '만년설'군에게」, 『중외일보』, 1928.7.14.

이는 심훈의 문예관과 전체적 맥락에서 궤를 같이 한다. 김팔봉은 심훈을 "민족주의파, 다시 세분하여 소시민적 자유주의, 그 중에서도 이상주의"[32]라 분류하였는데, 이는 그의 영화관에서도 그대로 드러난다. 그는 3·1운동의 경험 그리고 민족카프의 창립회원이라는 진보적 성향 그렇지만 영화라는 대중적 기호의 체험과 브나로드 운동 지향의 〈상록수〉 등 어떤 사상에 치우치지 않은 자유적 민족주의를 지향한 인물이라 할 수 있다. 그래서 그는 이념에 치우친 사상의 나열보다는 현실에 입각한 자유주의란 열린 시각이 그를 관통하는 민족의식이라 할 수 있다. 이는 그동안 우리는 심훈에 대해 교과서적 지식만을 인지하고 있었던 것은 아닌지 반성을 하게 되는 대목이다.

3. 결론

한국에서 근대는 문제적 시공간으로 자리한다. 근대는 사회의 모든 면에서 자아각성이 추구되고 있는 시대로 규정할 수 있는데 우리에게는 외세와 자생적 노력이 충돌하여 정반합을 이루며 여러 가지 담론을 형성하였기 때문일 것이다. 신채호의 "역사는 아(我)와 비아(非我)의 투쟁이다"라는 말은 이 시기를 가장 잘 드러낸 상징적 언술로 이해될 수 있다.

또한 근대는 자생적 의지를 바탕으로 외세의 여러 사상과 문명이

---

31 위의 글, 1928.7.22~23.
32 김팔봉, 「조선문학의 현재적 수준」, 『신동아』 27, 1934, 46쪽.

들어오면서 고유성과 새로운 의식이 정반합을 이루었다. 이는 변용이라는 시각에서 다양한 논의가 전개될 수 있다. 그런 가운데 우리에게는 민족에 대한 개념이 생기고 일제에 대한 저항 의식이 궤를 같이하며 새로운 의식을 만들었다. 이는 정치적인 측면에서도 나타났지만 문화적 민족주의라는 측면에서도 새로운 의식이 싹트고 있었다.

이 연구의 대상인 안확, 윤백남, 심훈은 민족담론이라는 관념을 가지고 다양한 방법을 통해 실천한 인물들이다. 그들의 실천적 행위의 공통점은 시대를 유연하게 대처하며 선구적 업적을 남긴 점에 의미를 둘 수 있다. 안확의 경우, 『조선문학사』, 『조선문명사』 그리고 음악, 미술, 시조 등의 사적 정리 속에서 면면히 내려 온 민족문화의 포용과 통합 담론에 집중하였고, 윤백남은 민족성에 대한 계몽적 소통 구조의 핵심을 대중성에 두어 역사소설, 야담운동을 통해 계층적 통합을 이루고자 하였으며 심훈은 이념에 치우치기보다는 자유주의적 열린 시각을 통해 민족담론을 펼쳤다. 그런데 이들은 다른 장르에서 활동하였지만 공통적 면모가 발견된다. 이는 당대 미적 근대성을 확립하고자 다양한 노력을 기울이는 가운데 여러 언술을 통해 선험적 지평을 열어주고자 한 점에서도 교집합이 나타난다.

이와 함께 이들이 택한 방법이 대중적 민족담론이라는 점을 주목할 수 있다. 이는 계몽적 측면이 강하지만 미적 근대성의 성취를 위해 포용적이면서도 다양한 실험을 통하여 확장성을 보였다는 점에서 의미가 있다. 이들은 하나의 우물을 파면서도 여러 시각 속에서 다양한 담론을 양산하였다는 점에서도 주목할 수 있다. 이는 이들의 행보가 중도적인 입장을 취하면서 어느 한 분야를 깊이 파고들기보다는 다양한 학문의 월경(越境)을 통한 통섭을 이루고 있다는 점에서 사상적 토대를 넓혀주고 있는 것이다. 이러한 의식은 현대 사회에도 그대로 관통되는 담론이라는 점에서 이들의 선구적 업적은 깊이 있게 고구할 필요가 있다.

한국 근대 문예예술에 나타난
포용적 가치체계

1. 서론

한국에서 근대는 여러 담론과 쟁점이 다양하게 발생한 문제적 시기이다. 이러한 배경은 자아의 발견이 집단적으로 일어났고, 자생적 깨달음과 서양 근대 문명의 유입을 통한 갈등이 짧은 시간 동안 동시에 이루어졌음에 기인한다. 이는 주체와 객체를 나누어 생각해보았을 때 스스로 시대적 흐름에 따라 변화하려는 의식과 외부의 충격이 정반합을 이루며 새로운 가치를 만들어냈고, 이러한 가치는 또 다른 다양한 담론과 정반합을 이루며 근대의식을 생성하여 간 것이다.

한국 근대사회는 이러한 현상 속에서 기존의 질서를 해체하고 새로운 구조를 만들며 분열과 대립보다는 포용과 통합을 이루며 민족의식을 확립하여 갔다. 이는 일제강점이라는 외부적 요인에 대한 안티테제도 존재하지만 자생적 의지 속에서 한국의 고유성에 대한 고민이 진지하게 이루어진 결과이다. 또한 이 시기는 문화원형의 재발견과 만들어진 전통 속에서 한국인의 의식구조가 정립되었고, 문화예술이라는 기호 속에서 민족을 하나로 아우르는 여러 현상들이 나타난 시기로도 중요성이 있다. 이는 미적근대성의 확보를 통해 근대 인식을 확보함과 동시에 이를 통해 통합적 사회의식을 형성하는 과정 속에서 논의가 가능할 것이다.

이에 이 연구에서는 한국 근대사회의 여러 갈등 양상을 통해 어떠한 포용과 통합의 과정을 거치며 한국의 정체성(正體性)이 만들어지는지 문학, 예술의 몇 가지 담론과 인물을 중심으로 살펴보고자 한다. 이러한 관점의 연구는 미시적인 담론으로 다양하게 이루어졌다. 그렇지만 이를 거시적인 포용과 통합과 문화정체성의 논리로 아우르며 이를 현상학적으로 풀어내지는 못한 아쉬움이 있었다. 이에 이 연구에서는 이러한 포용과 통합의 담론의 여러 현상을 나열하고, 이를 통해 한국 근대 통합적 인식 구조를 살펴보는 실험적 논의를 전개하고자 한다. 이는 한국 근대의 시대정신을 살피는 토대로 의미를 둘 수 있으며 근대 문예담론의 자생적 가치를 찾아보는 계기가 될 수 있을 것이다.

2. 근대 문학을 통한 사회통합의 실제

1) 공론장의 형성과 통합의 여러 기호 : '독립신문'의 주변

한국에서 근대의 징후는 일정 시기에 집중적으로 나타난 것이 아니라 여러 연결 고리를 가지고 동시다발적으로 다양한 측면에서 발생하였다는 점에서 주목할 수 있다. 이는 신채호가 『조선상고사』에서 말한 '아(我)와 비아(非我)의 투쟁' 속에서 상속성과 보편성을 지닌 채 다양한 담론을 형성하여 나타난 결과이다. 이러한 배경에는 1860

년 영불군에 의한 북경 함락, 1860년 이래 동학운동의 전개 양상 그리고 1866년 천주교도의 새남터 순교 등이 근대적 계기를 연 사건으로 인식할 수 있다.[1] 이는 중화 중심의 세계관에 대한 인식을 넘어 또 다른 비아의 존재를 확인함과 동시에 동학을 통해 드러난 봉건 사회에 대항한 자주적이며 주체적인 가치의 확립 그리고 그리스도교에 함유된 수평적 질서와 평등 의식 등이 한국인의 인식을 깨우는 계기적 사건으로 등장하였다.

이러한 현상이 지속되면서 한국 사회는 주체의식이 강화되었고, 개화 혹은 계몽이라는 이름으로 다양한 방법론을 찾으며 난국을 헤쳐나가고자 하였다. 이는 위르겐 하버마스가 말한 '공론장'이 형성되어 이념과 이데올로기가 표출되고, 공적 영역과 사적 부분이 교착 경향에서 여론이 나타나 사회적 변화를 이루는 주체 속에서 이루어졌다. 이러한 양상은 한국의 시대적 상황 속에서 근대 이행기 공론장의 관점에서 여러 변화가 일어나 조정담론장의 쇠퇴와 양반 공론장을 계승한 지식인 공론장이 형성되었고, 동학이 기여했던 종교적 평민 공론장이 세속적 평민 공론장으로 다시 부활하여 지식인 공론장과 평민 공론장의 상호 연대와 공명(共鳴)이 나타나는 등의 변화를 보인 것이다.[2]

여기서 인식을 달리하지만 공동체 의식을 가지고 민중을 하나로 아우르고자 하는 의지가 표명되었는데 그 대표적인 기호로 '독립신문'을 들 수 있다. 자주국권, 자주민권, 자강개혁을 바탕으로 한 이들

---

1 황패강, 『한국문학의 이해』, 새문사, 1991, 434쪽.
2 송호근, 『시민의 탄생』, 민음사, 2013, 330쪽.

의 행위는 만민공동회를 개최하여 공론장을 만들었고, 독립신문의 발간을 통해 근대 의식을 집단적으로 소통하며 신선한 감각을 전해 주었다. 특히 1896년 창간된 독립신문은 기존의 질서와는 다른 형식을 통해 새로운 의식을 심었고, 국문으로만 쓰인다는 점 그 자체로 하나의 화두를 던졌다. 이러한 담론은 독립신문 창간 사설에서 잘 나타난다.

> 우리가 독닙신문을 오늘 처음으로 츌판ᄒᆞᄂᆞᄃᆡ 조션속에 잇ᄂᆞ 닉외국 인민의게 우리 쥬의를 미리 말ᄉᆞᆷᄒᆞ여 아시게 ᄒᆞ노라 우리는 첫지 편벽 되지 아니ᄒᆞ고로 무슴당에도 상관이 업고 샹하귀쳔을 달니ᄃᆡ졉아니ᄒᆞ고 모도죠션 사롬으로만 알고 죠션만 위하며 공평이 인민의게 말 홀터인ᄃᆡ (중략) 정부에셔 ᄒᆞ시ᄂᆞ일을 빅셩의게 젼홀터이요 빅셩의 졍셰을 졍부에 젼홀터이니 만일 빅셩이 졍부일을 자세이알고 졍부에셔 빅셩에 일을 자 세이 아시면 피ᄎ에 유익ᄒᆞ 일만히 잇슬터이요 (중략) 모도 언문으로 쓰 기ᄂᆞ 남녀 샹하귀쳔이 모도 보게홈이요 또 귀졀을 쎄여 쓰기ᄂᆞ 알어 보기 쉽도록 홈이라[3]

독립신문이 지향한 바는 모든 조선 사람들이 생각을 공유하는 데 있었다. 이는 '상하귀천 모두'라는 말을 반복적으로 쓰면서 보편성을 강조하였고, 한글로 표기하여 모든 사람들이 알아볼 수 있게 한다는 것이었다. 이런 한글 표기 방식은 동시대 다른 신문들이 국한문체를 지향하였다는 점에서 변별적이며 획기적이었다. 이는 그동안의 질서 가 한자를 통한 담론구조였다면 일상적 언어로 언문일치의 단초를

---

3 「논셜」, 『독립신문』, 1896.4.7.

마련하면서 계층 간 통합을 지향하였다는 점에서 의미를 지닌다.

이와 함께 독립신문에서는 대중지향의 시민의식을 강조하면서 그 대상으로 조선의 부인이란 표현으로 여성에 대한 담론을 이야기한다.

> 죠션 부인네도 국문을 잘ᄒ고 각식 물졍과 학문을 비화 소견이 놉고 힝실이 졍직ᄒ면 무론 빈부 귀쳔 간에 그부인이 한문은 잘ᄒ고도 다른것 몰으ᄂ 귀죡 남ᄌ 보다 놉흔 사름이 되ᄂ 법이라[4]

이 언술은 시대적 상황의 모순된 전근대적 모습에 대한 비판적 인식이 들어있다. 그런데 그 대상을 조선의 부인 즉 여성을 삼는다는 점에서 논의의 대상이다. 그동안 가부장적 사회구조 속에서 소외되어 있던 여성을 예로 들면서 남성 중심적 사고에 문제를 제기하여 평등한 입장에서 바라본다는 점은 페미니즘의 측면이나 근대성이란 점에서도 논의가 가능한 부분이다.

또한 이러한 보편적 정서를 통한 의식의 전환은 '국문만 잘하고 다른 물정과 학문이 있으면 한문만 하고 다른 물정과 학문이 없는 사람보다 유식하고 높은 사람이 되는 법'이란 말처럼 세계사적인 동시대 인식도 함께 함유하고 있었다. 이는 창간사의 첫 문장에서 내외국인에게 알린다는 확산성을 통해서도 이들의 생각이 글로컬리즘(glocalism)에 바탕을 둔 진보적인 인식에서 출발하고 있음을 알 수 있다.

이들의 새로운 형식은 결국 내용에서도 변화를 가지고 온다. 이즈

---

4   위의 글.

음 국어국문운동을 통한 대중적인 국문보급과 신교육을 통한 국문교육은 확대되면서 한문의 사회문화적 기능이 축소되고 한문으로 이루어지던 문필 활동도 위축되기에 이른다.[5] 이는 역으로 누구나 쉽게 글을 읽고 자신의 생각을 글로 펼칠 수 있는 바탕이 마련되었고 대중이 신문을 통한 담론도 만들어간 예이다.

이미 종교적 의식을 담은 동학가사, 천주가사 등 가창 형식으로 불리던 가사는 보편성과 일상성, 시사성을 지니며 개화 계몽의식을 표하기 시작하였는데 독립신문의 경우는 다양한 내용의 애국가와 독립가가 27편의 가사가 발표되었다.

> 잠을끼세잠을끼세 수천년이꿈속이라
> 만국이회동ᄒ야 수히가일가로다.
> 구구세졀다ᄇ리고 상하동심동덕ᄒ세
> 놈의부강불어ᄒ고 근본업시회빈ᄒ랴.
> 범을보고개그리고 봉을보고둙그린가.
> 문명기화ᄒ랴ᄒ면 시샹일이뎨일이라
> 못세고기불어말고 그물믹ᄌ잡아보세
> 그믈밋기어려우랴 동심결로믹자보세[6]

이 가사는 리중원이 쓴 〈동심가〉로 당대 담론 중 하나인 문명개화가 그대로 표현되고 있다. 이러한 개화가사는 백성의 단결과 열린 시각이 필요함을 강조하며 국가의 부강을 이룰 수 있음을 일깨우는

5 권영민, 『한국현대문학사』, 민음사, 2002, 150쪽.
6 리중원, 〈동심가〉, 『독립신문』, 1896.4.11.

데,『대한매일신보』의 사회 등 가사 등을 통해서는 현실적 문제를 직시하며 사회담론을 담아내는 등 새로운 의식이 대중의 손에 의해 언론에 공유되고 있었던 것이다. 이 시기의 시가들은 애국계몽기라는 시대적 개념으로 포괄되어 근대 문학의 출발로 보는 시각이 존재하였고, 3·1운동으로 이어지는 여러 통합적 현상의 단초를 마련한다는 점에서 의미가 있다.[7]

이렇게 이 시기는 독립신문을 통해 평등적 인식을 통한 사회참여 의식과 통합적 담론이 형성되었고, 이는 언론을 통한 한글운동과 언술활동의 참여를 통해 다양한 근대의식이 싹텄음을 알 수 있다. 그런데 이는 단순하게 한국이란 공간 안에 머무는 것이 아닌 세계사적 질서의 흐름을 파악하여 자생적인 근대성을 논의하고 있다는 점에서 다양한 논의가 필요한 시기이다.

2) 사회 통합적 의미의 글쓰기 양상들

일제강점기 많은 문필가들은 시대적 상황의 여러 갈등 속에서 행위와 글을 통해 진지한 고민을 하였고, 이를 수용자와 공유하였다. 먼저 그 대표적인 인물로 자산 안확을 들 수 있다. 그는 국학(國學)이라는 범주 안에서 논의될 수 있는 다양한 저술 활동을 통해 문화의 정통성을 찾아보고자 하였는데 일본 유학 시절『학지광』에「조선어의 가치」

---

7 최원식은 1894년 근대기점설에 문제를 제기하며 '한국 민족주의 형성의 두 주체인 개화파와 농민군이 함께 몰락함으로 국민적 통합의 계기가 무산되었고, 두 주체가 상처를 딛고 대중적 운동 속에서 새로운 통합의 기초를 만들어가게 되는 것은 애국계몽기에 와서 가능하였는데 이 시기 근대 작품군이 집중된 것'에 주목하였다. 최원식,「한국 문학의 근대성을 다시 생각한다」,『창작과 비평』86, 창비, 1994.

(1915)로 시작하여 「조선의 미술」(1915), 「조선의 문학」(1915) 그리고 『조선문법』(1917), 『조선무사영웅전』(1919), 『조선문학사』(1922), 『조선문명사』(1923), 「조선음악의 연구」(1930), 『시조시학』(1940) 등 다양한 저술을 통해 이루어졌다. 그는 '자각론', '개조론'이라는 미시적 담론을 담아내면서 '국학'이라는 거시적 인식 속에서 민족의식을 고취시키고자 노력하였다는 측면에서 주목할 수 있다. 이러한 담론은 동시대 다른 이들을 통해서도 다양한 관점으로 논의되었지만 안확은 대상을 다양하게 섭렵하고 이를 사적 기술을 통해 그 상징체계를 추출하였다는 점에서 의미가 있다.

안확은 다양한 사적 고찰을 통해 한국문화의 원형적 요소를 담론화 하는데, 먼저 그는 한국인의 단점으로 반도성과 감상성을 말하였고, 특성으로는 예절, 순후, 다정, 평화낙천, 인도, 정의 등으로 논의하였는데 어찌 보면 장점과 단점이 교집합과 합집합 속에서 한국인 특유의 고유성이 발견될 수 있는 부분이다. 특히 그는 협화(協和)란 말을 사용하는데 이는 통합과 포용의식의 함축적으로 드러낸 말이다. 이러한 인식은 자생적인 문화와 수용된 타자의 문화의 정반합 속에서 새로운 질서를 만들어내는 기호이며 이는 동화(同和), 나아가 통합적 질서를 향하는 한국적 주체성을 그대로 인식한 표현인 것이다.

또한 안확은 조선 숭배라는 수직적 질서를 중심으로 동시대 포용의 논리를 펼치며 원형과 전형의 통합적 논리를 설파한다. 이는 그가 조선(祖先) 숭배를 한국인의 특징으로 들면서도 유연하게 외래문화의 장단점을 파악하고, 이것을 변별적으로 수용한 통합적 인식에서 한국문화의 특징을 찾으려는 인식에서도 드러난다.[8] 그가 말하고자 한 담론은 결국 역사적 흐름 속에서 문화원형의 요소를 찾아 이를 제고하여 자긍심을 불러일으키는 담론을 형성시켰다는 점에서 의미를 둘 수 있다.

만해 한용운도 포용과 통합의 담론으로 읽을 수 있는 인물이다. 한용운은 3·1운동의 중심이었고 불교 혁신에 앞장 선 승려이면서 시집 『님의 침묵』(1926) 등의 문필 활동으로 근대 행동하는 지식인의 대표성을 지닌다. 그의 시는 형이상학적 상징성과 이에 따른 상상적 자유의 해석으로 다양한 담론을 형성하게 한다. 이는 여러 시에 걸쳐 나타나는 '님'에 대한 의미 분석에서도 잘 드러나는데, '님'이 국가일 수도 부처일수도, 연인일 수도 있게 복합성을 띤다는 측면이 그러하다. 이러한 담론의 형성은 한용운의 현실인식과 함께 역설적 상징을 통한 실재 진리를 향한 접근이란 측면으로 이해할 수 있다.[9]

이러한 관점은 〈복종〉에서도 그대로 표출된다.

> 남들은 자유를 사랑한다지마는 나는 복종을 좋아하여요.
> 자유를 모르는 것은 아니지만 당신에게는 복종만 하고 싶어요.
> 복종하고 싶은데 복종하는 것은 아름다운 자유보다도 달콤합니다. 그것이 나의 행복입니다.
>
> 그러나 당신이 나더러 다른 사람을 복종하랴면 그것만은 복종할 수가 없습니다.
> 다른 사람을 복종하랴면 당신에게 복종할 수는 없는 까닭입니다.[10]

---

8 김호연, 「한국 근대 문예활동에 나타난 민족담론의 정립 양상」, 『세계역사와 문화연구』 54, 한국세계문화사학회, 2020, 64쪽.

9 마광수, 『마광수문학논집』, 청하, 1987, 166쪽.

10 한용운, 『님의 침묵』, 한성도서주식회사, 1950, 68쪽.

이 시는 역설적 상징성을 그대로 드러낸다. 자유라는 화두를 먼저 던지면서 자유보다 복종이 먼저이고, 그것이 행복이라고까지 말한다. 그렇지만 그것은 당신이라는 대상이기에 가능한 것이고, 다른 사람을 복종하는 것은 의미가 없다고 주제의식을 전단한다. 여기서 화자는 단순하게 사랑하는 대상일 수 있지만 표면적 이미지를 초월하는 의미 구조까지 함유한다. 이는 역동적 대상으로 끌어올리기 위해 상징적 질서가 구성하여 깨달음을 주고자 하는 확장성을 가지게 되는 것이다.

이러한 의식은 여러 개인의 개성이 하나로 결집하여 집단을 구성하고, 형이상학적인 공동체의식을 전해주려 한 것이다.

사회도 한 인격이요, 국가도 한 인격이다. 吳越이 同舟에 풍랑을 到涉하기 위해서는 동심 협력한다 하거니와 세계를 한 苦海라면 사회와 국가는 망망한 고해중의 渺小한 一葉舟이다. 그러면 사회·국가를 형성한 개인은 그 배의 선원이 아닌가? 선원으로서 그 배를 운항하자면, 선장이니 篙師니 舵手니 등등 모든 선원이 동서상응하고 좌우 상조하고 동심 협력하지 아니하면 피안에 도달하기가 어려운 일이다.[11]

한용운이 지향한 바는 알기 쉬운 시어를 통한 형이상학적 상징성 속에서 역사의식의 발현으로 이끌고자 하는 의식이 그대로 담겨있다. 이는 그의 행동은 진보적이었지만 시에서는 강유(剛柔)를 내재하여 보편적 정서 속에서 고유성과 민족의식을 일깨우고 있다는 점에서 의미를 지닐 것이다.

---

11 김관호 편, 『한용운 수상집』, 신구문화사, 1976, 235쪽.

이 시기는 다양한 언술을 통해 사회 통합적 의지가 분명하게 드러났다. 이 시기는 일제강점이라는 정치적 상황과 함께 근대적 자생의지가 분출되며 여러 인식 속에서 논의가 전개되었다. 대중적이며 자유주의적 민족주의를 지향한 심훈의 문예활동, 손진태, 송석하를 중심으로 이루어진 한국 민속학의 생성, 그리고 조선일보, 동아일보 등의 언론을 통해 이루어진 사회통합 의미의 대중사업도 깊이 있게 다룰 논제라 할 수 있다.

3. 근대 이행기 예술의 사회적 통합과 확산

판소리는 문학이면서 연극이고 음악인 종합적 성격을 지니는 예술 장르로 한국 특유의 정서가 녹아든 가창에 의한 서사극이다. 이러한 판소리의 기원은 대개 근원설화, 판소리, 판소리계 소설이라는 과정을 거치는 과정을 축으로 하면서도 서사무가에 기원을 두어 소리꾼에 의해 조탁을 거쳐 조선후기에 일정한 구조를 갖춘 예술 형태로 완성되었다. 이에 한국문학의 근대의식 성장을 1780년대에서 1880년대에 이르는 영정조시대로 바라본 김윤식, 김현의『한국문학사』에서는 시조의 붕괴, 판소리 양식, 광대와 가면극을 자생적 예술과 그 양식으로 인식하며 근대의식의 발로로 바라보았다. 특히 판소리의 경우 이미 있어온 이야기의 패러디 과정 속의 감정적 공간이야말로 민중이 참여하는 부분이며 이 감정의 창조적 공간이 생명 리듬의 고유한 존재방식이라 하여 근대의식의 단면이라고 평가하였다.[12]

이렇게 판소리는 조선 후기 12마당으로 정리된 이후 신재효에 의해 다시 여섯 마당으로 정리되며 궁중에서부터 서민에 이르기까지 수용되는 대중 예술 장르로 자리매김하면서 장르로 완성도를 높여갔다. 이는 충, 효, 열, 우애, 의(義)와 같은 유교적이면서 교훈적인 주제를 담고 있으면서도 살아 숨쉬는 일상성이 혼재되며 종합적 장르로 성장하게 된 것이다. 또한 판소리가 가지는 양면성은 양반층이나 서민층이 모두 구경꾼으로 포괄되었고, 내용에서도 기생이면서 기생이 아닌 춘향과 같이 경계적 요소가 뒤섞이면서 종합적인 예술로 승화되었다.

판소리는 근대로 들어오면서 장르적 파생으로 이어져 창극으로 변용을 이루었고, 문자로 기록되어 판소리계 소설 혹은 원 소스 멀티유즈로 다양한 장르로 표현되었다. 이는 단순하게 예술로 표현됨과 동시에 민족문화 원형의 전승과 새로운 질서를 만들어내는 기호로 작용하였다. 이를 문화전통으로 살피면 전통문화를 지속적으로 향유하면서도 새로 유입된 외국문화를 주체적으로 수용하여 자기화하는 과정 속에서 새로운 문질(文質)이 만들어지는 것으로 근대 초기 장르별로 가장 인기 있는 모티브가 춘향전이었고 이것이 대중을 하나로 아우르는 담론을 형성하며 새로운 가치를 만들었다.

〈춘향전〉은 대중적이면서 많은 장르를 통해 변용을 이룬 작품이다. 개화기 이후 근대연극의 흐름은 창극, 신파극, 신연극의 과정을 거치며 장르적 변화를 이루었다. 이는 개화시기 판소리가 창극으로 무대화 되고, 일본에서 들어온 신파극이 공연예술의 중심으로 자리 잡다가 서양에서 들어온 근대연극이 정착되는 과정을 겪은 것으로

---

12 김윤식·김현, 『한국문학사』, 민음사, 1973, 63쪽.

풀이된다.[13]

이러한 과정에서 서양의 신극 수용은 내용과 형식에서 공연방식 변화를 가지고 오게 되었는데 그 중심에 극예술연구회가 놓인다. 1930년대 극예술연구회의 연극운동 양상은 한국 근대연극의 수립에 기여하였고, 이후 연극의 흐름을 좌우하는 큰 변혁이었다. '극예술연구회'(이하 극연)는 서양 근대극을 이 땅에 이식함으로 올바른 연극문화를 만들고, 진정한 우리의 신극을 수립하는데 목적을 둔 단체였다. 이들의 초기 구성원을 보면 대부분 일본 유학생 출신으로 구성되었으며 서양 문학을 전공한 인물이 중심을 이루었다. 또한 연극에 대해서 아마추어적인 관심에 머물고 있었지만 극문화 중심의 서양문화를 접하였기에 이들의 방향성은 서양의 리얼리즘 연극을 통해 신파극에서 벗어난 근대극 형성을 지향하고 있었다.

이러한 바탕에서 이들의 초기 활동은 연출가 홍해성을 중심으로 1932년 5월부터 1934년 12월까지 시기는 소극장을 중심으로 번역극 공연을 펼쳤다. 그렇지만 초기 연출을 맡던 홍해성이 동양극장으로 자리를 옮기고 유치진이 극연의 중심을 차지하면서 그동안의 활동에서 변화된 모습을 보이기 시작하였다. 먼저 유치진이 내세운 것은 번역극 중심에서 벗어나고 소극장을 탈피하여 대중성을 지향하며 관중 본위의 연극 지향이었다.

그동안 극연은 신파극에서 벗어나 대중의 시야를 넓히고 서양극을 중심으로 새로운 연극 문화 발전에 기여하였지만 이들의 기본적 시각이 계몽적이며 연극을 통해 사회를 변화시킨다는 이상적인 태도

---

13 유민영, 『한국현대희곡사』, 홍성사, 1982, 33쪽.

때문에 대중을 아우르지는 못하였다. 이에 유치진은 그 동안 극연이 계몽적 관점에서 벗어나 연극을 통하여 자신의 의지를 실천하는 주체임을 강조하게 된 것이다.

〈춘향전〉은 그 첫 번째 실험이었다. 이 공연은 그가 조선일보 (1936.2.1.~4.15)에 연재한 희곡에 바탕을 둔 것으로 극연의 제12회 정기공연으로 부민관에서 이루어진 공연이었다. 이 희곡에 대해 유치진은 자신의 온전한 창작이라기 보다는 각색이라 표현하였다. 이는 이해조의 〈옥중화〉(『매일신보』, 1912.1.1.~3.16)와 이광수의 〈일설춘향전〉(『동아일보』, 1925.9.30.~1926.1.3.)의 영향 관계에 대해 말하면서 '주로 옥중화를 토대로 삼고 만들었으며 일설춘향전에도 부분적으로 피익(被益)된 바가 대단히 많다'[14]고 이 작품에 대한 토대를 논하였다.

그럼에도 불구하고 이 연극은 익히 알고 있는 고전의 무대화란 측면에서 새로움을 줄 것이 없었지만 원전의 기본 서사구조를 유지하면서도 극적 요소를 강화하여 관객이 큰 호응을 얻었다. 이는 유치진이 춘향전에 대한 관객의 전통적인 기대지평을 고려하여 극적 통일성을 유지하면서도 부분적으로 서사적 구조의 독자성을 지니는 이중적 구성을 취한 점에 기인한다.[15] 이는 낯익은 이야기에 대해 연극이라는 새로운 형식에 담아 동시대적 감각을 성취하였다는 측면에서 의미가 있는 모습이었다. 이 연극은 연일 관객이 들어차며 극연이 흑자를 이룬 첫 공연이었고 반대로 일제는 〈춘향전〉을 계급의식이 들어간 작품이라고 하여 유치진이 핍박을 받는 등 민족정신이 여러

---

14 유치진, 「춘향전 각색에 대하여」, 『극예술』5, 극예술연구회, 21쪽.
15 신아영, 「유치진의 춘향전 연구」, 『논문집』47, 경기대학교연구교류처, 2003, 17쪽.

측면에서 분출된 공연으로 의미를 지닐 수 있는데 춘향전의 여러 변용을 통한 사회통합 측면의 관점은 논의는 폭넓게 이루어질 수 있을 것이다.

또한 재담과 같은 우리의 전통연희 방식이 서양의 근대적 공연양식과 결합되어 무대화되면서 민족문화 원형을 새롭게 일깨우면서 시대를 치유하는지 살펴볼 수 있다. 재담은 한국의 구비문학의 여러 부분에서 나타나는데 특히 재담은 판소리에서 골계를 실현하는 중요한 요소이다. 인물 간의 대화가 정교하게 교체되면서 실현되는 '재담'은 판소리에서 가장 '연극성'이 도드라지는 부분이라 할 것이다. 또한 광대소학지희에서 보듯 이것이 하나의 장르로 발전되면서 공연예술로 자리 잡게 되면서 재담은 우리 문화를 상징적으로 보여준 갈래이다.

이는 박춘재에 의해 발전되다가 근대 쇠퇴하지만 이러한 재담은 서양의 연극적 양식과 결합하면서 막간극에서 만담, 희극으로 변용되는데 이도 정반합을 통해 전통의 새로운 재정립 과정 속에서 다양한 담론이 형성된다 할 수 있다. 이러한 영향은 일본의 라쿠고와는 또 다른 우리문화의 발전 형태라 할 수 있는데 이는 1930년대 이후 무대 공연 예술의 중심으로 자리를 잡으며 대중들에 큰 사랑을 받는다. 이는 시대고를 잠시나마 잊고 일상의 원동력으로 작용하였고, 지금의 코미디나 개그무대의 원형이란 측면에서 고구할 가치가 있을 텐데 신불출 그리고 악극단의 여러 활동을 살펴본다면 민족원형의 본질과 집단의식을 밝힐 수 있는 계기가 될 것이다.

이러한 통합적 수용의 부분은 민요를 통해서도 담겨진다. 민요는 민중에 의해 입에서 입으로 전해진 노래를 말한다. 이는 구비 전승되는 과정에서 조금은 거칠게 다듬어졌지만 민중이 말하고자 하는 정수를 잘 담아내며 긴 생명력을 가지고 일상 속에서 호흡하였다. 이러한 민요는 집단적이었지만 소규모 형태를 띠었고, 각 지역에 따라 다양한 종류가 발생하였다. 그렇지만 민요는 근대에 들어오며 여러 가지 변화를 겪는다. 많은 사람이 모일 수 있는 기회가 생겨나고 각 지방을 연결시키는 교통망이 발달하는 것을 계기로 민요의 교류와 변모가 촉진되어 시대적인 각성을 함께 나타내는 공동의 자리를 마련할 수 있었던 것이다.[16] 민요가 지역성에서 벗어나 보편적 집단성을 서서히 드러내며 규칙화되는 것은 이 시기부터인 것이다.

또한 구비 전승되고 소집단에 의해 불리던 민요는 문자로 기록되었고, 상상의 공동체를 통해 민족을 하나로 아우르는 기호로도 작용하였다. 그 대표적인 예로 '아리랑'을 들 수 있다. 아리랑은 우리에게 대표적인 민족의 노래로 알려있지만 이 노래가 민족의 노래로 민중에 각인된 것은 채 백 년 남짓한 기간이다. 먼저 아리랑이 기록된 것은 미국인 선교사 호머 헐버트에 의해서다. 그는 1896년 『Korean Repository』에 실린 'Korean Vocal Music'이라는 글에서 아리랑 악보를 실었고, 이후 아리랑은 악보를 통해 가창의 형태로 불리게 되었다. 이후 민요 채록의 형태는 다양한 방식을 통해 이루어졌는데, 일제강점기 조선총독부에서는 꾸준하게 민요 조사를 펼쳤고, 엄필진이 펴낸 『조선동요집』(1924), 김소운의 『조선구전민요집』(1933) 그리고 당대 신문, 잡지에서 민요의 채록은 다양하게 나타났다. 이러한 흐름 속에서 음반의 통해 노래를 향유하는 형태가 나타나면서 민요, 신민요가

---

16 조동일, 『한국문학통사』 4(제3판), 지식산업사, 1994, 60쪽.

생성되었고 밀양아리랑, 진도아리랑, 정선아리랑 등의 지역 아리랑도 지역을 넘어선다.

이러한 흐름 속에서 '아리랑'은 민족의 노래로 각인되는 계기가 발생하는데 나운규의 영화 〈아리랑〉(1926)을 통해서이다. 이 작품은 민족의식을 고취시키고자 하는 의식이 의도적으로 나타난 것은 아니었지만 조선의 민중의식이 잠재되어 있고, 이것이 자연스럽게 아리랑 노래에 녹아들어 민족정신을 일깨우는 상징적 기호로 자리하게 된 것이었다.

이러한 응집의 기호로 대중가요도 살펴볼 수 있다. 창가로 시작된 서양 근대 음악 형식은 교육단체나 종교단체를 통해 급속도로 확산되었고, 동시대적 감각에 의해 대중가요라는 장르를 파생시켰다. 가요가 대중에 수용되는 형태는 음반 발매와 이를 홍보하기 위해 소속 가수들을 중심으로 연주회를 가지는 방법 혹은 극장에서 막간에서 이루어지는 등 여러 방법이 존재하였다. 이러한 과정 속에서 시대고를 잊게 하고, 대중의 정서적 결집을 시키는 여러 예가 등장하는데 그 대표적인 예로 가요 〈황성옛터〉나 〈목포의 눈물〉을 들 수 있다. 〈황성옛터〉는 이애리수가 연극 무대의 막간에 불렀다가 입소문에 의해 대중의 사랑을 받은 노래로 음반 발매 이후에는 5만장 이상이 판매될 정도로 인기를 끈 노래이다. 이 노래는 가사에서 드러나듯 나라 잃은 설음이 황성옛터의 텅 빈 공간에 은유되었고, 퇴영적 낭만주의적 음률을 통해 시대고를 잠시 나마 잊게 하는 기호로 작용하게 되었다. 이에 가요는 대중의 심금을 울리며 민족의식을 일깨우는 역할을 담당하면서 공연 무대에서 가요의 위치를 굳건히 하는 계기로 작용하였다.[17] 이는 대중문화가 형성되는 즈음 집단적 행위의 향유를 통해 이루어진 결과이며 그 중심에 가요가 놓이게 되는 것이다.

〈목포의 눈물〉 또한 대중을 응집시키는 대표적인 사례로 1935년 조선일보에서 향토 노래 현상 모집에 당선되고 이난영에 의해 불리면서 일제강점기를 넘어 현대에도 국민가요로 인식되었다. 이렇게 가요는 시대정신을 묘파하면서도 가창을 통한 집단성을 통해 한국 사회의 포용과 통합의 기호로 연구 가치가 높다.

이러한 사회통합의 기호는 무용을 통해서도 이루어진다. 그 대표적인 인물로 최승희를 들 수 있다. 최승희는 근대 무용의 대표적 인물로 한국과 타자에게 한국 무용을 각인시킨 성과는 전무후무한 모습이다. 그는 어린 나이에 일본에 가서 일본 현대무용의 시원이었던 이시이 바쿠에게 사숙하여 다양한 작품 활동에 참여하게 되었다. 그런데 그가 무용에 입문한지 얼마 안 되는 시기에 이미 그는 농익은 연기로 주목을 끌었고, 일본에 간 1년 뒤 금의환향하며 대중의 주목을 끌었다. 이는 이시이 바쿠 무용단의 경성 공연이었음에도 최승희에 집중되어 그의 일거수일투족이 사회적 관심을 불러일으키기까지 하였다.

그는 예술인이면서 사회적 표상을 담아낸 신여성으로 항상 사회적 관심을 불러일으켰다. 특히 그의 활동은 국내에 머물지 않고 확장성을 드러내며 민족자긍심을 불러일으키는 기호도 중요한 역할을 하였다. 그가 일본에서도 주목받은 것은 1933년 근대여류무용대회에서 발표한 '에헤야 노아라'를 통해서였다. 그는 이 공연에서 갓을 쓰고 긴 도포의 옷을 입은 한량의 모습을 춤으로 풀어내어 한국문화의 특수성을 호방하게 보여주어 일본무용계에 큰 반향을 일으켰다. 이후

---

17 김호연, 『한국근대악극연구』, 민속원, 2009, 117쪽.

그는 한국 전통 춤의 변용에 집중하였는데, 소설가 가와바타 야스나리는 '무용의 선이 굵고, 힘이 넘치며 민족적 냄새가 물씬 배어나는 춤'[18]이라 칭송할 정도로 일본 무용계에서도 주목을 끌었다.

최승희의 활동은 일본에만 그친 것이 아니라 유럽과 미주에서도 공연을 하였는데 타자의 시각에서 한국문화의 고유성과 개성을 인식하는 계기로 작용하였다. 그의 활동에 대해 뉴욕타임즈에서는 '그 예술은 참으로 경쾌하다. 최승희의 성공은 그 좋은 점을 구사하여 버라이어티를 내는데 있다'[19]며 긍정적으로 바라보았는데 이는 한국 춤이 생경한 면모도 없지 않았지만 그의 몸짓에서 춤이 가지는 보편적 수용 양상과 한국문화에 대한 재인식을 통해 확산된 것이다. 이는 일제 강점기 세계로 진출한 장르로 무용과 음악이 대표적이었는데, 그 중 최승희가 독보적 존재로 대중에 인식되었다는 측면은 논의의 대상으로 삼을 수 있을 것이다.

한성준도 여러 통합적 인식 속에서 대중을 하나로 응집시키는데 큰 역할을 담당한 인물로 기억할 수 있다. 그는 근대 가장 뛰어난 고수(鼓手)이면서 조선음악무용연구회를 이끌면서 전통 춤의 정립에 힘을 쏟은 인물이다. 정노식이 쓴 『조선창극사』에서는 판소리 명인들을 개괄적으로 소개하면서 고수로는 유일하게 그를 언급하였는데 '뛰어난 춤꾼으로 제자들을 아우르며 춤장단으로 일가를 이루었다'[20]며 춤꾼으로서도 그의 명성을 기록하였다.

---

18 최승희, 『불꽃』, 자음과 모음, 2006, 98쪽.
19 『동아일보』, 1938.11.17.
20 정노식, 『조선창극사』, 조선일보사, 1940, 255쪽.

한성준은 고수로 다양한 활동을 펼치다가 조선음악무용연구회를 결성하는데, 조선 무용 고급에 여생을 바친다 말하면서 두 가지를 실행하는데 전통 춤 레퍼토리의 정립과 전통 춤의 계승이었다. 먼저 그가 펼칠 수 있는 100여 춤 중 40여 개를 정리하였고, 이 중에서 무대공연에 적합한 춤들을 모아 1938년 전조선향토연예대회에서 펼쳐 큰 반향을 일으켰다. 이러한 공연형태는 영속적으로 공연이 이루어지는데 이 시기 태평무, 승무, 살풀이춤, 학춤 등은 전통 춤의 재정립 혹은 만들어진 전통 속에서 한국 문화원형으로 자리매김하였고, 이후 무형문화재로 지정되어 문화전통의 전승 주체로 이해되기에 이르렀다.

그런데 전통공연에 대한 열렬한 호응은 의외의 결과였다. 그동안 전통 춤 공연은 극장에 수용되면서 변용을 거듭하였는데, 정재를 중심으로 한 궁중무용은 극장에 맞게 취사선택되었고, 민속춤도 제한적으로 수용되어 공연이 이루어졌다. 그럼에도 이런 공연은 동시대 감각을 통한 재해석이 제대로 이루어지지 못하며 쇠퇴하고 있었다. 이는 자생적 변용이 더디게 이루어진 결과와 대중공연 예술의 득세로 이루어진 모습이었다. 이에 반해 한성준은 민속춤과 정재를 대극장에 맞게 변용하여 레퍼토리화 하였고, 태평무 등 만들어진 전통, 즉 전통의 새로운 창작 등을 새로운 감각을 전해주었다는 측면에서 대중의 흥취를 불러일으켰던 것이다.

이렇게 일제강점이라는 정치사회적 상황을 떠나 시민의 탄생과 근대성이 확장되면서 사회통합적 인식이 자연스럽게 생성되었고, 예술에서는 대중문화가 생성되면서 공동체 의식을 생성되는 시기로 주의 깊게 바라볼 필요가 있을 것이다.

4. 결론

한국 근대는 복잡다단한 담론을 담고 있다. 이 시기는 전근대에서 근대로 넘어서는 대전환기로 자생적인 고민과 외부의 압력 등의 역사적 갈등이 있은 이후 포용과 통합이 이루어졌고, 공동체 의식, 민족 의식이 강화되는 바탕으로 인식할 수 있다. 이는 국가, 혹은 민족이라는 공동체 의식 속에서 만들어진 전통이 이루어졌고, 이 과정에서 한민족은 DNA로 담긴 민족문화 원형의 여러 요소를 발견하여 이를 전승하고자하는 의지도 이 시공간 속에 이루어진다. 특히 이 시기에는 문화예술에서 여러 현상이 드러나면서 일상사를 살필 수 있는 계기라는 점에서 다양한 연구 주제가 놓일 수 있을 듯하다.

이 시기 정립된 여러 통합체계는 해방공간 그리고 한국전쟁 이후 현재에 이르는 기간 동안 이어지면서 또 다른 비아와 충돌하며 새로운 인식을 확립하여 나아간다. 이는 분단된 남북의 체제의 여러 갈등 그리고 세대 간, 지역 간, 계층 간 갈등과 포스트모던 시대 다문화의 여러 현상이 발생하는데 문화예술은 대중과 호흡하며 역동적이면서 사회를 치유하며 끌어안는 여러 기호로 연구의 가치가 높다 할 것이다.

이무영의 일제강점 말기 순응적 창작 모습

1. 서론

이무영(李無影)은 '농민문학의 선구자'라 평가를 받는 작가이다. 그렇다고 그의 작품이 줄곧 농민소설만을 고집한 것은 아니다. 초기 작품은 1930년대 지식인의 삶의 실상과 고뇌의 모습을 그리고 있으며[1], 희곡의 경우에서도 모더니즘적 색채가 드러나기도 한다.[2] 그럼에도 이무영 소설의 특성을 농민, 농촌 소설로 집약하는 것은 그가 직접 농촌에 들어가 생활과 문학의 일치를 실천하면서 창작 활동을 했다는 작가적 특이성 때문이기도 하며 또한 누구보다도 농촌을 사랑하며 이에 걸맞은 작품을 만들어냈기 때문이다.

그런데 그가 농촌을 토대로 활동한 그 처음은 1939년으로 문학 창작이 자유롭지 않던 사회적 분위기와 맞물린다. 특히 그는 귀농 이후

---

1 이무영의 초기 작품에 대한 연구는 이동희, 「이무영의 초기 작품에 나타난 문학사상 연구」, 『단국대 대학원 논문집』 15, 1981; 조남현, 『한국지식인소설연구』, 일지사, 1984; 김홍신, 「이무영 연구」, 건국대 대학원 석사논문, 1984; 윤석달, 「이무영의 현실인식」, 『홍익어문』 6, 1987 등이 대표적이다.

2 이미원, 『한국근대극연구』, 현대미학사, 1994, 293쪽.

'일본어 소설'을 지속적으로 썼다는 점은 주목할 필요가 있다. 이는 한 지식인이 어두운 현실을 어떻게 순응하고 시대를 살피며 그 작가의 연속적인 활동을 고찰하는 데 의미가 있기 때문이다.

그동안 이무영에 평가는 아무래도 〈제일과제일장〉 등 농촌, 농민 제재 소설을 활발히 발표하는 때로 모아졌다. 백철은 이무영이 경향적 작가에서 독자적인 경지를 개척한 것은 귀향 이후로 본다.[3] 〈제일과제일장〉, 〈흙의 노예〉에 주목하고 〈도전〉, 〈승부〉 등도 나약한 지식인에 대한 야성적인 힘의 문학을 쓴 것도 농민문학의 연장으로 보았다. 이재선은 이무영의 소설을 민족운동의 계몽성이나 사회주의의 목적성을 표면화하지 않고 농촌사회와 궁핍하고 고통스런 농민의 생활 실상과 형태를 리얼하게 다루면서 흙에 대한 농민의 집념을 다룬 것으로 살폈다.[4] 이는 작가의 자전적 삶을 형상화를 통해 〈제일과제일장〉의 주인공인 도시인 수택이 귀농 생활로 삶의 형식이 바뀌어 가는 과정과 흙에 대한 종교적인 경건성을 가진 노농의 집념과 강인함을 통한 것으로 해 보여준다고 본 것이다. 이동희는 수년간 많은 관심과 연구로 이무영에 대해 고찰하였다. 이무영의 농민문학을 문학 본연, 예술로서의 농민문학으로 검토하였고[5], 특히 작가 정신과 집념의 농촌 제재, 감동적 소설 기교가 형상하고 있는 농민문학 정신에 주목하였다.

그러나 전체적으로 조망한 선행 연구에서 일어로 쓴 작품에 대한

---

3 백철, 『신문학사조사』, 신구문화사, 1980, 501쪽.

4 이재선, 『한국현대소설사』, 홍성사, 1979, 360쪽.

5 이동희, 『흙과 삶의 미학』, 단국대출판부, 1993.

언급은 두드러지지 않다. 이러한 연구는 먼저 친일문학 연구에 대해 본보기가 되어온 임종국의 『친일문학론』[6]에서 『情熱の書』에 수록된 단편소설을 짧게 언급하고, 이무영의 국민문학관을 '일본 국민으로서의 건전한 생활'로 정의 내리며 구체화 되었다. 여기서는 국민문학을 특수한 것으로 보지 않고 좋은 문학이 곧 '국민문학(國民文學)'이라는 생각한 그의 문학적 과오와 그의 작품을 개괄적으로 다루었다. 김윤식은 〈제일과제일장〉, 〈흙의 노예〉를 국책에 영합한 농민소설로 간주하였다.[7] 이는 최재서가 『인문평론』 창간호에서 말한 '생산문학'에 근거하는데, 생산소설이란 국책적 정신에다 기록적, 보고적 방법으로 농·어·광·공장·이민 등을 취급하는 소설이란 것이다. 그러나 이런 논리는 최재서 혹은 일본 농민문학의 비교 연구에 의한 것으로 사회적 의미에 앞서 문학적 검토도 필요한 부분이다.

이후 이 시기에 집중한 몇몇 연구를 통해 이무영에 대한 관점은 조금 확산되었다. 남상욱은 이무영의 〈宏壯氏〉를 통해 국어 전용 시대 이중언어로 창작 행위에 주목하였으며,[8] 임기현은 이 시기에 집중하여 이무영 문학에 나타난 친일적 성향과 그 내적 논리에 대한 분석하거나 〈青瓦の家〉와 〈鄕歌〉의 국책소설적 성격을 집중하여 연구하였다.[9]

---

6 임종국, 『친일문학론』, 평화출판사, 1986, 307쪽.

7 김윤식, 『한국근대문예비평사연구』, 일지사, 1976, 466쪽.

8 남상욱, 「'고쿠고' 전용 시대 '조선문학'의 가능성에 대해서 - 이무영(李無影)의 「굉장씨(宏壯氏)」을 중심으로」, 『비교문학』 58, 한국비교문학회, 2012.

9 임기현, 「이무영의 친일문학과 그 내적 논리」, 『어문학』 103, 한국어문학회, 2009; 임기현, 「이무영 국책소설의 성격」, 『한국언어문학』 83, 한국언어문학회, 2012.

이 연구에서는 이러한 선행적 연구를 비판적으로 수용하면서 거시적인 차원에서 이무영이 일본어로 쓴 소설의 서지적 검토를 통해 그의 일제강점 말기 작품 세계를 살펴보고자 한다. 이는 먼저 그가 활동한 궤적과 그의 소설을 함께 살펴봄과 동시 당대 지식 문인들의 행동적 양상 속에서 어떠한 선택을 하고 시대에 순응하는지 밝히는 계기를 마련할 것이다.

2. 실천적 행동의 문단 활동(1939~1945)

이무영은 1939년 동아일보를 퇴직하고 죽마고우인 이흡(李洽)을 따라 경기도 궁촌으로 내려간다. 이때가 그에게 있어 본격적인 농민문학을 하게 된 전환점이다. 이 시기는 대외적으로 파시즘이 대두됨으로써 전 세계적으로 위기감이 고조되었고, 중일전쟁 직후 탄압정책이 일층 강화되는 시기였다. 특히 민족주의, 경향적 문학이 사라지고, 작가들은 현실도피적 풍자문학, 농촌문학, 역사소설 등으로 들어가는 경향이 현저하게 나타났다. 이러한 문단 풍토 속에서 그는 농민문학의 길을 걷는데, 이미 경향적 농민소설로 인정받은 그에게 당연한 현상으로 받아들여진다.

그동안 이무영의 활동 지면은 『동아일보』, 『新東亞』, 『新家庭』 등 몸담고 있었던 곳에 치우쳐 있었다. 그러나 귀향 이후에는 『文章』, 『人文評論』, 『朝光』 등 당시 가장 저명한 잡지를 통해 작품이 발표되었다. 이후 그는 〈제일과제일장〉, 〈흙의 노예〉를 비롯하여 〈궁촌기〉, 〈누이의 집〉, 〈모우지도〉 등 일련의 농민소설을 발표하였는데 초기의 농민소설은 가난 속에서 절망하는 농민의 현실적 모습을 보여주었다면 이 시기에 와서는 가난의 역경 속에서도 인간적 면모와 생존의지를 잃지 않고 살아가려는 농민상을 창조하려 했다.

이와 함께 그는 귀향 이후 문단 활동에도 참여하는데 조선문인협회에서 본격적으로 이루어진다. 1939년 이광수, 박영희, 김동환 등이 모여 만들어진 조선문인협회는 전시하의 시국에 공헌하자는 의미에서 모였는데 '황국적 신문화 창조', 즉 이들이 지향하는 바는 전쟁 목적에 입각한 일본 문화를 중심으로 하는 대동아문화의 결속을 의미하고 있었다.

그는 먼저 1942년 6월 10일 부민관에서 구라시게 슈조(倉茂周藏) 보도국장, 가야마 미쓰로(香山光郎, 이광수) 등 문협 간부들과 함께 참석하여 징병제 실시를 앞둔 정신훈련과 신체훈련에 관한 문제 및 이에 수반하는 문화인의 사명을 토의하기도 하였다. 이어 9월 5일 기독교청년회관에서 상임간사회가 소집되어 기구 혁신 문제 및 간부 개선 문제를 논하여 간사장에 요시무라 고도(芳村香道, 박영희), 문학부 소설희곡부회 유진오, 이무영, 유치진 등이 임원으로 임명되고 문단의 국어화를 촉진하고, 문인의 일본적 단련, 작품의 국책 협력 등을 실천요강으로 채택하는데 참여하였다. 또한 11월 12일 소설, 희곡부회는 '조선 글로 된 작품은 국어로 번역하고, 작품의 국어화에 관한 논문을 잡지에 싣고, 신문에 작품 국어화에 관한 소견을 실을 것 등을 결의하는데 이때 이무영은 〈靑瓦の家〉(1942년 9월 8일 연재시작)를 부산일보에 연재하면서 실천적 노력을 보였다.

이즈음 이태준, 이무영은 『大東亞戰記』(人文社, 1943)를 번역하는데 '무적 황군 분전의 모양을 대본영 발표, 육해군 보도부장 방송, 작전 참가 장병 수기 및 군보도반원 기사 등을 자료로 하여 특히 국어를 해득치 못하는 반도 민중을 위해서 반도문단의 중견작가 2人에게 위촉 언문으로 서술한 것'(『國民文學』, 1943.2 광고)으로 반도 민중에 전승의 신념을 심어주기 위한 기록물이라는 측면에 놓이는 언술이었다. 이것은 이태준의 〈해방전후〉에서 '이것이라도 얼른 한 가지 성의를 보여야 좋으리라는 대동아전기의 번역을 현은 더 망설이지 못하고 맡은 때였다'[10]와 같이 회고되기도 하였다. 그는 간도를 돌아보고 1943년 2월호 『綠旗』에 소개된 『間島省視察作家團報告座談會』를 통해 채만식, 정인택, 정비석과 함께 그 성과를 보고하는 자리를 마련한다. 이는 〈土龍－間島旅裏第二話〉(『國民文學』 16, 1943.4.)를 통해 농민들의 모습을 그려내었다.

　조선문인협회는 1943년 朝鮮俳句作家協會, 朝鮮川柳協會, 國民詩歌聯盟과 함께 발전적 해산을 하고 조선문인보국회로 재출발한다. '조선에 세계 최고의 황도문학을 수립하고자' 한 이 단체에 6월 17일경 진용을 정비하여 소설희곡부회 회장에 유치진이 상담역에 김동인 외 5명, 평의원에 채만식 외 4명, 간사에 이무영 외 5명을 임명한다. 이들은 '끝까지 격멸하겠다'는 의지를 다지며 8월 4일 부민관에서 징병제실시감사 결의선양을 위한 「朗讀과 演劇의 밤」을 개최하여 이무영, 유진오 등이 낭독에 참여하였다. 또한 6월 4일 체신회관에서 가토 다케오(加藤武雄) 일행을 중심으로 전선시찰종합좌담회를 개최하여 박영희, 유진오, 이무영 등이 참석하였고, 8월에는 『國民文學』에서 '國民文化の方向'을 말하는 좌담회를 마련하여 최재서 사회로 유진오,

---

10　이태준, 〈해방전후〉, 『20세기 한국소설』, 창비, 2005, 106쪽.

이무영, 김종한과 가토 다케오, 후쿠다 기요토(福田淸人) 등이 참석을 하였다. 이 시기를 중심으로 스승과 제자의 관계에 있던 가토 다케오 (1888~1956)와 이무영의 영향 관계는 일본에 사숙할 때와 또 다른 계기를 마련하며 행동적 연대감을 주었다.

가토 다케오는 일본 농민문학의 기틀을 마련하고 일군 인물이다. 그가 활동하던 즈음 일본에서는 1906~7년경부터 '향토예술'과 같은 문학용어가 유입되어 새로운 흐름으로 나타나기 시작하였고, 1923~4년경부터 '농민문학'으로 명칭이 변하여 근대문학사에서 새로운 확장을 이루고 있었다. 이러한 움직임의 실행은 이누타 시게루(犬田卯), 히라바야시 하쓰노스케(平林初之輔) 등이 모임을 가지고, 거기에 가토 다케오, 시로토리 세이고(白鳥省吾) 등이 참가하여 '農民文藝硏究會'가 조직되면서 본격화되었다. 이후 여러 논쟁을 거치면서 이 내용이 『농민문예 16강』에 정리되었고, 1927년 10월 잡지 『농민』이 간행되기에 이르렀다. 창간사에서 '애초부터 대동단결이어서 각자의 개성이나 사상 등에 내재하는 小異는 묻지 않는 일종의 자유연합'이었기 때문에 사상상의 혼란과 대립을 초래했고 더러는 프롤레타리아 문학으로 전환하기도 했다. 이외에 가토 다케오 등의 공편으로 『農民小說集』(新潮社, 1926.6.) 등이 저술되어 농민문학의 큰 틀을 마련하였다.

이때 『明治大正昭和文學全集』 중 51권부터 60권의 10권(1931~32)이 출간되는데 쇼와(昭和) 편에 가토 다케오와 나카무라 무라오(中村武羅夫)가 중심이 되었는데 '예술파의 십자군'을 자임했던 '13인 구락부'를 구성하여 고노 로쿠로(河野六郎), 이이지마 다다시(飯島正), 가토 다케오, 가와바타 야스나리(川端康成), 가무라 이소타(嘉村礒多), 구노 도요히코(久野豊彦) 등 현대적 감각을 지는 작품을 엮었다. 이러한 분위기는 1925~29년까지 가까운 거리에 있던 이무영에게 큰 영향 관계에 놓인다. 그는 농민문학의 발전도 보았을 것이고, 특히 '소설은 재미가 있어야 한다'는 소설의 본질이 그대로 수용되었고, 이를 농민을 통한 소재적 범주에서 확산을 실험하기에 이른 것이다.

이어 일본에서는 1930년대 중반부터 문학자들은 종군을 하며 국책 단체들이 생기게 된다. 그 선두가 1939년 11월에 農民文學懇話會인데 회장에 아리마 요리야스(有馬賴寧), 상담역에 가토 다케오 등이 담당하였다. 이러한 부분은 아리마 요리야스 농림대신이 중요한 정치적 영향력 아래 놓이면서 농민문학이 실천적 움직임을 보일 수 있는 바탕이 되었고, 국가의 정책적 의지를 실현할 수 있는 계기를 마련하였다.

이어 대륙개척문예간화회가 1939년 설립되어 4월부터 6월까지 제1회 개척국책펜부대를 만주, 북지에 파견하게 되는데 참가자는 장혁주, 가토 다케오 등이다. 이와 같이 농민문학간화회와 대륙개척문예간화회 등 국책 문학 단체의 활동은 이 시대 일본 문학과 조선·만주·대만 등 구 식민지와 깊은 관계를 말해주는데,[11] 지도적 위치에 있던 가토 다케오는 조선을 자주 방문하게 되며 영향력을 행사하게 되었다.

1944년 1월 문인보급회는 '국민의 사기를 양양할 국어로 제작된 결전소설과 희곡을 신인 및 기성으로부터 공모'하는데 가야마 미쓰로(香山光郎, 이광수), 이무영, 유치진 등이 심사한 후 몇 편의 작품을 선정하였다. 이후 44년 6월 13일 일본문학보국회 주최로 도쿄 군인회관에서 열린 일본문학자총궐기대회에 유진오, 이무영, 사토 기요시(佐藤

---

11 호쇼 마사오 외, 고재석 역, 『일본현대문학사』, 문학과 지성사, 1998, 223쪽.

淸) 3명을 파견하였고, 이어 서울에서도 결전태세즉응재선문학자총
궐기대회를 개최하였다. 그들은 귀국 후 중요한 보직을 받게 되어
보국회의 소설부 회장에 유진오, 간사장 이무영을 임명하였다.

1945년 5월 11일 소설부회는 전쟁반도의 생생한 모습을 전작 소
설로 집필케 한 후 동도서적주식회사 출판으로 결전문학총서 제1집
을 간행하기로 하고 가야마 미쓰로, 이무영 등을 집필 작가로 선정하
였고, 13일 국민총진격운동 사무차 함북 지방에 출장을 가기도 하였
다. 이어 8월 1일 체신사업회관에서 신임이사장에 이토 노리오(伊藤
憲郎)을 임명하였고, 총회를 개최한 후 소설부 회장에 이무영이 선임
되었다.

그밖에 그는 「可燐한 처어칠의 末路」(『每日新報』, 1942.2.19.), 「加藤
武雄先生へ」(『國民文學』, 1942.4.), 이무영 외 4명, 「國語の諸問題會談」
(『國民文學』 3:1, 1943.1.), 채만식, 정인택, 정비석, 이무영, 「間島省視察
作家報告」(『綠旗』 8:2, 1943.2.), 「開拓村을 보고」(『每日新報』, 1943.2.25~
28.), 유진오, 이무영 외 2인, 「朝鮮, 臺灣の文學活動, 新精神促進と今
後」(『文學報國』 29, 1944.7.), 「村居斷想」(『每日新報』, 1945.2.20~2.), 「疏開
산 戰訓」(『매일신보』, 1945.5.5.)을 발표하였다.

3. 순응하는 지식인의 창작 형태
: 발표된 잡지의 서지적 검토를 중심으로

조선총독부에 의해 일본어로 된 글이 본격적으로 신문, 잡지에 등
장하기 것은 1939년 즈음일 것이다. 이 시기는 『인문평론』이 창간되

어 친일성 문학이 대두되었고,[12] 매일신보에 '국어(일본어)란'이 만들어져 일본어 보급에 앞장섰고, '조선인 초등 교육확충계획'이 시행되어 의무교육이 확대되며 내선일체의 움직임이 일상에 파고들고 있었다. 이러한 분위기는 이무영에게 있어서나 당시의 문단적 상황에서 새로운 의미를 지닌다. 특히 문인협회에서 국어의 창작을 강요하면서 일본어 작품이 등장하는데 1939년 이후 해방까지 이 암흑기에 양적이나 내용적으로 일본어 작품은 핵심적인 성격을 지니면서 문제점을 지니게 되었다.

　이 시기의 작품을 고찰하는데 먼저 생각할 수 있는 화두는 '일본어로 썼다는 사실만으로 국책에 야합하는 문학이냐, 내용상 한국적인 내용을 지닌다면 친일문학으로 볼 수 있느냐'의 문제일 것이다. 그러나 이러한 질문은 김사량(金史良)의 경우처럼 일어가 자유로웠고, 어느 정도 시국에 타협한 그를 친일로 볼 수 있는가의 문제,[13] 오영진의 〈ベベンイの巫祭〉, 〈猛進士邸の慶事〉(『國民文學』)를 일본 문학으로 볼 수 있느냐는 문제로 다시 질문될 수 있다. 이러한 문제는 다시 일본어를 사용하는 것은 불가피한 상황에서 일어나는 최소한의 방편이었다는 것을 인정한다면 '침묵하느냐, 그것을 순응하느냐, 그러면 어떻게 쓰느냐'의 문제로 다시 귀결될 문제이다.

　이무영이 〈제일과제일장〉, 〈흙의 노예〉 등 역작을 발표하던 그가 일본어로 소설을 쓰기 시작한 시기는 1942년부터 해방 이전까지 일

12　송민호, 『일제말암흑기문학연구』, 새문사, 1991, 65쪽.
13　김용직, 「일제말 암흑기 한국문학인들의 의식 성향과 행동에 관한 연구」(『한국문화』 10, 서울대 한국문화 연구소, 1989, 14쪽)에서는 김사량을 좌파 성향의 반일저항문학인으로 보고 있다.

본어 소설을 15편 이상을 발표하였다. 이는 이석훈(牧洋), 정인택, 장
혁주(野口捻)와 함께 많은 일본어 소설 발표한 작가로 손꼽힌다. 이는
앞서 설명한 대로 그가 조선문인협회에 임원으로 문단의 국어화를
촉진한다는 요강을 먼저 실천한 경우였다.

　〈婿〉(『綠旗』7:9, 1942.9.)는 이 시기 그가 처음으로 쓴 일본어 소설
이다. 먼저『綠旗』는 '녹기연맹'의 기관지이다. '綠旗聯盟'은 일제말기
민간단체로 재한 일본인을 중심으로 '사회발전의 법칙', '일본국체의
정심', '인간생활의 본질' 등 세 가지를 기준으로 '인류의 낙토 건설',
'건국의 이상 실현', '각자의 인격 완성' 등을 목표로 하면서 ①일반사
회의 교화, ② 사상 연구, ③중견 인물의 양성, ④후생시설의 설치
등을 사업 내용으로 하고 있었다. 그러면서도 그들은 총독부 정책
수행과 함께하면서 민간인들로써 국책사업에 기여하였다. 그들의 기
관지인『녹기』는 1936년 1월 창간 후 44년 2월까지 96권을 간행하였
으며『興亞文化』로 게재되어 계속 발행되었다. 여기에는 이광수, 장
혁주, 이석훈 등의 작품이 눈에 띄며, 이무영의 또 다른 작품 〈峠〉(『綠
旗』9:5, 1944.5.)은 목록만이 전하고 작품의 내용은 알 수 없는 작품도
게재하였다. 그러나 〈婿〉의 경우 그의 농민 소설과 별다른 차이가
없으며,『綠旗』라는 잡지에 비해 시국색은 전혀 드러나지 않는다. 또
한 이 작품은 해방 이후『山家』(민중서관, 1949)에 수록되어 전해진다.

　이어 〈果園物語〉(『新女性』2:1, 1943.1.)는『녹기』의 자매지인『新女
性』에 실려 있는 것이 목록으로 전하지만,『情熱の書』에 재수록 되었
다. 또한 〈土龍〉(『國民文學』16, 1943.4.)은 만주로 이주한 한국인 농민
의 성공담이나 생활 풍속, 만주에서의 산업개발이나 생산의 증산 장
려책 등을 그린 소설이다. 間島旅裏第二話란 副題에서 보듯 1943년

초 間島視察作家團으로 다녀오면서 보고서 형식으로 쓰인 글이다. 그
러나 그의 일본어 작품의 많은 부분이 그러하듯 유창한 부분과 너무
서툰 부분이 뒤섞여 있다. 〈土龍〉이라는 제목부터가 그러하다. 우리
말로는 지렁이를 의미하지만 일본어로는 두더지를 의미하는데 작품
내에서 그 의미가 정확히 찾을 수 없다. 첫 문장인 '三龍あ、今夜はえ
れえ晩いなあ'에서도, あ는 호칭에 붙어 쓰이는 措辭인지, 아무 의미
가 없는 虛辭인지 뚜렷하지 않다. 또한 '歸えつて來て見ろ、骨さ拾つ
て見せるにけえ!'는 아들이 기다리다 늦자 아버지가 하는 말인데, '오
기만 와 봐라 뼈다귀를 추려 놓을 테니까'라는 뜻인데 적절한 표현은
아닌 듯하다.[14] 또한 '百姓の一杯', '星が鐵砲鐵砲出て居ます', '炭火の
やうに憤つた'와 같이 조선식 일본어, 이무영이 새롭게 만든 일본어,
우리말 직역, 한문투의 말을 많이 쓰고 있다. 그가 일본에 있으면서
정식 학교 수업보다 사숙으로 지냈기 때문에 이광수, 김소운, 주요한
김용제 등에 비해 능숙하지는 못하였을 것으로 보인다. 이러한 견해
는 일본 학자들에 의해서도 제기되었다.

李無影에 관해서는 깊이 알 수 없어 속단할 수는 없으나 경성시대에
교섭이 있던 田中英光는 "잘하는 국어는 아니었지만 좋은 국어였다고 생
각한다. 기품과 정열과 태도가 문제지 말을 잘한다는 것이 문제는 아닐
것이다"라고 쓴 것이 인상에 남는다.[15]

李無影의 경우에는 유창한 부분은 일본사람이 번역하거나 첨삭을 해준

---

14 임종국, 앞의 책, 315쪽.
15 宋敏鎬, 앞의 책, 55~56쪽에서 재인용.

것으로 보이며, 서투른 부분은 작가 자신의 원래의 일본어 실력이 그대로 반영된 것으로 보인다.[16]

이렇게 그의 일본어에 대한 창작은 유려하지는 못하였다. 또한 창작 용어로 일본어의 사용을 강요당했을 때 농민소설의 경우 전부 일본어로 쓰기 어려운 난점도 가지고 있다. 농민들이 쓰는 말은 사투리나 비어 등 그들만의 언어가 존재하는데 이를 소설 언어로 표현하기가 힘들었을 것이고, 이를 일본화하기는 더욱 힘들었을 것이다.

〈驛前〉(『朝光』 9:9, 1943.9.)은 조선일보의 자매지인 『조광』에 실린 작품이다. 『조광』은 시국색과는 비교적 거리를 둔 잡지였다. 그러나 1943년 9월에는 4편의 일본어 소설이 실려 있는데[17] 모두 징병제, 지원병과 관련이 있는 글들이다. 2면에 걸쳐 4편이 실려 있으며 모두 에피소드에 가까운 짧은 글이다.

〈文書房〉(『국민문학』 5, 1942.3.)은 이미 우리말로 『國民文學』에 실린 것이 조선문인협회에서 나온 『朝鮮國民文學集』(1943)에 일본어로 다시 실렸다. 전시의 긴박한 상황임에도 현실의 상황에 만족해 살아가는 농민 문서방의 성격 묘사가 전편을 통하여 일관성 있게 묘사되어 있다. 전형적인 농민상을 모습이 보이기에 시국적 색채가 거의 없고, 선량한 농민의 일상이 담담하게 묘사된 소박한 농민소설이다.

〈宏壯氏〉(クエンジャン氏, 『觀光朝鮮』(文化朝鮮) 6:1, 1944.2.25.)는 동아여행사조선지부가 발행한 광고 잡지이며 비교적 시국과 무관한 문

---

16 호테이 토시히로, 「일제말기 일본어 소설 연구」, 서울대 석사논문, 1996, 107쪽.

17 『朝光』 1943년 9월(통권 9권 9호)에는 牧羊의 〈母の告白〉, 정비석의 〈母の語らひ〉, 정인택의 〈不肖の子ら〉이 실려 있다.

화적 기사가 중심이 잡지이다. 시국과 거리를 두는 방법으로 쓰인 이 작품은 〈宏壯小傳〉(『白民』 6, 1946.12.)로 이어지는데 이런 시국과 관련이 없는 소설은 고민이나 반성이 없이 해방 이후에도 생활의 연속된 형태로 이어진다.

〈花窟物語〉(『總動員』 6:8, 1944.4.)는 국민정신총동원조선연맹의 기관지인 『總動員』에 실려 있는데 태세에 대응하고 연맹원의 상호 소통을 도모하여 연락을 긴밀히 하는 연락기관으로 생긴 잡지이다. 매호 계몽 기사를 계속해서 실었으며 소설이 문학의 중심에 놓였다. 이 작품은 다시 『半島作家短篇集』(朝鮮圖書出版, 1944.5.25.)에 전해진다.

〈母〉(『情熱の書』, 東都書籍京城支店, 1944)는 몇몇 논자들에 의해 친일문학으로 언급된 소설이다. 주색잡기로 재산을 탕진한 남편이 죽은 후 오과부는 아들 태근과 함께 부지런히 모래산을 과수원으로 개간한다. 첫 수확을 올리면서 지원병으로 출정하겠다던 아들은 갑자기 병을 얻어 죽는다. 이때 전시 식량 증산으로 보리를 심으라는 관의 강요를 받고 그는 미련 없이 나무를 뽑고 보리를 심는다는 이야기이다.

> 대근이가 나라를 위해 일하지 않았으니께 그 보상이여유. 나라한테 죄스러 죄스러 하면서 일군 밭이니께 나라에서 쓰신다문 대근이의 소원이여유 ……
> 지는 괜찮다구유. 복숭아는 먹지 않고서두 사람이 살 수 있는디 복숭아를 잔뜩 심어서 위로부터 배급받는 게지는 가슴이 아퍼유. 죄스럽단 말여유, 보리를 많이 심어서 배급받지 않은문유.[18]

아들을 잃은 어머니의 모습에서 '하나님이 맡긴 자식을 죽게 했다는 자책'보다는 하나님의 뜻이라고 순응하는 것으로 시국을 합리화는 주인공의 모습이 엿보인다. 이런 주인공의 행동은 아무 갈등 없이 드러냄으로 그의 소설 중 가장 극명하게 시국에 협력하고 있다.

　문제적 범주로 남는 것은 『情熱の書』(東都書籍京城支店, 1944)에 실려 있는 작품 중 〈情熱の書〉(『동아일보』, 1938.3.25~30.), 〈第一課第一章〉(『인문평론』, 1939.10.)을 들 수 있다. 『情熱の書』에는 〈情熱の書〉, 〈初雪〉, 〈母〉, 〈土龍〉, 〈婿〉, 〈肖像〉, 〈果園物語〉, 〈第一課第一章〉이 실려 있다. 대부분의 작품이 일본어로 잡지에 실렸던 것을 책에 다시 묶었는데 앞서 두 작품은 첫 발표가 우리말로 되었다가 일어로 번역되어 재발표된 것이다. 이 경우는 그의 의지로 번역에 임했기보다는 일제 말기가 안고 있는 문제와 상관을 가지며 그가 처해있는 입장과도 관계가 있다.

　일제강점기에 신문이 문학 작품의 발표 매체로 큰 역할을 수행하였다. 그런데 1940년 8월 조선일보, 동아일보가 폐간되면서, 한국어 신문은 총독부 기관지 매일신보, 경성일보, 부산일보, 황민일보 등의 신문만이 남게 되었다. 그런 의미에서 일본어로 발간된 경성일보, 부산일보는 새로운 관점이 놓인다. 이 시기 이무영은 〈靑瓦の家〉(『부산일보』, 1942.9.8~1943.2.7.)를 신문에서는 처음으로 일본어 소설로 연재하게 되는데 '새로운 연재에 조선작가의 등용'이라는 광고를 내세운 다음 여러 사람의 추천문이 실려 있다.[19] 연재가 끝난 뒤 일본에서

18　이무영, 〈母〉, 김병걸, 김규동 편, 『친일문학작품선집』, 실천문학사, 1987, 214쪽.
19　「新連載に朝鮮作家登用」, 釜山日報, 1942.9.4, 「本社の朝鮮作家登用と各界の讃辞」, 釜山日報, 1942.9.6, 8에 유진오, 박영희, 최정희의 글이 실려 있다.

이를 단행본으로 간행되었고, 제 4회 조선예술상을 받는다는 사실에서 당시 상당한 주목을 받은 것으로 보인다. 이 상은 당시 일본 문단을 주도하던 기쿠치 간(菊地寬) 아래에 있던 모던일본사 사장 마해송의 출자로 이루어진 것이다. 또한 그 대상 작품 선정도 문학 분야에서는 처음 芥川賞委員會가 관장했다.[20] 이것이 2회부터 조선문인협회로 이관되어 4회 1943年 3월 20일 수상자 문학 이무영의 〈靑瓦の家〉가 선정되었다. 작가는 '皇民으로서 朝鮮 同胞가 가야 하는 歷史的 途程을 주려고 한' 이 소설은 같은 시기에 〈鄕歌〉를 연재하는 등 이무영이 활발한 활동을 한 시기와 맞물린다.

이무영의 〈海への書〉(『경성일보』, 1944.2.29~3.9. 4.25~8.31.)는 지금까지 제대로 알려지지 않은 소설이다. 경성일보는 매일신보의 자매지로 일어신문인데 이 작품은 석간에 먼저 1944년 2월 29일부터 3월 9일 까지 9회 게재된 다음 4월 25일부터 다시 시작하여 8월 31일까지 110회로 연재된 작품이다. 농민문학에 힘을 쓰던 이 시기에 '바다'를 주제로 한 것에 주목되는데 이는 소설을 쓰기 전 1943년 8월 28일부터 9월 13일까지 해군 특별지원병제도의 실시에 수반하여 일본에 있는 해군기지 등을 시찰하러 갔다는 사실에 기인한다. 이 시찰은 같은 해 3월에 공보된 징병제와 해군지원병제도가 8월 1일부터 시행됨에 따라 실시된 것이었다. 참가자는 아오키 히로시(靑木洪, 洪鐘羽), 김사량, 윤희순과 이무영, 그리고 고다마 긴고(兒玉金吾, 宮崎淸太郎), 아베 이치로(安部一郎) 등이 여섯 명이며 문인들은 모두 조선문인보국회원이었다. 그들은 시찰에서 돌아온 후 어떤 형태든 그 체험을 발표하였

---

20 임종국, 앞의 책, 72~73쪽.

다.[21] 그는 '대체로 지금까지 조선이 바다에 둘러싸였음에도 바다에 대해 너무 몰랐다'고 토로하고 있는데, 그는 이미 〈挑戰〉(『文章』, 1939)에서 답답한 생활에 대해 회의를 하던 주인공이 대자연의 바다에 참된 생명을 느끼는 것을 이야기한 바 있다. 이것은 관에 의한 요청에 의한 것이 아니라 자신의 감정이 먼저 앞선 것이며 이런 바다에 대한 경외감은 6·25전쟁 때 이무영이 해군에 종군하면서 〈바다의 대화〉, 〈帆船에의 길〉, 〈이순신〉(희곡)을 발표하는 것도 이런 연장선상에 놓인다.

이 작품을 쓴 의도는 '支那事變부터 大東亞戰爭 발발 후에 이르는 반도지식층의 모습을 그린다는 것'이었는데 그 내용은 조선 청년들이 해군에 지원하며 얻게 되는 의지와 그러한 현실에 순응하는 모습을 그리고 있다. 이런 의도는 개인적 선택과 현실에 이끌려지는 모습에서 표현되고, 마지막 장면에서 그대로 나타난다.

> この戰爭に敗れたか最後, 永遠に奴隷の地位にんじをばむらない。……
> 有色人種は粗衣粗食族だこ、ありと制度に差別がつけられる日なのである。[22]

이 전쟁에 지면 영원히 노예가 되고, 유색인종은 차별을 받게 된다는 내용으로 영미 쪽이 승리해서 미국사람들이 내리는 명령인 셈인

---

21 〈社信 海軍見學團に靑木洪氏を派遣〉, 兒玉金吾, 〈海軍のユーモア〉(『國民文學』, 1943.9)이 나타났으며 여기 참석자들은 「見て來た海軍生活を語る」(『國民總力』, 1943.10.15)라는 좌담회에 이야기를 나눈 바가 있다.

22 이무영, 〈海への書〉, 京城日報, 1944.4.25.

데, 이러한 말을 거꾸로 보면 이것은 한국인의 일본인에 대한 솔직한 감정을 충분히 읽을 수 읽을 수 있다. 이는 『情熱の書』의 후기에서 '오늘날과 같이 힘이 요구되는 시대는 없을 것이다. 힘은 신념으로부터 생긴다. 나는 그 이후로 당분간 힘에 대한 그리움과 신념에 대한 선망을 경주한 소설을 계속해서 쓸 것이다'라고 말하는 있는데 그러한 의도와 시대배경을 반영한 작품이라 볼 수 있다. 그러나 '힘과 정열'에 대한 신봉이 이 시기의 작품 성향이라고 보면서도 〈靑瓦の家〉에서의 개간사업에 대한 정열, 〈鄕歌〉에서 보였던 문자 교육을 통한 계몽운동이나 이상향의 지향이 여기에 와서는 일본에의 충성이란 방향으로 기울어지고 있는 것이다. 이러한 시기에 이러한 힘의 논리는 시국을 반영한 것이며 그가 말한 힘과 정열의 한계로 드러나고 있다.

4. 결론

살펴본 바와 같이 이무영은 많은 농촌·농민제재소설과 궤를 같이하며 많은 일본어 소설을 썼다. 이 중 대부분은 농촌을 제재로 하고 있지만, 〈驛前〉, 〈海への書〉와 같이 색다른 제재를 선택하기도 하였다. 또한 그의 소설들을 게재한 잡지들은 뚜렷하게 국책에 호응한 면모를 보이고 내용에서도 적당히 시국에 순응한 흔적을 엿볼 수 있다. 이는 〈제일과제일장〉, 〈文書房〉, 〈婿〉, 〈宏壯氏〉 등의 작품이 갈등 없이 우리글에서 일본어로, 일본어에서 우리글로, 연작의 형태로 해방 이후에도 쓰였다. 또한 해방 이후의 대응도 이광수와 같이 반성문이나 자기변명을 하지 않고 여전히 작품 활동을 벌이게 된다. 그에

게 있어 일본어 소설은 그가 당시에 선택할 수 있던 창작의 한 방편이었고, 그저 생활의 연속된 형태로 남아 있는 것이다.

일제 말기란 시기는 '일본어를 빌어서라도 문학활동을 한다'는 발상과 '붓을 꺾는 것이 진정한 저항'이라는 대립적 발상이 제시될 수 있다. 그러나 이런 이분법의 한계는 식민지라는 현실 속에서는 누구나 이 땅에서 살아간다는 의미에서 어느 정도의 보신책은 있었을 것이다. 그런 의미에서 문인으로 상당한 체제를 갖춘 국책문학론을 지녔는지, 언행일치가 나타나는지, 또 작품 속에서 전통에 대한 단절이 되었는지 문제는 민족문학이라는 이름으로 다시 생각해보아야 할 것이다. 이무영에 있어서도, 그의 일본어 작품에 대한 심층적 분석과 함께 국민문학에 대한 견해를 밝혀내는 것이 우선되어야 하며, 해방 공간의 활동에 대해서도 고찰되어야 할 것이다.

해방공간 악극의 변용과 활동 양상

1. 서론

한국 연극사에서 악극은 하나의 변종으로 이해된다. 이는 연극에 대한 고정관념에서 출발할 텐데 이러한 인식은 리얼리즘에 바탕을 둔 연극이 하나의 전범으로 이해되기 때문이다. 그래서 한국 근대연극사는 대부분 텍스트에 바탕을 둔 희곡(김우진, 유치진, 함세덕, 오영진 등의 희곡)에 중심을 두고, 신파극으로 시작되어 우리의 것으로 정착된 대중극은 그것보다 조금 낮게 평가하였다. 이는 대중극이 대부분 당시 공연만 되었고, 대본으로 제대로 전해지지 않기 때문에 평가하기 어려운 측면이 존재하며, 대중극은 무조건 저급한 것이란 고정관념에서 비롯된 감이 없지 않다. 그러나 우리 공연예술은 어느 한쪽으로 치우쳐 발전한 것이 아니라 여러 형태의 공연이 관객의 호응을 얻고, 비판을 받으며, 새로운 도전을 계속하는 가운데 발전하였다. 우리 연극이 관객의 사랑을 받으며 지금까지 그 맥을 이어올 수 있었던 것도 몇몇 소극장 중심의 리얼리즘 연극의 중요성도 크지만 동양극장을 중심으로 한 대중극 공연이 있었음을 우리는 간과할 수 없을 것이다.

특히 해방공간은 대중문화가 싹튼 시기로 이 시기 그 중심에 놓이던 악극 활동은 주목하여 살펴볼 만하다. 이 시기는 억압된 것에 대한 분출과 대중문화의 성장을 통해 무대공연예술이 시대적 기호로 자리 잡았고, 한국 문화의 전형성이 보편성을 띠며 구축된 시기라는 점에서 그러하다.

2. 해방 공간 악극의 확장성

1) 해방 공간 악극의 다양한 활동 양상

'해방은 한밤중 도둑처럼 우리에게 다가왔지만',[1] 그럼에도 이 시기만큼 우리 근대 역사에서 이데올로기가 자유로웠던 때도 없었을 것이다. 이 시기는 우리 민족에게 열린 공간으로 다가왔고, 여러 목소리들이 다양하게 표출될 수 있는 계기를 마련하였다.

그러나 해방 이후 우리 사회는 자주적 독립국가 건설이라는 이념을 가지고, 좌익과 우익이 극한적 대립을 치닫는다. 먼저 발 빠르게 움직인 진보적 민족진영은 '조선문학건설본부', '조선연극건설본부', '조선음악건설본부' 등을 결성하고, 이를 모두 통합하면서 '조선문화건설중앙협의회'(1945.8.18.)를 조직한다. 여기서 '조선연극건설본부'는 '일본 제국주의에 의한 기만적 문화정책의 잔재 청산, 인민적 기초를 완성하기 위하여 봉건적 요소와 잔재 청산, 민족연극 건설, 문화통일 전선 조직' 등을 기본 방향으로 내세우면서 중앙위원장에 송영,

---

1   함석헌, 『뜻으로 본 한국역사』, 제일출판사, 1993, 111쪽.

서기장에 안영일을 선출하고, 집행위원으로 극작부에 서항석, 조명
암, 연기부에 윤부길, 무대음악무용부에 김해송, 송희선, 극단경영부
에 박구 등 많은 악극 관련 인사들의 이름을 올리고 있었다.[2]

그러나 급작스럽게 구성된 조직이었기에 실천적 모습을 보여주지
못하고, 이기영, 한효, 이동규 등 진보적 인사들이 '조선푸로레타리아
문학동맹'을 만들어 분리됨과 뜻을 같이한 연극 쪽 인사인 나웅, 박영
호, 신고송, 송영, 조명암 등이 중심이 되어 1945년 9월 28일 '조선푸
로레타리아연극동맹'이 조직되면서 두 개의 조직체로 나뉜다. 그러다
가 두 개로 나뉜 좌익 조직은 '일제와 봉건주의 잔재의 소탕, 반팟쇼
반국수주의의 투쟁을 통한 진보적 조선연극 수립'이라는 결의문을 발
표하고 '조선연극동맹'(1945.12.20.)으로 통합을 이룬다. 이후 '조선연
극동맹'은 남한에서 단독정부가 들어서는 1948년까지 연극운동을 주
도하는 핵심 세력으로 자리 잡으며 조직적으로 움직인다.

그런 가운데 악극단들도 하나의 통일된 조직을 만들기 시작하는
데, 1946년 1월 17일 서울 수도극장에서 박구, 남양민, 이익 등을 발
기인으로 하여 '악극단동맹결성대회'를 개최하고,[3] 다시 이를 이어받
아 '조선가극협의회'(1946.8.3.)로 확대되어 간다. 위원장 김상진, 부위
원장 이부풍, 박구, 서기장 이익, 최일, 심의위원으로 박시춘, 김정항,
남양민, 김용환, 손목인, 조명암 등이 선출된 가극협의회는 '조선정부
가 수립되어 완전한 문화정책이 수립될 때까지 가극의 질적 향상과
조선 가극계를 자제하며 또는 연구 개량하여 그 발전을 목적'으로 하

---

2 『조선의 장래를 결정하는 각 정당 각 단체 해설』, 여론사출판사, 1945, 10쪽.
3 『조선일보』, 1946.1.17.

면서 21개의 악극단이 속하게 된다.[4]

그러나 악극은 다른 문화 활동에 비해 사상적인 면에서 자유롭게 활동하고 있었다. 조직이나 이념에 관한 문제는 문학계에서 뚜렷하게 표출되는 현상이었지, 악극의 경우는 가극협의회 목적에서도 드러나듯 이념보다는 문화 창조라는 측면이 강하여 여러 극단들이 다양한 색깔을 내며 활동을 한다.[5] 여기에 반도가극단, 라미라가극단, 조선악극단과 같이 이전부터 활발한 활동을 하던 악극단들은 계속 그 이름을 유지하였고, 남대문악극단, 희망악극단, 백조가극단, 태평양가극단, KPK악극단, 현대가극단, 무궁화악극단, 새별악극단, 강남악극단, 태양가극단, 백민악극단 등 수십 개의 악극단이 새로 태어나면서 활발한 활동을 펼친다.

그런데 해방공간에서 이들의 활동은 크게 악극 위주로만 레퍼토리를 이끌어간 악극단과 악극과 음악 무대를 적절하게 조화시킨 악극단 이 두 가지 경향으로 나누어 살펴볼 수 있다. 극에 중점을 둔 악극단으로는 반도가극단, 라미라가극단 등을 들 수 있는데, 먼저 반도가

---

4 회원으로 희망악극단(대표 : 김상진), 태양가극단(대표 : 이부풍), 반도가극단(대표 : 朴九), 새별악극단(대표 : 이익), 백조가극단(대표 : 전옥), 라미라가극단(대표 : 김윤주), 자유악극단(대표 : 김석), 조향악극단(대표 : 고복수), 박시춘악단(대표 : 신경균), 조선악극단(대표 : 방희택), 윤부길악단(대표 : 윤부길), 무궁화악극단(대표 : 최남용), 고향경음악단(대표 : 이장규), 빅토리 - 레뷰단(대표 : 유경철), 신세계가극단(대표 : 이붕구), 태평양가극단(대표 : 김용환), KPK악단(대표 : 김해송), CMC악단(대표 : 손목인), 약초가극단(대표 : 채규엽), 가극단앵무새(대표 : 김갑기), 백민악극단(대표 : 박운학)이 속해 있었다. 『1947예술연감』, 예술문화사, 1947.

5 '가극동맹'은 남로당 계열의 '조선문화단체총연맹'의 산하 조직이었지만 뚜렷한 활동은 없었으며, 이후 '가극협의회'로 개편되었다. 다시 1947년 '전국가극협회'로 1948년 그 인원이 그대로 '한국무대예술원'으로 통합되는 것에서 알 수 있듯 악극의 조직은 뚜렷한 이념이나 한쪽에 치우친 사상은 없었다.

극단은 줄곧 우리 고전에 바탕을 둔 〈춘향전〉, 〈심청전〉, 〈자매화〉
등을 공연하면서 일제강점기 민족 정체성을 새롭게 일깨운 악극단
중 하나이다. 이들은 '쇼 무대'를 철저하게 배제하면서 순수하게 악극
만을 지향한 몇 안 되는 단체로, 이들의 노력은 해방 이후에도 계속
이어진다. 이들은 CMC악단과 합동공연으로 〈양귀비〉(나정민 작, 이암
연출, 9경), 〈신춘의 꽃다발〉과 희가극 〈장타령〉(김희정 작·연출, 형석기
작곡), 〈거리의 창가대〉, 〈메누리의 서름〉(현우영 작, 서항석 연출, 형석
기 작곡)과 같이 고전극과 현대극을 적절히 조화시키며 해방공간을
맞이하게 된다.[6] 그러나 빠른 시대 흐름과 대중들의 변화에 적응하지
못하고 〈에밀레 종〉(서항석 각색·연출, 12경), 〈장화홍련전〉(12경), 〈심
청전〉(12경), 〈칠공주〉 등 기존 레퍼토리만을 반복하면서 한동안 침
체를 맞게 된다. 관객들은 새로운 시대에 맞게 새로운 작품을 요구하
였지만, 이들의 작품은 고전적 작품세계를 그대로 유지함으로써 한계
에 부딪치게 된 것이다. 그러다가 새로운 작품을 선보이면서 변화를
꾀하는데, 이는 다시 기존에 이들이 추구했던 설화나 역사적 소재에
바탕을 둔 작품을 통해 이루어진다.[7] 이는 박구의 일관된 기획에서
나온 결과인데 이러한 서사적 확장성을 통한 노력은 악극이 예술로
서 발전하기 위한 밑거름이 되었다고 할 것이다.

---

6 『동아일보』, 1946.4.3.

7 〈양창곡과 강남홍〉(윤자혁 작, 형석기 작곡, 20경), 중앙극장, 1948.4.1; 〈천하일색 서
시〉(윤자혁 작, 형석기 곡, 2부 12경), 영보극장, 1949.2.6; 〈숙향전〉(윤자혁 작·연출,
형석기 곡, 15경), 영보극장, 1949.3.6; 〈숙향전의 고담〉(윤자혁 작·연출, 형석기 곡,
15경), 동양극장; 〈달밤에 우는 公主〉(김건 작·연출, 형석기 곡), 중앙극장, 1949.12.3;
〈월관에 핀 꽃〉(서림 작, 김건 연출, 형석기 곡, 16경), 계림극장, 1950.2.17; 〈거지왕
자〉(서림 원작, 백수경 연출, 17경) 국도극장, 1950.6.14.

또한 그들은 버라이어티 쇼와 같은 무대를 배제하고, 작품에 맞게 배우를 선택하여 완성도 있는 무대를 만든다. 1950년 6월 국도극장에서 공연한 〈거지왕자〉 출연진을 보면 라성려, 지일련, 전영주, 김희갑, 허장강, 신일, 조경자, 양석천 등과 손일평, 복원규, 전방일, 이인근이 특별 출연하였는데, 다른 악극단과 달리 가수가 없이 대부분 배우들로 구성되어 있는 특징을 지닌다.[8] 그렇다고 이들의 음악 수준이 다른 악극단에 비해 뒤쳐지거나 관심을 두지 않은 것은 아니다. 음악에 있어서도 대부분 형석기가 작곡을 담당하고 있었기 때문에 일정한 수준의 작품을 유지할 수 있었다. 형석기는 일찍이 신민요 작곡에 관심을 두어 〈강남아리랑〉(고마부 작사, 윤건영 노래), 〈조선팔경가〉(왕평 작사, 선우일선 노래), 〈맹꽁이 타령〉(이부풍 작사, 박단마 노래) 등을 작곡하였는데 이러한 경향은 반도가극단이 추구하는 방향과 일치하여 고전가극의 음악은 대부분 그의 손에 의해 이루어지게 된다.

반도가극단과 같이 일제강점기 중요한 역할을 담당했던 라미라가극단의 해방 이후 활동도 민족의식을 일깨우거나 역사적 소재에 바탕을 둔 작품에 주력하였다. 〈의사 안중근〉(12경), 〈운림지〉(이동규 작, 김정섭 연출, 송희남 작곡, 6경), 〈마의태자〉(박노홍 작, 김욱 연출 송희선·홍순일 음악, 12경), 나운규의 〈아리랑〉에서 일부를 가극화한 〈다정다한〉, 〈항우와 우미인〉(조명암 편집·연출, 12경) 등 기존의 설화에 바탕을 둔 작품에서 탈피하여 역사적 인물을 소재로 삼는 의식 있는 작품을 주로 선보인다. 그러나 이러한 작품들이 관객의 호응을 크게 얻지 못하자 점점 시류에 편승하여 그들만의 색깔을 잃어 가는 모습

---

8 『동아일보』, 1950.6.14.

을 보인다. 특히 합동공연을 자주거나 스테이지 쇼나 버라이어티 무대를 편성하는 등 일제강점기와 같은 의미 있는 활동은 보여주지 못하고, 악극사 중심에서 사라지게 된다.[9]

이렇게 두 악극단은 일제강점기에서 보였던 경향을 유지하지만, 해방 이후 등장하는 악극단들은 일제강점기에서 보였던 소재적 고민에서 조금씩 벗어난 창작을 통해 새로운 의식을 심는다. 이러한 다양성은 결국 억압된 것에 대한 복귀의 현상으로 나타난 결과이다. 억압에 대한 자유는 당시대를 자유롭게 표현하면서 여러 가지 형태를 만들어내게 된 것이다.

해방공간 가장 활발하게 움직인 악극단으로는 대도회악극단, 새별악극단, 무궁화악극단, 백민악극단, 백조가극단, 태평양가극단 등을 들 수 있다. 이들은 뚜렷한 경향을 찾기 힘들게 다양한 형태의 공연을 펼친다. 이들은 대부분 해방과 더불어 발 빠르게 활동을 하며 무대를 선점하는데 공연 양상은 악극과 버라이어티쇼가 적절히 조화된 공연이 주를 이룬다. 이런 형태는 대도회악극단, 무궁화악극단, 새별악극단에서 두드러지게 나타나는 현상으로 교차적으로 대규모 합동공연을 펼치며 관객을 획득하게 된다. 무궁화악극단은 새별악극단, 신신악단, CMC악단, 천년수와 그 악단과 함께 합동대공연을 조선공제회 주최, 서울시청 후원으로 창경원에서 개최한다.[10] 이들은 먼저 쇼적인

---

9 1946년 7월 29일 스테이지 쇼로 〈춤추는 지구〉를 서울극장에서 공연이후부터 이런 쇼무대가 주를 이루게 된다. 또한 한동안 주춤하다가, 1948년 2월 17일 태평양가극단, 이종철 코메디 미팅의 합동공연, 1949년 10월 5일 현대가극단과 합동공연 등 합동공연만으로 명맥을 유지하였다. 당시 라미라가극단에서 활동한 사람들은 장동휘, 차수경, 이창식, 유덕신, 유춘, 하룡, 윤소남, 최영선, 박옥초 등을 들 수 있다. 『동아일보』, 1948.2.17.

요소가 강한 무대를 구성한다. 특히 초기에는 채규엽, 신카나리아 등
이 참가하는가 하면 후기 공연에서는 백년설, 현인, 고복수, 황금심
등이 참가하는 등 쇼적인 무대가 중심을 이루었다. 여기다 이인근,
양석천 등의 연기가 보태지면서 다른 극단에서 보여주지 못한 다양
성을 획득할 수 있었다.

백민가극단은 대중극의 핵심인 멜로드라마적 요소와 비극적 소재
를 가요에 결합한 대표적 악극단이다. 대중극작가 이운방의 작품을
각색한 비가극 〈조선의 어머니〉(박운학 각색·연출, 8경)나 임선규 작
〈사랑에 속고 돈에 울고〉를 각색하여 〈홍도야 우지마라〉(박운학 각색
·연출)를 만드는 등 대중들에 익숙한 작품을 선보여 관객의 흥미를
자극하였다. 또한 가요 '진주라 천릿길'을 바탕으로 〈진주라 천릿길〉
(김석민 작, 15경)[11]을 공연하면서 지방 흥행에서도 큰 성공을 거두는
데, 이러한 현상은 가요가 지니는 대중성에 기반한 상업적 의도에서
나온 결과이다.

이렇게 대중에게 사랑을 받은 가요를 제목으로 하여 악극을 만드
는 현상도 해방 이후 한 특징인데, 태양가극단의 〈알뜰한 당신〉, 백
민가극단의 〈홍도야 우지마라〉, 〈진주라 천리길〉, 악극단 청춘부대
의 〈나그네 설움〉, 〈선창〉, 백조가극단의 〈목포의 눈물〉, 새별악극단
의 〈백마강 달밤〉, 무궁화악극단의 〈눈물젖은 두만강〉 등이 그러한

---

10 『동아일보』, 1947.4.21.

11 1947년 12월 3일 〈(왜왔던고) 진주라 천리길〉(김석민 작, 박효실 연출, 15경 전후편,
단성사)을 공연한 이후 1948년 1월 22일 완결편(1부 운명편, 2부 평화편)을 단성사에서
공연하고, 2월 21일은 전후편을 우미관에서, 7월 1일 전후편을 3일간, 7일부터 3일간
완결편을 조선극장에서 공연하는 등 이 작품은 백민가극단의 주 레퍼토리로 자리 잡
는다.

작품들로 이러한 경향은 이미 기존에 히트한 노래에 대한 대중들의 선험적 인식에 의존한 결과이다.

문학 작품의 무대화는 관객의 기대지평과 새로운 작품의 충돌에 의해 새로운 가치를 만들어 가는 데 반해 가요를 악극으로 만드는 경우는 노래에서 느끼는 1차적 감정을 통해 극의 구조를 만들어 나갔기에 관객의 수용은 훨씬 용이하였다. 악극 속에 잘 알려진 노래를 삽입하는 형식은 이미 있어온 형식이었다. 이는 악극에 대한 기대보다는 관객들에게 히트한 가요를 통한 선험적 기대를 노리고 있었기에 드라마로서 생명은 강한 것이 아니었다. 이런 극들은 대부분 흥행을 위해 급조된 경우가 많았으며, 이러한 악극의 단순화 경향은 이후 악극이 퇴락하게 되는 한 요인으로 작용한다. 이런 현상은 1990년대 악극의 부활에서 다시 나타나는 현상이다.

또한 이 당시 가장 활발하게 활동한 악극단 중 하나는 백조가극단일 것이다. 백조가극단은 이미 일제강점 말기 전옥과 최일이 남해이동연예대를 조직하면서 시작되었다. 이들은 해방을 맞으면서 백조가극단으로 이름을 바꾸고 새로운 작품을 준비하였다. 이 단체는 전적으로 전옥이 있었기에 가능한 단체이다. '눈물의 여왕'이란 별칭처럼 그의 연기는 관객을 자극하였고, 이런 감상적 수용 양상은 이후 이들의 방향성을 나타내는 것이었다.

해방공간 초기에는 태평양가극단과 합동공연을 주로 하였다. 〈빛나는 팔도강산〉(10경), 〈백두산 빛날시고〉(10경), 〈그리운 고향산천〉(이부풍 작, 박춘명 연출)을 주 레퍼토리로 선보이고, 조선원호사업협회 주최 8·15 기념 연예대회를 파고다공원에서 갖는 등 그들의 행보는 대부분 해방을 맞는 기쁨을 극명하게 드러내고 있었다. 그도 그럴 것이 위문대로 고생을 하며 맞은 해방의 기쁨은 더욱 남달랐기에 이런 레퍼토리의 선정은 당연한 모습일 것이다. 또한 이들은 〈천국에서 맺은 사랑〉(8경)이 남선가극경연대회에서 단체부분 1등으로 당선되고, 문교부 인정작품으로 선정되어 이를 대대적으로 공연하는 등 다양한 공연 활동을 펼친다.[12]

백조가극단의 주요작품은 악극 〈목포의 눈물〉 9경(전옥 작, 연출, 김화영 작곡, 김정환 장치), 악극 〈눈내리는 밤〉(전옥 작, 연출, 김화영 작곡, 김정환 장치, 10경), 악극 〈화류춘몽〉(전옥 작, 연출, 김화영 작곡, 김정환 장치 8경), 악극 〈항구의 일야〉(전옥 작, 연출, 김화영 작곡, 김정환 장치, 10경) 등이었는데, 대부분 일제강점기부터 관객에 인기를 얻은 신파적 작품들이 주를 이룬다. 이런 신파적 악극은 악극 쇠퇴기의 유랑극단이나 1990년대 신파조의 악극에 그대로 수용된 경우인데, 퇴영적 감상주의 전형의 한 모습은 결국 악극을 감상적 눈물샘만 자극하는 장르라는 인식을 심는 결과를 낳는다. 그런데 오락이라는 개념은 일반적으로 실제 세상의 체험으로부터 철저히 격리되어 있는 대리적 정서 체험으로 이해되므로 도피주의라는 개념은 오락이라는 개념과 뗄 수 없이 밀접하게 연결되어 있었고 악극의 본질 중 하나로 자리한다.

태평양가극단은 백조가극단과 비슷한 시기 위문대로 출발한 단체였지만 노래가 더 강조된 무대를 이루었다. 초기에는 백조가극단과 합동공연이 주를 이루지만 이후 통속적인 작품만 양산하였는데, 악극 〈삼룡아 우지마라〉의 제목에서 보이듯 깊이 있는 작품은 남기지 못한다.

---

12 『동아일보』, 1947.9.23.

2) KPK악극단의 새로운 가치 의미

이렇게 여러 양태의 악극이 등장함과 동시에 해방공간 악극이 지니는 또 다른 특징은 음악의 변화이다. 일제강점기 악극의 경향은 오페레타 형식을 띠거나 극단적으로 가요에 치중하는 형식이 대부분이었다. 그러나 해방 이후 악극은 가요, 오페레타 형식은 물론이고, 재즈, 세미클래식, 민요까지 다양한 음악을 수용하면서 변용을 가지고 온다.

먼저 안기영 등 일제강점기에 가극운동에 참여했던 클래식 음악 전공자들은 대부분 음악계로 돌아가게 된다.[13] 그래서 〈견우직녀〉, 〈은하수〉, 〈장화홍련〉 등에서 보였던 오페레타 형식의 가극들은 뒤로 물러서게 되고, 좀 더 대중적인 음악형태들이 자리를 잡게 된다. 이는 악극만을 전문으로 하는 악극 전문 작곡가나 가요작곡가의 수가 늘어났기 때문인데, 송희선, 이인권, 천년수, 형석기, 김희조, 김용환, 황문평, 박시춘, 김해송, 김형래 등이 주로 작곡을 담당하면서 다양한 악극이 등장하는 배경이 되었다.

특징적인 것은 가요 형식도 기존의 일본의 영향을 받은 유행가에서 벗어나 조금씩 분화되는 모습을 보여준다는 점이다. 특히 미국 문화의 유입을 통해 들어온 이른바 GI문화는 우리 문화 전체를 탈바꿈시킨다. 음악에서는 재즈가 들어와 변화를 꾀하는데, 댄스홀이 등장하고, 이런 곳에 제대로 된 악단이 필요하였다. 이에 일본과 중국에서 활동하던 임정박이나 김해송악단 등은 스윙 밴드를 구성하였는데

---

13 안기영은 해방을 맞으면서 조선음악건설본부 성악부 위원장을 맡으면서, 좌익에 참여하다가, 남한에 정부가 수립되자, 북으로 넘어가 작품활동을 하게 된다.

악극에서도 이런 재즈문화가 부분적으로 수용되었다. 재즈는 열린 공간을 지향한다. 재즈는 고정되어 있지 않고, 즉흥성에 그 특징이 있는데 해방이란 공간은 이런 문화는 자연스럽게 수용되었던 것이다. 이럴 경우 악극에서 음악의 비중은 더욱 높게 나타나는데 그 대표적인 경우로 KPK악극단을 들 수 있다. KPK 악극단은 한국전쟁 이전까지 가장 활발하게 활동을 한 대표적 악극단으로 김해송을 중심으로 서양 음악을 한국적 현실에 맞게 수용하여 한국에 뮤지컬의 씨앗을 뿌린 대표적 악극단이다. 이들의 해방 공간에 이루어진 공연 다음과 같다.

1945.12.22.　KPK그랜드쇼(출연진; 윤부길, 최병호, 강준희, 신카나리아, 장세정, 이난영), 명치좌

1946.2.11.　〈에밀레 종〉(함세덕 작, 서항석 각색·연출, 12경), 수도극장(반도가극단과 합동공연)[14]

1946.4.12.　KPK 신작공연, 아리랑보이즈, 저고리시스터즈 현경섭과 그 악단 공연, 단성사(출연진; 김해송, 이난영, 박시춘, 장세정, 윤부길, 신카나리아 등), 단성사

1946.4.21~28. 봄맞이 야외연예대회(출연진; 김해송, 박시춘, 윤부길, 장세정, 신타나리아, 이난영 등), 창경원

1946.7.29.　오페레타 〈물레방아〉(김해송·윤부길 연출, 15경), 국도극장

1946.8.14.　오페레타 〈물레방아〉(김해송·윤부길 연출, 15경), 성남극장(8·15해방 기념 공연)

14　KPK 진영은 윤부길, 신카나리아, 강준희, 장세정, 최병호, 라성녀, 김해송, 이난여, 현경섭, 정근도 등이 반도는 이규남, 양석천, 이인근, 윤소남, 임수일, 박경수, 이근호, 이몽녀 등이 속해있었다. 『조선일보』, 1946.2.11.

1946.10.12.   KPK악극단 공연(출연진:김재성, 노명애, 심연옥, 김경자, 옥잠화, 장세정, 이난영), 단성사

1946.12.22.   버라이어티 〈고향설〉(김해송 작·연출), 수도극장

1947.1.6.   〈돼지의 세배〉(김해송 개작·편곡, 12경), 국도극장

1947.3.14   버라이어티 〈천리춘색〉(김해송 작·연출, 5경), 국도극장

1947.4.14.   버라이어티 〈가수의 一生〉(김해송 작·편곡, 18경), 국도극장

1947.5.28.   악극 〈백만불의 사건〉(5경), 〈풍차도는 고향〉(15경), 국도극장 (락락악극단과 합동공연, 국도극장 개관 1주년 공연)

1947.7.11.   〈아리바바〉(김해송·이승산·김정환 연출, 김해송 음악), 무용시 〈세월은 간다〉(김해송 작·연출·음악, 홍청자 안무), 국제극장

1947.7.31.   〈남양통신〉, 국도극장

1947.8.14.   버라이어티 쇼 〈푸른 광상곡〉(윤부길·김해송 합작), 오페레타 〈천국과 지옥〉(윤부길·김해송 연출, 3경), 국도극장

1947.9.29   오페레타 〈남남북녀〉(김해송·윤부길 합작), 버라이어티 쇼 〈코스모스탄식〉, 중앙극장

1947.10.29   가극 〈이사낭전〉(김해송 작·편곡, 윤부길·김해송 합작 연출, 2부 12장), 단성사

1947.11.25   〈결혼전선〉(20경), 서울극장

1948.1.1~6   〈행화전〉(윤부길·김해송 합작·연출), 〈이사낭전〉, 동양극장

1948.1.8   버라이어티 쇼 〈양키 달라〉(김해송·윤부길 합작·연출, 음악, 20경), 국도극장

1948.3.2   〈한많은 유심사〉(윤부길·김해송 합작·연출, 2막 12장), 시공관

1948.7.29   오페레타 〈아라리아의 노래〉(김해송 작·연출, 1막 9장), 버라이어티 쇼 〈썸머타임〉(15경), 국도극장

위 공연 기록에 나타나듯 KPK악극단은 해방공간 가장 왕성하게 활동하고, 다양한 시도를 통해 악극 수준을 진일보시킨 대표적 악극단이다. 이들의 공연 형식은 기본적으로 버라이어티 쇼에 그 바탕을 둔다. 이는 다양한 가수들과 화려한 연주 무대를 통해 관객을 압도하게 되는데, 이런 형식은 일제강점기 때 조선악극단이 보여주었던 공연 형식에 비견될 수 있다. 그러나 이들은 더욱 진일보된 면모를 보여주는데, 오페레타 형식의 음악 형태가 아닌 미국 음악과 악극의 접목을 통해 좀 더 대중적인 새로운 음악을 관객들에게 선보였던 것이다.

그런데 KPK악극단은 음악에서 별 무리가 없었지만 연기 부분에서는 부족함을 느낄 수 있었다는데 연기에 대한 문제는 윤부길이 담당함으로써 이런 고민은 어느 정도 극복될 수 있었다. 윤부길은 여러 공연에 주요 배역으로 출연하고, 오페레타 〈물레방아〉에서는 합작 연출을 맞는 등 KPK악극단에서 중요한 위치를 차지하였다.

그러나 그는 '부길부길 쇼'란 악극단을 만들면서 KPK를 떠나 1946년 9월 수도극장에서 첫 공연을 갖는다.[15] 여러 공연을 펼치며 자신만의 세계를 만들어가던 윤부길은 여러 가지 부족함을 느끼는데 악극단을 지속적으로 유지하기 위해선 여러 가지 요소가 조화롭게 이루

---

15 부길부길 쇼의 공연기록을 보면 다음과 같다. 1946.9.17. 〈장장추야곡〉(윤부길 작·연출, 김형래 작곡·편곡, 9경), 수도극장; 1946.10.29 〈춤추는 함대〉(20경), 수도극장; 1946.11.15 그랜드 오페레타 〈서반아의 밤〉(윤부길 작·연출, 김형래 작곡·편곡, 20경), 국제극장; 1946.12.2 〈인형의 악원〉(윤부길 작·연출, 김형래 음악, 20경), 수도극장; 1946.12.12 〈세기의 화원〉(윤부길 작·연출, 김형래 작곡·편곡, 20경), 단성사; 1947.1.30 〈지구는 돈다〉(윤부길 작·연출, 김형래 편곡, 25경), 국제극장 등이다. 주로 활동한 사람들은 윤부길, 고운봉, 김형래, 계수남, 홍청자, 유정희 등을 들 수 있다.

어져야 하는데, 새로운 작품의 지속적인 양산이나 악단의 연주에서
오는 한계 등 KPK악극단에 비해 여러 가지 면에서 아쉬움이 가득하
였다. 그래서 다시 1947년 8월 버라이어티 쇼 〈푸른 광상곡〉(윤부길
·김해송 합작, 25경)을 통해 복귀를 하면서 윤부길과 김해송은 서로 부
족한 부분을 보완하면서 해방공간의 여러 공연을 같이 하게 된다.[16]

　이러한 KPK의 활동은 동시대 악극인에 자극을 준다. 특히 비슷한
위치에 있던 박시춘, 손목인, 고복수에게도 영향을 끼쳐 그들도 자신
들의 악극단을 갖는 계기가 되었다. 그러나 이들은 다른 악극단에
음악 연주를 해주거나 '쇼 무대'에 그치는 등 독립된 악극단의 활동으
로 보기에는 힘들었다.[17]

　KPK악극단의 여러 노력은 이후 많은 악극단에 자극을 주어 공연
형태의 변화를 가져오게 한다. 특히 무대에서 가요의 확대라는 면에
서 이들의 노력은 긍정적으로 평가할 수 있다. 또한 새로운 음악의
수용이란 측면에서도 관객에게 흥미를 주었다. 그러나 이런 이면에
는 무비판적 수용 태도로 인해 버라이어티 쇼의 허상만을 양산하여
악극이 질 낮은 공연으로 흐르게 된 원인을 제공하였다는 측면에서
문제점을 낳았다. 1960년대 '쇼 무대'의 모습은 여기서 그대로 흡수된

16　『동아일보』, 1947.8.13.

17　박시춘악단은 첫 공연으로 〈항가리아 야곡〉(1946.7.26, 수도극장)을 갖게 된다. 이때
　　출연진은 김영필, 김용대, 송달협, 홍청자, 최병호, 강남연, 백난아 등이었다. 고복수악
　　단은 〈산모리쓰의 처녀〉(1946.8.15, 장안극장)을 첫 작품으로 무대에 올리는데, 이일
　　해, 황금심, 왕숙랑, 황순덕 등이 속해있었다. 손목인악단의 CMC공연은 1946년 9월
　　10일 단성사에서 이루어지는데 이복본, 김선영, 김연실, 박단마, 남인수 등이 출연하였
　　다. 이후 박시춘은 1950년대까지 중요 무대의 악단으로 음악을 담당하게 되고, 손목인
　　도 여러 공연에 참여하였으며, 고복수는 본업인 가수에 전념하게 된다.

형태인데, 이는 우선 극작의 한계에서 오는 결과일 것이다.

KPK악극단은 악극단이 갖추어야 될 여러 조건을 두루 충족시키고 있었다. 음악, 연주, 출연진 등 여러 부분에서 당대 최고의 수준을 유지하였다. 그러나 극작은 대부분 김해송이 음악에 맞게 구성하여 여러 면에서 한계가 있었다. 서사적 구조를 지닌 악극은 드물어 뮤지컬로 나아가지 못하고, 뮤지컬 플레이 정도에 머물렀는데 이는 극작의 문제에 기인하는 것이다.

KPK가 미국식 현대음악의 한국적 수용이었다면 조선악극단의 경우처럼 가요에서 벗어나 세미클래식 형식을 악극에 접목시키는 경향도 나타났다. 조선악극단은 일제강점기 가장 대중적 사랑을 많이 받던 대표적 악극단이었다. 이는 당시 가장 인기 있던 남인수, 이난영, 김정구 등의 가수들과 김해송, 박시춘 등과 같은 작곡가들이 있었기에 가능하였는데, 그러나 1944년 이철의 죽음과 소속 가수, 연주자들의 탈퇴로 조선악극단의 활동은 중단 상태에 놓인다. 그렇지만 이들은 해방을 맞으면서 가극 〈춘희〉(이춘풍 각색·연출, 김형래 작곡, 10경)를 수도극장에서 선보이면서 새롭게 변모를 한다.[18] 이는 기존에 보여왔던 인기 가수 중심에서 벗어난 공연 형태로 이는 무엇보다 김형래의 작곡에 힘입은 바가 크다. 김형래는 일제강점 말 라미라가극단 오케스트라 멤버로 피아노를 연주하였고, OK음악무용연구소에서 음악 담당 선생으로 일한 클래식 전공자였다. 그는 해방이 되자 뮤지컬에 관심을 두고, 이 땅에 본격적으로 세미클래식을 악극에 수용하였는데, 1946년 국도극장 개관 공연으로 공연된 〈메이뿌라썸(5월의 꽃)〉

---

18 『조선일보』, 1946.12.29.

과 〈가면무도회〉(조명암 작·연출, 김형래 작곡, 황문평 무대감독)는 오케음악무용연구소 단원과 오케관현악단의 연주로 짜임새 있는 공연 무대를 만들었다. 특히 〈가면무도회〉에서 삽입곡 '그리운 장미화'는 악보로 인쇄 판매되어 대중에 유행될 정도로 호응을 얻었다.[19] 이는 뮤지컬 넘버의 등장이란 측면에서 단순한 음악극에서 진일보된 모습을 보여준 것이다. 또한 일제강점기 가장 대중적이던 조선악극단이 해방공간에서 가장 실험적 극단으로 자리매김하는 것은 음악에 따라 악극의 양상이 어떻게 변화하는가 보여주는 단적인 예라 할 것이다.

이렇듯 악극에 있어 음악의 문제는 정체되어 있지 않고 새롭게 변화하게 하는 기본적 바탕이었다. KPK악극단이나 조선악극단의 이러한 노력은 악극의 질을 한 단계 높이는 계기가 되었으며 새로운 방향성을 제시한 경우라 할 수 있다.

또한 다양한 소재의 개발은 형식의 변화로도 나타나는데 이 시기부터 음악을 통한 코미디극이 등장한다. 이전에 희극이 없었던 것은 아니다. 일제강점기 신불출이 보여주었던 만담이나 소극, 레뷰 등이 있었지만, 재담이나 만담의 짧은 형태에서 벗어나 실질적인 코미디극이 이때부터 시작된다. 이종철, 윤부길, 김희갑, 양석천, 구봉서는 이러한 대표적인 인물들이다. 또한 이 시기의 연기자들은 악극사에서 가장 연기력이 뛰어난 배우들로 채워지고 있었다. 장동휘, 김진규, 이민자, 이예춘, 최성호, 주증녀, 도금봉, 황해, 허장강 등 헤아릴 수 없는 배우들이 악극단에서 활약하는데, 무대공연예술에서 영상문화로 넘어가는 부분에서 이들은 이곳에서 연기를 배우고, 다양한 연기

---

19 황문평, 『한국 대중 연예사』, 부르칸모로, 1989, 325쪽.

를 통해 1960년대 한국 영화의 활성화에 바탕이 되었다.

3) 악극 대중화에 다양한 인식

악극이 활발하게 전개되었지만 그 이면에는 악극에 대한 비판의
목소리도 더욱 높아지고 있었다. 이미 '조선연극동맹'은 결의문을 통
해 '연극은 예술이고 문화이기에 향락적인 오락과 동일시해서는 안
되고 반드시 배격해야 한다'면서 대중예술에 대한 비판적 입장을 강
하게 보여주었다. 이러한 모습은 '연극대중화운동결정서'에서 구체적
으로 드러나는데, 연극대중화의 6가지의 실천 방안을 이야기하면서
특히 악극에 대한 비판적 시각을 보여주고 있다.

> 의식 야튼 대중에게 영합하여 그들에게 심대한 악영향을 끼치고 잇는
> 가극의 올흔 지도를 위하여 가극에 대한 조직적 대책과 아울러 각 분야의
> 기술가들이 가극단과의 협동을 강화하여 그들의 활동을 시정하기에 노력
> 하는 한편 유해한 영향에 대하여는 용인 업는 투쟁을 전개 할 것[20]

대중화론에 대한 그들의 생각에 있어 악극은 극단적 대립의 한 양
상이었다. 그들이 이야기하는 진보적 연극을 위한 실천에서 퇴폐적
향락적 오락은 반드시 배격해야 될 대상이었으며, 또한 대중 속으로
접근하는 데 있어 걸림돌임을 알 수 있다. 그러나 이런 비판적 시각은
좌익뿐만 아니라 악극에 종사하는 많은 사람들이 스스로 고민하는
문제였다. 악극작가면서 연출가인 박노홍은 당시의 악극의 양식은

---

20 「연극대중화운동결정서」, 『일간예술통신』, 1947.2.7~8.

기형적 발달을 해온 것이라고 스스로 고백하면서, '레코드 가수들의 선전연주회가 기업화하여 유행가의 연주로만 관객을 오래도록 이끌어 나가기 어려워지므로 가요와 가요 사이에 짤막한 대화가 생기고 그것이 좀 더 발전하야 연극적인 면이 강조된 것이 악극이다'라고 정의 내린다.[21] 그러면서 이러한 가요에서 벗어나 새로운 악극을 지향하는 것은 결국 극본에 문제에 있다면서, 새로운 작가의 등장을 요청한다. 이는 연극이 해방 이후 새롭게 변신을 하였지만 악극은 관객이 요구하는 부분만 따라가는 시각에 대한 비판적 모습이었다. 이는 악극계 모두 공감하는 문제였다.

> 그것은 大衆生活과도 關聯되는 것이며 그自體의 커다란 課題라고도하겠으나 樂劇自體에 있어서 말하자면 興行人側에는 企劃의 脫線的無理 俳優(歌手, 演技人)들의 無定見, 鑑賞者들의 無批判의 缺陷이있다고 아니할 수없다. 萬若 이것만으로의 原因으로 그러한 事態를 빚어낸다고 할 것 같으면 그것을 除外하는方法은 不可能한일이라고생각할수는없다.[22]

김상화도 악극이 지니는 대중성의 문제를 지적하면서 무엇보다도 관객에게 영합하는 악극 기획, 배우의 무정견, 관객의 비판 의식 등 모든 부분이 새롭게 개혁해야만 악극이 우리의 문화로 편입될 수 있으며 그 생명력을 유지시킬 것이라 말한다. 이런 문제는 당시 관객에게도 문제가 있었지만 제대로 된 연극을 올리지 못하고 대부분 이데올로기에 치우친 연극을 선보인 연극 쪽에도 문제를 지니고 있었

---

21 박노홍, 「팔월십오일이후 악극의 동향」, 『영화시대』 1, 1946.4.
22 김상화, 「조선악극계를 위하여 – 조선예술인의 진로」, 『경향신문』, 1947.5.29.

다. 이데올로기에 치우친 연극에 흥미를 잃은 관객들은 퇴폐적 허무
주의 양상을 나타내는 악극에 경도 되어 문화 향유로만 흘러갔기 때
문이다.

그러나 대부분의 인식이 퇴폐적 대중주의를 비판하는데 반해 악극
에 몸담고 있던 김해송은 악극을 대중문화의 한 부분이라 본질을 말
한다. 해방을 맞으면서 여러 가지 인식의 전환이 나타나고, 연극도
새로운 이념을 요구하게 되었지만 악극은 그런 면에서 벗어나 관객
에게 즐거움을 주어야 한다고 말하며 즐김의 대상으로 악극의 생명
성을 강조한 것이다.

> 현 단계에서 가극도 악극도 계몽도 좋으나 단편적으로 비판을 요구할
> 수 있는 쑈도 필요할 것이며 쑈의 생명은 급속도의 무대전환과 변화무변
> 한 가운데서 풍자와 진리를 찾고 웃는 가운데서 하루의 피로를 잊는 것이
> 이데올로기일 것이다.[23]

그러면서 자기비판과 반성을 통해 우리만의 악극 확립에 노력을
경주하며, 여러 양식 속에서 우리만의 생각을 담은 악극의 출현을 기
대하는데, 한국적 토양에 맞는 악극을 실현하던 그의 기본적 생각은
결국 실천적 노력을 통해 하나하나 구체화되어 나타나고 있었다.

이러한 악극에 대한 모습은 H생도 애증을 가지고 지적을 하는데,
악극은 가극(오페라)도 아닌 연극도 '쑈'도 아닌 이 땅에만 있는 특유
한 연예물이라고 정의하면서 그렇지만 가요 팬들의 광란적 인기에

---

23 김해송, 「가극·악극·쑈-」, 『경향신문』, 1947.5.29.

의한 기형적 발생된 양식과 형식을 갖추지 못한 시대적 연예물이라
고 지적을 한다. 그렇기에 악극이 예술로서 향상하기 위해서는 부단
한 노력이 필요한데 이미 어느 정도 관객층이 형성되었고, 흥행적 마
력을 가지고 있기에 우리만의 특수한 형태로 발전을 요구하였다. 그
래서 악극이 예술로서 거듭나기 위해선 방향 정립을 필요한데 이를
몇 가지 사항을 통해 제시한다.

> 악극은 첫째 純粹한 樣式의 확립, 둘째 내용의 正直化, 셋째 形式의
> 限界를 규정짓고 나아가 藝術이 될 수 있는 眞實性을 연예인 자체가 探究
> 하고 관객도 오락의 고급화를 추구하며 전진하지 안흐면 안된다. 流行歌
> 的 興味와 通俗的인 雰圍氣의 쾌락을 청산하는데서 악극도 새 경지를 개
> 척할 수 있을 것이다.[24]

유행가적 흥미에서 벗어나고 새로운 양식을 찾아 예술로서 승화시
키라는 문제는 양식과 내용의 한계에서 오는 악극 자체의 문제에 기
인한다고 볼 수 있다. 쾌락에만 그칠 때 악극은 그 생명성을 잃을
것이며, 공연예술로 지속될 수 없다는 것 당연한 결과에 바탕을 둔
이야기이다.

이렇게 여러 가지 비판적 시각을 받고 있음에도 불구하고 악극은
해방공간 400여 회나 공연될 만큼 무대예술의 절대적 위치에 놓이게
된다. 그러나 정치적인 변화에 따라 악극은 변화를 겪게 되는데, 이는
해방공간의 정치적 대립 그리고 분단의 현실과 관련이 있다. 잠잠하

24　H生, 「악극양식과 예술의 한계」, 『자유신문』, 1948.10.30.

던 우익 쪽도 1947년 10월 29일 유치진을 중심으로 발족한 '전국연극 예술협회'을 통해 하나의 목소리를 결집시키며 조직을 형성한다. 이 들은 '민주주의 원칙과 창조적 자유 확보, 일체의 사대사상을 배격, 순수연극문화의 수립, 상업주의 연극을 지양한다'는 4가지 강령을 발 표하는데 이전에 좌익이 발표한 내용이나 여기서 하는 말하는 부분 은 이념을 제외하곤 별반 차이가 없다. 특히 상업주의 연극을 지양한 다는 부분도 마찬가지인데, 이는 흥행을 목적으로 하는 극들이 그만 큼 해방 공간의 중요한 문화의 한 부분이었으며, 견제의 대상이자 함 께 할 대상으로 인식한 결과이다.

이어 악극도 1947년 11월 5일 순수한 가극문화의 수립과 영리 본 위의 지양과 질적 향상을 목적으로 15개의 가극단체들이 모여 '전국 가극협회'를 결성한다.[25] 회장에 김상진, 부회장에 최일, 김용환, 상무 이사에 이서구가 선출되었다. 그 다음해인 1948년에는 이를 기념하 기 위해 1월 14일부터 19일까지 수도극장에서 전국가극협회 결성기 념 공연을 갖는데 레퍼토리는 역사시가극 〈먼동이 틀 때〉(9경), 제이 부는 가극 〈서반아광상곡〉(7경), 제3부는 〈스프링 소나타〉(20경)였다. 작품 연출위원에 이서구, 김건, 이익, 백은선, 김석민, 작곡위원에 김 해송, 김형래, 홍순일, 형석기가 참가단체로는 백민악극단, 라미라악 극단, 반도가극단, 현대가극단, 무궁화가극단, 태평양가극단, KPK악 단 등 16개의 악극단이 참여하였다.[26]

이어 1948년 2월 '전국연극예술협회'와 '전국가극협회'는 발전적 해

---

25 『조선일보』, 1947.11.20.
26 『조선일보』, 1948.1.14.

체를 하면서 '한국무대예술원'을 발족시키는데, 이후 남한에서 문화
예술의 구심점으로 뚜렷한 목소리를 만들기 시작한다. 이러한 첫 번
째 움직임으로 나타난 것은 선거를 위한 계몽공연이었다. 1948년 남
한에서 이루어지는 첫 선거를 앞두고 4월부터 전국 30여 개의 극단들
은 '총선거선전문화계몽대'를 조직하여 전국을 9개 지역으로 나누어
순회공연을 벌이는데, 그 주 목적은 선거와 민주주의에 대하여 계몽
운동을 펼치는 것이었다.[27] 여기서 반도, 강남, 라미라, 새별, KPK 등
많은 악극단들이 주를 이루게 되는데, 연극이 지니는 대중적 한계를
악극이 담당함으로써 계몽의 효과를 높였다. 또한 이는 악극의 대중
적 인기가 당시 절대적이었음을 보여주는 단적인 예라 할 것이다.

계몽악극으로 유치진 작 〈콩과 팥〉, 이서구 작 〈봄을 기다리는 사
람들〉 등을 가지고 지방공연에 나서는데 이와 동시에 선거에 대한
계몽을 하면서 선거의 목적과 의의, 국민의 권리, 정부 수립과 잘사는
나라 건립, 그리고 이 같은 영광의 역사를 만드는 감격을 다함께 노래
부르고 춤추자는 공동체 의식의 고양이 주 임무였다. 이러한 형태는
성공을 거두는데, 4월 9일부터 5월 5일까지 각 지방을 순회한 공연
횟수가 803회, 관람인원 1,334,464명으로 성황을 이루었다.[28]

이렇게 악극은 문화 활동의 중심에 서면서 여러 활동에 앞장서게
된다. 특히 이때는 여러 경연대회가 줄을 잇게 되는데, 여기에도 악극
은 적극적으로 참여를 한다. 문교부 주최, 동아일보 후원으로 제1회
전국연극경연대회가 1948년 6월 1일부터 7월 15일까지 열리게 된

---

27 유치진, 『동랑 유치진 전집』 9, 서울예대출판부, 185쪽.
28 김석민, 앞의 책, 42쪽.

다.[29] 극예술협회의 〈검둥이는 서러워〉, 신청년의 〈혈맥〉, 호동의 〈황보강〉, 민예의 〈백일홍 피는 집〉, 동방예술좌, 청춘극장, 새별악극단, 예문사가극부, 백조악극단, 태평악극단 등이 참가하는데, 예문사가극부는 국도극장에서 서항석 작 가극 〈금단의 화원〉(안기영 작곡, 5막)을 공연하고, 장려상을 받는다. 이런 모습은 악극만의 단독 경연대회로 이어지는데, 1948년 8월에 평화일보사 주최, 전국가극협회 후원으로 정부수립 경축악극경연대회가 개최된다. 참가 작품을 보면 다음과 같다.

> 백조가극단   〈항구의 일야〉(왕평 작, 임서방 각색, 전옥 연출), 중앙극
> 장, 1948.8.22.
>
> 반도가극단   〈순정〉(일명 〈남한강〉, 윤자혁 작, 윤용 연출, 14경), 단
> 성사, 1948.8.22.
>
> 태평양가극단 〈그리운 고향〉(이부풍 작, 김용환 연출, 3경), 단성사,
> 1948.8.28.
>
> 제일악극단   〈마도에 피는 꽃〉(김화랑 작, 남실 연출, 7경)·〈서울 라프
> 소듸〉(20경), 단성사, 1948.9.4.
>
> 새별악극단   〈잘있거라 황성옛터〉(일명 〈종〉, 김석민 작, 남실 연출,
> 2부 5경), 단성사
>
> 장미악극단   〈아름다운 새벽〉(김추민 작, 황문평 음악, 5경)·그랜드쇼
> 〈이강산 좋을시고〉(김형래 작·편곡, 백은선 연출, 15경),
> 단성사

여기서 새별악극단의 〈잘있거라 황성옛터〉(김석민 작, 허남실 연출,

---

29 『동아일보』, 1948.5.28.

김현 음악)가 작품상과 단체상에 수상하였다. 〈새별악극단〉은 이익과
남양민이 중심인 단체로 황해, 백설희가 중심인물로 활약하였다. 이
익은 1950년대 가장 많은 작품을 쓴 작가로 김화랑이란 필명으로 작
품을 양산하는데, 그의 작품 세계는 대부분 현실의 문제를 묘파하면
서 가요를 적재적소에 사용하여 관객들의 큰 반향을 일으켰다. 이런
흐름은 당시에 가장 유행하던 악극의 흐름이었다.

이 당시 공연의 특징 중 또 하나는 합동공연이 자주 나타난다는
것이다. 1946년에 열린 합동공연의 공연상황을 열거해보면 다음과
같다.

1946.2.11　〈에밀레 종〉, 수도극장(반도가극단·KPK악극단 합동공연)

1946.3.3　〈그 여자의 일생〉, 〈빛나는 팔도강산〉, 〈옛집을 찾아서〉, 〈백
두산 빛날시고〉, 제일극장, 제일극장(백조가극단·태평양가
극단 합동공연)

1946.3.16　〈목란아가씨〉, 〈화려한 밤〉, 수도극장(무궁화악극단·오향구
락부 합동공연)

1946.4.1　〈도화춘〉, 〈뒷거리의 교향악〉, 국제극장(무궁화악극단·오향
구락부 합동공연)

1946.4.3　〈양귀비〉, 〈신춘의 꽃다발〉, 중앙극장(반도가극단·CMC악단
합동공연)

1946.4.17　〈찔레꽃〉, 〈음악신문〉, 수도극장(악극단 5향, 악단 새별 합동
공연)

1946.6.1　〈어머님 전상서〉, 〈단오놀이〉, 동양극장(악단 새별, 가극단
태양 합동공연)

1946.6.15　해방1주년 기념공연, 장안극장(고복수악단·빅토리레뷰단)

1946.6.20　〈순이야 네가 아니다〉, 〈별돋는 창〉, 중앙극장(새별악극단·

　　　　　태양악극단 합동공연)

1946.7.8　　〈딸 삼형제〉, 동양극장(새별악극단·손일평만소단 합동공연)

1946.8.8　　〈애정초대권〉, 제일극장(태평양레코드실연단·오우악단 합
　　　　　동공연)

1946.8.8　　〈그리운 고향산천〉, 〈향토의 목가〉, 동양극장(백조가극단·
　　　　　태평양가극단 합동공연)

1946.8.13　8·15기념연예대회, 파고다공원(태평양가극단·백조가극단·
　　　　　만소대 합동공연)

　　반도가극단과 KPK악극단처럼 전혀 이질적인 악극단이 합동공연
을 하거나, 백조가극단과 태평양가극단처럼 비슷한 성향을 가진 악극
단이 지속적으로 뭉치거나, 아니면 여러 단체가 큰 무대를 갖는 등
합동공연은 해방공간 하나의 유행처럼 나타난다. 이러한 원인은 먼
저 악극단의 미성숙성에서 찾아볼 수 있다. 해방을 맞으면서 많은
악극단들이 새롭게 태어났다. 그러나 시간이나 공간적인 면에서 악
극단은 스스로 정체성을 찾기에는 많은 면에서 힘든 상황이었다. 이
에 극단들은 부족한 부분을 채우기 위한 자구 노력을 펼치는데 그것
이 합동 공연이다. 특히 이러한 현상은 이후에도 지속적으로 나타나
지만 1946년에 가장 많은 횟수가 보이는 것은 이러한 원인 때문이다.
또한 기념공연 같이 큰 무대를 꾸미기 위해서 다양한 무대가 요구되
었는데, 태평양가극단·백조가극단·만소대 합동공연에서 보이듯 서
로 이질적인 요소를 한 무대에서 조화롭게 이루어 화려한 무대를 구
성할 수 있었다.

　　이 당시의 공연 형태는 대부분 영화 전용 극장에서 이루어졌기에
영화와 동시상연 된다는 특징을 지닌다. 기반이 약한 악극단들은 영

화 상연 전, 후에 공연함으로써 관객을 획득하였는데, 극장과 악극단의 공생 관계에서 이런 부분은 필연적 형태였다.

3. 결론

해방 이후 한국전쟁까지의 공간은 악극의 전성시대라 불릴 정도로 공연도 많았고, 다양한 내용의 악극들이 관객에게 선보이게 된다. 특히 KPK악극단은 해방공간 가장 왕성하게 활동하고, 다양한 시도를 통해 악극 수준을 진일보시킨 대표적 악극단로 주의 깊게 바라볼 수 있다. 이들의 공연 형식은 기본적으로 버라이어티 쇼에 그 바탕을 두지만 오페레타와 재즈 형식을 도입하여 미국 음악과 악극의 접목을 통해 좀 더 대중적인 새로운 음악을 관객들에게 선보였다. 이는 한국적 뮤지컬의 단초라는 측면으로 깊이 있게 바라볼 수 있을 것이다.

이후 악극은 1950~1960년대까지 대중들의 끊임없는 사랑을 받으며 흥행에 성공하지만, 레퍼토리의 부재, 영화, TV 등 영상문화의 등장으로 사양길을 걷게 된다. 여기서 악극은 장르적으로 해체하지만 여기서 활동한 인물들은 여러 대중문화계에 참여하며 나 한국 문화를 이끄는 동력으로 작용하였고, 미시적이지만 한국 뮤지컬의 토대로 의미를 가질 것이다.

참고문헌

- 국립민속박물관 편, 『석남 송석하 한국 민속의 재음미 상』, 국립민속박물관, 2004.
- 권영민, 『한국현대문학사』, 민음사, 2002.
- 금용웅, 「일제강점기 주요 다목적 공간들에서의 공연양상 – 전통음악공연을 중심으로」, 『공연문화연구』 36, 한국공연문화학회, 2018.
- 吉田悠樹彦, 「邦正美を偲んで」, 『Corpus』 6, 2009.2.
- 김경애 편, 『춤의 선구자 조택원』, 댄스포럼, 2006.
- 김경애·김채현·이종호, 『우리무용100년』, 현암사, 2001.
- 김경희, 「한국전쟁 이전까지의 한국 발레의 발전과 그 현황에 관한 논문」, 『대한무용학회논문집』, 대한무용학회 25, 1999.
- 김관, 「현대무용소고」, 매일신보, 1940.2.9.~10.
- 김남석, 「배구자악극단의 레퍼토리와 공연 방식에 대한 연구」, 『한국연극학』 55, 한국연극학회, 2015.
- 김막인, 「군무의 중요성」, 『예술평론』 1, 1948.10.
- 김막인, 「장추화씨의 무용발표회를 보고」, 『민주일보』, 1948.10.7.
- 김병걸, 김규동 편, 『친일문학작품선집』, 실천문학사, 1987.
- 김복희, 「광복이전의 한국적 현대무용의 발전과정」, 『대한무용학회논문집』 19, 대한무용학회, 1996.
- 김순주, 「식민지시대 도시생활의 한 양식으로서 '대극장' – 1930년대 경성부민관을 중심으로」, 『서울학연구』 56, 서울시립대 서울학연구소, 2014.
- 김영희, 「일제강점 초기 기생제도에 관한 연구 – 일제의 왜곡과정을 중심으로」, 『한국무용사학』 7, 한국무용사학회, 2007.
- 김영희, 「일제강점기 초반 기생의 창작춤에 대한 연구 – 1910년대를 중심으로」, 『한국음악사학보』 33, 한국음악사학회, 2004.
- 김영희, 『개화기 대중예술의 꽃 기생』, 민속원, 2006.
- 김영희·김채원·김채현·이종숙·조경아, 『한국춤통사』, 보고사, 2014.
- 김용직, 「일제말 암흑기 한국문학인들의 의식 성향과 행동에 관한 연구」, 『한

국문화』 10, 서울대 한국문화 연구소, 1989.

- 김우종, 김혜니, 『비평문학론』 범우사, 1984.
- 김운미, 「한국 근대 무용의 사회사적 연구 – 서구 사조의 수용을 중심으로」, 『한국무용연구』 12, 한국무용연구회, 1994.
- 김윤식, 『한국근대문예비평사연구』, 일지사, 1976.
- 김윤식·김현, 『한국문학사』, 민음사, 1973.
- 김주희, 정의숙, 「한국 현대무용 토착화과정에서 박외선의 역할」, 『무용예술학연구』 40:1, 한국무용예술학회, 2013.
- 김진구, 「야담의 출현 필연성」, 『동아일보』, 1928.2.1.~6.
- 김팔봉, 「조선문학의 현재적 수준」, 『신동아』 27, 1934.
- 김현남, 「한국 현대 무용의 시대적 흐름에 관한 연구」, 『한국체육학회지』 37:2, 한국체육학회, 1998.
- 김현양, 「안확의 '조선민족담론'과 상호중심주의 – 『조선문학사』와 『조선문명사』를 중심으로」, 『민족문학사연구』 64, 민족문학사연구소, 2017.
- 김호연, 「1930년대 서울 주민의 문화수용에 관한 연구 – 부민관을 중심으로」, 『서울학연구』 15, 서울시립대 서울학연구소, 2000.
- 김호연, 「도무, 무도 그리고 대중공연예술 속 무용 읽기」, 『댄스포럼』, 2014.10.
- 김호연, 「일제강점 말기 무용 활동과 그 변화 양상 – 무용의 관제화 경향을 중심으로」, 『무용역사기록학』 38, 무용역사기록학회, 2015.
- 김호연, 「정치적 격변과 한국 근현대 무용의 상관관계 연구」, 『무용예술학연구』 50:2, 한국무용예술학회, 2014.
- 김호연, 「춤, 극장·공연문화로서 출발하다」, 『댄스포럼』, 2014.9.
- 김호연, 「한국 전통춤의 근대적 메타모포시스 연구 – 극장을 중심으로」, 『무용역사기록학』 54, 무용역사기록학회, 2019.
- 김호연, 『한국근대무용사』, 민속원, 2016.
- 김호연, 『한국근대악극연구』, 민속원, 2009.
- 김호연, 「현대무용가 박영인의 초기 활동 연구」, 『무용예술학연구』 52:1, 한국무용예술학회, 2015.
- 김흥신, 「이무영 연구」, 건국대 대학원 석사논문, 1984.
- 남상욱, 「'고쿠고' 전용 시대 '조선문학'의 가능성에 대해서 – 이무영(李無影)의 「굉장씨(宏壯氏)」을 중심으로」, 『비교문학』 58, 한국비교문학회, 2012.

• 노먼 제이콥스, 강현두 역, 『대중시대의 문화와 예술』, 홍성사, 1980.
• 渡邊眞弓, 『日本のバレの三人パヴロワ』, 新國立劇場運營財團情報センター, 2013.
• 레이먼드 윌리엄스, 박만준 역, 『문학과 문화이론』, 경문사, 2013.
• 로버트 스탬, 「바흐친과 대중문화비평」, 여홍상 엮음, 『바흐친과 문화이론』, 문학과 지성사, 1995.
• 마광수, 『마광수문학논집』, 청하, 1987.
• 만년설, 「영화예술에 대한 관견」, 『중외일보』, 1928.8.4.
• 망언자, 「배구자양의 음악무용을 보고」, 『중외일보』, 1928.4.23.
• 문경연, 「일제말기 '부여'표상과 정치의 미학화 – 이석훈과 조택원을 중심으로」, 『한국극예술연구』 33, 한국극예술학회, 2011.
• 문덕수, 『한국모더니즘시연구』, 시문학사, 1981.
• 문애령, 「표현주의 현대무용의 한국 도입과정에 대한 고찰」, 『대한무용학회논문집』 36, 대한무용학회, 2003.
• 문애령, 「한국에서의 발레 도입과 정착 과정」, 『발레연구논문집』 24, 한국발레연구학회, 2010.
• 문외한, 「최승희의 제1회 공연, 인상에 남은 것들」, 『동아일보』, 1930.2.5.
• 문철민, 「무용예술과 영혼의 연소 – 해방 후의 무용계를 회고하며」, 『백제』 2:2, 1947.
• 문철민, 「습작의 의미, 신인무용가 송범 군에게 주는 글」, 『경향신문』, 1947.11.23.
• 문철민, 「현대무용」, 『매일신보』 1945.6.15.~18.
• 미셸 푸코, 「계몽이란 무엇인가」, 김성기 외, 『모더니티란 무엇인가』, 민음사, 1994.
• 미셸 푸코, 오생근 역, 『감시와 처벌 – 감옥의 역사』, 나남, 1997.
• 미하일 바흐찐, 이덕형·최건영 역, 『프랑수아 라블레의 작품과 중세 및 르네상스의 민중문화』, 아카넷, 2001.
• 민족문제연구소 편집부, 『친일인명사전』, 민족문제연구소, 2006.
• 박선욱, 「교육무용의 근대화 과정 연구 – 일제하와 미군정기를 통해」, 『무용예술학연구』 8, 한국무용예술학회, 2001.
• 박선욱, 「해방이전 한국춤의 근대적 성격 연구」, 『무용예술학연구』 2, 한국무

용예술학회, 1998.

• 박성호, 「현행 전통춤 분류 문제에 관한 연구 – 개화기 연희공간의 변화를 중심으로」, 『한국무용사학』 9, 한국무용사학회, 2008.

• 박자은, 「20세기 전반 한국의 춤 문화와 비평」, 『한국무용연구』 28, 한국무용연구학회, 2010.

• 박찬기, 『독일문학사』. 일지사, 1976.

• 박찬승, 『민족·민족주의』, 소화, 2016.

• 박철민, 「무용예술의 창조적 의의 – 조택원군 무용발표를 계기로」, 『조선일보』, 1934.4.8.

• 박황, 『창극사연구』, 백록출판사, 1976.

• 邦正美, 「藝術舞踊의 大衆性」, 『音樂評論』 1, 1936.4.

• 邦正美, 「朝鮮舞踊界에 寄함」. 『音樂評論』 2, 1936.5.

• 邦正美, 『舞踊槪說』, 京都學校舞踊硏究會, 1948.

• 邦正美, 김정희 역, 『무용창작과 연출』, 학문사. 1987.

• 배선애, 「근대적 공연예술로서의 야담대회」, 『한국극예술연구』 42, 한국극예술학회, 2013.

• 배한라, 「언니 裵龜子」, 『춤』 17, 춤, 1977.7

• 백철, 『신문학사조사』, 신구문화사, 1980.

• 백현미, 『한국창극사연구』, 태학사, 1997.

• 사진실, 『공연문화의 전통 樂·戲·劇』, 태학사, 2002.

• 생生, 「최승희양의 무용을 보고」, 『동아일보』, 1927.10.28.

• 서대현, 「쿠니마사미 박영인의 예술과 인생 (3) 박영인은 울산사람이다」, 『경상일보』 2006.5.24.

• 서정록, 「항장무연구」, 『민족무용』 1, 무용원 이론과 연구자료집, 2002.

• 西形節子, 『近代日本舞踊史 – 1900s~1980s』, 演劇出版社, 2006.

• 石川雅章, 『松旭斎天勝』, 桃源社, 1968.

• 성기숙, 「신무용의 빛과 그림자 이곳에 불심으로 살아계셨다 – 김민자 선생을 찾아 영산법화사로」, 『춤』, 2001.2.

• 성기숙, 「해방공간(1945~1950), 한국 춤의 전개와 역사적 의의」, 『무용예술학연구』 13, 한국무용예술학회, 2004.

• 송민호, 『일제말 암흑기문학연구』, 새문사, 1991.

- 송방송, 「1910년대 정재의 전승 양상 – 기생조합의 정재 공연을 중심으로」, 『국악원논문집』 17, 국립국악원, 2008.
- 송방송, 「부민관을 통해 본 일제말기의 음악상황 – 1941~1945년을 중심으로」, 『진단학보』 80, 진단학회, 1995.
- 송방송, 「협률사와 원각사에서의 공연양상 – 대한제국 말기의 자료를 중심으로」, 『한국전통음악학』 5, 한국전통음악학회, 2004.
- 宋安鍾, 『在日音樂の100年』, 靑土社, 2009.
- 송호근, 『시민의 탄생』, 민음사, 2013.
- 송호근, 『인민의 탄생 – 공론장의 구조 변동』, 민음사, 2011.
- 수잔 오, 김채현 역, 『발레와 현대무용』, 시공사, 2002.
- 쉬츠-존스턴.M, 장정윤 역, 『무용철학』, 교학연구사, 1992.
- 신혜주, 「단성사 공연 활동에 관한 예술사적 연구」, 『한국음악사학보』 56, 한국음악사학회, 2016.
- 矢鍋永三郞, 「부여회상곡에 대하야」, 『매일신보』, 1941. 5.11.
- 심훈, 「우리 민중은 어떠한 영화를 요구하는가? – 를 논하여 '만년설'군에게」, 『중외일보』, 1928.7.14.
- 심훈, 『심훈전집』, 탐구당, 1966.
- 안자산, 최원식 역, 『조선문학사』, 을유문화사, 1984
- 안제승, 「한국무용사」, 『한국 연극·무용·영화사』, 대한민국예술원, 1985.
- 안제승, 『한국신무용사』, 승리문화사, 1984.
- 안테나생, 「라디오는 누가 제일 잘하나」, 『조광』, 1931.1.
- 안확, 『조선미술사요』, 토지, 2019.
- 안확, 『조선음악의 연구』, 보고사, 2008.
- 야우스, 장영태 역, 『도전으로서의 문학사』, 문학과 지성사, 1983.
- 에밀 부르다레, 정진국 역, 『대한제국 최후의 숨결』, 글항아리, 2009.
- 오병년, 「이지적으로 미를 구성하는 신흥무용가 박영인씨」, 『동아일보』 1937. 9.10.
- 오자와 요시오, 명진숙·이혜정 옮김, 『일본현대연극사』, 연극과 인간, 2013.
- 우수진, 「연극장 풍속개량론과 경찰 통제의 극장화」, 『한국극예술연구』 32, 한국극예술학회, 2010.
- 우수진, 「협률사와 극장적 공공성의 형성」, 『한국근대문학연구』 20, 한국근대

문학회, 2009.
- 위르겐 하버마스, 한승완 역,『공론장의 구조변동』, 한승완 역, 나남출판, 2001.
- 유민영,『우리시대연극운동사』, 단국대출판부, 1990.
- 유민영,『한국근대극장변천사』, 태학사, 1998.
- 유민영,『한국근대연극사』, 단국대출판부, 1996.
- 윤고종,「어떤 무용가 – 박영인의 이야기」,『춤』, 춤, 2007.5.
- 윤백남,「신세대의 음파신문 라이도의 사회적 역할」,『신동아』 3:3, 1933.3.
- 윤백남,「야담과 계몽」,『계명』 23, 1932.
- 윤백남,「조선연극운동의 이십년을 회고하며」,『극예술』 1, 극예술연구회, 1934.1.
- 윤석달,「이무영의 현실인식」,『홍익어문』 6, 홍익어문회, 1987.
- 윤영숙,「통합과 분리를 통해본 가·무·악의 역사적 흐름 연구」,『한국무용기록학회지』 32, 한국무용기록학회, 2014.
- 윤홍로,「개화기 신구문학론의 대립과 그 변모」, 윤홍로 편,『20세기 한국 소설 연구』, 국학자료원, 2002.
- 이대범,「배구자연구」.『어문연구』 36:1, 한국어문교육연구회, 2008.
- 이동월,「윤백남의 야담활동 연구」,『대동한문학』 27, 대동한문학회, 2007.
- 이동희,「이무영의 초기 작품에 나타난 문학사상 연구」,『단국대 대학원 논문집』 15, 단국대 대학원, 1981.
- 이동희,『흙과 삶의 미학』, 단국대출판부, 1993.
- 이미원,『한국근대극연구』, 현대미학사, 1994.
- 이사벨라 버드 비숍, 이인화 역,『한국과 그 이웃나라들』, 살림, 1994.
- 이성희,「한국 근대발레 발전양상과 임성남의 작품세계에 나타난 민족사상」, 성균관대 대학원 동양철학과 박사학위논문, 2009.
- 이시이 바쿠, 김채원 역,『이시이바쿠의 무용예술』, 민속원, 2011.
- 이어령,『시 다시 읽기』, 문학과 사상사, 1995.
- 이영란,「최승희 동양사상을 통한 동양무용 발달 연구」,『우리춤과 과학기술』 28, 한양대 우리춤연구소, 2015.
- 이영일,『한국영화전사』, 소도, 2004.
- 이용식,「만들어진 전통 – 일제강점기간〈아리랑〉의 근대화, 민족화, 유행화

과정」, 『동양음악』 27, 서울대 동양음악연구소, 2005.
- 이재선, 『한국현대소설사』, 홍성사, 1979.
- 이종숙, 「'무용(舞踊)', '신무용(新舞踊)' 용어의 수용과 정착 -『매일신보』, 『동아일보』, 『조선일보』 기사를 중심으로」, 『무용역사기록학』 46, 무용역사기록학, 2017.
- 이주영, 「광무대연구」, 『한국연극학』 48, 한국연극학회, 2012.
- 이진아, 「식민지조선의 신무용과 근대적 예술 개념의 수용」, 『사회와 역사』 112, 한국사회사학회, 2016.
- 이창배, 『한국가창대계』, 홍인문화사, 1976.
- 이행훈, 「안확의 '조선' 연구와 문명의 발견」, 『한국철학논집』 52, 한국철학사연구회, 2017.
- 이효인·정종화·한상언, 『한국근대영화사』, 돌베개, 2019.
- 인천부청 편, 『인천부사』, 인천부청, 1933.
- 日本洋舞史硏究會, 『日本洋舞史年表Ⅰ』, 日本藝術文化振興會, 2009.
- 임기현, 「이무영 국책소설의 성격」, 『한국언어문학』 83, 한국언어문학회, 2012.
- 임기현, 「이무영의 친일문학과 그 내적 논리」, 『어문학』 103, 한국어문학회, 2009.
- 임종국, 『친일문학론』, 평화출판사, 1986.
- 임지희, 윤미라, 「한국창작무용사에 나타난 시기별 작품 표현에 관한 연구」, 『대한무용학회논문집』 77:4, 대한무용학회, 2019.
- 임화, 임규찬·한진일 편, 『임화 신문학사』, 한길사, 1993.
- 전은자·이재연, 「신무용 기점에서 본 배구자 연구」, 『대한무용학회논문집』 45, 대한무용학회, 2005.
- 정병호, 『춤추는 최승희』, 뿌리깊은 나무, 1995.
- 町田孝子, 『舞踊の步み百年』, 櫻楓社, 1968.
- 제니퍼 호먼스, 정은지 옮김, 『아폴로의 천사들 - 발레의 역사』, 까치, 2014.
- 조남현, 『한국지식인소설연구』, 일지사, 1984.
- 조동일, 『한국문학통사』 4(제3판), 지식산업사, 1994.
- 조동화, 「무용개관」, 한국문화예술진흥원 편, 『문예총감』, 한국문화예술진흥원, 1976.
- 조동화, 「현대무용」, 김종길 외, 『한국현대문화사대계』 1, 고대민족문화연구

소출판부, 1975.

- 조선통신사, 『조선연감1947』, 조선통신사, 1946.
- 조선통신사, 『조선연감1948』, 조선통신사, 1947.
- 조앤 카스, 김말복 옮김, 『역사 속의 춤』, 이화여대출판부, 1998.
- 조원경, 『무용예술』. 해문사, 1967.
- 조택원, 『가사호접』, 서문당, 1973.
- 조혜정, 「심훈의 영화적 지향성과 현실 인식 연구 – 〈탈춤〉, 〈먼동이 틀 때〉, 〈상록수〉를 중심으로」, 『영화연구』 31, 한국영화학회, 2007.
- 조희웅, 『야담문학연구의 현단계』, 보고사, 2001.
- 주인, 「영화소설 정립을 위한 일고 – 심훈의 「탈춤」과 영화 평론을 중심으로」, 『어문연구』 34:2, 한국어문교육연구회, 2006.
- 창비, 『20세기 한국소설』, 창작과 비평사, 2006.
- 최승희, 「나의 무용기 – 동양무용수립을 위해」, 『매일신보』, 1943.2.13.
- 최승희, 『불꽃』, 자음과 모음, 2006.
- 최원식, 「한국 문학의 근대성을 다시 생각한다」, 『창작과 비평』 86, 창비, 1994.
- C.G.융, 한국융연구원 C.G. 융 저작 번역위원회, 『원형과 무의식』, 솔출판사, 2002.
- 河竹繁俊, 『日本演劇全史』, 岩波書店, 1959.
- 한경자, 「최승희 예술이 한국창작 춤에 끼친 영향」, 『남북문화예술연구』 3, 남북문화예술학회, 2008.
- 한용운, 『님의 침묵』, 한성도서주식회사, 1950.
- 호쇼 마사오 외, 고재석 역, 『일본현대문학사』, 문학과 지성사, 1998.
- 호테이 토시히로, 「일제말기 일본어 소설 연구」, 서울대 석사논문, 1996.
- 황병주, 「식민지기 공적 공간의 등장과 공회당」, 『대동문화연구』 69, 성균관대 대동문화연구원, 2010.
- 황패강, 『한국문학의 이해』, 새문사, 1991.

- René Wellek, Austin Warren, *Theory of Literature*, Penguin Books, 1966.

초출일람

근대 한국 발레의 생성과 그 흐름 —「한국 근대 발레의 수용과 그 인식에 관한 연구」,『한국민족문화』 53, 부산대 한국민족문화연구소, 2014.11.30.

제3부
한국 근대 무용가의 활동 양상

배구자를 통해 본 근대 한국 무용의 변용과 창조 —「서양 근대춤의 수용과 변용 양상 – 배구자를 중심으로」,『한국학연구』 71, 고려대 한국학연구소, 2019.12.30.

한국 현대 무용의 이방인, 박영인 —「현대무용가 박영인의 초기 활동 연구」,『무용예술학연구』 52:1, 한국무용예술학회, 2015.1.30.

자료를 통한 근대 무용가의 재인식 —「무용학 재정립을 위한 시고 – 무용사 서술을 위한 한 방법론」,『한국무용과학회지』 33:3, 한국무용과학회, 2016.7.31.

제4부
한국 근대무용의 그 주변

한국 근대 문예에 나타난 민족담론의 형성 —「한국 근대 문예활동에 나타난 민족담론의 정립 양상」,『세계역사와 문화연구』 54, 한국세계문화사학회, 2020.3.30.

한국 근대 문예예술에 나타난 포용적 가치체계 —「한국 근대 문학예술에 나타난 사회통합에 대한 시고」,『시민인문학』 39, 경기대 인문학연구소, 2020.8.30.

이무영의 일제강점 말기 순응적 창작 모습 —「실천적 활동, 순응적 창작의 궤적 – 이무영 '일본어 소설'의 서지적 검토를 중심으로」,『한국기독교문화연구』 12, 숭실대 한국기독교문화연구원, 2019.12.30.

해방공간 악극의 변용과 활동 양상 —「한국 근대 악극 연구」, 단국대학교 박사논문, 2003.

찾아보기

김호연

단국대학교 대학원 국어국문학과 졸업(문학박사)
단국대학교 동양학연구원 연구교수
일본 동경대학 문학부 외국인연구원
광주여자대학교 교양교직과정부 조교수
단국대학교 무용과 연구조교수

현재 숭실대학교 한국기독교문화연구원 HK+연구교수
무용역사기록학회 부회장, 편집위원
한국춤평론가회 회원(무용평론가)

메타모포시스 인문학총서 10

전통 춤의 변용과 근대 무용의 탄생

2021년 1월 15일 초판 1쇄 펴냄
2021년 12월 7일 초판 2쇄 펴냄

지은이 김호연
발행인 김흥국
발행처 보고사

책임편집 황효은
표지디자인 손정자

등록 1990년 12월 13일 제6-0429호
주소 경기도 파주시 회동길 337-15 보고사
전화 031-955-9797(대표), 02-922-5120~1(편집), 02-922-2246(영업)
팩스 02-922-6990
메일 kanapub3@naver.com / bogosabooks@naver.com
http://www.bogosabooks.co.kr

ISBN 979-11-6587-142-0 94680
      979-11-6587-140-6 (세트)
ⓒ 김호연, 2021

정가 30,000원